Estrutura e Psicanálise

Organizadores
Luciano Elia
Rita Maria Manso de Barros

Estrutura e Psicanálise

cia. de Freud

Organizadores

Luciano Elia
Rita Maria Manso de Barros

Revisão

Sandra Regina Felgueiras

Capa

Eg.design

Editoração

Abreus System

Rio de Janeiro, 2012

CIP-BRASIL. CATALOGAÇÃO-NA-FONTE
SINDICATO NACIONAL DOS EDITORES DE LIVROS, RJ

ESTRUTURA E PSICANALISE / organização Luciano Elia; e Rita Maria Manso de Barros, Editor José Nazar. – Rio de Janeiro: Cia de Freud: PGPSA/IP/UERJ, 2012

Artigos resultantes dos trabalhos apresentados no V Simpósio do Programa de Pesquisa e Clínica em Psicanálise da UERJ, Colóquio Internacional Estrutura e Psicanálise – 2008.

ISBN 978-85-7724-090-6

1. Psicanálise 2.Estruturalismo I. Manso de Barros, Rita Maria. II. Elia, Luciano. III. Universidade do Estado do Rio de Janeiro. Instituto de Psicologia.l

07-2359

CDD: 150.195
CDU: 159.964.2

Agradecemos o apoio da FAPERJ na ocasião do evento, do Instituto de Psicologia, do Programa de Pós-graduação em Teoria Psicanalítica da UFRJ , do Programa de Pós-graduação em Psicologia Clínica da PUC-Rio.

cia de Freud

Endereço para Correspondência
Rua Barão de Sertório, 48 - casa
Tel.: (21) 2273-9357 • (21) 2293-5863
Rio Comprido - Rio de Janeiro
E-mail: ciadefreud@gmail.com

SUMÁRIO

Preâmbulo

O Programa de Pós-graduação em Psicanálise do Instituto de Psicologia da UERJ já tem tradições. Uma delas é a elaboração e publicação de um livro que veicula, para a comunidade científica (de nosso campo, a Psicanálise, e de campos conexos), a produção dos docentes e discentes do Programa. Entre esses incluem-se os que ainda estão em processo de titulação e os egressos, que mantém vínculo em nossos projetos e linhas de pesquisa em andamento. Além deles, contamos com convidados de outros Programas nacionais e internacionais. Cada livro é organizado por dois de nossos docentes.

Nosso Programa já editou cinco livros: o primeiro, com o tema de *Psicanálise – clínica & pesquisa*, organizado por Sonia Alberti e Luciano Elia, foi lançado no ano 2000. O segundo, organizado por Doris Rinaldi e Marco Antonio Coutinho Jorge, teve como tema *Saber, verdade e gozo: leituras do Seminário XVII de Jacques Lacan* e seu lançamento ocorreu no início de 2002. O terceiro, *Psicanálise: clínica e instituição*, foi organizado por Márcia Mello de Lima e Sônia Altoé e foi lançado em 2005. O quarto livro foi editado por Márcia Mello de Lima e Marco Antonio Coutinho Jorge, *Saber fazer com o real*, lançado em 2008. Heloisa Caldas e Sonia Altoé organizaram *Psicanálise, universidade e sociedade*, que foi lançado no final de 2009.

Todos esses livros *do Programa*, por assim dizer, relacionam-se com eventos científicos que realizamos anualmente (outra vertente de nossas tradições), a que chamamos *Simpósios do Programa de Pós-graduação em*

Psicanálise. Em outubro do ano de 2008 realizamos o V Simpósio do Programa de Pesquisa e Clínica em Psicanálise da UERJ, Colóquio Internacional Estrutura e Psicanálise, organizado por Rita Maria Manso de Barros e Heloisa Caldas, simpósio que impulsionou este livro, que finalmente chega às livrarias e às bibliotecas dos psicanalistas, estudiosos, estudantes, pesquisadores e profissionais interessados neste importante tema, a um só tempo extremamente teórico e radicalmente clínico, que concerne em alto grau à experiência psicanalítica.

Estamos, neste momento, apresentando o sexto livro, com organização de Luciano Elia e Rita Maria Manso de Barros. Escolhemos como tema uma categoria crucial na teoria e na clínica psicanalíticas, e que sempre traz aos nossos mestrandos (e agora também aos nossos doutorandos) um considerável nível de dificuldade para um rigoroso emprego e manejo. Trata-se da categoria de *estrutura*, e de como ela deve ser concebida e utilizada dentro das exigências discursivas da Psicanálise.

Estrutura não é um conceito exclusivo do discurso psicanalítico, e na verdade foi amplamente utilizado em outros campos de saber antes que a Psicanálise dele fizesse uso, antecedência aliás que é, ela própria, um dos fatores determinantes de sua utilização em Psicanálise. Alguns setores do pensamento filosófico empregaram a categoria de estrutura, antes mesmo que o movimento que responde pelo nome de *Estruturalismo* tivesse nascido e rapidamente alcançado seu apogeu em meados do século XX.

O Estruturalismo significou a *emancipação metodológica* das Ciências Humanas, que finalmente dispunham de seu próprio método capaz de habilitá-las a reivindicar um lugar no *olimpo* das Ciências rigorosas, um lugar próprio, genuíno e específico, que não lhes fosse concedido pelas benevolências das Ciências Naturais por se reconhecerem *bem copiadas* em seus procedimentos metodológicos pelas Ciências Humanas, assim premiadas por mimetizarem com propriedade as ciências naturais. A formalização e a literalização qualitativas garantiriam o rigor da aplicação da estrutura em vários campos das Ciências do Homem, dissipando, no mesmo golpe, qualquer neblina humanista em sua *démarche*: a Lingüística Moderna de Saussure a Jacobson, a Antropologia Estrutural de Lévi-Strauss, a Psicologia Genética de Piaget, o Marxismo revisitado por Althusser, a Psicanálise freudiana revisitada por Jacques Lacan... No *boom* do movimento, nos anos 60, até Foucault estava na crista da onda estruturalista, com suas *As palavras e as coisas*. Mas esses dois últimos (Lacan e Foucault) logo deixariam bem claro que *descer nesta onda* não atestava uma verdadeira filiação estruturalista. O conceito de estrutura em Lacan logo o decalcaria de sua formatação estruturalista.

E aqui chegamos no ponto em que o tema de nosso sexto livro talvez encontre seu mais importante fundamento: qual é a particularidade do sentido lacaniano da estrutura? Em que sentido a *estrutura lacaniana* não é *estruturalista*? Mesmo no primeiro momento do seu ensino, marcado pela primazia do Simbólico e da Ordem do Significante (coextensivas, nas próprias palavras de Lacan, da noção de estrutura), Lacan já sorria quando ouvia de seu amigo Lévi-Strauss uma reprimenda que, embora não tenha sido enunciada com essas palavras, por nós inventadas, poderia perfeitamente tomar suas vestes: "Mas, meu caro Lacan, nós temos um trabalho danado pra tirar do Estruturalismo qualquer impureza humanista e vem você insistir em enfiar esse tal de sujeito na estrutura! Não vê que assim você nos faz ficar enxugando gelo?". Lacan sorria, por saber que *esse tal de sujeito* não representava a reintrodução, pela porta dos fundos, do humanismo devidamente expulso pela da frente pelo movimento estruturalista, mas a incidência do real, do irredutível ao simbólico, na própria estrutura, única razão para que um psicanalista (e não para um cientista "humano", que bem pode se contentar com o "interjogo covariante" – ainda que descentrado e sem alma – de elementos puramente simbólicos, definição rigorosamente estruturalista de estrutura) se interessasse por ela.

Mais tarde, nos últimos momentos do ensino de Lacan, a própria categoria de estrutura será reinterrogada, a ponto de podermos perguntar se ela ali ainda tem lugar. O "real sem lei" deste período ainda a autoriza? Ou é, ele próprio, a estrutura? Da primazia do significante à equivalência real dos três registros – RSI – quais são as vicissitudes da categoria de estrutura na Psicanálise lacaniana?

É para que essas questões nos trabalhem que formulamos o tema deste nosso livro.

Luciano Elia

Apresentação

Esse livro reúne alguns resultados de nossas pesquisas inspiradas no V Simpósio do Programa de Pós-graduação em Psicanálise do Instituto de Psicologia da UERJ, com o tema *Estrutura e psicanálise*, realizado nos dias 28, 29 e 30 de outubro de 2008. Coube-me apresentá-lo e a seus autores.

Inicialmente temos a *Introdução* ao tema propriamente dito, que articula estrutura e psicanálise. Esbocei-a inicialmente como uma justificativa, *Por que estrutura e psicanálise?*, destacando a importância desses operadores conceituais em nossas pesquisas, buscando explicações sobre o quanto o conceito de estrutura e o movimento estruturalista contribuíram ou perturbaram o desenvolvimento dos conceitos na psicanálise.

Na *Abertura* temos os artigos dos nossos convidados na ocasião do V Simpósio do Programa de Psicanálise da UERJ. Sidi Askofaré, psicanalista e professor da Universidade de Toulouse-Le Mirail, que discute em seu artigo a relação da religião com a linguagem procurando identificar suas implicações clínicas e teóricas para a psicanálise: o estatuto religioso do sujeito, a lógica do sentido, a base da transferência, a função paterna. Em seguida, René Lew nos presenteia com uma apresentação que denomina "dogmática" da estrutura sobre a qual se apoia um psicanalista, marcando as diferenças entre as diversas escolas a partir da escolha estrutural que façam, considerando a estrutura borromeana do real, simbólico e imaginário.

Na primeira seção do livro, *Persistências da estrutura no ensino de Lacan*, iniciamos pelo estudo aprofundado da articulação entre o conceito de estrutura em seus tangenciamentos com a psicanálise. Temos a discussão de Luciano Elia sobre as condições de destrutibilidade do "desejo indestrutível" de Freud como fato de estrutura, em que o autor coloca em questão a ideia de que a análise nada poderia modificar quanto à indestrutibilidade do desejo, sendo a possibilidade de destruí-lo tomada como um dos possíveis efeitos do final de análise. O artigo de Heloisa Caldas, sobre a estrutura do inconsciente lacaniano, apresenta alguns avanços capitais do ensino de Lacan para verificar como ele opera um deslocamento da definição de inconsciente e maneja a noção de estrutura afastando-se do rigor estruturalista. Já Tânia Coelho dos Santos escreve sobre a pulsão estruturada como a linguagem ou aparelhada como lalíngua, que é o que presentifica o gozo da dispersão do significante. Para a autora, Lacan oferece uma outra perspectiva da pulsão como energia, aquilo que Freud chamou de processo primário. Sonia Alberti desenvolve uma correlação entre as noções de entropia e estrutura, nos ensinando que o primeiro autor a associar a pulsão de morte de Freud à noção de entropia foi Bernfeld, a quem Lacan rende homenagens mais de uma vez em seu *Seminário*.

A seção II aprofunda o *Conceito de estrutura na teoria psicanalítica.* Temos os artigos de Maria Helena Coelho Martinho, que acrescenta ao estudo sobre a noção de estrutura as questões sobre as estruturas clínicas, interrogando o que o termo "estrutural" estaria acrescentando aos ensinamentos de Freud sobre o diagnóstico e até que ponto a noção de estrutura em Lacan estaria correlacionada ao movimento estruturalista. Segue-se o artigo de Angelica Cantarella Tironi e Richard Harrison Couto em que os autores questionam se Lacan seria um estruturalista, demarcando o que o aproxima e o que o distancia dos estruturalistas. Maria Angela Mársico Maia, que propõe ampliar o conceito de estrutura a fim de que ele contemple os momentos iniciais e os finais do ensino de Lacan e da clínica lacaniana, articula os conceitos de sujeito e de falasser apoiada na noção de "tempos de constituição do sujeito". Já Lucia Perez busca o que há de mal-entendido na noção de estrutura, problematizando as noções de diagnóstico e estrutura clínica, buscando evidenciar a relação entre o mal-entendido e a interpretação, bem como suas especificidades nos desdobramentos do ensino de Lacan, indagando para que serve a nomeação se o que uma psicanálise visa é a singularidade.

A seção III, intitulada *Incidências da estrutura na antropologia, na religião, na ciência...*, inicia-se com o texto de Doris Rinaldi que discute o conceito de *mana,* elaborado por Marcel Mauss e retomado por Lévi-Strauss, como ponto de abertura da estrutura, em uma discussão entre as concepções de estrutura formuladas por Claude Lévi-Strauss e por Jacques Lacan, destacando pontos de aproximação e de afastamento entre eles. Flávio Bastos e Marco Antonio Coutinho Jorge apresentam o discurso do capitalista como um discurso antissublimação, o que nos faz indagar se poderia ser chamado de discurso, tal como Lacan formulou em sua teoria dos discursos. Luciana Francischetti Piza, Adriana Assumpção Bastos e Bruna Americano tecem considerações sobre o método estruturalista a partir de Lévi-Strauss para pensá-lo como uma alternativa ao método hipotético-dedutivo – alternativa que, apesar de manter os ideais da ciência moderna, não o faz como mera adaptação ao seu objeto.

A seção IV, que guarda sequência com a anterior, intitulada *...e na literatura*, é aberta com o texto de Márcia Mello de Lima e Angela Batista que discute alguns pontos extraídos do livro *Água viva*, de Clarice Lispector, que, segundo as autoras, mantém consonância com a teoria de Lacan do segundo ensino, priorizando questões vinculadas ao corpo, ao gozo feminino e à escrita como cifra de gozo, aproximando a psicanálise e a arte e demonstrando como a autora produziu um *saber-fazer* com o real do corpo e com a inexistência da relação sexual. Geraldo Martins relaciona duas personagens literárias, *Hamlet*, de Shakespeare, e *Dom Casmurro*, de Machado de Assis, defendendo sua impressão de que *Dom Casmurro* foi esculpido com a pedra-*Hamlet*, sendo a loucura deste deslocada para o ciúme no outro. Vanisa Santos relaciona os conceitos de estrutura e verdade no "mito trágico do *Angelus* de Millet", a partir do texto de Salvador Dalí.

A quinta seção do livro, *Aplicações da estrutura na clínica psicanalítica*, abre com o artigo de Sonia Leite no qual a autora indaga se há manifestações diversas da angústia de acordo com a estrutura: na neurose, é a angústia sinal que produz o recalque; na psicose poder-se-ia afirmar, correlativamente, que é a angústia real aquilo que produz a foraclusão? Magali Milene Silva e Sonia Altoé discutem a função do diagnóstico em uma terapêutica, contrastando com o modo particular como a psicanálise, ao enfatizar o sujeito, situa-o na clínica que propõe, aproximando a categoria de "estruturas clínicas" com a noção de "classes paradoxais", termo empregado por Jean-Claude Milner. Felipe Castelo Branco busca compreender o lugar da melancolia como classificação clínica em Freud e a repercussão da classe das neuroses narcísicas nas estruturas clínicas de Lacan, priorizando, para isso, o estudo dos interesses teóricos de cada um desses autores e suas consequências clínicas. Fechando a seção, Joseane Garcia tem como objetivo pensar a estrutura topológica do objeto *a* em relação ao fenômeno psicossomático. Destaca que para Lacan, nestes casos, o objeto *a* não pode ser considerado encarnado no corpo, contrapondo-se ao ponto de vista de alguns pesquisadores no campo da psicossomática.

A seção VI, *A estrutura na clínica das psicoses e na psicanálise aplicada à saúde mental,* congrega textos que têm como ponto central a discussão da psicose. Ana Cristina Figueiredo e sua equipe, composta por Ana Paola Frare, Daniela Bursztyn e Wagner Erlange Monteiro, escrevem sobre a psicanálise aplicada na atenção psicossocial. Para isso apresentam uma proposta de articulação entre os três termos: sujeito, estrutura e rede com referência aos pressupostos da psicanálise na clínica da atenção psicossocial, sustentando a construção e a circulação do caso na rede ao modo moebiano, a partir dos elementos dados pelo sujeito na dimensão do diagnóstico e da condução do tratamento. Bianca Novaes de Mello, Eduardo Rotstein e Ana Maria Rudge pretendem demarcar que a ênfase dada à linguística estrutural por Lacan não exclui a noção de sujeito, pois ora ele utiliza um modelo de linguagem mais tradicional – o modelo saussureano que inspirou a linguística estrutural –, ora volta-se para as abordagens estruturalistas que avançam em relação ao modelo do qual partem por concederem um lugar para o sujeito na linguagem. Matheus Dias Pereira pergunta-se por que Freud afirmava que o método psicanalítico não era eficaz para o tratamento dos psicóticos e para isso pesquisou como o criador da psicanálise concebia a estrutura da psicose, percebendo o destaque especial que ele dava à função paterna na estrutura. Mariana Abreu Senra apresenta em seu artigo o manejo no uso da música na clínica psicanalítica praticada num CAPSi – Centro de Atenção Psicossocial Infanto-Juvenil num caso de estrutura psicótica, tendo em vista que, para a autora, a estrutura musical tem a propriedade de fazer-se matéria através da qual o discurso do sujeito do inconsciente pode ser constituído, fazendo aceder sons musicais à condição de significante, como objeto *a*.

A seção VII, intitulada *Estrutura, temporalidade e escrita*, tão cara ao nosso Programa que faz parte da produtiva Rede de Pesquisa "Escritas da Clínica", tem em sua abertura o texto de Ana Maria Medeiros da Costa, que trata do desdobramento entre lugar e cena a partir de proposições lacanianas sobre a passagem ao ato, retomando articulações entre olhar e tempo lógico, situando seus desdobramentos a partir de exemplo retirado de uma singular personagem do cinema, *Betty Blue*, do diretor Jean-Jacques Beineix, de 1987. Luciana Brandão sustenta, em seu artigo, a correspondência do tempo *sinthomático* ao instante no qual o sujeito terá sido falado (ou olhado) pelo Outro, podendo-se, com a lógica do nó borromeano, circunscrever uma estrutura de linguagem na qual os termos estrutura e linguagem são indissociáveis da noção de corpo pulsional. Julia Tosto Leite destaca a escrita joyceana, como *sinthoma*, em seu estatuto de invenção que permite um enodamento entre o Real e o inconsciente, entre o que é alheio ao sentido, sem lei, e o encadeamento simbólico. Com Joyce, Lacan acentua o estatuto do Real como dimensão estrutural, ou seja, como o impossível da relação sexual, mas valoriza a importância do trabalho a partir de tal impossibilidade.

A seção VIII, *Estrutura, ética e sujeito*, abre com o texto de Fernanda Costa-Moura e Marcos Eichler de Almeida Silva que discutem o estatuto do real, sustentando que este não pode ser tomado como um dado imediato e sim como emergindo a partir de um ato que *a posteriori* dá lugar ao sujeito num registro ético, não natural. Caio Filho apresenta a metáfora paterna através da sua estrutura significante, com vistas a discernir a castração como enigma da linguagem, destacando os avatares da falta intrínseca à lógica fálica, em especial a dupla face da castração: traumática e apaziguadora. Jenniffer Oliveira Bello desenvolve em seu artigo as relações entre a estrutura da linguagem e a estrutura do sujeito, enquanto

Raquel Horta desenvolve o conceito de sujeito em psicanálise partindo da destituição subjetiva promovida pelo *cogito* cartesiano para se aproximar da noção lacaniana de sujeito como constituído no campo da linguagem, aproximando-o do vazio em torno do qual se organizam os significantes que viriam, num segundo momento, estruturar uma unidade.

Finalmente, na seção IX, *Estrutura e feminilidade*, contamos com o texto de Elizabeth da Rocha Miranda que aborda a estrutura em psicanálise, partindo do conceito lacaniano de *não-todo* fálico, que diz respeito ao que não tem limites, no entanto não é infinito, que remete ao real que ex-siste e que se faz presente nos furos, nas entrelinhas do discurso, estruturando o inconsciente tal qual uma linguagem. Marlise Eugenie D'Icarahy investiga a relação da fantasia inconsciente nas três estruturas clínicas, neurose, perversão e psicose, com o gozo mortífero, o da mãe que não tem seu desejo barrado, a fim de desfazer algumas diferenças entre o gozo místico e o delírio místico psicótico. Finalizamos com o artigo de Cristiane Almeida, que parte da afirmação lacaniana de que o *não-todo* é uma exigência lógica da fala e aborda este fato de estrutura por meio da mística, já que o místico revela a incidência do real por situar-se do lado feminino e experimentar um gozo louco e enigmático que escapa ao simbólico, muito embora não seja psicótico.

Enfim, neste livro o leitor poderá se enriquecer com a qualidade de textos que oferecem possibilidades de respostas e novas indagações. Os artigos aqui reunidos repercutem como resposta a nossa convocação. Esperamos, mais uma vez, contribuir para a existência da Psicanálise na Universidade e no discurso, sustentando laços sociais.

Boa leitura!

Rita Maria Manso de Barros

Introdução

Por que estrutura e psicanálise?

Rita Maria Manso de Barros

Resumo

O que é estrutura? Qual a importância deste conceito para a psicanálise? O conceito diz respeito apenas ao inconsciente estruturado como uma linguagem? Ou é restrito às estruturas clínicas? E o movimento estruturalista: no que ele consistiu? Lacan é estruturalista? Buscando responder a estas perguntas, o artigo parte da noção de estrutura de um modo geral, adentra o terreno da psicologia onde o termo foi largamente utilizado, penetra no movimento estruturalista com as suas designações, discute a visão lacaniana do inconsciente estruturado como uma linguagem, aponta a importância da noção para o entendimento das estruturas clínicas e finaliza destacando sua contribuição fundamental não só para o campo psicanalítico como também para o das ciências humanas de um modo geral.

Palavras-chave: estrutura; estruturalismo; psicanálise; inconsciente; clínica.

Abstract

Why structure and psychoanalysis?

What it is structure? Which is its importance for psychoanalysis? The concept refers only to the unconscious structured as a language? Or it is restricted to the clinical structures? And what does the structuralist movement consisted? Is Lacan a structuralist? In order to answer these questions, this article intends to discuss the general notion of structure, entering the Psychology field where the term was widely used, penetrating the structuralist movement with their designations, discussing the lacanian formulation of the unconscious as being structured as a language, pointing out the importance of this notion for the clinical structures' understanding and it finishes by highlighting his major contribution not only the psychoanalytical field but also for the humanities in general.

Key-words: structure; structuralism; psychoanalysis; unconscious; clinic.

Tenho [...] a sensação de que os livros são escritos através de mim, e, logo que acabam de me atravessar, sinto-me vazio e em mim nada fica.
(Claude Lévi-Strauss, *Mito e significado*)

O tema do V Simpósio do Programa de Pesquisa e Clínica em Psicanálise da UERJ, Colóquio Internacional Estrutura e Psicanálise, surgiu a partir das questões colocadas por nossos alunos, desde a Graduação do curso de Psicologia, passando pela Especialização em Psicanálise e Saúde Mental, chegando ao Mestrado e ao nosso Doutorado. Mas não apenas. Também nós, professores de Programas de Psicanálise das diversas universidades parceiras – UFRJ e PUC-Rio –, incluindo aqui a Universidade de Toulouse, nos colocamos a pensar sobre as questões que a noção de estrutura levada à psicanálise tem de fundamental para compreendermos os principais conceitos trazidos pela orientação lacaniana. Entre estas questões, destacamos algumas sem almejar neste curto espaço respondê-las, mas esboçar algumas reflexões. Afinal, o que é estrutura? Qual a importância deste conceito para a psicanálise? O conceito diz respeito apenas ao inconsciente estruturado como uma linguagem? Ou é restrito às estruturas clínicas? E o movimento estruturalista: no que consistiu? Lacan é estruturalista?

Procurando no campo da história do pensamento, o movimento estruturalista vem em seguida ao movimento existencialista, que tinha em

Sartre e Simone de Beauvoir seus mais prestigiosos representantes. Ao clima depressivo da *nouvelle vague* francesa, cujo grande ícone literário foi Françoise Sagan com seu livro *Bonjour, tristesse*, vem se sobrepor um movimento que impõe o uso da razão, sem desprezo da emoção, para compreender e iluminar as ciências humanas. O estruturalismo rejeitava a noção existencialista de *liberdade* humana radical e, ao invés disso, concentrava-se na maneira como o ser humano é determinado por estruturas culturais, sociais e psicológicas. François Dosse, nos dois volumes de sua poderosa obra *História do estruturalismo* (2007: 11), vai justamente relevar o quanto o termo estrutura serviu como um unificador de um momento do pensamento francês no pós-guerra, mas destacando como da estrutura chegou-se ao sujeito.

Partindo da linguística e da psicologia do princípio do século XX, o estruturalismo alcançou o seu apogeu na época da antropologia estrutural, ao redor dos anos de 1960. O mais importante trabalho nesse sentido foi o livro de Claude Lévi-Strauss (1908, completa cem anos no dia 28 de novembro), de 1949, *As estruturas elementares do parentesco*, fruto da influência do estruturalismo de Roman Jakobson (que também influenciará Lacan) e da tradição antropológica americana. Na psicologia, o termo estrutura liga-nos logo aos alemães Max Wertheimer (1880-1943), Kurt Koffka (1886-1941) e Wolfgang Köhler (1887-1967), criadores da Psicologia da *Gestalt*, palavra traduzida comumente como forma, estrutura. Aprendemos também sobre o estruturalismo de Edward B. Titchener (1867-1927), que pensava ser a psicologia uma ciência pura, desvinculada de suas aplicações, cujo maior objetivo era descobrir os fatos ou a estrutura da mente. Para alcançar este propósito, ele utilizava como método, que foi duramente criticado por Auguste Comte, a introspecção. Mais tarde, o termo estrutura aparece na epistemologia genética de Jean Piaget e nas pesquisas dos psicólogos da cognição, sobretudo aqueles imersos já no modelo computacional e, mais recentemente, na inteligência artificial. Mas o estruturalismo do qual trataremos aqui está distante destes, embora os mais recentes estejam atravessados por raízes semelhantes nas pesquisas da linguística moderna.

Além de Lévi-Strauss, outros importantes nomes classificados como estruturalistas foram Foucault (1926-1984), que estudou estruturas discursivas que condicionavam o pensamento do homem em determinadas épocas; Roland Barthes (1915-1980), que examinou os mitos modernos, a moda e a literatura; Louis Althusser (1918-1990), que fez uma leitura estruturalista da obra de Marx; e Jacques Lacan (1901-1981), que concebeu o inconsciente como estruturado como uma linguagem. Contudo, nem todos aceitaram a alcunha de estruturalista, entre estes, Lacan, no que tinha razão. Passemos ao ponto.

O QUE É O ESTRUTURALISMO?

Para muitos é uma modalidade de pensar e um método de análise praticado nas ciências do século XX, especialmente nas áreas das ciências humanas. Metodologicamente, analisa sistemas em grande escala examinando as relações e as funções dos elementos que constituem tais sistemas, que são inúmeros, variando das línguas humanas e das práticas culturais aos contos folclóricos e aos textos literários. A noção, banalizada e indeterminada, já existia sob outras designações: *essência* (fenomenologia), *forma* (Psicologia da *Gestalt*), *figura* (idem), *sistema* (Freud e suas tópicas), *dasein* (Heidegger) etc. Admite-se que o uso do termo que irá sustentar o movimento estruturalista inicia-se em 1948, com Froeber, em seu livro *Antropology*, ao admitir que o uso da noção de estrutura é, provavelmente, apenas uma concessão à moda – já que tudo que existe, desde que não seja amorfo, possui uma estrutura –, mas, ainda assim, embora não sirva para nada, ela dá um tom (*apud* Prado Coelho, 1967: IX).

Entre textos de Foucault, Derrida, Lévi-Strauss, Lacan, Sartre, Barthes e outros, Eduardo Prado Coelho (1967), na introdução da obra que organizou, *Estruturalismo, antologia de textos teóricos*, oferece-nos alguns dados sobre o estruturalismo:

1. Não designa um objeto preciso;
2. É o termo conveniente e indispensável para englobar um certo tipo de atividade e uma certa forma de linguagem;
3. Não é uma filosofia, mas contem várias de forma implícita;
4. Pretende fundamentar sua legitimidade no plano científico;

5. Procura distinguir com clareza ciência e ideologia;
6. Quando tenta se apresentar como filosofia, torna-se ideologia, pois busca suturar os espaços em branco do campo da ciência (e aí entra a crítica pós-moderna sobre os metarrelatos em Lyottard);
7. É uma nova linguagem (e por isso traz implícita sua própria teoria ou ideologia).

Prado Coelho destaca três tipos de estruturalismo: o fenomenológico (Merleau-Ponty, Sartre, etc.), o genético (Goldmann, Piaget e até Sartre) e o dos modelos (Lévi-Strauss e, ainda, Lacan, Barthes, Foucault, Althusser, etc.). Os dois primeiros se aproximam, enquanto se afastam radicalmente do último, aqui as rupturas radicais. Para estes, que é o que nos interessa por agora, a estrutura não existe na realidade concreta, pois é justamente o que define esta realidade a partir do sistema de relações e transformações possíveis. Prado Coelho (1967: LXXV) conclui que o estruturalismo teve como consequência a libertação do "peso de nossa interioridade, cúmplice talvez involuntária da opressão, da miséria e da angústia do pecado, [pois] situa-nos cruelmente no espaço onde a ação se impõe para que no limite dela se erga o riso branco da loucura".

O fato é que o estruturalismo provocou uma mudança, uma ruptura, um corte epistemológico e, em consequência, uma diferença, levando à desnaturalização dos signos, de onde adveio seu potencial de combate à ideologia burguesa. Ele será classificado por muitos como um antiempirismo, um anti-historicismo, um antipsicologismo, um antissociologismo e, numa espécie de golpe final que lhe renderá as mais contundentes críticas, um anti-humanismo.

O QUE É ESTRUTURA?

Estrutura e estruturalismo têm suas definições, em nosso idioma, como:

> *Estrutura*, s. f. 1. organização das diferentes partes ou aspectos de uma forma, padrão ou sistema (estrutura dos genes, estrutura da socie-

> dade). 2. algo construído ou organizado (o novo museu é uma impressionante estrutura). 3. armação, arcabouço. 4. maneira de pensar, trabalhar ou organizar algo; método (uma estrutura sólida é fundamental para começarmos a pesquisa). 5. fig. constituição emocional. *Estruturalismo*, s. m. corrente de pensamento dos anos 1960 que analisa os diferentes aspectos de assuntos (p. ex. literatura, linguagem, sociedade) como causados e organizados por um conjunto oculto de regras e padrões, formador de sua estrutura básica (Mini Houaiss, *Dicionário da língua portuguesa*).

Do ponto de vista da engenharia de projetos, as estruturas são mais ou menos os esqueletos das edificações. A estrutura é virtual, o cálculo que antecede a materialização. Sabendo-se a que utilidade se destinará certa obra e já dispondo dos parâmetros básicos iniciais, previamente adotados por profissionais voltados para a área em questão – ou seja, arquitetos quando se trata de obras industriais como fábricas ou residências, engenheiros de estradas no que diz respeito a pontes, etc. – e sujeitos à normalização (que são as leis da engenharia) vigente, o engenheiro estrutural viabiliza sua execução. Ele faz o cálculo tendo que considerar inúmeras variáveis, mas lidar com o solo é mais ou menos como acontece com a psicanálise: não se sabe como ele se comportará simplesmente porque é variável, depende da circunstância!

Em francês, leito onde surgiu o movimento, a *structure* e o *structuralisme* têm suas definições como:

> *Estrutura*, n. f. 1. Disposição, agenciamento visível das partes (de uma obra, de um edifício). *A estrutura de um poema.* 2. Agenciamento das partes (de um conjunto) tal qual aparecem quando se as estuda. → *constituição. A estrutura celular. A estrutura do átomo. A estrutura de um Estado.* Conjunto de elementos essenciais, profundos. Reformas de estrutura. 3. Nas ciências. Sistema complexo descrito e analisado em função de relações recíprocas entre suas partes. *Estrutural*, adj. Didat. 1. Que pertence à estrutura. 2. Que estuda as estruturas, analisando os elementos. *Linguística, gramática estrutural.* Contrário de funcional.

Estruturalismo, n. m.: Teoria segundo a qual as ciências humanas devem visar principalmente às estruturas.[1]

E O ESTRUTURALISMO NA PSICANÁLISE?

Considerando que já apontamos algumas pistas dessa relação, tomaremos um momento importante do ensino de Lacan e seu aforismo: *o inconsciente é estruturado como uma linguagem.*

Para Miller há três sentidos de Lacan com relação ao movimento estruturalista: primeiro, diretamente ligado a Roman Jacobson, Lacan é estruturalista; depois, em um segundo sentido, Lacan é um estruturalista radical, quando busca elaborar o estatuto do sujeito compatível com a ideia de estrutura; e, em um terceiro sentido, ele se afasta do estruturalismo uma vez que, ao contrário dos estruturalistas para quem a estrutura é coerente e completa, a estrutura em Lacan é antinômica e incompleta (Miller, 1988: 24).

Para situar Lacan neste terceiro sentido, do qual o texto do Congresso de Roma, em setembro de 1953, é um bom exemplo, quando retoma os princípios da psicanálise com o informe "Função e campo da palavra e da linguagem em psicanálise (Lacan, 1953/1989), recentrando a tese do inconsciente estruturado como uma linguagem, relembro sua visita à Baltimore, nos Estados Unidos, em outubro de 1966, para participar de um simpósio sobre estruturalismo na Universidade Johns Hopkins. Ali, para uma plateia que incluía Goldmann, Rosolato, Derrida, Vernant e Barthes, entre outros, Lacan afirmará que *nunca disse que o inconsciente fosse um ajun-*

---

1 *Structure*, n. f. 1. Disposition, agencement visible das parties (d'une oeuvre, d'un bâtiment). *La structure d'un poème.* 2. Agencement das parties (d'un ensemble) tel qu'il apparaît lorsqu'on l'étudie. → *constitution. La structure cellulaire. La structure de l'atome. La structure d'un État.* Ensemble d'éléments essentiels, profonds. Des reformes de structure. 3. En sciences. Système complexe décrit et analysé em fonction de relations réciproques entre sés parties. *Structural, ale, aux*, adj. Didact. 1. Qui appartient à la structure. 2. Qui étudie les structures, en analyse les éléments. *Linguistique, grammaire structurale.* Contraire de functionnel. *Structuralisme*, n. m.: Théorie selon laquelle les sciences humaines doivent envisager principalement les structures. (Le Robert Micro Poche, *Diccionnaire de la langue française*).

tamento de palavras, e sim que o inconsciente tem uma estruturação precisa (Lacan, 1966/1976: 200). Identifica inclusive uma redundância na frase, pois, para ele, *estruturado* e *como uma linguagem* significam exatamente a mesma coisa. Mas de qual linguagem se trata no inconsciente? Ele nos responde que *linguagem é linguagem, e só há um tipo de linguagem: a língua concreta inglês ou francês, por exemplo falada pelas pessoas* (idem). É esta língua que estrutura o sujeito sendo que a mensagem procede do lugar do Outro, e esse Outro fala uma língua. No entanto, o sujeito é mais do que aquele que fala a língua e muitas vezes está oculto numa sentença ("Chove", por exemplo). Ancorado em Freud, reafirma a questão que a natureza do inconsciente coloca diante de nós, *a de que alguma coisa sempre pensa* e que *o inconsciente está acima de todos os pensamentos e que aquilo que* pensa *está vedado à consciência* (ibid.: 201). Desta forma, firmemente apoiado na divisão psíquica, é que ressaltará a impossibilidade da unidade totalizadora do sujeito, considerando mesmo uma mentira escandalosa tal proposição. Não é possível pensar em um indivíduo numa unidade quando a própria experiência do ato de viver diz que a vida é algo sem precisão, ao contrário do navegar, que conta com instrumentos precisos para indicar por onde ir. A vida segue à deriva, isto é, por conta da pulsão. Dessa forma, Lacan afirma que

> Jamais pude compreendê-lo, pois, embora eu seja um psicanalista, sou também um homem e minha experiência me diz que a principal característica de minha vida humana e, certamente, das vidas de todos os presentes – e se alguém pensar assim, espero que se manifeste – é que a vida é algo que vai, como dizemos em francês, à la derive (Lacan, 1966/1976: 202).

Estando à deriva, guiado pela pulsão, não se pode pretender fazer de qualquer sujeito um barco de rumo certo ou um terreno plano, linear, aplainando seus relevos. mesmo no uso da língua, há o estilo singular de cada um se apropriar ou ser atravessado por ela[2]. O estruturalismo deixa de

---

[2] *Style*, n. m. Part de l'expression qui est laissé à la liberté de chacun, n'est pas directement imposée par les normes, les règles de l'usage, de la langue. *Étudier le style d'un grand écrivain* (Le Robert Micro Poche, *Diccionnaire de la langue française*).

lado a emoção, ou melhor, o precioso e genial conceito de pulsão formulado por Freud. Embora a noção de estrutura tenha sido fundamental para destacar a importância da linguagem, do meu ponto de vista houve um afastamento do estranho em Freud, dispensando-se o conceito de pulsão.

E o encontro da estrutura com a psicanálise: como fazê-los falar na clínica?

Para Lacan, a principal demanda de qualquer sujeito que procura uma análise é a *felicidade* (1959-1960/1988), a ponto de, ao responder a uma entrevista para a televisão, responder ao seu entrevistador com as seguintes palavras:

> Eis que o senhor gostaria de saber o que o discurso analítico pode lhe prometer, pois para mim já está no papo. A psicanálise permitir-lhe-ia esperar seguramente clarificar o inconsciente do qual o senhor é sujeito. Mas todos sabem que aí não encorajo ninguém, ninguém cujo desejo não esteja decidido (Lacan, 1974/1993: 74).

Ao afirmar que o *significante é aquilo que representa um sujeito para outro significante,* ele observa que se deve entender o sujeito como sujeito de *desejo*. Mas devemos ter claro que os significantes preexistem ao sujeito, já que o campo do sujeito é o campo da pulsão enquanto o campo do significante (linguagem) é o campo do Outro. Eis aqui a divisão do sujeito: de um lado o desejo do Outro, de outro lado seu próprio Ser pulsional. O sujeito deseja o desejo do Outro e fica desamparado frente ao Outro. Mas o desejo é fundamental para que o sujeito pulse em seu ser. Ser e pensar são uma só e mesma coisa e desta forma Lacan não poderia deixar de afirmar a primazia do significante sobre o significado.

Pode-se entender por que um dos maiores frutos do estruturalismo levado à clínica foi a exigência de rigor, de coerência, feita por Lacan aos psicanalistas pós-freudianos, afogados em um excesso de imaginário. Por outro lado, este foi o ponto preferido de ataque: a psicanálise tornara-se altamente intelectual, dispensando o aspecto afetivo. Claro está, pelo que foi apontado antes, que esta espécie de crítica só encontrava ressonância naqueles que já se encontravam numa posição defensiva. E isto fica mais claro ainda quando lemos Lacan falar de felicidade.

Cabe ao analista a direção do tratamento, permanecendo no lugar do morto do *bridge*, o que coloca em xeque a questão do ser do analista. Para sustentar a transferência de suposição de saber, em busca das repetições inconscientes, para que o sujeito possa ali enunciar seu desejo, o analista está desobrigado de compreender. Longe das amarras do humanismo alimentador de imaginário, ele pode se dirigir ao objeto *a*, no fluxo discursivo, para localizar o desejo singular.

E AS ESTRUTURAS CLÍNICAS?

Ao estabelecer uma ordem relativa ao excesso de patologias propostas pela psiquiatria em sua época, e mais ainda hoje com o DSM IV e o CID 10, Lacan propõe a existência de três grandes ramos, que partem de um tronco comum (a linguagem, o Outro) originando ramos ou formas específicas de reagir ao real do trauma da entrada na linguagem: através do recalque, na neurose; através do desmentido, na perversão; através da foraclusão, na psicose. Estas são formas de submeter-se ao real da castração, ou a uma parte dela ou a sua totalidade, todas se remetendo à maneira como se recebe do Outro, tesouro de significantes, a linguagem, isto é, o modo de sair do estado de natureza para o ingresso no estado de cultura. Sendo a linguagem (Outro) causa e efeito da cultura, ela encontra formas diversas de possuir os corpos onde finca suas raízes, encarnando-se. Desta forma, o Outro determina o sujeito, mas não se pode dizer que o sujeito determina o Outro, pois aqui, mais uma vez, vemos o efeito da estrutura, de uma referência lógica, de um sistema.

A denegação ou desmentido, o recalque e a foraclusão serão as formas da negação no inconsciente que determinarão o percurso da pulsão e darão origem às três estruturas básicas: a perversão, a neurose e a psicose. Esta divisão clareou em muito a direção do tratamento e a posição do analista nesta condução. Fazer como os analistas pós-freudianos, que em nada modificavam a forma de tratar a neuróticos e psicóticos, era conduzir muitas vezes o tratamento ao pior.

Concluindo, por ora...

Tendo que concluir, por ora, retomo François Dosse (2007: 27) que observa que, embora a época atual seja, por muitos, chamada a *era do vazio* (Lipovetsky), esta se mostra como um novo momento, sem propor o retorno ao estruturalismo, mas a ele retornando para avançar. Lacan morreu em 11 de setembro de 1981, aos 81 anos. Afinal, esta data não é para muitos, hoje, um marco das transformações radicais na história da civilização? O 11 de setembro de 2001 nos Estados Unidos, no campo cultural, e a crise econômica atual deflagrada lá mesmo nos cobram o novo. Talvez, mais uma vez, se confirme a máxima popular de que água mole em pedra dura tanto bate até que fura. Ainda que Chico Buarque tenha lembrado que algumas vezes a água muda de caminho!

Referências bibliográficas

DOSSE, F. (2007). *História do estruturalismo*. Bauru, São Paulo: Edusc.

FOUCAULT, M. (1985). *As palavras e as coisas: uma arqueologia das ciências humanas*. São Paulo: Martins Fontes.

LACAN, J. (1953/1989). Función y campo de la palabra y del lenguaje en Psicoanálisis. *Escritos 1*. México: Siglo Veintiuno.

————. (1959-1960/1988). *O Seminário, livro 7: a ética da psicanálise*. Rio de Janeiro: Jorge Zahar.

————. (1966/1976). Da estrutura como intromistura de um pré-requisito de alteridade e um sujeito qualquer. *In*: MACKSEY, R. & DONATO, E. (orgs.). *A controvérsia estruturalista: as linguagens da crítica e as ciências do homem* (pp. 198-212). São Paulo: Cultrix.

————. (1974/1993). *Televisão*. Rio de Janeiro: Jorge Zahar.

MILLER, J.-A. (1988). *Percurso de Lacan*. Rio de Janeiro: Jorge Zahar.

PRADO COELHO, E. (1967). Introdução a um pensamento cruel: estruturas, estruturalidade e estruturalismos. *In*: *Estruturalismo, antologia de textos teóricos* (pp. I-LXXV). São Paulo: Martins Fontes.

DICIONÁRIOS

Le Robert Micro Poche. *Dictionnaire de la langue française*. Réimpression, 1994.

Mini Houaiss. *Dicionário da língua portuguesa*. Rio de Janeiro: Objetiva, 2004, 2ª. ed. revista e aumentada.

Abertura

Estrutura e religião

Sidi Askofaré
Tradução de Ligia Gama e Silva Furtado de Mendonça
Revisão de Sonia Alberti

Resumo

Como qualquer fenômeno e sistema simbólico, a religião – o conceito universal das religiões – está sujeita à estrutura da linguagem, que condiciona tanto a sua possibilidade como determina seus efeitos. Tentamos aqui explicar a relação da religião com a linguagem e identificar suas implicações clínicas e teóricas para a psicanálise: o estatuto religioso do sujeito, a lógica do sentido, a base da transferência, a função paterna...

Palavras-chave: estrutura; linguagem; religião; sujeito; sentido; amor; pai.

Abstract

Structure and religion

Like all phenomena and symbolic systems, religion – the universal concept of religions – is submited to the structure of language which determines your possibility as it determines yours effects. Here we try to explain the relationship between religion and language and to identify theirs clinical and theoretical implications for psychoanalysis: religious status of the subject, logical sense, the basis of the transfer, paternal function...

Key-words: structure; language; religion; subject; sense; love; father.

Há muito que refletir sobre a estrutura em psicanálise e, pessoalmente, eu penso ter muito a dizer sobre isso. Em primeiro lugar, enquanto professor que passa o essencial de sua atividade pedagógica transmitindo a orientação lacaniana em psicanálise. Em seguida, como alguém que pratica a psicanálise, sendo confrontado diariamente com os problemas de diagnóstico e de direção do tratamento – seja no relativo aos pacientes dos quais estou diretamente encarregado ou daqueles que acompanho através de supervisão. Finalmente, como pesquisador, investindo meus objetos de pesquisa e concebendo-os a partir da perspectiva estrutural em psicanálise, inaugurada por Lacan. A referência e o uso da estrutura me obrigam, pela lógica desse tipo de trabalho, a levar em conta e a integrar no meu cálculo o declínio do paradigma estruturalista, lá mesmo onde Lacan foi procurá-lo: na linguística e na antropologia. Isso interessa bastante ao tema que aqui desenvolvo e que tem por eixo central uma articulação. Se não fosse o convite do Programa de Psicanálise da UERJ eu jamais teria pensado, sozinho, em fazer o binômio "Estrutura e religião". Ressalto que nestas linhas escrevi não sobre "Estrutura da religião", muito menos sobre "Religião da estrutura", mas tão somente sobre "Estrutura e religião". Evoquei outras perspectivas além daquela que será a minha ao considerar o tema "Estrutura e religião".

Devo assumir que durante os últimos anos, além de Freud e Lacan, foi principalmente com os historiadores, os filósofos e os antropólogos que mais aprendi sobre religião. Aliás, a própria ideia de uma estrutura da religião é de Jean Bottéro, o maior especialista sobre a Mesopotâmia que eu já encontrei. No seu livro publicado em 1998, *La plus vieille religion*, ele propõe o que considera a definição mais estrita de religião:

> Um *Panthéon* de divindades no qual a cada um é atribuído um papel e uma função própria, cuja intercessão é obtida por rituais codificados nos quais as vontades se manifestam através de sinais, os quais são interpretados por uma classe de sacerdotes. [...] As divindades acessíveis, cujo mundo dá origem ao mundo humano e cujas estruturas hierárquicas modelam, na Terra, aquelas do universo político e social. [...] As divindades são presentes, ativas, mas mantêm certa

> distância dos homens, ao ponto que estes têm a oportunidade de eleger, segundo suas circunstâncias de vida, a quem eles reservarão uma devoção particular (Bottéro, 1998: contracapa).

Em contrapartida, será Georges Dumézil, aquele de quem poderíamos ter esperado uma teoria estrutural da religião, que recusará a estrutura e o estrutural, tendo se definido, ironicamente, como "estruturista" para marcar efetivamente sua distância do estruturalismo de Lévi-Strauss ou de Roland Barthes.

Na abordagem da religião e dos fenômenos religiosos, quem vai mais longe é o filósofo, mediologista e polemista, Régis Debray, ao propor nada menos que uma teoria "chomskyana", ou seja, anti e pós-estruturalista da religião: "cada religião" – escreve o autor em *Critique de la raison politique ou l'inconscient religieux* –,

> cada formação ideológica poderia ser entendida como a *performance* de uma competência genérica; a religião natural sendo para as religiões históricas o que a gramática universal é para as línguas efetivas: um sistema capaz de gerar uma infinidade de crenças possíveis através de um conjunto definido pelas suas relações e suas oposições recíprocas (universais formais e substanciais) (Debray, 1981: 280).

Seria possível prosseguir com Marcel Gauchet, Jean-Luc Nancy, Olivier Roy e mesmo Peter Sloterdijk, mas paro por aqui para tentar determinar atualmente qual conceito de estrutura conviria para não nos extraviarmos. Penso que não surpreenderia ninguém se afirmasse que o tema mesmo da estrutura em psicanálise só tem sentido verdadeiro e alcance real ao ser relacionado à intervenção de Jacques Lacan no campo freudiano.

Que seja suficiente evocar aqui os títulos autênticos de alguns de seus primeiros Seminários – *Les structures freudiennes des psychoses* [As estruturas freudianas das psicoses, 1955-1956], *Les structures freudiennes de la relation d'objet* [As estruturas freudianas da relação de objeto, 1956-1957] e outros – ou, mais radicalmente, o axioma, "o inconsciente é estruturado como uma linguagem", que determinou e orientou seu ensino, ou pelo menos a parte deste que Jean-Claude Milner (1995) identificou como seu "primeiro classicismo".

O conceito de estrutura ao qual vou me referir daqui em diante é aquele que Lacan promove, em 1974, em "Télévision" [Televisão], onde ele afirma: "na medida em que o inconsciente aí está implicado, há duas vertentes que a estrutura, ou seja, a linguagem fornece" (p. 18, p. 21 na edição brasileira).

Permitam-me colocar de lado as duas vertentes em questão, a saber, a "vertente do sentido" e a "vertente do signo", para nos atermos a essa equivalência estrutura/linguagem que seu interlocutor, nesta entrevista, Jacques-Alain Miller, estenografa, e talvez radicalize, destacando na margem: "só há estrutura de linguagem" (p. 18, p. 21 na edição brasileira).

Aliás, a tese de Lacan é muito mais densa na medida em que esta equação da estrutura e da linguagem lhe permite reconsiderar o estatuto do inconsciente como comandado pela "estrutura que se reconhece por fazer a linguagem na *lalíngua*" (p. 19). Não é dizer de outra maneira que um inconsciente comandado não pela linguagem, mas pela *lalíngua*, não seria estruturado?

Retomo a nossa questão de partida, e tento tirar, a propósito da religião, as implicações da estrutura assim definida.

II

O mais difícil num conceito tão denso como o de estrutura é, certamente, não ser conduzido por teses triviais e, por conseguinte, fúteis. Tentarei superar este receio para examinar, no que diz respeito à religião, algumas proposições que, no meu parecer, podem ser daí deduzidas.

– *Não há sociedade sem religião*

Para dizer a verdade, trata-se menos de uma dedução que de uma constatação empírica. Não existe, ao meu conhecimento, uma sociedade humana sem religião, ou seja, sem heteronomia em relação a uma transcendência, sem mitologia – "a religião é mitológica, e toda religião é mitológica" (Bottéro, 1998: 27) –, sem oposição do sagrado e do profano. Aliás, Bottéro, sempre ele, sublinha bem a especificidade das religiões das sociedades ditas antigas ou "primitivas":

> Cada religião deste tipo não é, no fim das contas, nada diferente de um aspecto da cultura própria daqueles que a criaram. E cada cultura, tanto quanto uma escala particular de valores, uma concepção da vida em comum, um tipo de organização social, uma preocupação em levar os outros em conta, um conjunto de gostos e aversões, as preferências e os temores..., comporta obrigatoriamente uma atitude determinada para com o Divino: uma dimensão religiosa, uma religião, nascida e desenvolvida com ela desde a noite dos tempos e por etapas insuspeitas. É o que chamamos de uma "religião pré-histórica", ou "tradicional", ou, se preferirmos, "popular", "primitiva" (Bottéro, 1998: 27-28).

Se as religiões – mesmo as mais primitivas – não se deduzirem diretamente da estrutura, pode-se, ao menos, ter como evidente que a existência, o funcionamento e a eficácia da linguagem sejam requeridos para apenas torná-las possíveis. Seria possível ao menos imaginar uma religião sem linguagem, quer dizer, sem língua, sem fala, sem mensagem, sem crença(s), sem mitos e ritos?

– *Não há religião sem sujeito(s)*

Pelo mesmo caminho, podemos prosseguir com a segunda proposição, a de que não pode haver religião sem sujeito(s).

Não há religião sem sujeito quer dizer: não há religião sem crentes e/ou praticantes, sem sujeitos assujeitados às crenças da referida religião, aos seus dogmas – se ela os tiver –, a suas obrigações e a seus ritos.

Desse ponto de vista, a comparação com a língua me parece bastante esclarecedora: uma religião sem sujeito(s) seria uma "religião morta", como diríamos de uma língua que perdeu seus interlocutores: uma língua que não é mais falada e transmitida como uma língua materna seria uma língua morta.

– *Não há sujeito, crenças, obrigações ou ritos sem linguagem*

Nesse ponto, também, não é muito útil insistir. Sujeito, crenças, obrigações e ritos, ou seja, todos os elementos nos quais a instituição se sustenta, e ainda a posição e a atitude religiosas, são simplesmente inconcebíveis fora do que se impõe, com destaque, como a sua condição de possibilidade: a estrutura de linguagem.

Com efeito, sem linguagem, quer dizer, sem o sistema material de significantes e o sistema de oposições que a estrutura, como apenas aproximar o mínimo das oposições simbólicas que estruturam o campo religioso: sagrado / profano, lícito / ilícito, obrigatório / facultativo, permitido / proibido etc.?

– *A linguagem: condição e fundamento de toda religião*

Venho, por conseguinte, afirmar que a linguagem, logo, a estrutura, é a condição e o fundamento de toda religião. Poder-se-ia dizer, parafraseando Lacan, que, por ter por condição a linguagem, a religião – como o inconsciente – se encontra estruturada como ela? É uma questão. No entanto, sigamos, pois, no momento, não desejo me ater à estrutura da religião, mas às implicações, às consequências no real da existência da estrutura de linguagem. A esse propósito convém recordar que, se para a psicanálise a linguagem é a estrutura, a linguagem de que se trata é aquela em que está interessada a dimensão inconsciente. Com este ponto de vista se esclarece sua relação e articulação às outras declinações analíticas da estrutura: a estrutura do sujeito, a estrutura de discurso e as estruturas clínicas.

Vamos partir da questão mais simples: quais são os efeitos produzidos pela existência da linguagem no real? Permitam-me reunir aqui somente o que é necessário ou útil para meu desenvolvimento e minha demonstração.

- De início, a linguagem realiza o sujeito; é uma das teses fundamentais e invariáveis de Lacan: o sujeito é efeito da linguagem, ou se vocês preferirem: "o significante é a causa do que há do sujeito no real" (Lacan, 1966: 835).

- Em seguida, a segunda consequência não menos importante é que a estrutura de linguagem dá seu fundamento ao que Lacan chamou de discurso, ou seja, o laço social como tal que mantém os corpos juntos.

No entanto, na elaboração desta categoria Lacan não incluirá a religião – ou as religiões – no conjunto dos laços sociais fundamentais. O que é surpreendente por várias razões.

De início, isso é surpreendente porque esse não foi o primeiro movimento de Lacan. Lembrando que em "A ciência e a verdade" (1965/1966) – texto que em diversos pontos podemos dizer que antecipa o que ele desenvolverá no seminário *O avesso da psicanálise* (1969-1970/1991) e a teoria dos discursos – o que Lacan opunha à psicanálise como práticas humanas fundamentais eram a magia, a religião e a ciência, e não o "governar", o "educar", e o "fazer desejar", já que é assim que se pode traduzir os impossíveis em volta dos quais se estruturam os famosos discursos do mestre, do universitário e do histérico. Mas Lacan justamente passou – e isso é notável – das práticas aos discursos!

É também surpreendente porque a religião se mantém aos olhos de todos senão como um "laço social" no sentido de Lacan, em todo caso como uma das instituições fundamentais que sustenta as sociedades, seja pela sua função de ilusão – diagnosticada por Freud – ou pela sua produção de sentido, de normas e de ideais.

Talvez essa exclusão da religião dos laços sociais fundamentais feita por Lacan nos convide a refletir e a elaborar a respeito da diferença entre "fazer grupo", "fazer comunidade" e "fazer laço social".

Ainda haveria muito a dizer sobre este aspecto, mas eu gostaria de retornar à questão do sujeito, do sujeito do significante efeito da linguagem.

III

Se retomo a questão do sujeito, é para introduzir o seguinte: à indagação que Durkheim fazia em 1912 em *Les formes élémentaires de la vie religieuse*

– a saber "se a religião exterior e pública é apenas o desenvolvimento de uma religião interior e pessoal que seria o fato primitivo, ou se, ao contrário, a segunda não seria o prolongamento da primeira no interior das consciências individuais" (Durkheim, 1912/1960: 64-65) –, me parece que existe uma resposta freudiana: eu a formularei em termos do *primado lógico* do psicológico sobre o sociológico. É esta posição, esta escolha de método que comanda e orienta todas as construções pelas quais Freud trouxe uma elucidação original, específica e substancial sobre a religião: "O futuro de uma ilusão" (1927/1971), obviamente, mas também e sobretudo "Totem e tabu" (1912-1913/1993) e "Moisés e o monoteísmo" (1939/1986).

Se seguirmos os caminhos de Freud e adotarmos essa prestigiosa opção, somos conduzidos a interrogar, do ponto de vista que nos interessa, as consequências de o sujeito ser efeito da estrutura da linguagem.

Sem entrar nos detalhes e em todos os requintes da doutrina lacaniana da subjetivação, pode-se isolar ao menos quatro consequências da "ação da estrutura" sobre o sujeito:

- Sua alienação ao Outro do significante;
- Sua divisão experimentada entre saber e verdade;
- A constituição de seu corpo como "deserto de gozo";
- A localização de seu gozo no objeto *a*, que é ao mesmo tempo "objeto perdido", condensador de gozo e causa do desejo.

Alienação, divisão do sujeito (pelo significante e pelo objeto) e perda nos conduzem diretamente ao que Georges Bataille havia chamado, não em *Théorie de la religion* (1948), mas em *L'expérience intérieure* (1944), o princípio de incompletude do sujeito humano.

Se retorno aos meus clássicos – em suma, Freud e Lacan –, me parece que podemos dar um passo adiante. Com efeito, a constituição do sujeito pela linguagem produz, antes de mais nada, uma vantagem, a incompletude; ela introduz e estabelece uma verdadeira heteronomia do sujeito, uma profunda dependência do Outro como lugar da verdade, do sentido e do desejo. Parece-me que toda a teoria freudiana da religião como ilusão acha seu fundamento nessas considerações.

Qual é o passo suplementar que a intervenção lacaniana introduz? É a este ponto que gostaria de me ater agora.

IV

Se Lacan, como vocês sabem, não tematizou – ao contrário de Freud – a questão da religião, me parece que seu ensino é tão atravessado e costurado por ela que torna fácil construir suas coordenadas. Para ser breve, eu direi que há finalmente duas "teorias" da religião em Lacan. A primeira é explícita e muito bem articulada, principalmente em "A ciência e a verdade" (1965/1966). Todo mundo, sem dúvida, se lembra de que ele a constrói a partir do que ele chama sua relação com a verdade enquanto causa: relação esta que ele qualifica de denegação (*Verneinung*). Outra característica: ela usa a causa como causa final, reenviando tudo ao Juízo Final!

Pois bem, se essa "teoria da religião" se afasta daquela de Freud, é sem dúvida devido ao fato de que, sobre essa questão da religião, a concordância entre Freud e Lacan está longe de ser evidente.

Direi mesmo que, se o conceito de ilusão de Freud está longe de ser trivial – basta lembrar aqui que ele chama de *ilusão* uma crença quando, na determinação desta, a realização de um desejo é prevalente, o que, evidentemente, aproxima a religião do sonho –, ele se inscreve, contudo, sobre a base de uma ideologia positivista, no sentido de cientificista. Ora, esta mesma ideologia nutre a ilusão – desta vez no sentido corrente e comum do termo – de um declínio e de um ultrapassamento da religião que seria provocado pelo desenvolvimento da ciência. Em suma, Freud acreditava, como muitos pensadores do seu tempo, que as luzes da ciência iriam superar a ignorância e o obscurantismo da religião.

Sabe-se que este não é o diagnóstico de Lacan, menos ainda seu prognóstico. Ele formula assim: "o triunfo da religião". E esse triunfo da religião, ele o liga aos préstimos que ela é cada vez mais chamada a oferecer, até por causa da extensão do real apontado pela ciência, ou seja, a produção de sentido.

> Vão precisar dar um sentido a todas as reviravoltas introduzidas pela ciência. E, no que se refere ao sentido, eles conhecem um bocado. São capazes de dar um sentido realmente a qualquer coisa. Um sentido à vida humana, por exemplo. São formados nisso. Desde o começo, tudo que é religião consiste em dar um sentido às coisas que outrora eram as coisas naturais. Não é porque as coisas vão se tornar menos naturais, graças ao real, que se vai parar de secretar o sentido. E a religião vai dar um sentido às experiências mais curiosas, aquelas pelas quais os próprios cientistas começam a sentir uma ponta de angústia. A religião vai encontrar para isso sentidos truculentos (Lacan, 1975/2005: 79-80).

V

Vou me servir dessa noção de sentido, noção organicamente enlaçada à de estrutura, já que se trata de uma das vertentes que a linguagem dá quando a dimensão do inconsciente está nela interessada. Apoiar-me-ei nela apenas para enunciar algumas proposições ou teses interessantes para desenvolver e discutir.

Para ser conciso, irei-me ater a três.

1. A estrutura, não somente como eu penso tê-la estabelecido, condiciona a religião e também promove um empuxo à religião. E isso se deve por, ao menos, três razões: a) porque ela, a estrutura, está no princípio daquilo do qual a religião é a grande provedora: o sentido; b) porque nela se institui a ordem da verdade e, por isso mesmo, produz-se simultaneamente a opacidade e a convocação ao sentido necessárias para dissipá-la; c) enfim, porque ela é aquilo através do que se fundamentam as promessas de satisfação e de gozo em que todas as verdadeiras religiões se sustentam (*versus* sabedorias).

A segunda tese que lhes proponho não é menos radical. Ela poderia se enunciar como: o sujeito é religioso. Com isso quero dizer que o sujeito é, em sua essência, fundamentalmente religioso. O que não quer dizer, claro, adepto ou praticante desta ou daquela religião historicamente determinada.

Se afirmo que o sujeito é religioso, necessariamente e não de maneira contingente, é em razão da própria estrutura que é a sua, que o constitui numa dependência originária e irredutível a um Outro transcendente (ou seja, ao mesmo tempo prévio, determinante e exterior).

Esta heteronomia do sujeito para com o Outro o faz um crente por excelência – *crente no sentido* – e um apaixonado por necessidade, já que todas as suas satisfações outras, que não narcísicas, passam pelo Outro e, logo, pela demanda ao Outro. Ainda adicionarei que é por isso que se faz necessária uma análise, e não qualquer uma, para fazer de um sujeito, notadamente neurótico, o que Lacan (1975/2005: 32) chamou de um "ateu viável".

Enfim, em razão de a estrutura – tal como ela nos é revelada pela experiência psicanalítica –, ser centrada e capitoneada pelo significante paterno ou os Nomes-do-Pai, ou a significação que eles induzem, o *phallus*, compreende-se que o sujeito é necessariamente religioso porque o inconsciente que o determina o é. Por que, vocês me dirão? Porque aí reinam sem igualdade o amor pelo Pai, o apelo ao sentido e o culto ao *phallus*!

2. Minha terceira e última tese: a neurose é uma religião e a religião é um sintoma.

   Com efeito, tenho a ideia de que há muito tempo nós vivemos sob a evidência da tese freudiana segundo a qual a religião é uma neurose coletiva. Uma neurose coletiva que proporciona àquele que se submete a ela a economia de uma neurose individual. Esta tese, ultraclássica, merece ao menos uma discussão, até pelo número de neuróticos – entre os quais os padres – que batem à porta dos analistas apesar e, às vezes, por causa da relação problemática com suas crenças e seus ideais religiosos.

Mas não é o desejo de discutir a tese de Freud que me leva hoje a encarar a neurose como uma religião. É, por um lado, a nova teoria da neurose, promovida por Lacan em seu Seminário *De um Outro ao outro* (1968-1969/2006) e, por outro lado, mais radicalmente sua identificação – em *R.S.I* (1974-1975) – como o elo do Nome-do-Pai. Ou seja, a identificação possível, a partir de *R.S.I.*, entre o complexo de Édipo e a realidade religiosa com o sintoma como o elo a manter amarrado, na neurose, o nó borromeano.

REFERÊNCIAS BIBLIOGRÁFICAS

BOTTÉRO, J. (1998). *La plus vieille religion*. Paris: Gallimard, Folio-Histoire.

DEBRAY, R. (1981). *Critique de la raison politique ou l'inconscient religieux*. Paris: Gallimard.

DURKHEIM, É. (1960). *Les formes élémentaires de la vie religieuse*. Paris: PUF.

FREUD, S. (1912/1993). *Totem et tabou*. Paris: Gallimard, "Connaissance de l'inconscient".

————. (1927/1971). *L'avenir d'une illusion*. Paris: PUF, "Bibliothèque de Psychanalyse".

————. (1939/1986). *L'homme Moïse et la religion monothéiste*. Paris: Gallimard, "Connaissance de l'inconscient".

GAUCHET, M. (1985). *Le désenchantement du monde*. Paris: Gallimard.

LACAN, J. (1964/1966). Position de l'inconscient. *Écrits*. Paris: Seuil.

————. (1965/1966). La science et la vérité. *Écrits*. Paris: Seuil.

————. (1968-1969/2006). *Le séminaire, livre 16: d'un Autre à l'autre (1968-69)*. Paris: Seuil.

————. (1969-1970/1991). *Le séminaire, livre 17: l'envers de la psychanalyse*. Paris: Seuil.

————. (1974/2001). Télévision. *Autres écrits*. Paris: Seuil.

————. (1974-1975). *Le séminaire, livre 22: R.S.I.* Paris: Seuil. Inédito.

————. (1975). Entretiens dans les universités nord-américaines. *Scilicet*, 6/7. Paris: Seuil. Conferência realizada em Yale University, 24 de novembro de 1975.

———. (1975/2005). *Le triomphe de la religion*. Paris: Seuil.

MILNER, J.-C. (1995). *L'Œuvre claire*. Paris: Seuil.

NANCY, J.-L. (2005). *La déclosion (Déconstruction du christianisme, 1)*. Paris: Galilée.

SLOTERDIJK, P. (2008). *La folie de Dieu (Du combat des trois monothéismes)*. Paris: Maren Sell Éditions, "Libella".

Um esquematismo da estrutura em psicanálise

René Lew
Tradução de Luciano Elia

Resumo

Toda e qualquer questão de estrutura só pode formular-se se fundada pela escolha do esquematismo que a organiza e implica também a escolha de sua apresentação. A estrutura do sujeito é portanto, antes de mais nada, a da concepção que se tem da função significante de que depende o sujeito. Em psicanálise, esta estrutura é posta em operação pela fala cuja transcrição em objeto é a meta da análise.

Palavras-chave: estrutura; esquematismo; sujeito.

Abstract

A schematism of the structure in psychoanalysis

Any question of structure is only posed based on the choice of the schematism that organizes it and also involves the choice of its presentation. The structure of the subject is first then that one of the conception we have about the signifying function of which the subject depends on. In psychoanalysis this structure is implemented by the speech which the transcription in object is the aim of the cure.

Key-words: structure; schematism; subject.

Faço aqui uma apresentação dogmática da estrutura na qual nos apoiamos para fazer operar uma psicanálise (quer se trate da tarefa do analisante, quer da do analista). Mas veremos, no transcurso da apresentação, que este dogmatismo, por demais assertivo, reordena-se em múltiplas escolhas[1]. De todo modo, quero sublinhar de saída que o que apresento aqui é uma concepção pessoal das coisas e, sobretudo, uma concepção que diz respeito tanto à sua construção quanto à sua apreensão.

1. ESQUEMATISMO E ESTRUTURA

Com efeito, não se pode abordar a dita "coisa" em si mesma. Afirmo inclusive que esta posição realista é de fato estritamente idealista. Pois a abordagem que supomos ter da coisa mesma prima sobre ela quanto ao que dela captamos. Só lidamos com a concepção que temos da coisa. É isso, aliás, que significa a palavra "conceito": só sentimos, só ouvimos, só temos a percepção de algo (e outras abordagens metaforizadas, precisamente, no sentido de um suposto "pensamento") pelo que colocamos no lugar, o que colocamos em operação, em ação, em ordem, etc., a fim de apreendermo-nos esta coisa. O termo "degustar" sublinha este laço entre a percepção e aquilo que o gozo subjetivo do percebido põe em jogo para se satisfazer com isso.

O que assim colocamos no lugar da coisa é o que chamo de "esquematismo" – na esteira de Kant, mas segundo uma leitura que dá menos ênfase ao imaginário do que à leitura que faz Heidegger de Kant. Etimologicamente, "esquema" [*schéma*]* vem do grego *ekhein*, *skhein* re-

---

1 Este artigo servirá de introdução a uma obra a ser publicada: LEW, R. – *Esquematismos da estrutura em psicanálise* [*Schématisme de la structure en psychanalyse*], por Lysimaque.

* [N. do T.] O termo empregado pelo autor no original neste ponto é *schéma*, e será utilizado muitas vezes no capítulo. Dado que na língua portuguesa não dispomos de duas formas ao mesmo tempo diferentes e tão próximas da palavra *esquema*, e que, em francês, existem *schème* e *schéma* que designam conceitos diversos – sendo *schème* um termo de uso quase que exclusivamente filosófico, designando, em Kant, por exemplo, os elementos que medeiam sensibilidade e razão, e *schéma* aproximando-se mais diretamente do sentido geral que a palavra *esquema* tem em nossa língua (forma, figura, representação formal) – traduzimos ambas as palavras em português por *esquema*, assinalando, a cada ocorrência, qual a palavra empregada no original entre colchetes.

feridos a uma raiz comum que significa ao mesmo tempo "ter, suster" (→ ética, héctica, época, eunuco, enteléquia...) e "estar em um determinado estado" (→ cachexia, esquema,...). Considero que meu uso do termo "esquematismo" participa dessas duas direções etimológicas: podemos, por esta noção, ao mesmo tempo aceder ao que visamos (tê-lo, sustê-lo) dependendo, do mesmo modo, reversivamente, desta obtenção (sustentar-se dela), e é possível, sob determinadas condições, especificar em que estado se encontra o que visamos (para o que propomos uma configuração, um modelo, um esquema disso que visamos). Assim, o esquematismo só define algo à condição de que aceitemos que ele permita a busca deste algo – e podemos até mesmo verificar que, como dito anteriormente, nesta concepção, o próprio esquematismo se defina por construir, produzir coisas.

Posso igualmente cindir este vaivém do laço do sujeito (do esquematismo) com as coisas (esquematizadas) em três etapas (ou mesmo "níveis").

(1) O nível propriamente projetivo – mais comumente apresentado, por um excesso de ontologia, como integrando dados exteriores – da visada do sujeito é um momento funcional do esquematismo, é a maneira pela qual o sujeito concebe o que se pensa como sendo a coisa mesma, dada (ou tomada) como sendo exterior a este sujeito. É o nível do(s) esquema(s) [*schèmes*] conceitual(is). Falamos disso globalmente como a concepção do sujeito face ao mundo. É portanto também a intuição, ou mesmo a concepção do mundo (da qual não poderíamos nos desvencilhar) – mesmo com isso desagradando a Freud ou a Lacan – justamente para integrar o mundo a si e integrar-se nele – assimilá-lo e assimilar-se a ele.

(2) A maneira pela qual os esquemas [*schèmes*] funcionais organizam-se entre si assegura seu agenciamento de conjunto em uma morfologia (René Thom) que sempre podemos indicar (sempre por projeção) como sendo a estrutura das coisas. Mas que fique claro que não penso as coisas aqui em termos de elementos da estrutura dados de antemão, mas enquanto momentos funcionais construindo uma estrutura, cujos elementos não são mais do que transcrições das funções em jogo. Esses elementos tomam lugar, assim, nos diferentes postos de estrutura.

(3) Em terceiro lugar, trata-se da maneira pela qual vamos figurar esses agenciamentos em estrutura. Isso pode ser interpretado como o desenho dos circuitos funcionais em causa. (Não há outra causa – e, mais exatamente, não há outra "razão" determinante senão essas funções).

Falo portanto de modos do esquematismo:

– o modo conceitual se apresenta como simbólico sob o ângulo das funções em causa; estas estabelecem relações entre os elementos que elas constituem ao transcreverem-se (essa transcrição é a *Vertretung* de Frege);

– o modo estrutural constitui a aproximação real das coisas, sob a dependência do modo simbólico;

– o modo figurativo é sua abordagem consistente (no sentido sensível da palavra) e daí imaginário (no sentido de Lacan, que não significa de modo algum ilusório).

Isto equivale a dizer que o conjunto esquemático é nodulado (e de modo borromeano) entre simbólico, real e imaginário ou, dito de outro modo, entre esquemas [*schèmes*], esquemas [*schémas*][2*], figuras ou ainda entre conceitos, estrutura(s), praticáveis da estrutura.

Não poderia, portanto, falar de estrutura sem abordar, de forma conjunta, as escolhas funcionais que nela confluem e as escolhas representativas que dão conta dela ou que a ela dão acesso.

Falando de borromeanização dos três registros da estrutura (o agenciamento propriamente dito, as funções que levam a ele e os modelos que dele quisermos traçar) sustento que só há uma estrutura... borromeana. E defino essa borromeanização como a homo-heterogeneidade dos registros que a compõem: localmente eles são distintos, mas globalmente são identificáveis e um mantém continuidade com o outro. Assim, segundo Lacan, o real seria tão simbólico e imaginário quanto o simbólico é real e imaginário e o imaginário, real e simbólico. Dito de outro modo, os conceitos participam da morfologia estrutural tanto quanto a representação que damos dela; esta representação é fundamentalmente conceitual no agenciamento

* [N. do T.] Ver nota do tradutor acima. Aqui, o autor utiliza as duas palavras existentes em francês correspondentes ao termo *esquema* (*schème* e *schéma*) em seqüência, em uma mesma frase, e por isso repetimos a palavra *esquema,* indicando a qual termo ela corresponde no original a cada vez.

que ela torna acessível e a "arquitetônica" dos elementos em jogo conserva a história de sua construção conceitual e induz a configuração da história que damos dela.

2. Existe uma só estrutura subjetiva

A montagem esquemática que apresento é uma montagem ideal, estabelecida sobre a estrutura do significante como recursiva, alienante, e que requer desenvolvimento, sem que eu a precise aqui nos termos de um complexo quádrico referido aos termos do complexo de Édipo e aos do complexo de castração freudianos. Não há, segundo penso, mais do que uma estrutura, sejam quais forem os termos e os elementos que se conjuguem e se condensem em cada posto ou os conceitos e as funções que se superpõem em cada aresta.

2.1. As estruturas psicopatológicas...

Aquilo que a própria psicanálise nomeia de estruturas, no plural, na esteira de certas concepções psicopatológicas que a psiquiatria anterior ao DSM utiliza como justificativas para seus tratamentos, não são mais do que inflexões desta estrutura única.

2.2. ... são somente "disfunções"

Essas modalidades da estrutura são suas "disfunções". E estas se situam nos diversos "níveis" da composição estrutural. Para explicar isto devo antes precisar o que entendo "materialmente", e justamente o que não entendo por "estrutura".

2.3. A estrutura é funcional

Tal como os esquemas [*schèmes*] que a compõem em esquemas [*schémas*] (esquemas de estrutura ou agenciamentos estruturais ou morfologia estrutural ou arquitetônica...), a estrutura é funcional. Isto equivale a dizer que o que nela opera (é tautológico) são as funções das quais ela procede e não – e aqui temos uma antiontologia – os elementos que transcrevem as funções em jogo (ou em obra*, "obra" em sentido próprio, como resultado objetal das operações), mesmo se, em uma visão realista das coisas, esses elementos apareçam como primeiros. Esses elementos determinam, em contrapartida, os "postos" de estrutura (ou, dito de outro modo, os "lugares", para Lacan) situando-se neles.

Neste ponto cumpre assinalar que Lacan não reteve o essencial do artigo de Marc Barbut, "Sobre o sentido do termo 'estrutura' em matemáticas"[2]. Com efeito, em *A lógica da fantasia*[3], Lacan só se refere, a propósito deste artigo, à lógica quádrica do grupo de Klein que serve de base à formulação de Barbut mas nada diz sobre o propósito de Barbut: o de sublinhar com efeito que, enquanto funcional (no caso a menor estrutura algébrica que é o grupo de Klein) –, pelo fato de que ela não é mais que um agenciamento de transformações (e, aconteça o que acontecer, "isto" deverá ser transformado), a estrutura é inapreensível, e ela é mesmo inapreensível como o é toda função. Assim, só se pode aceder à estrutura por meio de representações – representações desta estrutura, a qual ex-siste (como diz Lacan decalcando Heidegger) às suas representações. Evidencia-se assim que o que podemos dar são apenas representações (aqui no sentido matemático), ou seja, figurações (diversas, e Barbut dá múltiplos exemplos disso) e, direi eu, praticáveis da estrutura, a qual escapa em si mesma, mas escapa nas representações que ela induz e por isso mesmo implica como efeitos desse escape, que é contudo mantido no que ela acarreta. Essas representações "materializam" a estrutura de modo mais ou menos diferenciado.

---

* [N. do T.]: *en oeuvre*, no original, expressão bastante conhecida e usual do francês, e de fácil tradução não literal. Optamos por esta forma literal de tradução: *em obra*, que não é usual em português, pelo fato de que o autor emprega logo a seguir o termo *obra* (*oeuvre*) fora da expressão, referindo-se a ela, e a diferencia de seu derivado *operação*, e considerei importante manter para o leitor a transmissão desta distinção.

2 Publicado em *Les temps modernes* nº 246, novembro de 1966, sobre *O estruturalismo*; republicado em *Cahiers de lectures freudiennes*, nº 10, Lysimaque, 1985.

3 Lição de 14 de dezembro de 1966.

Em suma, retenhamos que a estrutura – seja qual for – é inapreensível e que jamais logramos acesso a ela a não ser em termos muito variáveis de representações. Isto equivale a dizer que, ao fazer isso, mudamos de registro, passando das funções entendidas como transformações (ou relações) simbólicas, em seu agenciamento real, a suas representações indefectivelmente imaginárias.

2.4. A DIMENSÃO DA ESTRUTURA

A propósito do grupo algébrico mínimo, fazemos intervir um fator dimensional no seio da estrutura. E, a considerá-la como borromeana, só podemos ter algum acesso ao mínimo na estrutura de quatro postos: o da nodulação borromeana como tal e os dos três círculos no mínimo que compõem um nó borromeano. Esboçarei mais adiante um modo de apreender esta diferença, mas desde já faço observar que o que constitui a estrutura borromeana em sentido próprio (a nodulação mesma) é *dissolvido* no nó e contudo não é redutível aos três círculos que o compõem. Digo que a nodulação *escapa no*[4] nó, se consideramos o nó como constituído por círculos, ela escapa como funcional (em oposição a isso, o orgânico pode se apresentar como um enlaçamento) – pois não existe nó borromeano fora de um arrimo funcional de cada registro com os outros dois: é tão-somente uma questão de dispositivo, *i.e.* de disposição dos círculos uns com os outros. A nodulação é propriamente inapreensível – senão conceitualmente – e mesmo no nó material ela não é em nível nenhum tangível: ele só se apreende por esta negatividade, o que não lhe confere nenhuma medida comum com os círculos, ainda que, bem entendido, tanto a nodulação quanto os círculos participem do nó borromeano. É pois esta a vantagem do nó borromeano, a de representar também (!) o intangível da estrutura, dado pela negação do que dela se apreende.

Temos portanto quatro lugares de estrutura no nó borromeano de três círculos: este círculos mais a nodulação mesma.

---

[4] Este uso positivo de "escapar em", no que concerne ao que escapa no que induz, constitui neologismo em francês.

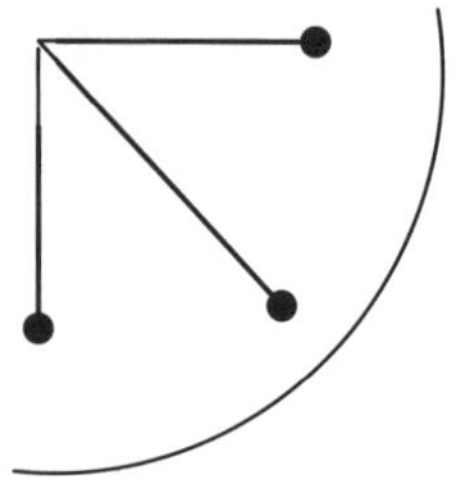

O mesmo esquema, com o acréscimo de um registro, serviria certamente também para o nó borromeano de 4 círculos:

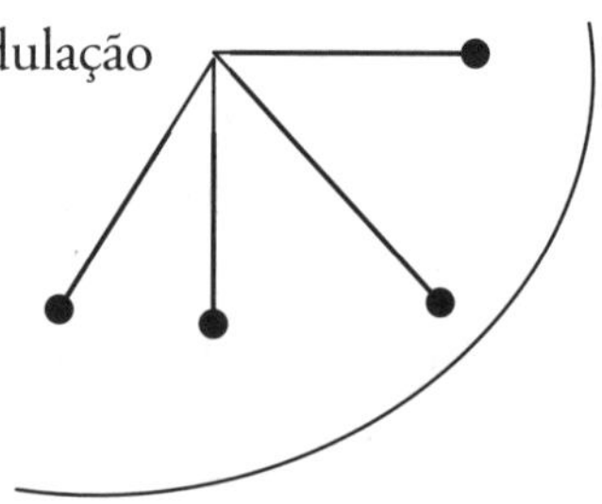

Cada círculo é um ponto de vista na estrutura e a nodulação, se seguimos Lacan corretamente[5], é, em contrapartida, um não-ponto de vista. Prefiro denominar "fora de ponto de vista" um acesso direto a toda a estrutura em seu conjunto, compreendendo neste exemplo do nó borromeano os círculos *e* a nodulação. Mas há duas maneiras de chegar a este *fora do ponto de vista.* Uma delas consiste em tomar uma função uma após a outra, sem passar duas vezes pela mesma, nisso seguindo um caminho eulereano que permita passar por todas as funções em operação, mas apenas uma vez por cada uma; a outra consiste em tomar em um só golpe os diversos postos de estrutura. No caso do nó borromeano de 3 círculos (que dá 4 postos de estrutura), a segunda abordagem im-

---

[5] Lacan, J., "Introduction à cette publication", *Ornicar?* nº 2, p. 88, e "À la lecture du 17 décembre", *ibid.*, p. 98.

plica conectores quádricos. Lacan é favorável a isso[6]. Gradualmente, isso resultaria em:

16 conectores binários: (22)2,
256 conectores ternários: ((22)2)2 = 16 x 16,
65356 conectores quaternários: ((22)2)2)2 = 256 x 256...

A partir daí o número de conexões torna-se prodigiosamente exorbitante (mais de 4 bilhões de conectores pentádicos, 20 bilhões de bilhões de conectores hexádicos,...). Eu havia tentado[7] trabalhar com seis postos de estrutura – mas desisti da empreitada diante do número de conexões que ela implicava, uma cifra que confina ao ridículo não apenas em vista de nossa debilidade, como dizia Lacan, mas também diante da debilidade dos computadores.

Limito-me pois a uma estrutura quádrica (de quatro postos de estrutura),

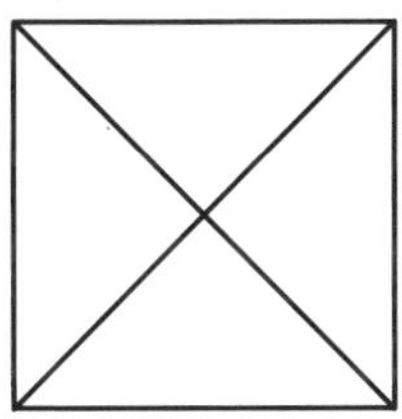

considerando que a cifra de 65536, mesmo muito elevada, ainda é viável. É preciso ainda que desde já avancemos nos 256 conectores ternários, enquanto que poucos sejam capazes de formular a lista dos 16 conectores binários da lógica standard (que, além do mais, é uma lógica bivalente, que só retém o verdadeiro e o falso, que se pode escrever, caso se queira, 0 e 1).

Além disso, para autorizar um caminho eulereano nesta estrutura do quadrado, é preciso retirar-lhe uma das arestas (sem o que seria ne-

---

6 Idem, *Écrits*, Paris, Aux Editions du Seuil, 1966, pp. 551, 774.

7 Nisso seguindo Robert Blanché que, em *Structures intellectuels* (Vrin), propunha um sistema modal hexádico.

cessário acrescentar um posto de estrutura, mas 4 bilhões de conexões pentádicas...).

Limito-me pois a quatro postos de estrutura com cinco arestas.

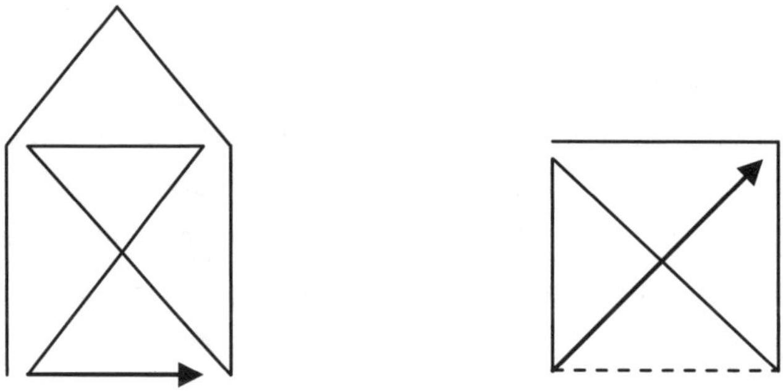

2.5. AS DISFUNÇÕES

Tanto a constituição como as abordagens da estrutura são variáveis – uma vez que esta jamais se dá em toda clareza em um registro próprio de passagem do simbólico ao real – e levam a tropeços. Tais tropeços intervêm em diversos momentos da constituição estrutural. (1) Pode tratar-se de conceitos relativos a esta construção: se eles não forem adequados, a estrutura que deles depende será de algum modo "manca" (veremos que tudo depende da dialética "normalmente" posta em jogo pela estrutura). (2) Pode tratar-se de um "desequilíbrio", uma "desdialetização" no próprio agenciamento da estrutura. (3) Quanto mais não seja, isso dependerá também das representações que o sujeito fará operar para dar conta da estrutura agenciando os conceitos em um conjunto tal que cada um de seus elementos opere sobre e segundo cada um dos outros. Isso quer dizer que uma disfunção pode sempre aparecer no nível da construção estrutural, no seio da estrutura, com suas consequências e nos modos pelos quais ela se estabelece.

Apresento aqui a estrutura do sujeito tal que se a pode inferir de Freud:

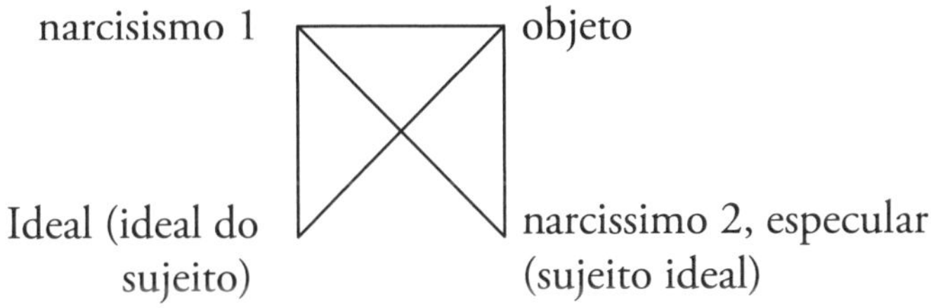

estrutura do sujeito

3. AS CARACTERÍSTICAS DA ESTRUTURA SUBJETIVA EM PSICANÁLISE

Uma psicanálise (tratamento, passe, cartel) funda-se na fala[8] e a função da fala é tributária do campo da linguagem.[9]

A primazia dada em psicanálise ao significante sobre o significado implica, de forma retrógrada, como que remontando à nascente do rio, a da significância sobre o significante e do mesmo modo a da fala sobre o discurso; como aval a isso tudo, o sentido prima sobre a significação[10].

Considerando que a estrutura é funcional, sublinho a razão intensional da qual dependem os objetos extensionais*. São estes dois modos de "expressão" da função, dois domínios de organização funcional. Acrescente-se que as extensões são reais, imaginárias e simbólicas.

---

8 Lew, R., "Positions" (1) a (6), por Dimensions de la psychanalyse.

9 Lew, R., "Fonction de la parole et champ du langage en 2013", 2012, para o Colóquio de Dimensions de la psychanalyse.

10 Lew, R., "L'interprétation est du sens et va contre la signification", Psypropos, 1996.

* [N. do T.] O termo *intension, intensionnel* e seus correspondentes em português *intensão, intensional*, escritos com *s*, fazem parte do glossário conceitual lacaniano, constituindo-se em neologismos em relação à língua corrente. Eles compõem a dualidade *intensão/extensão*, introduzida por Lacan ao formular uma nova lógica de articulação interna à psicanálise como experiência que se desenrola entre analisante e analista (*intensão*) e como formação e transmissão da doutrina (*extensão*). O autor faz aqui uma aplicação dessas categorias no contexto lógico de sua discussão sobre as funções em jogo na estrutura.

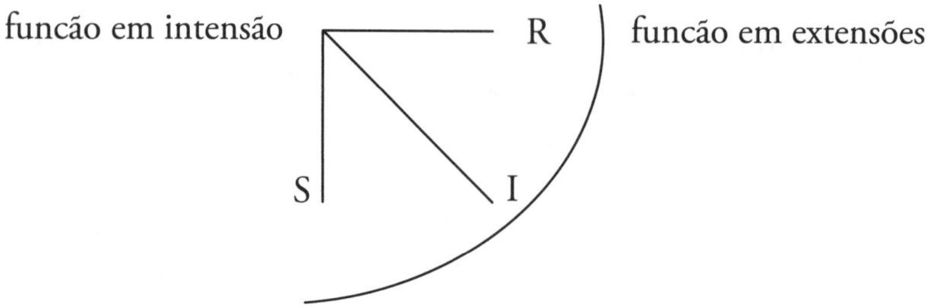

As extensões são notadamente espaciais (são muito propriamente "domínios"), enquanto que a intensão é temporal[11]. Uma continuidade litoral – *i.e.* uma continuidade que faça distinção sem com isso introduzir fronteira terceira e materializável – incide portanto entre intensão e extensões. Frege, quanto a isso, falava de *Vertretung*[12], a entender-se como um equivalente da representância pulsional de Freud.

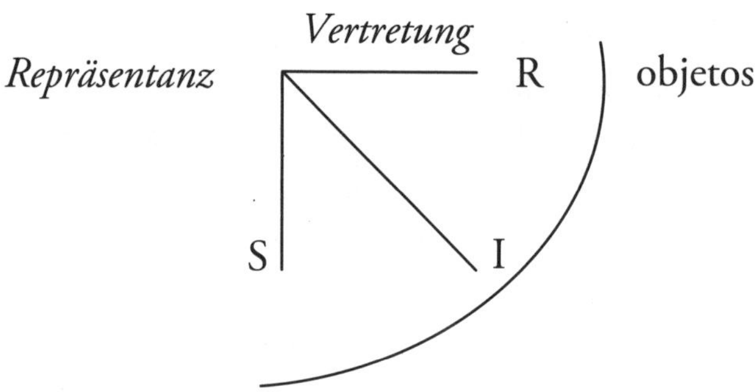

Isto pode apresentar-se em par ordenado,

[11] Cf. Saint Augustin, *Les Confessions*, livre XI em *intentio/distentio*.

[12] Frege, G., *Grundgesetze der Arithmetik*, Olms Verlag, p. 54.

estando bem entendido que um objeto é uma função em extensão (nenhum objeto existe para um sujeito senão por meio da função que este lhe atribui)

(f → (f → f)),

(f. em intensão → (f. em intensão → f. em extensão)),

e que as duas ocorrências da função em intensão distinguem-se segundo a abordagem extrínseca ou intrínseca que se tem de sua razão intensional que, de todo modo, torna toda função, porque recursiva (veremos este ponto), inapreensível em intensão e exige sua transcrição, sua passagem à extensão como modo de apreensão (R, I ou S) desta função. Portanto, o par ordenado torna-se:

(f em intensão → (f em intensão → f em extensão))
extrinsecamente intrinsecamente extrínseca
designada operatória por definição

Extrinsecamente, uma função $y = f(x)$ é designada por sua denominação y (trata-se de uma questão de nominação), quando ela opera enquanto f sobre uma variável, eventualmente especificada em objeto por um valor pelo qual ela própria é assim definida: $(a) : y = f(a)$: $(y \rightarrow (f \rightarrow a))$.

A inapreensibilidade (que a meu ver é a impossibilidade de toda função em intensão) da função significante que é a palavra como significância em operação, enunciação operatória, dizer que escapa... é tributária da recursividade que define sua intensão: isto é apenas uma hipótese colocada em exercício, uma não-coisa, implicando um não-crer (*Unglauben*) que só é metaforizável quanto Pai, sempre putativo, sobretudo sob o modo do Pai primordial de Freud, ausente porque assassinado, mas presente enquanto ausente porque incorporado[13]. Com a recursividade, não partimos de nada de estabelecido, tudo depende do modo de organização que parte de nada (seja função inapreensível, seja um *nada* tomado como objeto).

O que obtemos, assim, não são jamais senão modos de recursividade, inflexões do esvaziamento (do hipotético, da litoralidade, da represen-

---

13 Lew, R., *L'incorporation du Père*, Lysimaque, a ser publicado.

tância...) das funções em jogo (em psicanálise, são as pulsões, os gozos, os desejos, os modos de identificação, as angústias, etc.).

O que conta, pois, é a dialética entre intensão e extensões. Ela opera de forma igualmente fundamental entre recursividade e predicatividades, ligadas impredicativamente.

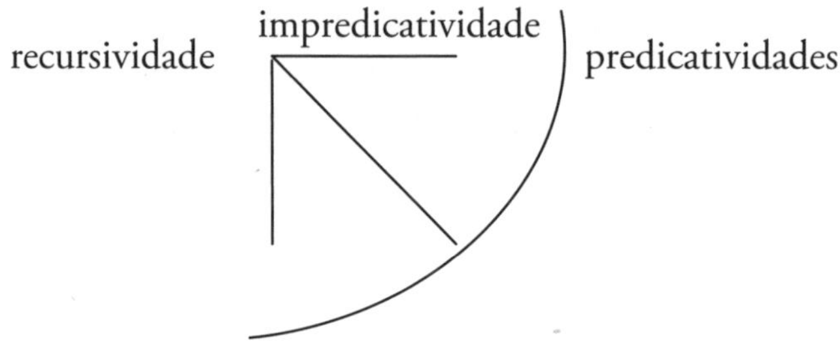

O laço entre significância (S1) e significantes propriamente ditos (S2) é da mesma ordem:

(S1 → (S1 → S2)),
e (S1 → (S2 → S2')).

Este laço é asférico.

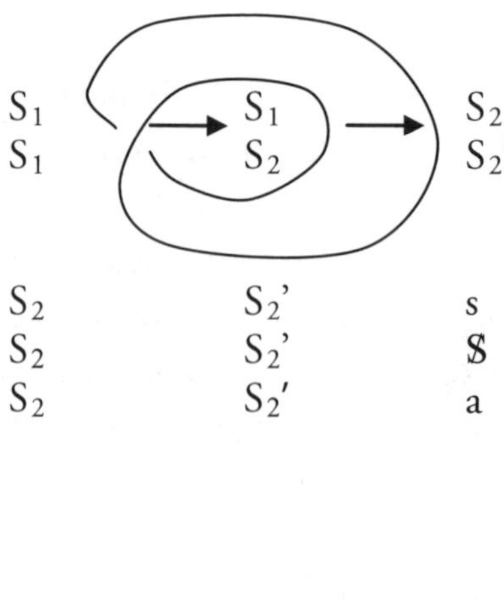

CONCLUSÃO

Ninguém, e mais precisamente nenhum analista, é instado a seguir meu esquematismo estrutural do sujeito. Entretanto – e este é um argumento de autoridade – algum lastro me é conferido, por um lado, por eu demonstrar que este esquematismo perfila-se estritamente nos (ou "no", por serem o mesmo esquematismo) de Freud e de Lacan[1]; por outro lado, analisa-se tal como esquematiza-se e vice-versa. Há pois tantas maneiras de analisar, e portanto tantos modos distintos de psicanalisar quantos esquematismos. Os agrupamentos associativos frequentemente autenticam a transferência dominante implicando-a no seio do esquematismo que prevalece em cada associação de psicanalistas. Uma escolha de esquematismo não se faz ao bel prazer ou por acaso, mas, pelo contrário, ela é diretamente ligada ao tipo de direção da análise em pauta. Inversamente, o esquematismo escolhido visa fundamentar o modo operatório daquele que o adota.

Para insistir neste ponto, com a recursividade faz-se aparecer claramente a ausência de fundamentos realistas, extrínsecos, predicativos, da estrutura enquanto subjetiva: esta segue a definição completamente impredicativa do significante em Lacan, segundo a qual o *definiendum* participa do *definiens* pelo fato de que um significante só se define por sua adjunção (dita "representância" por Freud) a um outro que depende dele, sendo diferente dele e no entanto identificável a ele.

Este não-fundamento é contudo organizador das coisas segundo um modo dircordancial, apresentando-se como escapamento, um escapamento que opera naquilo que ele induz. Este não-fundamento abre, assim, para uma concepção esquemática do significante. Mas, em sua construtividade, o escapamento define a estrutura como funcional. E as consequências eminentemente contingentes do não-fundamento apresentam-se como os efeitos atinentes à escolha suplementar de representação.

Não existe, assim, sujeito senão em uma certa escolha de esquematismo e a estrutura que centraliza esta escolha enquanto estrutura significante abre para configurações indutoras de seus próprios efeitos.

---

1 Lew, R., *Équivocités, récursivité et imprédicativité* [*Equivocidades, recursividade e predicatividade*], 2º volume, a ser publicado por *Lysimaque*.

Lacan apresentava um tal esquematismo em termos de verdade. Distinguirei a verdade de adequação da verdade de coerência – por serem duas abordagens da verdade *standard* que colocam em jogo um saber da estrutura – da verdade da fala (a verdade que fala dizendo "eu"; acrescentar-lhes-ei uma verdade topológica que permita abordar a verdade também como real (e tal que a "unidade topológica das hiâncias em jogo"[2], uma vez valendo para o sujeito, o Outro e o objeto, encontre a familiaridade [*accointance*]*, *acquaintance*, de Russell) e uma verdade relativa a um saber insustentável em face da estrutura, uma verdade fictícia, o que é amplamente sublinhado.

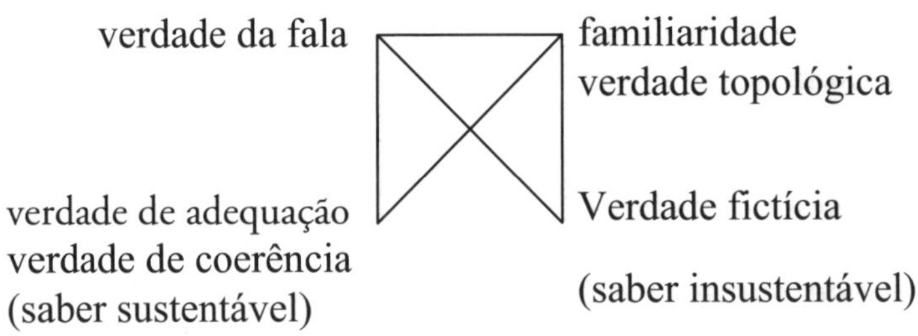

[2] Lacan, J. *Les quatre concepts fondamentaux de la psychanalyse*, texto estabelecido, Paris, Seuil, 1973, p. 165.

* [N. do T.] O termo francês utilizado pelo autor no original é *accointance*, e como ele dá, em seguida, a forma inglesa atribuída a Russell, optei por manter também o termo francês na frase, como o inglês por ele citado, já que não há em português uma palavra única que lhe seja equivalente em forma e sentido.

SEÇÃO I

PERSISTÊNCIAS DA ESTRUTURA NO ENSINO DE LACAN

Condições de destrutibilidade do "desejo indestrutível" de Freud como fato de estrutura

Luciano Elia

Resumo

Neste artigo, o autor discute a tese freudiana do *desejo indestrutível*, formulada na última frase de sua *Traumdeutung*, e utiliza os recursos do ensino de Lacan, sobretudo em seus momentos mais avançados, para considerar as condições em que esse desejo indestrutível poderia ser destruído, o que requer obviamente o trabalho – igualmente avançado – de análise. A ideia de que a análise nada poderia modificar quanto à indestrutibilidade do desejo é, assim, colocada em questão, e a possibilidade de destruí-lo é tomada como um dos possíveis efeitos do final de análise.

Palavras-chave: desejo indestrutível; análise; final de analise; destrutibilidade do desejo.

Abstract

The destructibility conditions of the Freud's undistructible desire as a fact of structure

In this article, the author discusses the freudian thesis of *indes tructible desire*, formulated in the last sentence of his *Traumdeutung*, and uses the resources of Lacan's teaching, especially in its most advanced moments, to consider the conditions under which this indestructible desire could be destroyed which obviously requires the analytical – equally advanced – work. The idea that analysis is incapable of changing the indestructibility of desire is thus posed in question, and the possibility of destroying it is taken as one of the possible effects of the final of the analysis.

Key-words: indestructible desire; analysis; final of the analysis; destructibility of desire.

Freud afirmou que o inconsciente é atemporal. Com isso penso que ele queria exprimir a indiferença do funcionamento do inconsciente por relação ao tempo da consciência, o tempo vivido psicologicamente – não apenas o tempo físico, mensurável e cronológico, mas o tempo subjetivo. Nesse sentido, inconsciente não equivale a subjetivo, e sujeito do inconsciente é algo que deve ser distinto de subjetividade, porquanto, sendo sem qualidades, tampouco dispõe da qualidade chamada subjetiva.

A condição atemporal do inconsciente não apenas permite como impõe que experiências e marcas pelas quais o sujeito passou permaneçam intactas, ativas, indeléveis, sob a forma de uma memória que nada tem de psicológica, que não toma a forma das recordações (ou esquecimentos) mas que opera prevalentemente como repetição, seguindo um trilhamento antes lógico que psicológico. É só neste sentido que podemos compreender a frase tão inicial de Freud, escrita ainda em parceria com Breuer na "Comunicação preliminar" de 1893 (que viria a ser preliminar aos "Estudos sobre a histeria", publicados dois anos depois, em 1895, mas que, quando surgiu, era preliminar a nada, ou *a toda e qualquer forma possível da psicanálise*, talvez): *a histérica sofre de reminiscências.*

Atemporal, em Freud, portanto, diz respeito a uma forma de memória, de temporalidade, de repetição, de reminiscência até, que atravessa e subverte o tempo da consciência psicológica, o tempo do vivido.

Lacan, como sempre um freudiano-lógico, irá formalizar essa concepção, em primeiro lugar homologando o inconsciente à estrutura da linguagem (*o inconsciente é estruturado como uma linguagem*) e, depois, atribuindo a este inconsciente uma pulsação temporal. O inconsciente pulsa entre dois tempos, o do fechamento, que se dá na transferência, e o da abertura, na interpretação, que abre o que se apresentou fechado – isto é, passível de ser aberto. O que nunca se fecha não admite ser aberto, e o fechamento, sendo o tempo do advento da transferência, é a entrada do objeto do fantasma, célula da realidade (psíquica, é claro, como sempre, e não "objetiva" – e por isso fundada pelo objeto "psíquico", o objeto *a*), que instaura o inconsciente como realidade sexual.

Ocupado pelo objeto da transferência, figura extraída da presença oca do analista, o inconsciente não deve ser entendido como um *dentro* que se oporia a um fora[1], não é baú de preciosidades a serem retiradas, uma a uma, de dentro dele, pelo levantamento do recalque que a análise produz: embora, na ingenuidade que nossa arrogância permite aos gênios criadores daquilo que nós jamais seríamos capazes de criar, possamos dizer que Freud sonhava em tornar consciente o inconsciente, e por isso insistia na técnica da rememoração pela associação livre assistida pela constante interpretação da resistência, é ele mesmo que nos indica que *a transferência surge porque serve à resistência*, ou seja, quando o objeto entra, nada mais sai a não ser as tramas e tramoias em torno do objeto da transferência, tentação que cativou analistas pós-freudianos siderados pelo entretenimento intertransferencial infrutífero e enfadonho. Dentro, só o objeto, ou seja, não há mesmo dentro. É preciso abrir o inconsciente, tempo da interpretação, cifrada entre enigma e citação, duas formas do semidizer (enunciação sem enunciado que se sustenta em um enunciado à procura de uma enunciação), duas vias de incidência da verdade. E só então o sujeito tem a chance de se admitir, novamente pela primeira vez, sujeito do significante, desejo do Outro.

Esses dois tempos são retomados por Lacan nas operações de alienação e separação, pelas quais ele elabora a dialética da relação do sujeito com o Outro. Vou trabalhar esses dois tempos de modo sucinto porém condensado, como Lacan faz em um magnífico fragmento do seu escrito "Posição do inconsciente", base de sua comunicação no Congresso de Bonneval, a convite de Henri Ey.

---

[1] Cf. Lacan, J. – *Posição do inconsciente, no congresso de Bonneval*, in *Escritos*, Rio de Janeiro, Jorge Zahar Editor, 1998, pp 843-864.

Primeiro tempo: o sujeito é efeito do significante, e a causa do sujeito é o significante, sem o qual não haveria nenhum sujeito no real, verme[2] que o cinde, o cliva, o divide e ainda *o fende* (que podemos ler como conjugação do verbo *ofender*). Contudo, o significante S_1, que é a causa introduzida no sujeito, não se dirige a ele, mas a um segundo significante, que será o S_2, e por isso o sujeito tende a se reduzir a este segundo significante, a se transformar nele. O que impede que o sujeito se transforme em S_2 é o ato deste significante S_2 afanisá-lo, apagá-lo, fazê-lo desaparecer sobre si.

Entendemos por esse movimento de S_1 a S_2 que, ao contrário do que parece, e do que dizem os cuidadores do campo da saúde mental por exemplo, quando invocam a psicanálise para dizer que tratam do sujeito, escutam e falam com o sujeito, que, na verdade, não se pode falar com o sujeito. Isso fala dele. Isso, que fala dele, é S_1, e fala para S_2. O sujeito do qual isso fala desaparece sob o significante para ou junto ao qual isso fala dele, e no qual ele se torna. Só que, antes do movimento pelo qual isso se dirija a ele (S_1), e que, por este fato, ele desapareça sob S_2, ele não era absolutamente nada. De nada ser, ele se torna novamente um novo nada, já que desaparece, é abolido, sob o significante em que ele se torna, ao qual isso que fala dele se dirige. Entretanto, esse nada se sustenta agora no apelo feito no Outro ao S_2.

O sujeito é efeito da linguagem e nasce de uma fenda original, fenda causada nele pelo significante. Por isso, o sujeito faz uma transposição, traduzindo a sincronia significante que o originou em uma pulsação temporal primordial (surgimento como sentido em S_1, desaparecimento como *non-sense*, em S_2, que o apaga, afanisa, mantém fora da cadeia, único lugar em que sujeito pode existir. É nessa tradução da sincronia significante inicial em pulsação temporal que se dá o *fading*, a afânise que constitui a identificação primordial do sujeito.

O que é essa pulsação temporal introduzida assim na estrutura? A sincronia significante inicial se traduz em pulsação temporal no tempo do *fading* – recalque originário e identificação primordial do sujeito ao signi-

---

2 É interessante e significativo observar que os tradutores dos Escritos em português decidiram, no lugar da palavra que em francês significa *verme* (*ver*) colocar *germe*, decisão em que lemos um recalcamento que consiste em retirar de cena o verme que alude à morte, o *germe* que evoca florescimento da vida. (Cf. op. cit., p. 849).

ficante. Se fizermos uma leitura literal, ao pé da letra, dessas colocações de Lacan, concluiremos que o sujeito não poderia constituir-se na sincronia, sem traduzi-la em pulsação temporal, sem afânise, recalque e identificação, todos esses termos relacionados por Lacan à pulsação. O sujeito, então, é da ordem do temporal na estrutura.

Até aqui o processo de constituição do sujeito limitou-se à alienação. Na separação, o desejo entra em cena (só na separação é que o desejo é mencionado, nominalmente, embora saibamos que ele está lá, na origem, como desejo do Outro, desde a incidência primeira da sincronia significante, antes mesmo de sua tradução em pulsação temporal). Por que o desejo só entra em cena, para o sujeito, neste segundo movimento? Porque o sujeito só pode ser sujeito para um desejo se algo nele já se tiver constituído, e, diante do desejo, do objeto, que só cai, só se constitui no segundo movimento (a queda do objeto não é a mesma coisa que a afânise), o sujeito se esvanece.

Mas, com a entrada do desejo, que "faz seu leito no corte significante que introduziu a metonímia", a diacronia é que entra em ação. Começa uma história, e começa a história do sujeito. Ele, até então, nada tinha a ver com a história. Uma coisa é a sincronia, outra é a pulsação temporal em que a sincronia se traduz, e outra é a diacronia. Na diacronia, ou seja, nos trilhos da história, o desejo assume a fixidez, a indestrutibilidade de que fala Freud na última frase da "Interpretação de sonhos" (1900/1969), que retomamos aqui:

> A antiga crença de que os sonhos preveem o futuro não é inteiramente desprovida de verdade. Retratando nossos desejos como realizados, os sonhos estão, afinal de contas, conduzindo-nos para o futuro. Mas esse futuro, que representamos como presente, foi moldado por seu indestrutível desejo numa perfeita semelhança do passado[3] (Freud, 1900/1972: 660).

---

[3] Trazemos a frase de Freud no original, retirado de Freud, S. – *Studienausgabe*, Frankfurt--am-Main, S. Fischer Verlag, 1972, Band II, p. 588: *Zwar entbehrt auch der alte Glaube, dass der Traum uns die Zukunft zeigt, nicht völlig des Gehalts na Wahrheit. Indem uns der Traum eunen Wunsch als erfüllt vorstellt, führt er une allerdings in die Zukunft; aber diese vom Träumer für gegenwärtig genommene Zukunft ist durch des unzerstörbaren Wunsch zum* ***Ebenbild*** *jener Vergangenheit gestalter.* [grifo nosso].

Se realizamos desejos no sonho numa temporalidade presente, antecipamos o futuro, ou nos conduzimos a ele, ao sonharmos com o que desejamos realizando isso no presente real do sonho. Mas o que Freud está nos dizendo é que isso que realizamos como futuro trazido ao presente é plasmado sobre o desejo indestrutível, como tal, fundado no passado.

Costumamos falar desta indestrutibilidade do desejo como uma coisa ética, ou eticamente valiosa. Aliás, costumamos falar muito do desejo como uma coisa ética, tudo por causa da ética do desejo, em que Lacan insistiu em dado momento (1960). Mas será que tanta indestrutibilidade é interessante? Por que o desejo deveria ser indestrutível?

Lacan chama este ponto de suborno. Projetando a topologia do sujeito no instante do fantasma – novamente um jogo nada inocente de palavras invertidas: a topologia (espaço) do sujeito no instante (tempo) do fantasma. O fantasma é uma cena, um espaço, tem uma topologia, mas aqui Lacan diz as coisas de modo inverso: o fantasma é um instante, e o sujeito é que tem uma topologia, um espaço – o sujeito deixa de saber-se efeito da fala e paga para não saber que, como desejo, ele é desejo do Outro. O desejo indestrutível nos aparece para nos fazer desconhecer que é desejo do Outro, e o faz graças ao fantasma. O fantasma, assim, faz o sujeito crer não só que o desejo do sujeito lhe pertence, é dele, sujeito, e não o contrário, que ele deseja a partir do Outro, como também o faz crer que é seu patrimônio mais valioso e inalienável, indestrutível. Mas a análise (ou a travessia, por isso o nome, travessia, que faz ver as coisas pela margem oposta) do fantasma permite ver claramente que o desejo é desejo do Outro, é o fantasma que escreve isso, mas, para o sujeito, apresenta isso de modo inverso, requerendo ser atravessado. Reconhecendo-se como desejo do Outro, o sujeito poderá, talvez, inventar um novo caminho para o desejo, ou talvez chegar a um desejo inédito. O desejo do analista é um desejo novo, nada indestrutível, que talvez resulte da destruição do desejo indestrutível.

Na segunda lição do Seminário XXI, *Les non dupes errent,* de 20 de dezembro de 1973, Lacan comenta um trecho suprimido da edição da "Interpretação de sonhos" em que ele deveria aparecer, a oitava, mas não apareceu. Ou seja, o trecho de Freud foi suprimido da edição em que ele seria inserido por ser a edição imediatamente seguinte. Este trecho é um primeiro de três capítulos e se intitula *Die Grenzen der Deutbarkeit*, e o terceiro (o segundo não interessa) chama-se "O significado oculto dos sonhos".

Lacan interpreta esta supressão pela associação deste capítulo com esses "significados ocultos". Diz ele que Freud se interessava por demais pelas coisas ocultas por considerar – e nisso ele errava (de erro e de errância – os não-tolos erram, os nomes-do-pai) – que a ciência deveria dar conta de todos os fatos (logo, por que não se debruçar sobre os *ainda* ocultos, se eles acabarão por serem revelados à luz do conhecimento científico?). Lacan mostra que isso é falso. A ciência só se interessa pelo que sua matemática permite formular, incluindo nisso tudo aquilo que faz furo em seu sistema discursivo. Mas o que não entra nesse sistema nem por isso está "oculto" nele, mas é alheio a ele, está simplesmente fora dele, alhures. Considero esse pensamento de Lacan muito interessante, pois ele nos permite diferenciar claramente o inconsciente daquilo que é oculto. Como Freud errava – de erro e de errância – no oculto, pensou que havia uma significação oculta nos sonhos.

Mas, dois capítulos antes, Freud fala não sobre nada de oculto, mas sobre as *Grenzen der Deutbarkeit* – os limites da interpretação, os limites do simbólico, o furo da ciência para dar conta do sonho. Ora, o limite é algo muito diferente do oculto. O que leva Freud a conceber o desejo indestrutível do sonho, que atravessa a vida toda? O que molda o desejo, como se fosse algo do passado, no futuro que se antecipa no presente do sonho?

Lacan comenta o uso da palavra *Ebenbild* (usada na citação de Freud, da última frase da "Interpretação de sonhos", e grifada em negrito na nota de rodapé 6, acima, em que transcrevemos a frase de Freud em alemão, na qual esta palavra alemã é traduzida por "moldado à semelhança do passado") e mostra que na verdade ela significa "imagem fixa, sempre a mesma", o que não é a mesma coisa que "imagem do passado". Cito Lacan:

> é sempre a mesma coisa, não há passado a partir do momento em que se trata dessa função espacial, o cruzamento da linha com a rede da estrutura, que se desloca, ela sim, segundo a linha, mas ao mesmo tempo em que podemos dizer que ela não se desloca, uma vez que a linha, esta não se desloca.imagem (Lacan, 1973-1974: 20/12/1973).

O que molda o desejo indestrutível do sonho não é, pois, o passado, mas a imagem fixa, a *Ebenbild*, a linha espacial que cruza a rede da estrutura da linguagem em que o sonho se escreve: o famoso desejo indestrutível que passeia sobre a linha da viagem, a partir do momento em que a entrada no campo da linguagem se produziu, acompanha de ponta a ponta [essa viagem] e a *Ebenbild*, sempre a mesma, sem variação, acompanha o sujeito estruturando seu desejo.

E Lacan então anuncia sua suspeita:

> Eu suspeito de que, se essa *Grenzen der Deutbarkeit,* [esses limites da interpretação] não saíram (no sentido de "não foram publicados"] na edição seguinte da "Interpretação do sonhos", não é simplesmente porque eles estavam "à sombra do oculto", mas é porque isso colocaria o oculto em questão, ultrapassaria um pouco esse troço da afirmação de que "o desejo é indestrutível", isso mostraria nesta estruturação do próprio desejo algo que justamente teria podido matematizar de outra maneira a natureza (Lacan, 1973-1974: 20/12/1973).

No ponto do limite da interpretação, que faz furo no sistema discursivo, na matemática do inconsciente, de Freud, o desejo do sonho encontra sua condição de indestrutível ou de ininterpretável? E, neste ponto, o que poderia o desejo do analista? Podemos pensar que ele poderia dar outro destino à indestrutibilidade do desejo do sujeito?

Concluo com esta pergunta: o desejo inédito que resulta de uma análise, o desejo do analista, já não seria, ele próprio, esta outra forma de matematizar a natureza, como diz Lacan? O desejo do analista já não seria o produto, por análise, da destruição do desejo indestrutível do sujeito?

REFERÊNCIAS BIBLIOGRÁFICAS

FREUD, S. (1900/1969). A interpretação de sonhos. *Edição standard brasileira das obras psicológicas completas de Sigmund Freud.* Rio de Janeiro: Imago Editora.

FREUD, S. (1900/1972). *Studienausgabe.* Frankfurt-am-Main: S. Fischer Verlag Band II.

LACAN, J. (1998). Posição do inconsciente. *Escritos.* Rio de Janeiro: Jorge Zahar Editor.

————. *O Seminário, livro 21: les non dupes errent.* Inédito.

A ESTRUTURA DO INCONSCIENTE LACANIANO

Heloisa Caldas

RESUMO

O texto pretende apresentar alguns avanços capitais do ensino de Lacan para verificar como ele opera um deslocamento da definição de inconsciente e maneja a noção de estrutura afastando-se do rigor estruturalista. Estes avanços são resultantes da formulação de definições teóricas importantes a respeito da articulação entre significante e corpo.

Palavras-chave: inconsciente; sujeito; estrutura; corpo; objeto *a*; falasser.

ABSTRACT

Lacanian unconscious structure

The paper presents some capital steps of Lacanian theory to highlight some changes in the definition of the concept of unconscious as well as the distance Lacan takes from the notion of structure in the structuralism rigueur. These steps are those in which some important theoretical definitions are made in relation to the articulation between signifier and body.

Key-words: unconscious; subject; structure; body; object *a*; *parlêtre*.

A linguística estrutural serve a Lacan, no começo do seu ensino, como chave de releitura de Freud. Mas Lacan, sabemos bem, jamais repetiu conceitos ou noções, ele os reinventava. Assim, ao mesmo tempo que importou conceitos da linguística, manejou-os de forma a contemplar o que lhe interessava: submeter o inconsciente, conceito *princeps* da psicanálise, à lógica estrutural, em especial pelo que esta prometia de rigor científico. A partir daí as definições do conceito de inconsciente que Lacan produz, ao longo do seu ensino, trazem implícita ou explicitamente uma relação com a estrutura da linguagem.

A proposta deste texto, introdutório à questão, é visitar alguns momentos fecundos do ensino de Lacan nos quais se pode verificar como ele vai deslocando a definição freudiana de inconsciente. Em cada um desses momentos, a noção de estrutura é manejada de forma a atender à psicanálise, afastando-se do rigor estruturalista à medida que se aproxima da questão do corpo e do real tão cara à psicanálise.

Quatro momentos são levados em consideração aqui em função da definição de seus conceitos chaves: 1) Sujeito; 2) Objeto *a*; 3) Corporificação significante; 4) Falasser e *linguisteria*.

O SUJEITO

A conexão com a linguística se dá muito cedo na obra de Lacan a partir da ressonância do estruturalismo antropológico de Claude Lévi-Strauss, o qual, por sua vez, tinha a linguística como método modelo. Desde a redação de "O mito individual do neurótico" (Lacan, 1953/1980), no qual Lacan retoma o complexo de Édipo, observamos o tratamento estrutural dado ao que Freud considerou o momento crucial de submissão à interdição do incesto. Lacan o transpõe da triangulação imaginária constituída pelas figuras do pai/mãe/criança para uma estrutura quadripartida em que se concebe um quarto elemento, o Nome-do-Pai, cuja presença enlaça e organiza os outros três, regendo-os como função simbólica. Desta forma, o tratamento estrutural dado ao mito como discurso sobre o que não se sabe ganha uma fórmula discursiva. A novela edípica relatada e trabalhada em análise é, por conseguinte, nada mais que essa fórmula discursiva sobre algo que não pode ser transmitido na definição absoluta de verdade. Articulando a verdade ao discurso, está aberta a via para um sujeito que busca o sentido para seu ser na ordem cultural e para uma prática da psicanálise na qual a escuta do inconsciente só pode ser balizada pelos fundamentos do discurso.

Assim, em "Função e campo da fala e da linguagem em psicanálise", Lacan propõe rever os conceitos freudianos em seu sentido pleno, o que, para ele, quer dizer orientação no campo da linguagem e ordenação segundo a função da fala. O bem conhecido aforismo "o inconsciente é estruturado como uma linguagem", que data do início de seu ensino (Lacan, 1953/1988: 270), constitui a grande investida lacaniana no método estrutural inspirada pela linguística. Como assinala J.-A. Miller (1994: 90), o estruturalismo de que se trata em Lacan não é outro a não ser aquele cuja fonte é o curso de Ferdinand de Saussure (1975). Algumas teorizações que se ocuparam, em especial, da literatura, também intituladas de estruturalistas e em voga nos meados dos anos 70 não foram as referências do estruturalismo lacaniano. Lacan chega a afirmar, no texto "Da estrutura como intromistura de um pré-requisito de alteridade e um sujeito qualquer", que afirmar ser o inconsciente "estruturado como uma linguagem" é uma redundância, pois para ele "estruturado" era a mesma coisa que "uma linguagem" (Lacan, 1966/1976: 200).

Porém ele já estava atento, desde então, ao que afastava a linguística da psicanálise: o conceito de sujeito. Apesar de ter definido o sujeito em função do significante – "o significante é o que representa o sujeito para outro significante" (Lacan, 1960/1998: 833), assentou essa definição numa certa tautologia, como comenta J.-A. Miller (1994: 92). Ela não permite definir isoladamente nem o sujeito nem o significante. O mérito dessa definição, no entanto, é o de circunscrever ambos, sujeito e significante, no âmbito da linguagem como operação; o significante é seu material, o sujeito, seu efeito. Mas justamente essa circularidade da definição impele a interrogar sobre sua causa.

Para a linguística, ao contrário, o sujeito não interessa. A língua é um conceito que pretende extrair as constantes de todas as falas em suas inúmeras diversidades (Saussure, 1916/1975: 22-23). Isso quer dizer que para essa ciência o sujeito, no sentido de sujeito do inconsciente, não é uma questão. Por outro lado, também não importa a causa, termo etimologicamente ligado a Coisa. O conceito de língua implica um fechamento do verbal em sua realidade simbólica, que exclui de seu campo qualquer referência extraverbal, o chamado referente. Como Freud privilegia *das Ding* e Lacan trabalhou sempre com o registro do real, verificamos então que, embora valendo-se da linguística, Lacan não poderia deixar de contemplar algo que resta fora do alcance do verbal. Portanto, se a linguística moderna havia tomado uma posição com relação ao antigo debate sobre a relação entre as palavras e as coisas, ao estabelecer como princípio o arbitrário do signo (Saussure, 1916/1975: 79-84), verificamos que a psicanálise, mesmo quando lida com o rigor do estruturalismo, fura, digamos assim, essa proposta estrutural. A psicanálise trata de algo que escapa à linguagem, ainda que não dispense a presença desta para se transmitir pela via de um discurso.

O OBJETO *a*

Podemos situar a conceituação do objeto *a* como outro afastamento de Lacan do rigor estruturalista necessário para considerar o problema que, desde seus primórdios, a psicanálise enfrenta ao tratar pela linguagem o corpo humano: a questão do gozo.

Na mentira do discurso da histeria, Freud escuta sua verdade. O sujeito histérico não quer apenas falar, quer mostrar o enigma da conjunção entre linguagem e padecimento no corpo. A primeira concepção teórica do sintoma analítico como mensagem e via substitutiva de satisfação atesta o esforço de Freud em tentar teorizar sobre isso (1916-1917/1986). Com as contribuições de Lacan, porém, se pôde ir além da articulação corpo/linguagem estabelecida por Freud. Lacan enfatizou o desacordo, vivido como perda, entre o corpo e o significante. O significante faz do organismo corpo de gozo, mas não-todo. Algo não passa inteiramente pela linguagem. O discurso da histeria evidencia este paradoxo: falar sobre o impossível de dizer, acusar a precariedade da satisfação, sempre substituta do sintoma.

A inequação entre a operação da linguagem e o que afeta o corpo levou Lacan, em seu *Seminário 10*: *a angústia* (1962-1962/2005), a conceituar o objeto *a*. Ali onde Freud vira o sintoma como uma solução para o conflito da linguagem com o corpo, Lacan aponta seu fracasso: a linguagem mapeia o corpo com os significantes, mas deixa um resto. No ponto em que Freud propôs a ausência do objeto, pois este não podia ser nomeado, Lacan, ao contrário, situou o objeto como a presença do que escapa ao simbólico. Assim, o objeto *a* está vinculado ao ponto enigmático do corpo no qual o recorte significante promove extração e perda, produzindo algo heterogêneo à linguagem: satisfação/insatisfação – nos termos de Freud – gozo, segundo Lacan.

Esse corte, outro nome da castração, está na raiz do sujeito lacaniano excêntrico à cadeia significante e indício do desejo que a formula (Lacan, 1957/1998: 520-524). Lacan o pensa como um sujeito histérico (1957-1958/1999: 377-378), pois ele surge no lugar da castração, dividido entre significantes que não o definem, tampouco lhe atribuem um objeto complementar. Assim o sujeito mantém com o objeto *a* uma posição semelhante. Ambos estão fora da cadeia significante: um é sua divisão, o outro seu produto. Mas há também, entre o sujeito e o objeto, uma disparidade: um é efeito significante, o outro é heterogêneo ao significante.

Mais tarde, no *Seminário O avesso da psicanálise* (1969-1970/1992: 37), verificamos o esforço de Lacan para postular uma lógica que pudesse parear a operação da linguagem com a heterogeneidade gozosa do objeto *a*. Ele toma a bateria $S_1 - S_2$, o sujeito dividido ($) e o objeto *a* e os organiza em discursos. No discurso histérico, recoberto sob o apelo do $ por um significante que equacione seu gozo, encontramos o objeto *a*. Eis a causa que põe o sujeito a trabalhar na linguagem.

Por razões lógicas, portanto, o discurso histérico impele à produção de saber. Lacan o concebe como indispensável à experiência analítica para que esta ensine, uma vez que o discurso do analisando parte da falta de saber. Isso, no entanto, não aproxima o saber do objeto. O objeto se aloja na fratura do discurso e, embora a fabricação incessante de significantes vise evitar o encontro com seu vazio de significação, o discurso não evita o furo da linguagem. Assim, através da insatisfação histérica com os objetos da invenção cultural, pode-se deduzir o objeto como causa. Amiga da verdade, embora acusada de mentirosa, a histérica com seus ditos mente porque não há significante que promova uma significação para o gozo, ou seja ela mente uma verdade (Lacan, 1977/1998: 11). Por não condescender a nenhum significante, a histeria demonstra os objetos *a* como efeitos de corte da linguagem no corpo, efeitos de uma lógica encarnada. O inconsciente, cuja definição na teoria lacaniana ainda não foi modificada em termos formais, já não pode ser mais considerado como estruturado apenas pela linguagem.

É preciso considerar, a partir da conceituação do objeto *a*, o inconsciente como marcado pelo real, ou seja, pelo ponto de fracasso da linguagem em cuja fratura se aloja o objeto *a* como uma matriz de gozo. O objeto *a* heterogêneo à linguagem não é, no entanto, menos formal do que ela. Mas trata-se de uma formalização de outra cepa, diversa da formalização linguística. Uma formalização atestada pelo que o objeto *a* enforma no corpo como receptáculo não de sentido, mas de gozo, e que permite colocar os objetos da cultura gozosos numa série, singular em cada caso, enraizada no corpo a partir da lista dos objetos freudianos, oral, anal, fálico, aos quais Lacan acrescenta o olhar e a voz.

O SIGNIFICANTE CORPORIFICA

É em "Radiofonia" que Lacan nos oferece novas considerações entre psicanálise e linguística, assim como entre corpo e significante. Inquirido se Freud antecipara-se à linguística, ele comenta que a linguística previne-se de *acoisa* (Lacan, 1970/2003: 401-402), pois ela adotou, com a arbitrariedade do signo, uma posição que baniu toda e qualquer relação entre as palavras e as coisas.

É possível que Lacan exprima através desse termo *acoisa* uma indicação da presença do real na articulação do significante com o corpo na qual o significante passa a ser o que provoca o gozo, como ele ilustra no comentário sobre a força do verso/verme que, longe de ser algo que o poeta domine, é aquilo que o consome (Lacan, 1970/2003: 402). De fato, pouco depois em seu ensino, em *O seminário, livro 20: mais, ainda*, ele virá a chamar de *lalíngua* a presença de fragmentos do simbólico, fora do sistema que os regula, indicando a coalescência de peças soltas do simbólico que constituem o corpo como um campo de experiências de gozo (Lacan, 1972-1973/1985: 189). Ou seja, o corpo no sentido psicanalítico, por excelência, do termo.

Esses comentários de Lacan em "Radiofonia" respondem por uma nova posição sua quanto à sua definição do inconsciente em termos de linguagem. "A linguagem é a condição do inconsciente" ele afirma, na ocasião (1970/2003: 404). Nisso ele corrige a ideia bastante comum de que o inconsciente seria o berço da linguagem humana, para demonstrar o contrário: só há inconsciente porque há linguagem. O que pode ser entendido como só há leitura porque encontramos marcas que podem ser consideradas como uma escrita. Desloca-se a posição do sujeito da representação significante formal para situar o ser de gozo feito pela letra de uma escrita na carne.

O significante, material para a produção do corpo simbólico, encarna, na acepção da palavra, faz da carne um corpo. Lacan propõe então que o corpo do simbólico, pensado como um primeiro corpo, faça o segundo, o corpo humano na forma que a psicanálise o concebe, erógeno e gozoso (1970/2003: 406). É na leitura desse corpo que a análise vai se deixar guiar pelos signos, pelas marcas que se apresentam para alguém nas condições de discurso imprescindíveis à experiência. Signos de trauma e mal-estar, pois os significantes incorporados não dão conta do gozo que causam. Eles não promovem a relação sexual. Embora seja a partir deles que as parcerias se estabeleçam, eles são, também, os maiores obstáculos para elas perdurem. Eis o desafio da análise, abrir vias que possam contornar esses obstáculos, inventar artifícios que desloquem o confronto com real insuportável, modificando-o com significantes novos.

O FALASSER E A LINGUISTERIA

A dedução desta nova concepção declarada em 1970 vai se coroar em *O seminário 20: mais, ainda.* Nesta ocasião, no que se refere ao conceito de inconsciente, há outra virada marcante de Lacan. A concepção de inconsciente estruturado como uma linguagem é revista, a partir do surgimento do conceito de *lalíngua*, conceito distinto daquele de linguagem.

A proposta lacaniana é a de que a linguagem, com sua ordenação gramatical, lexical e seu valor de código compartilhado, não é dada de origem. Ao contrário, sua estrutura definida pelo jogo de oposições e diferenças é derivada da *lalíngua*, palavra disjunta da estrutura da linguagem e isolada da cadeia, que chega através do encontro com a língua materna como objeto, em geral voz, na experiência anterior a qualquer fala articulada; confronto, por excelência, com a dimensão de equivocidade própria à linguagem. Deste encontro resulta *lalíngua* constituída por ruídos, assonâncias, cortes singulares, nos quais a frase mais banal, ao ser escutada de viés, pode se transformar em enigma obscuro. Em suma, o que Lacan chama de *lalíngua* são os aluviões, os depósitos da chuva de significantes que chegam pela língua materna, objetos de material fônico, plenos de mal-entendidos e de criações singulares.

Devido a essa definição de *lalíngua*, o conceito de inconsciente se altera. Do inconsciente estruturado como uma linguagem passamos à noção de inconsciente como o saber depositado pelas marcas indeléveis de *lalíngua*, pois dela partem os traços que registraram o que se passou na relação originária com a língua dita materna. Esses precipitados de *lalíngua* apresentam um caráter de enigma, pois são, de fato, isolados da cadeia significante, não se articulam aos outros significantes, estando separados de todo o valor de sentido. Trata-se aí então de Um significante isolado, assemântico, que funciona como uma letra.

O inconsciente é então pensado como um saber originado por esses resíduos de *lalíngua*, ou seja, por estes significantes isolados, letras que o sujeito não sabe o que querem dizer. Esses significantes desarticulados, encarnados na língua como o que resta "indeciso entre o fonema, a palavra, a frase, mesmo todo o pensamento" (Lacan, 1972-1973/1985: 189), vão fixar o gozo do corpo no momento em que este é experimentado como impossível. A razão que os torna tão importantes a ponto de se tornarem marcos inaugurais do saber inconsciente é que eles se escrevem como experiência memorável de perda de gozo. Mesmo que venham posteriormente a se encadear, o que vai implicar mais perda de gozo, algo de seu aspecto letra permanece e funciona destacado da significação, causando, como na origem, gozo. Esta é a tese de Lacan sobre a linguagem como aparelho de gozo e, consequentemente, do inconsciente do ser que ao falar goza.

Trata-se do inconsciente constituído por significantes – são alguns, um enxame – que têm o valor de fixar os eventos de gozo do corpo na ocasião em que o sujeito tem experiências traumáticas que, como tais, são necessariamente sexuais, pelo que escapam ao saber. Os S_1 de *lalíngua* fixam esse gozo e o formalizam. Não passam de truques inventados, malabarismos inconscientes, mas, assim como as fórmulas matemáticas, têm efeitos sobre o real e revelam-se como formulações de saber eficientes para tapar o furo no real. Pelo menos provisoriamente, como fazem, em geral, os sintomas.

Se o significante é a causa do gozo no corpo, não vale mais a pena tratar a questão em dois planos como o dualismo classicamente faz. A proposta lacaniana de uma *res gozante* rearranja a distinção entre sujeito e significante, entre fala e corpo (1972-1973/1985: 33-36). Embora o conceito de sujeito não desapareça na teoria, surge o conceito de *falasser*, adotado pelo que melhor contempla da articulação entre linguagem e corpo.

O termo *falasser* (*parl'être: parlant* e *par lettre*) foi escolhido por Lacan (1974) pelo equívoco entre ser falante, que remete à oralidade, e ser de escrita, ser feito de letra. Trata-se de um ser cuja lógica de gozo se dá em função da escrita e da fala. De certa forma, o conceito de *falasser* é uma proposta nova de Lacan que, embora não desconsidere os conceitos organizados anteriormente sob a égide do estruturalismo, promove uma reelaboração a partir da perspectiva de que há ser de substância gozante. Lacan chega a propor que este termo substitui o inconsciente de Freud (Lacan, 1975/2003: 561).

O *falasser* se compõe de fala e de escrita assim como de um corpo que funciona como um campo de gozo. Portanto, é um ser ao qual não se aplica mais a dicotomia fala e corpo, tampouco aquela entre apresentar e representar. O corpo está presente na representação e o significante não se distingue mais do gozo que o acompanha.

Verificamos que nos momentos da teorização lacaniana destacados neste trabalho, Lacan vai se afastando cada vez mais do estruturalismo linguístico ao ponto de declarar que define o campo da psicanálise como distinto do campo da linguística que estuda a linguagem desencarnada. Para a psicanálise, Lacan reserva o campo da *linguisteria* (1972-1973/1985: 25-26). Ou seja, ele privilegia o que a histeria sempre ensinou à psicanálise sobre corpo em seu discurso.

Em função disso, para concluir, gostaria de considerar uma fala de Lacan, testemunha da importância e valorização que ele confere ao discurso histérico matriz, por excelência, do que ele sustenta como mais uma definição do inconsciente, desta vez formulado como efeito de linguagem. Ele inicia essa fala de 26 de fevereiro de 1977, em Bruxelas, intitulada "Propos sur l'hystérie" (1977/2007: 8), perguntando: "Por onde andam as histéricas de outrora, essas mulheres maravilhosas, as Anna O, as Emmy Von N?". Elogiando-as e desejando que elas ainda estejam por aí, ele aproveita para nos oferecer mais uma definição do inconsciente originado pelo "fato que a histérica não sabe o que diz, quando ela bem e belamente diz algo pelas palavras que lhe faltam. O inconsciente é um sedimento de linguagem".

Em seguida ele declara duas coisas, nesta mesma fala, que valem a pena ser destacadas, embora não possam ser desenvolvidas neste texto. Considero importante mencioná-las, para concluir este texto, para que se tenha a dimensão do horizonte audacioso para onde Lacan ruma com a noção de estrutura.

A primeira é a declaração de que ele "perseguiu a noção de estrutura com a esperança de evitar a trapaça da linguagem e alcançar o real". O estruturalismo foi, portanto, seu instrumento inicial para evitar e combater a impregnação imaginária e fútil em que a psicanálise, na época em que ele iniciou seu ensino, encontrava-se mergulhada.

A segunda é que seus "nós lhe servem como aquilo que encontrou de mais próximo da categoria de estrutura [...] para alcançar um crivo com o qual se pudesse abordar o real" (Lacan, 1977/2007: 11). Ou seja, é através da topologia dos nós que Lacan vai prosseguir, no final de seu ensino, na busca de uma formalização para os acontecimentos do corpo e o real, ainda que, desta feita, com um instrumento já bem mais sofisticado que aqueles fornecidos pelo estruturalismo linguístico.

Referências bibliográficas

FREUD, S. (1916-1917/1986). Conferência XVII sobre a psicanálise: o sentido dos sintomas. *Edição standard brasileira das obras psicológicas completas de Sigmund Freud*, v. XVI. Rio de Janeiro: Imago.

LACAN, J. (1953/1980). *O mito individual do neurótico*. Lisboa: Assírio e Alvim.

———. (1953/1998). Função e campo da fala e da linguagem em psicanálise. *Escritos*. Rio de Janeiro: Jorge Zahar Editor.

———. (1957/1998). A instância da letra no inconsciente ou a razão desde Freud. *Escritos*. Rio de Janeiro: Jorge Zahar Editor.

———. (1957-1958/1999). *O seminário, livro 5: as formações do inconsciente*. Rio de Janeiro: Jorge Zahar Editor.

———. (1960/1998). Subversão do sujeito e dialética do desejo. *Escritos*. Rio de Janeiro: Jorge Zahar Editor.

———. (1962-1963/2005). *O seminário, livro 10: a angústia*. Rio de Janeiro: Jorge Zahar Ed.

———. (1965/1998). A ciência e a verdade. *Escritos*. Rio de Janeiro: Jorge Zahar Editor.

———. (1966/1976). Da estrutura como intromistura de um pré-requisito de alteridade e um sujeito qualquer. *In*: *A controvérsia estruturalista*. MACKSEY, R. & DONATO, E. (orgs.). São Paulo: Cultrix.

———. (1969-1970/1992). *O seminário, livro 17: o avesso da psicanálise*. Rio de Janeiro: Jorge Zahar Editor.

———. (1970/2003). Radiofonia. *Outros escritos*. Rio de Janeiro: Jorge Zahar Editor.

———. (1972-1973/1985). *O seminário, livro 20: mais, ainda*. Rio de Janeiro: Jorge Zahar Editor.

———. (1975/2003). Joyce, o Sintoma. *Outros escritos*. Rio de Janeiro: Jorge Zahar Editor.

———. (1977/1998). Rumo a um significante novo. *Opção lacaniana, Revista Brasileira Internacional de Psicanálise*, n° 22. São Paulo: Ed. Eólia.

———. (1977/2007). Propos sur l'hystérie. *Quarto, Revue de psychanalyse, La femme e la pudeur*, nº 90. Belgique: École da la Cause Freudienne. ACF en Belgique.

MILLER, J.-A. (1994). S'truc dure. *Matemas II*. Buenos-Aires: Manantial.

SAUSSURE, F. (1916/1975). *Curso de linguística geral*. São Paulo: Cultrix.

A PULSÃO ESTRUTURADA COMO A LINGUAGEM OU APARELHADA COMO LALÍNGUA

Tânia Coelho dos Santos

RESUMO

Depois dos anos 70, esses termos, real e estrutura, se fazem representar no ensino de Lacan por meio da tensão dialética entre lalíngua (*lalangue*) e a linguagem. Lalíngua presentifica o gozo da dispersão do significante. Trata-se dos significantes puros, isolados, não encadeados na linguagem articulada. Penso que Lacan nos oferece uma outra perspectiva da pulsão como energia em estado livre, não ligada em representações articuladas, que corresponde ao que Freud chamou de processo primário. Lalíngua é isso, são os processos primários dominados pelo autoerotismo. Trata-se do inconsciente real, no qual o significante se apresenta como bobagem, tropeço sem sentido, que é muito mais da ordem do erro do que do lapso.

Palavras-chave: linguagem; lalíngua; sintoma; sinthoma, interpretação.

ABSTRACT

The drive structured as a language or equiped as *lalangue*

After the seventies, both terms, real and structure, make themselves represent in Lacan's teachings through the dialectic tension between *lalangue* and language. *Lalangue* makes present the jouissance of the dispersion of the signifier. It's about pure signifiers, isolated, unchained to the articulate language. I think Lacan offers us another perspective of the drive as an energy in a free state, unlinkes to articulate representations, that corresponds to what Freud called primary process. That is *Lalangue*, the primary processes dominated by autoerotism. It is about the real unconscious, where the signifier is presented as sillyness, meaningless stumble, which is much more of a mistake than a lapse.

Key-words: language; *lalangue*; symptom; *sinthome*; interpretation.

DA METAPSICOLOGIA À ESTRUTURA: A PSICANÁLISE NA UNIVERSIDADE

O Programa de pós-graduação em teoria psicanalítica (PPGTP/UFRJ), fundado em 1987, desde cedo privilegiou os estudos sobre a metapsicologia freudiana. Introduzimos o ensino sistemático da psicanálise na Universidade Federal do Rio de Janeiro e, ao criar o primeiro programa de pós-graduação em teoria psicanalítica, assumimos o risco de sucumbir ao império dos semblantes, esvaziado do real da clínica psicanalítica. Assumimos o risco de ensinar sem transmitir. Assumimos o risco de alimentar o gozo acéfalo do saber, desvencilhado da castração. É fundamental que possamos agora desenvolver, nos programas de pós-graduação em psicanálise, dispositivos para assegurar que a pesquisa tenha como eixo a experiência clínica e, sobretudo, não se dissocie da formação do psicanalista. O mais essencial da teoria psicanalítica, como Lacan (1968-1969/2006: 17) a definiu, é ser um discurso sem palavras, não se pode transmiti-la como uma filosofia, um sistema de pensamento, uma *Weltanschauung*. Esse não é, entretanto, o tema da minha exposição de hoje.

Quando cheguei ao programa em 1989, uma questão dominava o panorama intelectual: a da exterioridade da pulsão ao campo da linguagem. Essa questão, eu não demorei muito a perceber, era uma crítica velada ao ensino de Lacan. Em seu retorno a Freud, Lacan foi incansável em recordar a dependência da constituição do "sujeito sobre o qual a psicanálise opera" da linguagem. Essa tese de Lacan ressaltava a primazia do simbólico, relativamente a todas as dimensões em jogo na experiência humana, e contrapôs-se vivamente a todas as interpretações da obra de Freud biologizantes, psicogenéticas e desenvolvimentas. Essa abordagem desencoraja todo e qualquer esforço no sentido de encontrar as origens da humanidade antes do advento da civilização propriamente dita. Observações de bebês, estudos neurofisológicos, investigações antômicas, estudos genéticos, apreciações sobre as relações entre a energia física e psíquica, nada disso prospera em nosso campo de pesquisa depois que Lacan nos colocou, em definitivo, sob o comando do signo linguístico.

A pesquisa que naquela ocasião siderava os pesquisadores no PPGTP há 20 anos era a da pulsão como uma força desligada do aparelho psíquico, fora da linguagem. Muita gente estava convencida que Lacan, ao promover a anterioridade do simbólico, desprezava a resistência da pulsão de morte aos esforços de ligá-la, submetê-la ao princípio do prazer, inscrevê-la no inconsciente e transformar sua energia livre em energia ligada.

Os críticos de Lacan desprezaram solenemente a via que Lacan escolheu para abordar a obra freudiana: privilegiar o fato clínico. Lacan mostrou-se extremamente sensível ao abandono, por parte de alguns psicanalistas pós-freudianos, da redefinição lógica da realidade a partir da realidade psíquica da castração. Por ter levado a sério a realidade psíquica, Freud foi capaz de perceber a importância das fantasias dos neuróticos, via régia para capturar a estrutura de ficção de toda a realidade humana. Ao promover o mito de "Totem e tabu" – em sua antropologia fantástica – como a única via de acesso à passagem da natureza à cultura, Freud abdica de recuperar a origem da aventura humana fora da dimensão da narrativa, do discurso, do mito. Minha exposição vai demonstar meu próprio ponto de vista sobre esse tema.

Em 1968, ao fundar o Departamento de Psicanálise em Paris VIII, Jacques Lacan nos legou um dispositivo para o ensino da psicanálise como um saber exposto. Para renová-lo, em 1975, criou o primeiro programa de formação de pesquisadores em nível de mestrado e doutorado (1976) e também as Seções Clínicas (1977). O Instituto do Campo Freudiano (Miller, 1997) é uma invenção de Miller para prosseguir na França e alhures nessa via aberta por Lacan: "De um lado é um sucesso, para uma elaboração e para sua transmissão: nós falamos a mesma linguagem, meus amigos! Aqueles que estão nas Seções clínicas como docentes e aqueles que estão nas Seções clínicas como participantes, aqueles que chegam de Marselha, do Norte, do Leste, do Oeste, de Buenos Aires também, nós falamos a mesma linguagem" (ibid.: 12-13). Essa é uma delicada questão preliminar de método: pode-se ler Lacan de muitas maneiras dependendo do período de seu ensino que escolhêssemos privilegiar? Acredito que, diferentemente de outros grupos analíticos, lacanianos inclusive, nós que seguimos Miller em sua orientação lacaniana não vivemos numa torre de babel. O fragmento acima é um argumento de peso contra a ideia de que na Escola de Lacan não dialogamos, monologamos cada qual em nossa língua irredutivelmente privada e singular.

Em contrapartida, ainda em 1968 (Lacan, 1968-1969/2006: 29-43), Lacan havia expressado toda a sua desconfiança na universidade. Anunciava que ela traria uma forma nova de mal-estar: a redução do saber ao diploma universitário. Com o diploma, surgia o saber-mercadoria que se compra e se vende, homogeneizado, *prêt-à-porter, ready-made* pronto para ser consumido. Esse saber *fast-food* contrasta com a particularidade do sintoma, que é a maneira como cada um sofre de seu inconsciente. Devo concluir que o saber em jogo no sintoma é incompatível com a universalização do ensino na universidade? Eu penso que essa não é uma boa conclusão. Para tratar dessa questão vou discutir o que aparelha a pulsão, distinguindo a perspectiva sincrônica e estruturalista da linguagem da dimensão diacrônica e pragmática do aparelhamento (*apparole*) por meio de lalíngua.

Lacan é ou não estruturalista? Essa é uma questão controvertida e vamos nos limitar a precisar sua adesão à tese de Althusser: Freud e Marx seriam estruturalistas, *avant la lettre*, isto é, antes mesmo que o estruturalismo surgisse. Em resposta aos acontecimentos de maio de 1968, momento da nossa história recente em que se pretendeu combater todas as formas de autoridade, Lacan redefine a essência da teoria psicanalítica como um discurso sem palavras. É uma resposta forte, firme, em defesa do estruturalismo. Seu principal argumento é que os representantes da autoridade podem ser destituídos, mas a autoridade da estrutura, do significante oracular, significante mestre, da primazia da origem não podem sofrer o mesmo destino. Contra aqueles que combatem o estruturalismo e alegam que a imprevisibilidade dos acontecimentos históricos não pode submeter-se a nenhuma determinação inabalável, Lacan não opõe uma ideologia, nem uma de visão de mundo, mas o real. Lacan é realista e não historicista. Advogo e espero poder demonstrar que Lacan é realista e que o real lacaniano é inseparável da estrutura da experiência analítica tal como ele a define em 1968-1969 (2005: 17): "o mais essencial da teoria psicanalítica é um discurso sem palavras".

São muitas as versões lacanianas do estruturalismo mas, desde o início, caracterizam-se por promover a função central de um elemento indeterminado como causa. Apropriando-se da antropologia de Lévi-Strauss, Lacan ensinará a distinguir nos conceitos freudianos a dimensão do simbolico, do imaginário e do real. Elevou o complexo de Édipo, que segundo o antropólogo estruturalista é o último mito da modernidade, à dimensão lógica da função metafórica do Nome do Pai. Com apoio no conto "A carta roubada" de Edgar Alan Poe, pôs em evidência a instância da letra na determinação do inconsciente como um cáculo de probabilidades. Também o tempo lógico e a função da pressa no término da sessão são extraídos a partir de suas relações com o cálculo que preside a certeza antecipada. O esquema ótico, o esquema L, o grafo de desejo formalizam o campo da identificação a partir das relações assimétricas do sujeito com o Outro. A linguística de Ferdinand de Saussure lhe forneceu os elementos para forjar a definição do sujeito como "o que um significante representa para outro significante". Com Roman Jakobson redefiniu os mecanismos inconscientes da condensação e do deslocamento de acordo dois processos linguísticos: metáfora e metonímia. Suas teses marcantes estão bem resumidas conforme se segue:

> Primeiramente, o inconsciente é uma estrutura. Não se trata de um fluxo contínuo, indicernível, nem de uma reserva de coisas heteróclitas, independentes umas das outras, colocadas num conjunto numa espécie de saco. Podemos discernir os elementos e estes elementos formam um sistema. Em segundo lugar, o inconsciente é linguagem. Esses elementos discerníveis são aqueles mesmos da linguagem. Em terceiro lugar, o inconsciente é estruturado como uma linguagem de Saussure. Distinguimos nela significante e significado (Miller, 1996: 8).

Essa perspectiva, eminentemente sincrônica, exclui metodologicamente a dimensão histórica que Saussure chamou de "a língua". A fala (*parole*), vontade de dizer, submete a vontade de gozo ao enigma do desejo endereçado ao Outro: *Che vuoi?*. "Isso fala" impõe sua estrutura ao "isso goza". Dizer que a pulsão foi submetida à vontade de dizer não significa que os afetos teriam sido excluídos do ensino de Lacan. Afinal, mesmo a angústia – ele a promoveu àquilo que tem uma afinidade de estrutura com o que é um significante – não deixa de ser definida como o único afeto que não engana em nossa aproximação do real. Esse real, ele o circunscreveu como o objeto da pulsão e para nomeá-lo pinçou um termo freudiano: a Coisa, *das Ding*. Como a Coisa é diferente das espécies da Coisa, redefiniu-a mais tarde como os objetos parciais da pulsão, cunhando a função lógica do objeto *a*.

Ordenou as relações de conjunção e disjunção do sujeito dividido pela função do significante com o objeto *a*, condensando-as sob a fórmula do fantasma: $ desejo de *a*. O fantasma é o avesso do sintoma, uma tela que permite ao sujeito neurótico imaginar o real, protegendo-se dele. Finalmente, reduziu o Nome do pai ao significante mestre (S_1), o desejo da mãe ao saber (S_2) e a criança, ao objeto (*a*) – articulando-os como uma estrutura quaternária em que se permutam no lugar do agente, do saber, da produção e da verdade. Dessa permutação surjem os quatro discursos: do mestre, da histérica do analista e da universidade. Mais uma vez é o real, operador invisível, ausente da estrutura que comanda a rotação de um quarto de volta.

Em seu último ensino o real é ainda o centro da experiência analítica porque não existe nenhuma forma de garantir o encontro entre os sexos. Está no Gênesis: Deus os criou homem e mulher. Ninguém sabe ao certo o que sejam um e outro, salvo que a castração os determina igualmente. O homem identifica-se à exceção, ao ideal do seu sexo. A mulher, na medida em que não encontra um modelo, um ideal com que identificar-se, realiza-se diretamente como ser falante. Nessa época, Lacan (1972-1973/1984) vai subverter sua concepção do sujeito do inconsciente mortificado pelo significante, à caça do mais de gozar. Em lugar do sujeito vai promover o ser falante, corpo vivificado pelo significante, que goza em falar à-toa e não quer dizer nada. Sua perspectiva se inverte. No lugar do conhecido adágio, "Eu, a verdade, falo" (Lacan, 1955/1966: 410), surge o gozo da fala que não se endereça ao Outro, não tem sentido e não é interpretável. De acordo com Miller (1996: 14), no *Seminário 20* Lacan teria simplificado ao máximo as relações entre o gozo e a fala: "Lalíngua, *l'apparole*, aí onde isso fala, é exatamente o que eu digo, dizendo que o inconsciente é estruturado como a linguagem". Essa formulação, ainda segundo Miller, não é verdadeira. O inconsciente estruturado como a linguagem, segundo a fórmula que se encontra em "Função e campo da palavra e da linguagem", é feita para destrinçar as técnicas de decifração do inconsciente e a teoria das pulsões. Logo, a frase "é o que eu digo" precisa ser completada com a palavra agora. Lacan não se desdiz, mas reinterpreta e atualiza seu ensino.

Não é portanto o fim da primazia do simbólico, da hegemonia do significante, da precedência incontestável da linguagem, da estrutura. Penso que não se trata disso. Depois dos anos 70, esses termos, real e estrutura, se fazem representar no ensino de Lacan por meio da tensão dialética entre lalíngua (*lalangue*) e a linguagem. Lalíngua presentifica o gozo da dispersão do significante. Trata-se dos significantes puros, isolados, não encadeados na linguagem articulada. De acordo com Miller:

> Não é sem relação com a estrutura mas, daí, de dizer que lalíngua é uma estrutura, recuamos. Em particular porque lalíngua não é um objeto recortado na sincronia. Ela comporta uma dimensão que é irredutívelmente diacrônica, pois ela é essencialmente aluvionária. É feita de aluviões que se acumulam, dos mal-entendidos, das criações linguageiras, de cada um (Miller, 1996: 11).

Penso que Lacan nos oferece uma outra perspectiva da pulsão como energia em estado livre, não ligada em representações articuladas, que corresponde ao que Freud chamou de processo primário. Lalíngua é isso, são os processos primários dominados pelo autoerotismo. Trata-se do inconsciente real, no qual o significante se apresenta como bobagem, tropeço sem sentido, que é muito mais da ordem do erro do que do lapso. Quando tomamos o inconsciente nesse estado puro, fora da interpretação, fora da transferência, ele se apresenta como pura debilidade do mental.

LALÍNGUA E O SINTHOMA: O PROBLEMA DA INTERPRETAÇÃO EM PSICANÁLISE

A palavra, quando é endereçada ao Outro, veicula uma demanda e supõe sempre uma questão e uma resposta. A demanda veicula uma necessidade, uma satisfação, um querer-gozar que está, entretanto, subordinado ao querer-dizer. Uma intenção dirigida assim ao Outro estrutura-se na forma do diálogo. Miller (1996) nos recorda que no *Seminário 20* Lacan formula a seguinte questão: "Lalíngua, ela serve ao diálogo? Nada é menos garantido" (Lacan, *apud* Miller, 1996: 13). O princípio de lalíngua não é o querer-dizer ao Outro. É a pura tagarelice, o blablablá, é a palavra dominada pela pulsão que não assegura a comunicação, apenas o gozo com a fala vazia e sem sentido. O gozo com a fala não é o gozo com a verdade. No último ensino de Lacan, o estatuto da interpretação torna-se problemático. Quando a verdade que fala nos lapsos, atos falhos, sonhos e todas as formações sintomáticas do inconsciente se propõe como enigma, requer a interpretação. Miller se pergunta: "O que é que podemos fazer da interpretação quando se trata de lalíngua? Uma vez que é do gozo que fala, [devemos] interpretar a verdade? Certamente. Interpretar o gozo!" (Miller: 1996: 15).

A questão de se lalíngua é interpretável ou não me conduz a aprofundar a distinção que Miller propõe entre estrutura e aparelho. A estrutura é um corte sincrônico da fala ou discurso. A dimensão da fala como lalíngua é de outra ordem: "A realidade é abordada com os aprelhos de gozo" (Lacan, 1972-1973/1984: 52). Lalíngua é um aparelho que aborda a realidade com a finalidade de promover o gozo. O aparelho é "pronto para tudo", um utensílio, um conjunto de elementos heteróclitos que visa uma finalidade de gozo. Uma estrutura é decifrável, um aparelho somente se conhece por meio do que ele efetua. Um aparelho não se presta ao diálogo.

Oberve-se que essa concepção de lalíngua como aparelho de gozo é muito próxima da concepção de dispositivo de Michel Foucault. No começo dos anos 70, esse autor contrapõe ao estruturalismo marxista de Althusser uma concepção analítica das relações de poder. Os dispositivos disciplinares e de sexualidade, tal como lalíngua, são montagens de elementos heteróclitos que visam obter certos efeitos, como por exemplo forjar corpos úteis e dóceis e conformar a sexualidade segundo as políticas higienistas. São estratégias sem sujeito, não são determinadas pela vontade de dominação seja de um líder, seja de um tirano, seja de uma classe social sobre a outra. Foucault aproxima sua concepção do poder da pulsão (Coelho dos Santos, 2001).

Em seu curso de 2008-2009, intitulado Choses de finesse, Jacques-Alain Miller retoma algumas reflexões sobre o último ensino de Lacan. Ele nos recorda que o ponto de vista baseado no sinthoma privilegia o modo de gozar em sua singularidade. Trata-se de subtraí-lo às categorias diagnósticas, que é a forma de reduzi-lo ao caso particular de uma regra geral. O singular de cada um não se presta a ser reduzido ao tipo. Quando deixamos um pouco de lado a distinção neurose, psicose e perversão, se radicalizarmos o ponto de vista na singularidade, nesse nível, todo mundo é louco. O real mente para todo mundo. A verdade é mentirosa para todo mundo.

O conceito de sinthoma é desestruturante, ele apaga as fronteiras do sintoma e do fantasma, da neurose e da psicose. O sinthoma, na medida em que é o que cada um tem de mais singular, não se parece com ninguém, está fora do que é comum. Por isso ele é da mesma ordem que lalíngua. A linguagem diz aquilo que é comum, que se presta a ser comunicado. Lalíngua não tem tradução.

Na lógica, a singularidade é da ordem da teoria do julgamento. Quando é que podemos dizer que uma certa descontinuidade implica uma mudança de qualidade? O julgamento se distribui em três registros: o singular, o particular e o universal. Tanto o singular quanto o universal não comportam nenhuma exceção. O singular é incomparável, não é o caso exemplar mas pode, justamente por essa razão, ser o paradigma. Um paradigma é o caso excepcional que depois que é apreendido em sua singularidade serve de medida para aferir outros casos que serão considerados à luz do caso inaugural.

O sinthoma é um acontecimento de corpo. O resto é somente um revestimento; o núcleo, o cerne do ser é apenas o instante de ver, a encarnação. O inconsciente é, nesse sentido, uma defesa contra o gozo, cujo estatuto mais profundo é o sem sentido. A orientação em direção ao singular visa em cada um o gozo próprio do sinthoma, na medida em que ele exclui o sentido. Isso não quer dizer que o inconsciente não seja decifrável, mas que sua exploração encontra um impasse irredutível. O deciframento se detém diante do fora do sentido do gozo: ao do inconsciente, onde isso fala porque é da ordem do senso comum, existe o singular do sinthoma, que é onde isso não fala com ninguém.

Por essa razão, Lacan qualifica o sinthoma como acontecimento de corpo. Não se trata nem do pensamento, nem da linguagem. Não se trata tampouco de um evento de corpo no plano imaginário. Ele é substancial, tem consistência de gozo. Essa abordagem tem consequências sobre a interpretação. Não se trata apenas de decifrar um saber suposto ao sintoma, mas de mostrar, esclarecer que a natureza do inconsciente é a defesa. Embora lá onde isso fala isso goza, a orientação para o sinthoma acentua que isso goza lá onde isso não fala e não faz sentido. Se a fala serve tão somente para o gozo, que sentido tem interpretar o inconsciente? Devemos continuar a nos servir da intepretação no dispositivo analítico?

O que é o psicanalista em sua relação ao sinthoma? O lugar do analista no último ensino de Lacan não é, por essa razão, apenas o do objeto *a*. O analista é um sinthoma (Coelho dos Santos, 2007). Ele se sustenta do não-sentido, ele não se explica, não se sabe o que é que o motiva. Ele é muito mais da ordem do semblante de traumatismo, do acontecimento de corpo. É preciso sacrificar muito de sua pessoa para poder ser tomado como uma ponta do real.

Acreditamos que sabemos alguma coisa sobre o que seja um psicanalista em sua relação ao sintoma à antiga. Ele deve ser capaz de decifrar o sintoma, as formações do inconsciente de um modo geral, sem interposição daquilo que para ele faz sintoma e assim destrinçar o gozo contido no sofrimento. Na sua relação ao fantasma, ele deve ser capaz de liberar a questão do desejo até que o próprio fantasma seja atravessado em direção a uma contingência. O sinthoma em sua última definição, como modo singular de gozo, como funcionamento positivo do gozo, dispositivo de gozo, é suscetível de questionamento? Uma vez que ele já é uma resposta, Lacan buscava então uma maneira de proceder diferente da interpretação. Ele tentava a manipulação, a cirurgia dos nós. O dispositivo analítico é feito para extrair a verdade; mesmo se essa verdade é mentirosa, seu mecanismo produz a vacilação dos semblantes e a desidentificação, quer dizer, ponto onde o sujeito experimenta o acaso de sua própria contingência.

Seria a manipulação analítica, então, pura charlatanice? Como distingui-la da pura e simples sugestão que é, afinal de contas, o solo último da transferência. Sobre isso, uma indicação de Lacan pode ser uma resposta mais satisfatória: "O sem-diálogo encontra seu limite na interpretação, por onde se assegura o real" (Miller, 1996: 16). Nessa perspectiva, a interpretação é um limite ao monólogo autista do gozo. Mas a intepretação que opera como limite não pode relançar o enigma e infinitizar a busca de sentido. A interpretação que convém reintroduz o real da inexistência da relação sexual como limite ao gozo fantasmático. No lugar da repetição do gozo fantasmático, do monólogo autista, trata-se de acrescentar a interpretação contingente que faz surgir o sentido novo.

No dispositivo analítico e sob transferência, existe uma chance de que essa lalíngua se articule aos significantes oferecidos pelo analista para interpretá-la, encadeá-la, colocá-la em discurso. O triunfo terapêutico da psicanálise, como vem ensinando Jacques-Alain Miller, resulta dessa reintrodução do real por meio da interpretação analítica, reconduzindo o falante à estrutura significante.

A tensão entre pulsão e linguagem pode então ser retraduzida no último ensino de Lacan em outros termos. Não se trata aí da oposição entre a energia e a representação, como alguns ex-analisandos de Lacan insistiram em formular. Trata-se da tensão interna ao dispositivo analítico entre o mais real no sinthoma – que, graças à debilidade do aparelho psíquico, sempre se apresenta fora-do-sentido – e a magia da interpretação que permite reduzi-lo e submetê-lo ao sentido.

É uma constatação! A tensão entre o real, fonte da libido, e a linguagem, lugar do saber e do sentido, é inerente ao fazer do analista. Essa mesma tensão está presente no ato de ensinar a psicanálise na universidade, de transmiti-la nas diferentes instituições psicanalíticas e no exercício mais cotidiano dessa prática.

REFERÊNCIAS BIBLIOGRÁFICAS

COELHO DOS SANTOS, T. (2001). *Quem precisa de análise hoje?* Bertrand Brasil: São Paulo.

————. (2007). O psicanalista é um sintoma. *Latusa*, 11, 57-72. Rio de Janeiro: Contracapa.

MILLER, J.-A. (1996). Le monologue de l'apparole. *La Cause Freudienne*, 34, 7-18. Paris: Diffusion Navarin.

————. (1997). Ouverture: de la surprise à l'enigme. *In*: STRELISKI, P. & JOLIBOIS, M. *Le conciliabule d'Angers*. Paris: Agalma Seuil.

————. (2008-2009). *Choses de finesse*, Curso de orientação lacaniana, ano 2008/2009. Inédito.

LACAN, J. (1955/1966). La chose freudienne. *Écrits*. Paris: Seuil.

————. (1968-1969/2006). *Le séminaire, livre XVI: d'un Autre à l'autre*. Paris: Seuil.

————. (1972-1973/1984). *Le séminaire, livre XX: encore*. Paris: Seuil.

Estrutura e entropia

Sonia Alberti

Resumo

Nos textos sobre o "Homem dos lobos" (1918) e "Análise terminável e interminável" (1937), Freud introduz a referência à entropia em psicanálise. A hipótese que avanço é que foi Lacan quem acrescentou a noção necessária de estrutura à entropia que Bernfeld e Feitelberg associaram, em 1931, à pulsão de morte conceituada por Freud. Em meados do século XX, com a teoria da informação, foi possível avançar no conceito de entropia e, seu oposto, no de neguentropia: a possibilidade da informação. Articulo-o com o fato de Freud já ter identificado as pulsões de vida na contramão da entropia, para avançar na afirmação de Lacan, segundo a qual a energética é a estrutura.

Palavras-chave: estrutura; entropia; pulsão de morte; neguentropia; gozo.

Abstract

Structure and entropy

In his texts on the Wolf Man (1918) and Analysis terminable and interminable (1937), Freud introduces the reference to entropy in psychoanalysis. My hypothesis is that it was Lacan who added the required notion of structure to the one of entropy, associated by Bernfeld and Feitelberg in 1931 with the death drive conceptualized by Freud. In the mid-twentieth century with the theory of information, it was possible to develop the concept of entropy and its opposite, of negentropy: the possibility of information. Linking it with the fact that Freud had already identified the life drives in the opposite of entropy, the article elaborates Lacan's statement according to which energetics is structure.

Key-words: structure; entropy; death drive; neguentropy; *jouissance*.

Este trabalho se inscreve em minha pesquisa "A divisão do sujeito e seu corpo na articulação entre psicanálise e saúde mental levando em conta as referências à ciência" que, como se pode ouvir do título, tem um espectro bastante amplo. O tema que trarei vem sendo desenvolvido mais particularmente este ano (2008).

O primeiro autor a associar a pulsão de morte de Freud à noção de entropia foi Bernfeld. Lacan lhe rende homenagens mais de uma vez em seu *Seminário*. Retomemos a frase do *Seminário 7* que precisa a leitura que Lacan fez do texto de Bernfeld:

> mas, precisamente, a proposição [de Bernfeld] é que não há nada, na noção de *Todestrieb*, de pulsão de morte, que não possa ser associado aos fenômenos energéticos, desde que se introduza na concepção energética a noção de estrutura. Dito de outra forma, na medida em que a noção de estrutura permita caracterizar a oposição da energia livre e da energia ligada, nessa medida poderemos compreender a morte como estruturação. E é assim que a morte será inteiramente submetida à energética (Lacan, 1959-1960/1986: 331-332).

Poderíamos concluir daí que a importância da estrutura é tão grande em psicanálise que até mesmo quando Bernfeld conceitua a pulsão de morte como entropia ele necessita articular a noção energética que estaria intrínseca ao conceito freudiano, à estrutura. Uma segunda forma de entender essa pequena passagem da Ética da psicanálise, de Lacan, seria dizer: Lacan lê as observações de Bernfeld remetendo à noção de estrutura que ele, Lacan, isolou em seu retorno a Freud. Terceira opção, a meu ver a mais provável, é Lacan quem acrescenta a noção necessária de estrutura à entropia que Bernfeld e Feitelberg associam, em 1931, à pulsão de morte (Freud, 1920/1975), que fazia, então, onze anos de idade.

Essa terceira opção se confirma quando avançamos no ensino de Lacan. Nas referências tardias à entropia, em Lacan, ele privilegia a neguentropia. Na realidade, Freud não fez nenhuma relação direta entre pulsão de morte e entropia, essa associação é de Bernfeld e Feitelberg. Freud fala de entropia no texto do "Homem dos lobos" (1918/1969) e em "Análise terminável e interminável" (1937/1975), sempre a partir da transferência, ou seja, da noção de compulsão à repetição; o que, é certo, tem tudo a ver com a pulsão de morte sem ser, no entanto, a mesma coisa. Com efeito, a partir de 1920, tudo tem a ver com a pulsão de morte que, como articula Lacan nessa passagem do *Seminário 7*, implica a estrutura, enquanto que a compulsão à repetição é uma manifestação dessa estrutura, mas aquilo que dela escapa: o gozo de que não se abre mão.

Não poderei retomar todo o debate que se pode ler no *Seminário 7* a respeito da questão, com uma aula inteira de Kaufmann sobre o tema, mas dele retenho somente o seguinte: não há meios de associar a pulsão de morte com Eros numa concepção biofísica. A teoria da energia não pode conceitualizar um parceiro, um adversário ou um inimigo que seria contra a entropia. Ou seja, a teoria da energia não dá margem à dialética, a um jogo com um Outro! A entropia, no estudo energético, é, simplesmente, a constatação de que, num sistema fechado, independentemente do que se faça, *há sempre* uma *perda de energia*. E talvez seja essa observação, aqui retomada a partir da leitura de Kaufmann, que fez Lacan associar, já no *Seminário 7*, à interpretação de Bernfeld, via essa dimensão da perda, a estrutura.

Em 8 de dezembro de 1965, Lacan observa em seu *Seminário* que "a cifra constante que assegura o princípio fundamental da conservação da energia [...] deve ser conservado a todo custo", sem o que os físicos entrariam em pânico, pois tal cifra é a "própria condição do pensamento científico". Mas, como tal constante não passa de uma citra, quanto à falta é preciso procurá-la em outro lugar. Trata-se da função do Um que falta que "amputa o saber" e que Lacan identifica com o objeto *a*, a dimensão da perda que impõe a estrutura.

Quatro seminários depois, no *Seminário 17*, encontraremos a passagem em que Lacan mais tempo se ocupará para falar da entropia. Desta feita, é explícito em associar a perda implicada na entropia ao mais-de--gozar (cf., também, Alberti, 2007). Com efeito, para cingir esse conceito, de um lado Lacan lança mão do termo entropia, do outro, do conceito de Marx, *Mehrlust*. Não me deterei nisso. Mas não quero deixar de observar que aqui ele já é completamente explícito em afirmar o litoral entre saber e gozo, que cingiria no seminário seguinte, quando ditaria *Lituraterre* (Lacan, 1971/2001). E que as referências no *Seminário 17* à entropia implicam a diferença estrutural entre os campos – o do saber e o do gozo –, assim como a borda que se forma na conjunção deles. Lacan descreve essa borda de uma forma muito clara aqui: se usamos o exemplo da repetição do traço unário – tudo o que estou trabalhando aqui se inscreve no campo da repetição! –, ele é o próprio meio do gozo "na medida em que ultrapassa os limites impostos pelo prazer" e é por isso que há perda de gozo. Donde: "o saber que trabalha produz uma, digamos, entropia" (Lacan, 1969-1970/1991: 54). E então: "vocês ignoram que a energética não é outra coisa do que a aplicação da rede de significantes sobre o mundo?" (idem).

Para justificar essa conceituação, Lacan sugere a seguinte experiência: desçam uma ladeira com 80 kg nas costas e depois a subam. Para quem o fizer, duvido que isso não tenha sido um grande trabalho! "Mas se vocês aplicarem sobre isso os significantes, quer dizer, se vocês entrarem na via da energética, é cem por cento certo que não houve nenhum trabalho" (idem)[1]. Por quê? Porque trabalho é o exercício de uma força – no caso a gravitacional. Se você desce 80 kg e depois sobe 80 kg, antes de descer você estava num certo estágio de energia. Depois que você desceu e subiu você volta pro mesmo estado de energia. O trabalho que a gravidade exerce pra descer é a força vezes a altura que desceu; então, pra subir, a gravidade vai fazer trabalho negativo, pois a força vai ser contra a direção do movimento; então, o trabalho da gravidade somado de um com o outro dá zero no final. Qual é o furo? O furo é a entropia: pra descer você fez um esforço

[1] "Mais si vous plaquez là-dessus les signifiants, c'est-à-dire si vous entrez dans la voie de l'énergétique, il est absolument certain qu'il n'y a eu aucun travail".

que se perdeu pra evitar que o negócio se estabaque lá em baixo e pra subir você teve que fazer um esforço pra subir, esforço duplicado pra vencer a gravidade. No conjunto, a entropia subiu! A energia usada se perdeu. Na teoria que estuda a energia, não houve nenhum trabalho. E Lacan conclui: quando o significante se introduz no aparelho de gozo, surge algo que tem relação com a entropia, eis também por que se começou a definir a entropia quando se começou a aplicar à física o aparelho de significantes (ibid.: 54).

De todo modo, se a energética é a aplicação da rede de significantes sobre o mundo, conforme o *Seminário 17*, então a energética é a estrutura, como Lacan já articulara no *Seminário 7* a partir do estudo da relação entre entropia e pulsão de morte em Bernfeld e Feitelberg. Mas não é em qualquer seminário que Lacan diz isso... é justamente naquele em que introduz sua teoria dos discursos que gerenciam a *energética* a influenciar as relações dos seres falantes.

Quanto mais nos aprofundamos, mais complicada vai ficando a distinção entre a rede de significantes e a entropia, entre o saber e o gozo no concernente à estrutura. Por quê? Porque a rede de significantes se constitui via princípio do prazer, ou seja, porque há um investimento de traços mnêmicos, num movimento que Freud identificou com o da fusão pulsional e cuja imposição prorroga o tempo de vida do sujeito na dialética com a pulsão de morte. Mas, no fundo, por maiores que sejam as conquistas das pulsões de vida, nenhuma se faz sem entropia porque ambas são de estrutura em psicanálise...

Ainda em seu *Seminário 17*, Lacan diz: "[...] não há somente a dimensão da entropia no mais-de-gozar. Há outra coisa, que alguém percebeu, é que o saber, isso implica a equivalência entre essa entropia e uma informação"[2] (Lacan, 1969-1970/1991: 94). E aqui Lacan mais uma vez demonstra o quanto ele está antenado com as moções na cultura em sua época, pois, com efeito, a partir da década de 1940 houve uma contribuição totalmente nova à original hipótese da entropia que

---

[2] "[...] il n'y a pas que la dimension de l'entropie dans ce qui se passe du côté du plus-de-jouir. Il y a quelque chose d'autre, dont quelqu'un s'est aperçu, c'est que le savoir, ça implique l'équivalence entre cette entropie et une information".

fora construída por Clausius no século XIX, na física. Essa contribuição veio da teoria da informação e vou direto no que ela dita: o acúmulo da informação se dá no sentido inverso da entropia e é a isso que se chama neguentropia.

Num texto de Michel Bousseyroux lê-se que a teoria da informação nasceu "graças às pesquisas de Nyquist, Hartley e sobretudo Shannon sobre o telégrafo e o telefone da Companhia Bell"[3] – que o autor identifica como "as primeiras latusas". Ao identificarem *a informação como inversa à entropia*, os teóricos da informação permitiram que se levantasse a hipótese de que a entropia é gerada num sistema na proporção inversa do acúmulo de informação. Se esse sistema é vivo, ele exporta entropia (Schrödinger), o que equivale a dizer que ele é neguentrópico, ou ele importa neguentropia (Brillouin) e a acumula, importa informação e a memoriza, visando à maior duração da vida e sua manutenção. Como aponta Lacan (1973/2001) em "L'Étourdit", os animais nisso fazem de nós seus caçulas, pois é

> uma função de código que aí se exerce através da qual se dá a neguentropia de resultados de observação. Mais que isso, condutas vitais aí se organizam a partir de símbolos perfeitamente semelhantes aos nossos (ereção de um objeto ao nível de significante do mestre na ordem do voo de migração, simbolismo da parada amorosa e do combate, signos de trabalho, marcas do território), com exceção do fato de que esses símbolos jamais são equívocos"[4].

Eis por que foi possível a Freud identificar as pulsões de vida na contramão da entropia: elas dizem respeito aos investimentos das infor-

---

[3] Question 3 in "Réponses aux questions" <www.champlacanienfrance.net/IMG/pdf/mbousseyroux.pdf >.

[4] "une fonction de code s'y exerce par ou se fait la néguentropie de résultats d'observation. Bien plus, des conduites vitales s'y organisent de symboles en tout semblables aux nôtres (érection d'un objet au rang de signifiant du maître dans l'ordre du vol de migration, symbolisme de la parade tant amoureuse que du combat, signaux de travail, marques du territoire), à ceci près que ces symboles ne sont jamais équivoques" (Lacan, L`Étourdit, *Scilicet* 4, Seuil, Paris, 1973: 46).

mações – os traços mnêmicos que armazenamos em cadeias associativas. Se entendemos o saber como inscrição de informação, então, como diz Bousseyroux, o "reservatório das informações" é neguentrópico[5], enquanto que o campo dos gozos é entrópico, já que os gozos só se recuperam sob a condição de uma entropia. "Se a neguentropia tem o sentido inverso da entropia física, então, quanto mais o campo das latusas aumenta – e ele *ciberaumenta*! – mais crescem as perdas produzidas"[6]. Assim, ao mesmo tempo que o telefone e o telégrafo deram a possibilidade aos teóricos da informação de identificar esta com a neguentropia, promoveram o aumento da entropia, pois não é possível telefonar ou telegrafar sem com isso dissipar mais energia e, portanto, aumentar as perdas produzidas. Entropia e neguentropia, no campo do vivo, andam juntas!

Assim como andam juntos, no campo do falante, o real, o simbólico e o imaginário, como Lacan tão bem explica em seu *21o Seminário*. No início, Lacan se dá conta de que em seu ensino havia inicialmente privilegiado o Imaginário, depois o Simbólico e, por fim, o Real. Agora era hora de dizer: "vocês sempre se enganaram ao compreenderem que o progresso, o passinho à frente, teria sido o de marcar a importância arrasadora do simbólico diante desse infeliz imaginário a partir do qual eu comecei. Comecei a atirar nele sob o pretexto do narcisismo; só que, imaginem!, é perfeitamente *real* que a imagem do espelho seja invertida!" (Lacan, 1973-1974: 13/11/1973). E logo abaixo: "não há nada mais especular do que um nó"!

---

5 Negative entropy or *negentropy* or *syntropy* of a living system is the entropy that it exports to maintain its own entropy low. The concept and phrase were introduced by Erwin Schrödinger in his 1943 popular-science book *What is life?*. Later, Léon Brillouin shortened the phrase to negentropy, to express it in a more "positive" way: a living system imports negentropy and stores it (*Wikipedia*).
In a note to *What is Life?* Schrödinger explained his use of this phrase: "[...] if I had been catering for them [physicists] alone I should have let the discussion turn on free energy instead. It is the more familiar notion in this context. But this highly technical term seemed linguistically too near to energy for making the average reader alive to the contrast between the two things" (idem).

6 "La néguentropie que ayant le sens inverse de l'entropie physique, est-ce à dire alors que plus le champ des lathouses grandit – et il cybergrandit! – plus s'accroissent les pertes produites [...]" (Bousseyroux, 1991, Question 3 in "Réponses aux questions" <www.champlacanienfrance.net/IMG/pdf/mbousseyroux.pdf >. Acesso em 18 de julho de 2011).

Razão então, diz ele, por que é preciso identificar cada um dos elos desse nó com letras, é a letra que fará toda a diferença e fará de cada um algo outro, apesar de equivalente.

Além disso, nesse *Seminário*, Lacan retoma a geometria euclidiana, ao lado do que ele começa a trabalhar nesse segundo período de seu ensino: o nó borromeano e as rodelas de barbantes (*ronds de ficelles*) que, aliás, define (se um dia precisarem da definição das rodelas de barbantes, a encontrarão na lição de 11 de dezembro de 1973 de seu *Seminário*).

A *propriedade* da geometria euclidiana, descrita somente muitos séculos depois de Euclides (entre 320 e 280 BC) lançar esta, é a que fundamenta toda matemática do plano projetivo desenvolvida no início do renascimento e tão fantasticamente aproveitada pela arte de então. Em suma, os avanços do estudo da perspectiva, que levaram à construção do plano projetivo, cujos avanços, por sua vez, levaram aos avanços da matemática no século XIX, com Moebius e Riemann, para citar somente dois, testemunham que, malgrado o fato de nem Euclides, nem Alberti, nem Descartes, nem mesmo Newton terem descoberto as propriedades moebianas ou topológicas, elas já estavam lá, na geometria euclidiana. O fato de que não se via ainda o que depois foi percebido não significa que os furos que determinam a topologia já não fossem intrínsecos à linguagem desde o início. Eu diria mais, intrínsecos ao fato de sermos seres falantes, do homem pré-histórico ao atual. Até porque a questão que Euclides já podia colocar ao saber implicava até mesmo a letra, cujas propriedades de borda Lacan só foi ver dois mil e trezentos anos depois.

Para a psicanálise a estrutura implica que isso já estava lá, porque já estavam lá as dimensões real, simbólico e imaginário. No *Seminário 21*, Lacan (1973-1974) tenta cingir como são, aproximando a dimensão às ditas "mansions", que são uma referência ao teatro medieval: havia então um pequeno palco e nele alguns cenários que ficavam todos lá, no palco. Conforme então as exigências do texto da peça no momento, os atores estavam ou na cena A, ou na cena B, ou na C... que poderiam ser a sala, a cozinha e o quintal de uma casa, respectivamente. Essas três decorações simultâneas são as ditas "mansions", *dit-mansions*, donde, as dimensões. Pois, se o imaginário é uma consistência que equivale ao real e ao simbólico, uma "dit-mansion" "tão importante quanto as outras" (primeira lição do *Seminário*), então ele tem uma função tão importante quanto elas. Lacan a diz, logo no início: sua importância se vê particularmente, para nossa surpresa, na ciência matemática. "Quero dizer, aquela que é passível de ser ensinada, pois ela diz respeito ao real veiculado pelo simbólico e isso em função do fato de que o que constitui o simbólico é sempre cifrado. O imaginário é o que para o deciframento, é o sentido[7]. Como lhes disse, é preciso sempre parar em algum lugar e, de preferência, o mais cedo que se possa"! É claro que aqui Lacan está fazendo uma referência ao tempo em análise: parar a sessão o mais cedo que se possa! Dinâmica à qual Lacan atribui, com isso, o valor funcional: furar o simbólico, pois é só fazendo surgir seu furo que há alguma chance de aparecer o real que ele veicula. *Para furá-lo, lança mão do sentido, ou seja, do imaginário.*

Lacan continua: "há sempre uma intuição de onde parte o matemático", como no "espaço vetorial". Se uma máquina pode fazê-lo funcionar, para o que ela, evidentemente, não precisa compreender nada, "por que é sempre novamente preciso voltar a compreender, a imaginar?". Sempre se retorna à figura, observa ele.

Há uma certa tendência hoje a se pensar alguma coisa que eu resumiria, simplesmente, da seguinte maneira: a topologia lacaniana desbanca a física freudiana. Tal posição é radicalizada quando se visa o Édipo de Freud, propondo que a teoria do gozo desbancaria o primeiro Lacan que formula ainda o desejo na tradição freudiana. A situação é grave, penso, por um lado porque o próprio Lacan, insisto, não deixou jamais de levar em conta o desejo e o fato de que ele próprio é, antes de mais nada, freudiano e, por outro, porque as consequências disso são, antes de mais nada, clínicas, de forma que toda a ética da psicanálise – a ética de bem-dizer a relação com o desejo e o gozo – pode *ir pro brejo*...! Poder retomar esse debate a partir de um trabalho de pesquisa sobre a estrutura em psicanálise vem bem a calhar para nos lembrar de que estofo ela é feita!

---

[7] Veja-se, sobre isso, o texto de Bousseyroux, M. *Psychanalyse... ou religion? Du reel au sens: pratique d'une antinomie*. Érès, 1991.

REFERÊNCIAS BIBLIOGRÁFICAS

ALBERTI, S. (2007). O bem que se extrai do gozo. In: *Stylus – Revista da AFCL*, 14, 65-76.

BOUSSEYROUX, M. (1991). *Psychanalyse... ou religion? Du reel au sens: pratique d'une antinomie*. Toulouse: Érès.

FREUD, S. (1918/1969). Der Wolfsmann. *Studienausgabe*, v. VII. Frankfurt a.M., S.Fischer.

———. (1920/1975). Jenseits des Lustprinzips. *Studienausgabe*, v. III. Frankfurt a.M., S.Fischer.

———. (1937/1975). Endliche und unendliche Analyse. *Studienausgabe*. Ergänzungsband. Idem.

LACAN, J. (1959-1960/1986). *Le Séminaire, livre VII, L'éthique de la psychanalyse*. Paris: Seuil.

———. (1965-1966). *Le Séminaire, livre XIII, L'objet de la psychanalyse*. Inédito.

———. (1969-1970/1991). *Le Séminaire, livre XVII, L'envers de la psychanalyse*. Paris: Seuil.

———. (1971/2001). Lituraterre. *Autres écrits*. Paris: Seuil.

———. (1973/2001). L'Étourdit. *Autres écrits*. Paris: Seuil.

———. (1973-1974). *Le Séminaire, livre XXI, Les non-dupes errent*. Inédito.

SEÇÃO II

O CONCEITO DE ESTRUTURA NA TEORIA PSICANALÍTICA

A NOÇÃO DE ESTRUTURA EM PSICANÁLISE

Maria Helena Coelho Martinho

RESUMO

Desde Freud damos importância ao diagnóstico diferencial porque sabemos que ele serve de orientação para a condução da análise. Com Lacan essa importância, explicitada por Freud, é ratificada. A partir de Lacan fala-se muito em "diagnóstico diferencial estrutural". Esse texto vem interrogar: o que o termo "estrutural" estaria acrescentando aos ensinamentos de Freud sobre o diagnóstico e até que ponto a noção de estrutura em Lacan estaria correlacionada ao movimento estruturalista?

Palavras-chave: estrutura; estruturalismo; sujeito.

ABSTRACT

The notion of structure in psychoanalysis

Since Freud we give importance to the distinguishing diagnosis because we know that it serves as a direction for the conduction of the analysis. With Lacan this importance, made explicit by Freud, is ratified. From Lacan everybody speaks in "structural distinguishing diagnosis". This text intends to interrogate: what the term "structural" would be adding to the teachings of Freud on the diagnosis and to a certain extent the notion of structure in Lacan would be correlated to the structuralist movement?

Key-words: structure; structuralism; subject.

Há mais de meio século que o termo "estrutura" e a expressão "estruturas clínicas" são de uso comum entre os psicanalistas. Embora esse termo e expressão não sejam utilizados com frequência na obra de Freud eles estão claramente implícitos nela. O termo "estrutura" e a expressão "estruturas clínicas" surgiram em psicanálise *a posteriori*, mais precisamente datam do início do ensino de Lacan. Desde Freud damos importância ao diagnóstico diferencial porque sabemos que ele serve de orientação para a condução da análise, sendo fundamental à direção do tratamento. Com Lacan essa importância, explicitada por Freud, é ratificada. A partir de Lacan fala-se muito em "diagnóstico diferencial estrutural". O que o termo "estrutural" estaria acrescentando aos ensinamentos de Freud sobre o diagnóstico e até que ponto a noção de estrutura em Lacan estaria correlacionada ao movimento estruturalista? Esse texto pretende tecer algumas considerações sobre tais questões.

QUANDO NASCEM OS TERMOS "ESTRUTURA" E "ESTRUTURALISMO"?

O termo "estrutura" advém do latim *structura*, definido no dicionário etimológico como: "composição, construção, organização e disposição arquitetônica de um edifício; disposição especial das partes de um todo (ser vivo, obra literária, etc.) consideradas nas suas relações recíprocas; composição; contextura; sistema; conjunto de relações entre os elementos de um sistema"[1].

Segundo Roger Bastide, nos séculos XVII – XVIII o termo latino começou por designar *o modo como um edifício é construído*. Esse sentido se modifica e amplia-se por analogia aos seres vivos (Prado Coelho, 1967). Surge a ideia *do corpo como construção* em Fontenelle e a ideia *da língua como construção* em Balzac. No final do século XIX, o termo "estrutura" é consagrado por Durkheim em uma publicação de 1895, intitulada *Les règles de la méthode sociologique*, mas uma postura estrutu-

1 <http://pt.wikipedia.org>.

ral só se apossou verdadeiramente do campo das ciências humanas num segundo tempo, a partir do século XIX, com Spencer, Morgan e Marx. No início do século XX, no *Curso de linguística geral*, publicado em 1916, Ferdinand Saussure funda uma nova disciplina, autônoma em relação às outras ciências humanas: a linguística. Jakobson destaca a referência a Saussure para descrever a língua como um sistema no *I Congresso Internacional de Linguística*, realizado em Haia em 1928. Foi nessa ocasião que Jacobson empregou pela primeira vez o termo "estruturalismo". No começo do século XX nasce assim o estruturalismo. Saussure emprega apenas em três ocasiões o termo "estrutura" no *Curso de linguística geral*; é a Escola de Praga (Trubetzkoy e Jakobson) que difunde o uso dos termos estrutura e estruturalismo. A partir desse núcleo linguístico, o termo provoca uma verdadeira revolução de todas as ciências humanas em pleno século XX.

Em "Introdução a um pensamento cruel: estruturas, estruturalidade e estruturalismos" (1967), Prado Coelho analisa a noção central de estrutura baseando-se nas formulações de diversos estruturalistas e, a partir das definições encontradas, ele conclui que uma estrutura é:

> Um conjunto de elementos com leis próprias independentes das leis que regem cada um desses elementos; a existência de tais leis relativas ao conjunto implica que a alteração de um dos elementos provoque a alteração de todos os outros; dado que o valor de cada elemento não depende apenas do que ele é por si mesmo, mas depende também, sobretudo, da posição que ele ocupa em relação a todos os outros do conjunto (Prado Coelho, 1967: XXI).

Pode-se definir o estruturalismo como sendo um movimento de pensamento, uma nova forma de relação com o mundo muito mais ampla do que um simples método específico para um determinado campo de pesquisa. O posicionamento estruturalista surtirá resultados diferentes conforme os campos de aplicação: linguística, antropologia, sociologia, filosofia, história geral, história da arte, psicanálise, crítica literária, etc. Que laços atam o estruturalismo e a psicanálise?

A influência do estruturalismo no ensino de Lacan nos anos de 1950-1960

Segundo Dosse (1992/2007), Lacan (1901-1981) manteve fortes relações, desde o período entre-guerras, com Jakobson (1896-1982), Claude Lévi-Strauss (1908) e Maurice Merleau-Ponty (1908-1961). No início dos anos 1950, Jakobson, Lévi-Strauss e Lacan se viam assiduamente. Foi graças a Lévi-Strauss e a Merleau-Ponty que Lacan descobriu Saussure no pós-guerra.

O êxito do estruturalismo na França é, entre outros fatores, o resultado de um encontro particularmente fecundo em 1942, em Nova York, entre Jakobson e Lévi-Strauss. Jakobson assiste aos cursos de Lévi-Strauss sobre o parentesco e este acompanha os cursos de Jakobson sobre o som e o sentido. É da simbiose de duas investigações respectivas que nasce a antropologia estrutural. Por um lado, Lévi-Strauss adota o modelo fonoaudiológico no qual Jakobson o iniciou; por outro, Jakobson abre a linguística para a antropologia. É a conselho de Jakobson que Lévi-Strauss redige, em 1943, a tese que se converte em obra essencial, *As estruturas elementares de parentesco*, publicada em 1949. Nela ele rompe com o naturalismo que cercava a noção de proibição do incesto ao fazer desta a pedra de toque da passagem da natureza para a cultura.

Quanto a Jakobson, ele está na origem da renovação decisiva da linguística. É do Círculo de Praga, fundado em 1929, que saem os trabalhos definidores de um programa explicitamente estruturalista. Jakobson permite a ampliação do campo de difusão do modelo fonoaudiológico à psicanálise graças aos estudos sobre a afasia. Temos assim a tríade estruturalista – Saussure, Jakobson e Lévi-Strauss – na qual Lacan se apoiou. No início de seu ensino verificam-se com clareza as referências e homenagens prestadas aos estruturalistas. Em "Função e campo da fala e da linguagem em psicanálise", Relatório do Congresso de Roma, realizado no *Istituto di Psicologia della Università di Roma*, em 1953, encontramos o efeito de arrebatamento que Lévi-Strauss produziu em Lacan. É fundamentado no trabalho de Lévi-Strauss que Lacan se propõe retomar a noção de estrutura no âmbito da psicanálise, extraindo dela, em particular, argumentos para atribuir ao inconsciente o seu estatuto.

> Hoje em dia, vindo às ciências conjecturais resgatar a noção da ciência de sempre, elas nos obrigam a rever a classificação das ciências que herdamos do século XIX, num sentido que os espíritos mais lúcidos denotam claramente. Basta acompanharmos a evolução concreta das disciplinas para nos apercebermos disso. A linguística pode servir-nos de guia neste ponto, já que é esse o papel que ela desempenha na vanguarda da antropologia contemporânea, e não poderíamos ficar-lhe indiferentes (Lacan, 1953/1998: 286).

Além de basear-se numa perspectiva lévi-straussiana, o texto também se inscreve na filiação saussuriana, ao fazer prevalecer à dimensão sincrônica:

> A referência à linguística nos introduzirá ao método que, ao distinguir as estruturações sincrônicas das estruturações diacrônicas na linguagem, pode permitir-nos compreender melhor o valor diferente que a nossa linguagem adquire na interpretação das resistências e da transferência, ou então diferenciar os efeitos típicos do recalque e a estrutura do mito individual na neurose obsessiva (Lacan, 1953/1998: 289).

Em 1953, sobretudo indiretamente pela obra de Lévi-Strauss, Lacan toma conhecimento de Saussure. Depois de 1953 ele aprofunda a questão, trabalhando, desta vez diretamente, com o *Curso de linguística geral*. Essa leitura fornece a Lacan todo um vocabulário novo, oriundo de Saussure, de que ele se apropria e usa brilhantemente em 1957 ao pronunciar no anfiteatro na Sorbonne, a pedido do Grupo de Filosofia da Federação dos Estudantes de Letras, o texto publicado em 1966 nos Écrits com o título "A instância da letra no inconsciente ou a razão desde Freud". Nesse importante texto, Lacan apoia-se totalmente na linguística estrutural e cita tanto Saussure quanto o seu amigo Jakobson. Lacan situa-se dentro da influência de Saussure, cuja conceitualização retoma, ainda que adaptada aos seus propósitos, pois "é toda a estrutura da linguagem que a experiência analítica descobre no inconsciente" (Lacan, 1957/1998: 498). Lacan apoia-se no algoritmo de Saussure que, para ele, fundamenta a cientificidade da linguística, embora submeta o algoritmo saussuriano a um certo número de modificações muito significativas. Retoma também as duas grandes figuras de retórica já utilizadas por Jakobson, a metáfora e a metonímia, para explicar o desenvolvimento do discurso e assinala esses dois processos no mecanismo de funcionamento do inconsciente.

Em 1958, Lacan define o "termo estrutura" como a palavra-chave do Relatório do Colóquio de Rayaumont, intitulado "Observações sobre o relatório de Daniel Lagache: 'Psicanálise e estrutura da personalidade'", cuja redação definitiva foi em 1960. Considera que a estrutura é uma máquina que põe o sujeito em cena: "Pois é ou não o estruturalismo aquilo que nos permite situar nossa experiência como o campo em que isso fala? Em caso afirmativo, 'a distância da experiência' da estrutura desaparece, já que opera nela não como modelo teórico, mas como a máquina original que nela põe em cena o sujeito" (Lacan, 1960a [1958]/1998: 655).

Em "Pequeno discurso no ORTF" (Office de Radiodiffusion Télévision Française), levado ao ar em 1966, vemos como para Lacan estrutura quer dizer linguagem: "o inconsciente é o discurso do Outro. Ele é estruturado como uma linguagem – o que é um pleonasmo exigido para eu me fazer entender, já que a linguagem é a estrutura" (Lacan, 1966/2003: 228). Nesse discurso de 1966, publicado em *Outros escritos*, Lacan concebe o sujeito como estrutura: "Se mantenho o termo sujeito em relação ao que essa estrutura constrói, é para que não persista nenhuma ambiguidade quanto ao que se trata de abolir, e para que isso seja abolido, a ponto seu nome ser redestinado àquilo que o substitui" (ibid.: 231). Treze anos mais tarde, Lacan reafirma em *Televisão* (1973/1993: 21) que "a estrutura é a linguagem". Embora Lacan tenha se apropriado de alguns conceitos estruturalistas, ele não os importou para a psicanálise. Ao contrário, trabalhou durante décadas na reconstrução destes conceitos.

UMA RUPTURA RADICAL

Duas divergências marcam o afastamento incondicional de Lacan do movimento estruturalista. A primeira delas se refere à questão do sujeito. Para

Saussure, a linguística só tem acesso ao estatuto de ciência na condição de delimitar muito bem o seu objeto específico – a língua; a consequência disso é o aborto da fala e do sujeito. Para Lacan, e isso não poderia ser diferente, o sujeito é afetado pela estrutura que obedece a uma lógica: os significantes que o determinam e o gozo do sexo que o divide, fazendo-o advir como desejo. Para Lacan sujeito e estrutura são categorias coextensivas:

> O corte da cadeia significante é único para verificar a estrutura do sujeito como descontinuidade no real. Se a linguística nos promove o significante, ao ver nele o determinante do significado, a análise revela a verdade dessa relação, ao fazer dos furos do sentido os determinantes de seu discurso (Lacan, 1960b/1998: 815).

A segunda divergência refere-se à prioridade que Lacan dá ao "registro do real". Pois ao real cabe aquilo que resiste à simbolização; nem tudo será simbolizável, explicável, articulável, dizível, "o real é o impossível", "não cessa de não se escrever".

Vamos tentar indicar aqui como Lacan deduziu a incidência do sujeito na estrutura. O seu pensamento a esse respeito se encontra muito claramente expresso em "Subversão do sujeito e a dialética do desejo no inconsciente freudiano" (1960b/1998: 814): "uma vez reconhecida a estrutura da linguagem no inconsciente, que tipo de sujeito podemos conceber-lhe?".

Para responder a essa pergunta é importante inicialmente lembrar que há uma distinção fundamental, introduzida pelos linguistas, entre a fala e a linguagem. Saussure abole de seu campo de estudo o sujeito da fala – o que ele privilegia é a língua –, enquanto para Lacan a fala implica o sujeito dirigir-se ao Outro, implica o reconhecimento do Outro e a articulação em palavras da demanda e do desejo em relação ao Outro.

> Mostraremos que não há fala sem resposta, mesmo que depare apenas com o silêncio, desde que ela tenha um ouvinte, e que é esse o cerne de sua função na análise. Mas, se o psicanalista ignorar que é isso que se dá na função da fala, só fará experimentar mais fortemente seu apelo, e, se é o vazio que nela se faz ouvir inicialmente, é em si

> mesmo que ele o experimentará, e é para-além da fala que irá buscar uma realidade que preencha esse vazio (Lacan, 1953/1998: 249).

Quando Lacan se refere à linguagem, trata-se da articulação dos significantes entre si com suas leis: a metáfora e a metonímia. É isso que ele quer dizer com o seu aforismo "o inconsciente é estruturado como uma linguagem". Essa diferença entre linguagem e fala ou palavra é essencial para manter a distinção entre as leis que regem a fala e as que regem a linguagem. As leis da fala implicam a mensagem do sujeito e seu reconhecimento pelo Outro.

> A fala, com efeito, é um dom de linguagem, e a linguagem não é imaterial. É um corpo sutil, mas é corpo. As palavras são tiradas de todas as imagens corporais que cativam o sujeito; podem engravidar a histérica, identificar-se com o objeto de *Penis-neid*, representar a torrente de urina da ambição uretral, ou o excremento retido do gozo do avarento (Lacan, 1953/1998: 302).

Em "Função e campo da fala e da linguagem", Lacan, ao contrário de Saussure, enfatiza a importância da fala para a psicanálise: "é justamente a assunção de sua história pelo sujeito, no que ela é constituída pela fala endereçada ao Outro, que serve de fundamento ao novo método a que Freud deu o nome de psicanálise em 1895, seus meios são os da fala [...]; seu campo é o do discurso concreto; suas operações são as da história" (Lacan, 1953/1998: 258). Contrariamente a Saussure, Lacan não estrutura a palavra com uma relação simétrica entre um e outro. E é a partir daqui, da estrutura da palavra, que o Outro se impõe.

No grafo do desejo, o conjunto dos significantes (a estrutura da linguagem) deve ser situado no lugar do Outro, na estrutura da palavra; "a dissimetria não só implica que este Outro decide o sentido do que digo mas, porque é o destinatário da mensagem, deve ser também o lugar do código que permite decifrá-lo" (Lacan, 1960b/1998: 830). Isso implica também que o grafo concerne ao sujeito. O sujeito está situado na estrutura da palavra. O que produz esse sujeito que não encontra sua identidade a não ser pela via da palavra dirigida ao Outro? No começo, não é nada. Posto que não se funda na palavra senão pela via do Outro, não é mais do que um significante do Outro; nesse sentido, há um processo de identificação. Ao final leva um significante do Outro: esposa, marido, discípulo. A escritura mais simples que se pode dar a esse sujeito no começo desse circuito de palavras é $\$$, esse é um termo estrutural fundamental. Isso obriga a algo que excede a perspectiva estruturalista, a qual requer que o conjunto dos significantes seja completo, que represente a todos e, de certo modo, possa nomear tudo. Na perspectiva estruturalista, não existe em uma língua a palavra que falte para designar algo. Ora, a introdução da mescla da estrutura da palavra na estrutura da linguagem, feita por Lacan, obriga a descompletar este conjunto de significantes.

Que resposta para a pergunta colocada anteriormente: "Uma vez reconhecida a estrutura da linguagem no inconsciente, que tipo de sujeito podemos conceber-lhe?". Não podemos conceber-lhe um sujeito mais do que respondendo a essa inscrição na falta. Na cadeia significante, pode-se reconhecê-lo, por exemplo, no intervalo entre os significantes, pode-se identificá-lo à descontinuidade da cadeia significante.

> Nossa definição de significante é: um significante é aquilo que representa o sujeito para outro significante. Esse significante, portanto, será aquele para o qual todos os outros significantes representam o sujeito: ou seja, na falta desse significante, todos os demais não representariam nada. Já que representado senão para algo. Ora, estando a bateria dos significantes, tal como é, por isso mesmo completa, esse significante só pode ser um traço que se traça por seu círculo, sem poder ser incluído nele. Simbolizável pela inerência de um (-1) no conjunto dos significantes Lacan, 1960b/1998: 833).

Evidentemente que temos aqui um sujeito que não tem muito em comum com a consciência. É o sujeito no sentido de o que é suposto pela cadeia mesma, já que esta cadeia é capturada na palavra; um sujeito que, como o intervalo significante, é transportado de significante em significante, do que se pode admitir que seja identificado pelos significantes.

Nesse sentido, contrariamente ao que deixa supor Lévi-Strauss, esse sujeito não tem nada em comum com a consciência ou com o que seria ali completado, a tal ponto que Lacan constrói o desejo como esse sujeito mesmo que transporta a cadeia significante. Esse sujeito não é causa, é efeito dessa cadeia, efeito da emergência do significante; é por isso que Lacan, em seu grafo do desejo, lhe dá o mesmo lugar que ao significado.

Então o que diferencia decididamente a estrutura de Lacan da estrutura dos estruturalistas é que para Lacan ela não é uma construção – a estrutura da linguagem preexiste a cada sujeito, a cada nascimento daqueles que vão falar; ela preexiste, e enquanto tal, é causa, quer dizer, tem efeitos.

Um primeiro ponto de divergência radical entre o estruturalismo e a psicanálise é a exclusão do sujeito e um segundo ponto, não menos radical, é o real como impossível, que não faz parte do conceito linguístico de estrutura. Para os estruturalistas o conceito de estrutura está ligado à ideia de totalidade. Para a psicanálise, o real tem como estatuto o impossível e se inscreve na estrutura sob a forma de um buraco, que comparece como furo real no imaginário (ausência de um saber, ou seja, de instinto) e como falta de Um significante no simbólico (campo do Outro).

A estrutura dos estruturalistas é coerente e completa, ao passo que a estrutura lacaniana é antinômica e incompleta, inclui em seu campo uma impossibilidade, nem tudo será explicável. Diferentemente da estrutura saussuriana, que se define pela complementação entre significante e significado, o sujeito do inconsciente da estrutura lacaniana se mantém fundamentalmente inacessível e se apresenta sempre em outro lugar. Uma estrutura clínica se define, portanto, na relação entre o $ – efeito de linguagem – e o Outro.

Referências bibliográficas

DOSSE, F. (1992/2007). *História do estruturalismo*. São Paulo: Edusc.

LACAN, J. (1953/1998). Função e campo da fala e da linguagem em psicanálise. *Escritos*. Rio de Janeiro: Jorge Zahar Editor.

———. (1957/1998). A instância da letra no inconsciente ou a razão desde Freud. *Escritos*. Rio de Janeiro: Jorge Zahar Editor.

———. (1960a [1958]/1998). Observação sobre o relatório de Daniel Lagache: "Psicanálise e estrutura da personalidade". *Escritos*. Rio de Janeiro: Jorge Zahar Editor.

———. (1960b/1998). Subversão do sujeito e dialética do desejo no inconsciente freudiano. *Escritos*. Rio de Janeiro: Jorge Zahar Editor.

———. (1966/2003). Pequeno discurso no ORTF. *Outros escritos*. Rio de Janeiro: Jorge Zahar Editor.

———. (1973/1993). *Televisão*. Rio de Janeiro: Jorge Zahar Editor.

PRADO COELHO, E. (1967). Introdução a um pensamento cruel: estruturas, estruturalidade e estruturalismos. *In*: *Estruturalismo, antologia de textos teóricos* (pp. I-LXXV). São Paulo: Martins Fontes.

O QUE HÁ DO ESTRUTURALISMO NO ENSINO DE LACAN? PONTOS DE CONVERGÊNCIA E DE DIVERGÊNCIA

Angelica Cantarella Tironi
Richard Harrison Couto

RESUMO

Este trabalho tem por objetivo investigar o conceito de estrutura no ensino de Lacan. Para tanto, pontuamos algumas características desta noção para os estruturalistas e o que Lacan utiliza desta fonte para elaborar o conceito de estruturas clínicas, tão caro ao campo psicanalítico. Lacan seria um estruturalista? O que o aproxima e o que o distancia dos estruturalistas?

Palavras-chave: estruturalismo; estrutura; sujeito da psicanálise.

ABSTRACT

What's structuralism in Lacan? Points of convergence and divergence

This study aims to investigate the concept of structure in Lacan. Therefore, we point to characteristics of this notion to the structuralists and what Lacan uses this power to develop the concept of clinical structures so dear to the psychoanalytic field. Lacan would be a structuralist? What approaches and the distance of the structuralists?

Key-words: structuralism, structure, subject of psychoanalysis.

Esse trabalho tem por objetivo investigar o conceito de estrutura no ensino de Lacan. Para tanto, pontuamos algumas características dessa noção para os estruturalistas e o que Lacan utilizou dessa fonte para elaborar o conceito de estruturas clínicas, tão caro ao campo psicanalítico.

Lacan seria um estruturalista? O que o aproxima e o que o distancia dos estruturalistas?

Enquanto um método das ciências humanas, o estruturalismo é um edifício onde partes de um todo construído estão arranjadas em solidariedade dos elementos (Pouillon, 1968: 8). Pouillon conceituou a estrutura como "aquilo que a análise interna de uma totalidade revela: elementos, relações entre tais elementos, e a disposição, o sistema dessas mesmas relações" (Ibid.). Essa noção de estrutura está enlaçada ao método comparativo, na medida em que permite confrontar coisas pertencentes a realidades distintas e confrontá-las em virtude de suas diferenças. Nessa mesma direção, Lévi-Strauss definiu que a noção de estrutura "consiste em elementos combinados de tal forma que qualquer modificação num deles implica uma modificação de todos os outros" (Lévi-Strauss, *apud* Coelho, 1968: XXI). Assim, o estruturalismo implica duas idéias principais: a de totalidade e a de interdependência.

Para Milner, o estruturalismo foi uma tentativa de ir além dos limites até então sustentados pela ciência, a saber, a matematização, a experimentação e a instrumentalização. Além disso, este autor afirmou que o estruturalismo tentou fornecer às chamadas ciências humanas um método diferente do hipotético-dedutivo, que seria uma mera adaptação do método científico aos objetos sociais ou humanos. O estruturalismo, portanto, se norteia pelo ideal de ciência e não pela ciência ideal:

> O estruturalismo inscreve-se nessa discordância; reclama para si o ideal da ciência, mas lhe sugere uma figura nova; em relação à ciência ideal, ela é caracterizada por uma dupla modificação; uma refere-se aos objetos empíricos: o estruturalismo dedica-se a objetos humanos – é em virtude disso que a oposição da natureza e da cultura lhe é principal (Milner, 1996: 75).

Colocamos uma questão: se o estruturalismo é um método aplicado sobretudo às ciências humanas e a psicanálise não é uma ciência humana, que lugar o estruturalismo ocupa no ensino de Lacan? A via metodológica permite começarmos a responder a essa indagação. Lacan fez um esforço para fazer avançar o método e a teoria psicanalíticos através de reformulações constantes acerca da clínica empreendidas em seus seminários, a partir de um trabalho que denominamos lógico-metodológico. O esforço de Lacan tinha como visada fundamentar o método psicanalítico construído por Freud para que, tanto na clínica quanto fora dela, ele pudesse se sustentar e ser aplicado em outros âmbitos de pesquisa, sendo capaz de dialogar com outros saberes. De acordo com Sauret, "o *método psicanalítico* é, no fundo, constituído daquilo que, pela experiência da análise, é transponível fora dela, sem romper o laço com o discurso analítico" (Sauret, 2003: 98).

Para elucidarmos um pouco mais essa questão, partimos de uma conferência proferida por Lacan na Universidade de Baltimore, pois ele pontuou ali que o estruturalismo talvez se tornasse uma moda. Observou como seu ensino se situava *avant-garde*, pois nele o conceito de estrutura já estava presente desde o início, apesar de o modo como operava com a estrutura fosse diferente do uso feito pelos estruturalistas. A partir das distinções pontuadas, no entanto, podemos dizer que Lacan não pode ser considerado um estruturalista e sim que fez uso de apenas alguns pressupostos do estruturalismo para elaborar e reformular conceitos psicanalíticos – tal como o de estrutura e, posteriormente, o de estruturas clínicas – sem abrir mão do método psicanalítico como referência metodológica exclusiva para suas elaborações.

Podemos então dizer que Lacan manteve alguns princípios estruturalistas para a construção de seu conceito de estrutura. Enfatizamos esse ponto a partir da referência, apresentada por Safatle, aos elementos fundamentais para se construir uma estrutura: 1. uma multiplicidade qualquer, 2. uma regra que possa transformar essa multiplicidade em um conjunto de elementos múltiplos que seja articulado e 3. um fundamento para a regra: se a regra organiza e articula a estrutura, ela não pode ser articulada dentro da estrutura. A partir da teoria dos conjuntos fica claro que x não pertence a x, pois a condição da existência de x não pode ser o próprio x; a estrutura tem de possuir um elemento que a negue.

Ao se valer da noção de estrutura do estruturalismo, Lacan o amplia e o articula às suas elaborações. Tal afirmação não quer dizer que Lacan usa o estruturalismo como método, pois para formular a teoria dos discursos, aprofundar a conceituação do registro do real e o uso do nó borromeano ele tratou de questões exclusivas ao método psicanalítico: conceituou o objeto *a*, formulou tanto os conceitos fundamentais quanto os problemas cruciais da psicanálise, dedicou-se ao objeto da psicanálise, à lógica da fantasia e finalmente ao ato psicanalítico. Dessa forma, a validação da psicanálise enquanto um método e uma teoria cabe à própria psicanálise, pois, como afirma Milner (1996: 31): "[...] já que não há ideal da ciência em relação à psicanálise, tampouco há para ela ciência ideal. A psicanálise encontrará em si mesma os fundamentos de seus princípios e métodos", ou seja, a psicanálise não precisa procurar no estruturalismo ou em nenhum outro campo fundamentos para sustentar sua práxis.

Ao introduzir o sujeito do inconsciente Lacan marcou uma diferença em relação ao estruturalismo, pois ele articula a estrutura com um elemento que foi excluído pelo estruturalismo, a saber, o sujeito:

> Deve-se recordar por que razão este termo sujeito, ao qual estamos habituados, foi por um longo tempo objeto de escândalo ou pelo menos de assombro: na época em que dominou o estruturalismo, corrente do pensamento que acabou sendo uma moda, uma idéia recebida, um tema curinga, consistia em pôr uma antinomia entre o conceito de sujeito e o de estrutura (Miller, 1987/1989: 9).

Lacan concebeu uma estrutura que comportava a *Spaltung* freudiana e incluía o estado de fenda que é próprio do sujeito (1965/1998: 869). Ele estabeleceu uma relação entre o sujeito e a estrutura a partir da leitura da obra freudiana. Lacan nos disse que se atentarmos para os jogos de palavras como lapsos, os chistes e a própria interpretação dos sonhos poderemos verificar a estrutura do inconsciente: "o registro do significante institui-se pelo fato de um significante representar um sujeito para outro significante. Essa é a estrutura, sonho, lapso e chiste, de todas as formações do inconsciente" (Idem: 854). Com tal constatação, Lacan apresentou o axioma "o inconsciente está estruturado como uma linguagem" (1966/1972: 200).

Lacan definiu com um pouco mais de precisão o conceito de estrutura em Baltimore: "estruturado significa minha fala, meu léxico, etc, que é exatamente o mesmo que linguagem" (Ibid.). A constituição do sujeito se dá pelo significante em sua articulação com outro significante. Para ele não é possível situar a origem da linguagem, mas a implicação que a linguagem revela na constituição do sujeito do inconsciente, na medida em que o sujeito é falado e não falante (Miller, 1987/1989: 15).

Ao falar que a linguagem é condição do inconsciente, Lacan enfatizou que não há uma metalinguagem. Podemos entender tal afirmação através do matema S(Ⱥ): como não há um significante que venha tamponar a falta tanto do Outro quanto do sujeito, não há possibilidade de haver metalinguagem, pois a única referência que se possui quando se fala é a própria linguagem. Somente haveria como suprir tal falta no Outro se houvesse um Outro do Outro, no qual o Outro poderia buscar um significante que o completasse:

> O que o grafo nos propõe agora se situa no ponto em que toda cadeia significante se honra ao fechar sua significação. Se é preciso esperar tal efeito da enunciação inconsciente, é aqui em S(Ⱥ), e que há que lê-lo: significante de uma falta no Outro, inerente à sua função mesma de ser o tesouro do significante. [...] A falta de que se trata é, com efeito, aquilo que já formulamos: que não há Outro do Outro (Lacan, 1960/1998: 832-833).

Ao formular que o inconsciente está estruturado como uma linguagem, Lacan o articulou ao sujeito, pois é pela linguagem que o sujeito do inconsciente pode ser apreendido. Para Lacan, o sujeito nasce com o significante, portanto é um sujeito não substancial tendo em vista que só pode ser apreendido no abrir e fechar do inconsciente (1964b/1998: 188). Ao pontuar a relação entre a linguagem e o sujeito do inconsciente, ele introduziu outra questão: a do pensamento inconsciente, ou seja, há pensamento no inconsciente. Podemos verificar tal constatação na torção que ele fez do *cogito* cartesiano: "penso onde não sou, logo sou onde não penso". Se há pensamento no inconsciente, há também um sujeito, como podemos observar nos teoremas propostos por Milner (1996: 34), nos quais verificamos que o pensamento é tributário do surgimento do sujeito, pois "se existe pensamento no sonho, existe inconsciente. Afirmar que existe inconsciente equivale a afirmar isso pensa. Se existe pensar, existe algum sujeito".

Lacan esclareceu que não há um pensamento dado ou concebido *a priori*, pois o pensamento é sempre articulado pela linguagem. Se o pensamento se articula com o sujeito, ou seja, se há um pensamento que está fora da consciência e é independente dela, então "nem o sujeito nem o pensamento exigem a consciência" (Ibid.: 35). Ao trabalhar o inconsciente estruturado como uma linguagem e o sujeito que aí se articula, Lacan ressaltou que o termo estruturado, utilizado por ele, não se confunde com o uso feito por outros pensadores, principalmente da psicologia, que tendem a equivaler estrutura e unidade. Para Lacan não há unidade, suposição que é possível sustentar novamente pelo matema S(A̸) e pelo fato de o sujeito ser sempre dividido.

Introduzimos uma outra questão sobre o uso da estrutura em Lacan: a estrutura proposta para a teoria dos discursos não teria algo em comum com a estrutura do estruturalismo? Poderíamos dizer que tal como a primeira formulação, na qual o sujeito é o que sobra da articulação significante, este também está incluído e pode ocupar diferentes lugares na estrutura dos discursos. A estrutura da teoria dos quatro discursos também é correlata à estrutura de linguagem, no entanto é uma estrutura sem palavras que se define por possuir quatro lugares e quatro termos:

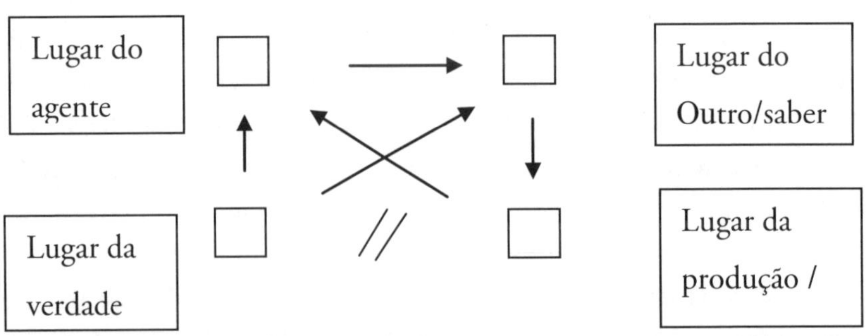

Lacan observou que foi um publicista sem muita inventividade que rotulou o discurso psicanalítico como estruturalista. Apesar de Lacan dizer não se incomodar muito com isso (1968-1969/2008: 11), ele frisa que sua teoria dos discursos – e, fundamentalmente, o que nela se refere à estrutura – articula-se em torno de um furo, uma fissura situada entre o lugar da verdade e o da produção: ali Lacan situa a impossibilidade. De acordo com Naveau, "assim, pois, a estrutura do discurso, no sentido de Lacan, não é presa sobre si mesma, posto que implica uma *fissura*" (1987/1989: 38; grifo do autor).

Se pensarmos na impossibilidade colocada pela não-relação entre verdade e produção, podemos avançar com a ideia psicanalítica de que o conceito de estrutura em Lacan inclui um real resistente à simbolização e especifica um simbólico incompleto que marca o sujeito desde sua constituição no campo do Outro como essencialmente dividido. Se o real existe apenas para um sujeito, como Lacan o concebe?

A partir de *O seminário, livro 7: a ética da psicanálise* (1959-1960) Lacan iniciou sua elaboração do registro do real no interior da experiência analítica. No Seminário citado, ele falou sobre o real tendo como referência a conceituação de *das Ding* como fora-do-significado (1959-1960: 71), como estranho (Ibid.: 76), como aquilo que funda a orientação do sujeito em direção ao objeto perdido, como o que está no centro do mundo subjetivo do inconsciente no sentido de estar excluído (Ibid.: 91). Lacan buscou localizar topologicamente o real. Não podemos deixar de pontuar que as formulações sobre o real se relacionam também com as formulações acerca do objeto *a*.

Sabemos que num primeiro momento de seu ensino Lacan se dedicou ao estudo do imaginário, com o estádio do espelho, a distinção do eu ideal e do ideal do eu. Num segundo momento, priorizou o simbólico, enfatizando o domínio do significante, desvinculado do significado. Além disso, teorizou o falo como aquilo que produz significação na cadeia significante, como o que introduz a falta e a dimensão do desejo e o Nome-do-Pai como significante operador da cadeia simbólica na neurose. Como houve uma construção conceitual dos dois primeiros registros, coube ao terceiro momento tecer uma construção do registro do real e sua relação com os dois primeiros. Ao que tudo indica, Lacan avançou na conceituação do real com o uso do nó borromeano e sua articulação com o sintoma.

> Fui levado a articular essa cadeia, e até mesmo a descrevê-la, conjugando nela o simbólico, o imaginário e o real. O importante é o real. Depois de haver falado longamente do simbólico e do imaginário, fui levado a me perguntar o que podia ser o real nessa conjunção (Lacan, 1975-1976/2006: 103).

Em "A terceira" (19742001: 68), Lacan enfatizou que o nó é a estrutura. A partir de um comentário sobre a descoberta da cadeia de DNA, Lacan disse que a própria vida se estrutura em nó. Nesse momento de seu ensino, seu diálogo é com a matemática, em especial com a topologia dos nós, o que nos leva a lançar a hipótese de que Lacan para de dialogar com o estruturalismo.

O Seminário, livro 23: o sinthoma (Lacan, 1975-1976), talvez seja o mais clínico dos últimos trabalhos de Lacan, fato evidenciado pela articulação que realiza entre o tema dos nós e a clínica psicanalítica. Este seminário é uma báscula em seu ensino, pois o recurso aos nós coloca em primeiro plano o registro do real sem estabelecer uma hierarquia entre os três registros. Os nós são a via escolhida para Lacan explicitar o real, pelo fato da escrita topológica que eles oferecem para suportar o real: "Na falta de outros recursos, opero com os nós" (Lacan, 1975-1976/2006: 79).

O nó borromeano é uma cadeia de três elos. "O que faz o nó é, no mínimo, o nó de três" (Lacan, 1975-1976/2006: 89). A qualidade borromeana desta cadeia deve-se ao fato de que ao cortar qualquer um de seus anéis todos se desligam. Cada um dos elos desempenha o mesmo papel em face dos outros: sendo colocados um sobre o outro, é o terceiro que os liga juntos, todos três, de maneira borromeana. Lacan analisou as amarrações do nó aplicadas à constituição do sujeito do inconsciente e os efeitos dessa amarração. Cada sujeito, para sustentar-se no discurso, criar e cultivar laços precisa manter os três elos unidos, encontrar para eles uma medida comum. O sujeito é uma suposição entregue à ambiguidade de não ser somente duplo, mas também dividido pela linguagem (Ibid.: 30). Trata-se de dar conta do que, dessa divisão, instaura o real.

Concluindo, podemos dizer que Lacan se vale de algumas referências do estruturalismo para elaborar seu conceito de estrutura sem abrir mão do método psicanalítico, ou melhor, sem confundir os dois campos. Com o percurso de seu ensino, fica claro que Lacan cada vez menos dialoga com o estruturalismo em prol de um debate com a topologia. Se, por um lado, sentimos as ressonâncias do estruturalismo no ensino de Lacan, por outro tais ressonâncias são particularizadas e ampliadas pelas questões próprias à psicanálise até o momento em que Lacan elabora um conceito de estrutura completamente distinto, a saber, a estrutura é nó que comporta o real, o que já não pode ser compreendido pelo estruturalismo.

Referências bibliográficas

AZEVEDO, D. (1989). *Grande dicionário de Francês/Português*. Lisboa: Bertrand Editora.

COELHO, E. P. (1968). Introdução a um pensamento cruel: estruturas, estruturalidade e estruturalismos. *In*: COELHO, E. P. (org.). *Estruturalismo: antologia de textos teóricos* (pp. II-LXXV). Lisboa: Portugália Editora.

LACAN, J. (1960/1998). Subversão do sujeito e dialética do desejo. *Escritos*. Rio de Janeiro: Jorge Zahar Editor.

————. (1964a/1998). Posição do inconsciente. *Escritos*. Rio de Janeiro: Jorge Zahar Editor.

————. (1964b/1998). *O seminário, livro 11: os quatro conceitos fundamentais da psicanálise*. 2 ed. Rio de Janeiro: Jorge Zahar Editor.

————. (1965/1998). A ciência e a verdade. *Escritos*. Rio de Janeiro: Jorge Zahar Editor.

————. (1966/1972). Da estrutura como intromistura de um pré-requisito de alteridade e um sujeito qualquer. *In*: MACKSEY, R. & DO MATO, E. *A controvérsia estruturalista* (pp. 198-212). São Paulo: Cultrix.

————. (1968-1969/2008). *O seminário, livro 16: de um Outro ao outro*. Rio de Janeiro: Jorge Zahar Editor.

———. (1970-1971). *O seminário, livro 18: de um discurso que não seria do semblante*. Inédito.

———. (1972). *O saber do psicanalista*. Inédito.

———. (1974/2001). A terceira. *Cadernos Lacan*, 2, 39-71. Associação Psicanalítica de Porto Alegre.

———. (1974-1975). *O seminário, livro 22: RSI*. Inédito.

———. (1975-1976/2006). *O seminário, livro 23: o sinthoma*. Rio de Janeiro: Jorge Zahar Editor.

MILLER, J.-A. (1987/1989). Las respuestas de lo real. *In*: ZAFIROPOULOS, M. *Aspectos del malestar en la cultura* (pp. 8-19). Buenos Aires: Ediciones Manantial.

MILNER, J.-C. (1996). *A obra clara: Lacan, a ciência, a filosofia*. Rio de Janeiro: Jorge Zahar Editor.

NAVEAU, P. (1987/1989). Discurso de la ciencia e discurso de la histerica. *In*: ZAFIROPOULOS, M. *Aspectos del malestar en la cultura* (pp. 37 a 41). Buenos Aires: Ediciones Manantial.

POUILLON, J. (1968). Apresentação: uma tentativa de definição. *In*: *Problemas do estruturalismo* (pp. 7-26). Rio de Janeiro: Jorge Zahar Editor.

SAFATLE, V. (2000). O circuito fetichista do desejo e seus restos. *Opção Lacaniana: Revista Brasileira Internacional de Psicanálise*, 26/27, 40-44.

SAURET, M.-J. (2003). A pesquisa clínica em psicanálise. *Revista Psicologia USP*, 14 (3), 89-104.

Estrutura: uma proposta de ampliação

Maria Ângela Mársico Maia

Resumo

Este artigo visa discutir o conceito de estrutura a fim de que ele contemple os momentos iniciais e os finais do ensino de Lacan e da clínica lacaniana. Seguindo esse raciocínio, a articulação entre os conceitos de sujeito e de falasser, apoiada na noção de "tempos de constituição do sujeito", é a base a partir da qual propomos a relação entre "real sem lei", bricolagem e estrutura.

Palavras-chave: sujeito; falasser; "real sem lei".

Abstract

Structure: one proposal of ampliation

This article aims to discuss the concept of structure in order to contemplate the initial moments and the ends of the teaching of Lacan and the clinic. Following this reasoning, the articulation between the concepts of subject and the *parlêtre*, based on the notion of "times of constitution of the subject", it is the base from which we propose the relation between "real without law", bricolage and structure.

Key-words: subject, *parlêtre*, "real without law".

Este artigo visa discutir o conceito de estrutura a fim de que ele contemple os momentos iniciais e os finais do ensino de Lacan e da clínica lacaniana. Com esse intuito apresentamos a noção de estrutura a partir do conceito de sintoma como acontecimento de corpo. Esta escolha deve-se ao fato de considerarmos que há uma implicação direta entre o conceito de sintoma como acontecimento do corpo e a noção de inscrição de marcas no corpo que percorre toda a obra de Lacan.

Para delinear essa discussão dividimos este artigo em três seções, a saber: na primeira traçamos o percurso histórico das noções de estrutura e de estruturalismo, problematizando a questão do sujeito; na segunda discutimos a noção de acontecimento como "acontecimento de discurso", uma vez que este, ao deixar traços, marcas no corpo do ser humano, é responsável pelo "acontecimento psíquico". Ao acontecimento psíquico articulamos o conceito de sintoma como acontecimento de corpo decorrente da repetição dessas marcas psíquicas inscritas em temporalidades diferentes; na terceira demarcamos, a partir do *Real-Ich* freudiano, os conceitos lacanianos de sujeito e de falasser, já que estes correspondem ao início e ao final do ensino de Lacan, respectivamente. A articulação entre esses dois conceitos, apoiando-se na noção elaborada por Lacan de "tempos de constituição do sujeito", é a base a partir da qual propomos a relação entre "real sem lei", bricolagem e estrutura.

1. Um pouco de história

O termo estrutura já era utilizado pelos antigos gregos em uma acepção genérica de relação, combinação, etc. Posteriormente passou a ser empregado na matemática e na lógica para referir um conjunto ou grupo de elementos formalmente correlacionados ou relacionados segundo certa regra. O conceito de estrutura também foi entendido como um conjunto ou grupo de sistemas, deixando de ser visto como uma realidade composta de elementos e como uma maneira de ser dos sistemas no qual cada sistema funciona de acordo com a estrutura que tem.

Nesse sentido, o termo estrutura refere-se à maneira como se estabelecem as relações entre elementos de qualquer objeto e como se articulam essas relações. Desse modo, a discussão se volta principalmente para o padrão segundo o qual os objetos estão articulados e não para os tipos de objetos ou de relações ocorridas entre seus elementos. Passa-se a falar então de estrutura matemática, lógica, física, biológica, psicológica, social, linguística, etc. É possível encontrar estrutura onde não há o estado de inércia, de modo que qualquer acontecimento observado possui estrutura. O acontecimento pode ganhar uma regra genérica ou particular, a despeito de esta poder ser apenas um modo de descrevê-lo, sem prevê-lo ou alterá-lo.

Com o atomismo surge a ideia de "análise e decomposição", o que inaugura um raciocínio no qual é privilegiado o processo de decomposição do todo em partes, introduzindo, ao mesmo tempo, outra unidade que é comum a cada parte e referenciada à ordem do pensamento. Desse modo, é criada uma matriz universal que torna o conhecimento universal e exige que sua produção dependa exclusivamente do pensador. A linguagem é vista como propriedade dos homens e ocorre por meio de signos reconhecíveis pelo conhecimento. O mundo se torna reconhecível apenas naquilo que se faz objeto do conhecimento.

No século XX, com o surgimento da linguística estrutural, a linguagem passa a ser vista como efeito da relação entre signos, não mais como resultado da interpretação do homem. Nesse sentido, o que se amplia é o próprio universo da linguagem. Desde então os termos estrutura e estruturalismo se reportam ao que é linguagem. O estruturalismo marcado pela linguística estrutural privilegia uma topologia na qual os "lugares e as posições prevalecem sobre os ocupantes e onde o importante é perguntar de que lugar alguém fala" (Bohadana, 1999: 15).

No estruturalismo estão implicadas as noções de totalidade e interdependência, porque para "totalizar é necessário relacionar o que se deve mostrar também como separável". Logo, é um método ao mesmo tempo "analítico e totalizante". O estruturalismo começa quando "se admite que conjuntos diferentes podem ser aproximados não a despeito de, mas em virtude das suas diferenças, que se procura então ordenar". Trata-se "sempre de comparar para construir tipos ou reconhecer evoluções. Mas procurar-se-á não observar as mesmas coisas e, sim, pensar os laços que unem coisas diversas". Conjuntos estruturados não são "fruto de uma acumulação de acasos" ou da "unificação acidental" de vários fatores independentes e exteriores à estrutura (Pouillon, 1968: 6-8).

2. Sintoma como acontecimento de corpo

A noção de sintoma como acontecimento de corpo foi apresentada por Jacques Lacan em "Joyce, o Sintoma" (1976/2003: 565) e explorada como "acontecimentos de discurso, que deixaram traços no corpo", que o desorganizam e "fazem sintoma nele, mas na medida em que o sujeito em questão esteja apto a ler esses traços, decifrá-los" (Miller, 2004: 51). Cabe salientar a diferença feita por Lacan entre acontecimento e fenômeno, pois o acontecimento concerne aos diversos modos de assunção do vivido pelo sujeito – acontecimento psíquico.

Lacan considera sua publicação *Scilicet* como um acontecimento de discurso (1971: 10-11). Este corresponde a um dizer que não é de alguém em particular; logo, o sujeito é secundário a ele. Lacan elaborou volumes de *Scilicet* sob a forma de coletânea de textos sem a assinatura dos autores, de modo que qualquer autor poderia ser substituído por outro, melhor dizendo, cada autor poderia ocupar o mesmo lugar de um outro. Conforme salienta, o acontecimento de discurso é relativo à estrutura e ao acento posto na distribuição, nos deslocamentos de alguns termos.

Digamos que os traços, as marcas também ocorrem no animal doméstico e no de laboratório, para os quais é transmitido um saber do qual eles não têm necessidade. Por meio delas, falam com seus corpos. Lacan (1961-1962) já havia dito que sua cadela Justine tinha a fala na medida em que se fazia compreender, mas que isso não queria dizer que tinha a linguagem. Justine é introduzida no momento em que a diferença entre fala e linguagem é operatória no ensino de Lacan (Miller, 2004-2005). De um lado a nebulosa afetiva, emocional, inteligente – Lacan defendia explicitamente a tese de a inteligência ser uma faculdade animal –, de outro o valor essencial, irredutível da estrutura de linguagem, que é algo dado, que está aí, não sendo possível reconstituir o nascimento progressivo de sua estrutura. Essa concepção binária é reconsiderada no momento do ensino de Lacan em que a função da fala é depreciada ao estatuto de blablablá – na medida em que a fala é gozo. No lugar de uma dicotomia passa a haver certa continuidade entre o homem e o animal. O ronronar do gato é o exemplo de Lacan do gozo que transita no corpo. Verificamos que a estrutura de linguagem não está em primeiro plano, o gato não tem a estrutura da linguagem, contudo ela não é anulada, eliminada para o homem.

2.1. SINTOMA E REPETIÇÃO

Articularemos agora acontecimento psíquico e sintoma, considerando que este último decorre da repetição de marcas psíquicas, inscritas em temporalidades diferentes. Para Lacan, o essencial no conceito de repetição é a "função do retorno", proveniente da própria estrutura do significante, em suas duas formas: "não é apenas o *Wiederkehr* [retorno] no sentido do que foi recalcado – a constituição mesma do campo do inconsciente se garante pelo *Wiederkehr*" (Lacan, 1964/1988: 50). Portanto, a "função do retorno" se expressa em dois movimentos: o primeiro decorre do recalcado e o segundo sustenta a própria constituição do inconsciente.

A estrutura do inconsciente comporta um furo, uma hiância ou uma fenda, através da qual alguma coisa de não-realizada apresenta-se, fazendo do sentido um instante breve e fugaz e afirmando o inconsciente em seu caráter evanescente. O inconsciente apresenta-se em um movimento pulsativo, ele "não existe", "insiste", apresentando através da fenda "alguma coisa" já comprometida com seu desaparecimento.

Dentre as características que diferenciam esses dois momentos lógicos, assinalamos as modalidades de repetição que correspondem a cada um deles e, consequentemente, de produção do sintoma como acontecimento de corpo. Relacionamos ambos os movimentos de retorno expressos por Lacan – retorno do recalcado e o que garante a constituição do inconsciente – a sua conceituação de sujeito do inconsciente. Enquanto a repetição via retorno do recalcado se expressa na cadeia significante, a repetição que garante o inconsciente corresponde ao "encontro com o real". Como diz Lacan (1964: 237-238): encontro impossível com o significante originariamente recalcado na "ocultação constitutiva do inconsciente" em que "o sujeito como X" se constitui em torno do *Urverdrängung* pela queda de um "significante primeiro". Ele esclarece que ali o significante não pode ser substituído porque "seria preciso então a representação de um significante para um outro". Para concluir, assinala suas "duas faces": o "momento constituinte em que cai a significância, que articulamos a um lugar em sua função no nível do inconsciente", e o seu "efeito de retorno" em um "valor infinito". Lacan demarca assim que "está aí um dos tempos de constituição do sujeito".

No entanto, ponderamos que para a ocorrência desse processo deverá existir, do ponto de vista lógico, um terceiro tempo de constituição do sujeito, uma terceira modalidade de repetição que excede a estrutura de qualquer sintaxe, o "real sem lei" como Lacan define: "o verdadeiro real implica a ausência de lei" (1975-1976/2007: 133). A conceituação de "real sem lei" expressa a clínica em que psicanalistas recebem pacientes devastados pelo encontro com o real, de modo que apenas por meio de ínfimos sinais eles conseguem se expressar.

3. ESTRUTURA E "TEMPOS DE CONSTITUIÇÃO DO SUJEITO"

3.1. SUJEITO E FALASSER

Iremos agora relacionar o terceiro tempo de constituição do sujeito – repetição sem lei do real – ao conceito de *Real-Ich* freudiano que propomos corresponder ao conceito de falasser de Lacan, visto que temos em ambos os conceitos que "o verdadeiro real implica a ausência de lei". Para tal exploraremos a conceituação freudiana de alucinação.

Freud (1900/1989) considera a alucinação em termos de realização alucinatória de desejo, ou seja, identidade de percepção: a congruência entre a imagem alucinada produzida na ausência do objeto e a imagem perceptiva do objeto que outrora satisfez a necessidade – marca mnêmica de satisfação. Ele enfatiza que "o objeto não tem presença *real*, senão em uma *representação*-fantasia" (1895/1989: 370).

A alucinação supõe o isolamento da realidade, porque ocorre como se o Outro estivesse presente satisfazendo a necessidade vital e eliminando o estado de desejo. Desse modo, é desencadeada uma descarga reflexa, tal como a produzida quando há satisfação da necessidade vital. Logo, a discriminação entre a imagem do objeto e o próprio objeto é prejudicada. Lacan esclarece que o acesso à realidade é problemático, pois "o princípio de realidade funciona, de fato, como que isolando o sujeito da realidade" (1959-1960/1988: 62).

Nesse sentido, algumas hipóteses explicativas de Freud sobre a noção de "signo de realidade objetiva" para *psi* (Freud, 1895/1989: 371) podem nos ser de grande valia. Ele define esse signo como a notícia da descarga dos neurônios ômega – percepção consciente – que chega a *psi*. Lacan nos fala de um signo que nos avisa da presença de alguma coisa que se refere efetivamente ao mundo exterior, assinalando à consciência que é com esse mundo exterior que ela lida e também que o "mundo exterior é alguma coisa com a qual ela tem que se virar" (Lacan, 1959-1960/1988: 63).

As hipóteses freudianas indicam o tempo de constituição de um primitivo aparelho anímico no qual a notícia da descarga de ômega, o "signo de realidade objetiva", carece de significância para *psi*. Portanto, o critério de distinção entre alucinação e percepção não é operado. Por exemplo, podemos constatar esta temporalidade em situações traumáticas em que o eu é impotente para discernir qualquer signo.

Freud distingue que a condição para a notícia de descarga de ômega funcionar como critério de distinção entre alucinação e percepção é o "investimento-desejo" não ser muito intenso, ou seja, que ocorra na presença de um eu investido – eu-inibição – e por isso capaz de inibir a descarga. Nessa condição, a alucinação não produz o signo de qualidade, enquanto a percepção exterior o produz (Freud, 1895/1989: 371).

Nesse caso, o mundo não é percebido senão na condição de satisfação autoerótica, fechada em si mesma. Lacan (1964/1988: 180) relaciona o estágio do *Real-Ich* à qualificação de autoerotismo. Ao lado disso, ressalta na teoria de Freud sobre o eu um segundo tempo, "o segundo *Ich* – o segundo de direito, o segundo num tempo lógico – é o *Lust-Ich*" –, segundo em relação ao "primeiro *Real-Ich* da explicação de Freud". Nessa direção, ele sublinha que, em Freud, o autoerotismo consiste em que "não haveria surgimento dos objetos se não houvesse objetos bons para mim" e situa que "aqui se constitui então o *Lust-Ich*, e também o campo do *Unlust*, do objeto como resto, como estranho".

Dessa forma, é a partir da tensão entre o prazer e o desprazer que entra em jogo o modo de cada sujeito ter sua primeira apreensão da realidade em que intervém o *Nebenmensch* (Lacan, 1959-1960/1988: 68). Freud o define como "complexo do próximo", composto por um elemento que se "mantém reunido como uma *coisa do mundo*, enquanto o outro é *compreendido* por um trabalho mnêmico, isto é, pode ser reconduzido a uma notícia do próprio corpo" (Freud, 1895/1989: 377). As coisas do mundo, *das Ding*, "são restos que se subtraem da apreciação judicativa" (ibid.: 379). Lacan diz se tratar de "uma divisão original da experiência da realidade", na qual se apresentam as diferenças de julgamento (Lacan, 1959-1960/1988: 68-69). *Das Ding* é "o elemento que o sujeito isola diante da experiência com o *Nebenmensch* que, por sua natureza, é estranho, *Fremde*". Assim é circunscrito um primeiro exterior em torno do qual o sujeito se orienta. Esse primeiro exterior, por assim dizer, exterior-íntimo como tratado por Lacan, é justificado por Freud segundo o processo do recalque originário.

Sobre esse tema partimos da formulação freudiana do contrainvestimento como o único mecanismo do recalque primordial. Como já exposto, no estado de desejo a marca mnêmica de satisfação é investida na busca de reencontrar a suposta sensação de plenitude de outrora, o que gera a alucinação (Freud, 1900/1989: 557). Então, a tendência à estabilidade torna imprescindível um movimento contrário – contrainvestimento – ao investimento no estado de desejo (Freud, 1915a/1990: 178). Digamos que o embate entre o investimento – desejo – e o contrainvestimento – desejo contrário – tem como resultante a paralisação do movimento desejante. Esse processo culmina com a fixação da imagem mnêmica de satisfação, em que a representação psíquica da pulsão encontra negado seu acesso à consciência (Freud, 1915b/1990: 143). Doravante, uma marca mnêmica de satisfação recalcada se constituirá na base do movimento de desejo que se caracteriza pelo movimento de repetição que, em vão, busca reencontrar uma suposta satisfação de plenitude.

Lacan expande o conceito de recalque originário de Freud. Ressalta, além da fixação da imagem mnêmica de satisfação, a impossibilidade de satisfação absoluta. O recalque da imagem mnêmica de satisfação produz a perda de *das Ding*, que ele nomeia como objeto *a*. Capturado pelo significante, o ser humano – *Real-Ich* – sofre a perda da modalidade de gozo que prescinde do externo. Essa perda constitui o sujeito do inconsciente. Dessa forma, em um movimento pós-recalque originário, ao se voltar para o mundo externo, o sujeito do inconsciente aspira reencontrar, nos sucessivos movimentos de repetição, o objeto que porta a marca mnêmica da vivência de satisfação originária.

Em síntese, o modelo freudiano da experiência de satisfação permite perceber, em uma perspectiva lógica, dois momentos. O primeiro anterior ao recalque originário – *Real-Ich*. O segundo decorrente desse mesmo recalque e definido por Lacan como sujeito do inconsciente. Lacan diferencia esses dois momentos ao ressaltar que a característica do *Real-Ich* é funcionar "não como um sistema de relação, mas como um sistema destinado a garantir uma certa homeostase das tensões internas" (Lacan, 1964/1988: 166), enquanto o sujeito como desejante é um aparelho lacunar (ibid.: 175).

Como dissemos, o objetivo que nos leva a desenvolver essa argumentação decorre da clínica psicanalítica em situações nas quais o sujeito do inconsciente não se faz presente no dispositivo analítico. O psicanalista se encontra assim ante o tempo de constituição do sujeito no qual o *Real-Ich* não encontra qualquer coisa que possa lhe servir de orientação ou referenciá-lo, uma vez que os signos de realidade estão fora de combate. Estes não funcionam como critérios capazes de indicar que se está no "rumo certo para a busca de sua satisfação" (Lacan, 1964/1988: 68).

Ao contrário, na dimensão do sujeito do inconsciente existe o recurso de um "primeiro exterior", um "exterior-íntimo", segundo Lacan. A possibilidade de escolha do sujeito do inconsciente é exposta por Lacan (1964/1988: 63) como "peças escolhidas da realidade". Como diz Freud: "o fim primeiro e mais imediato do exame de realidade {objetividade} não é, portanto, achar na percepção objetiva [real] um objeto que corresponda ao representado, mas *reencontrá-lo*, convencer-se que ele ainda está aí"

(Freud, 1925/1990: 225). Digamos que em tais condições alguma coisa serve para referenciar o sujeito em um mundo de anseios e de espera. Pois, como diz Lacan, "alguma coisa está aí esperando algo melhor, ou esperando algo pior, mas esperando" (Lacan, 1959-1960/1988: 69).

Nesse sentido, estamos indicando o *Real-Ich*, o "real sem lei", como sendo o "lixo" a partir do qual várias e diferentes combinações podem ocorrer. Nesse caso, entendemos que o "real sem lei", embora se constituindo em uma estrutura, rompe com a noção de fixidez, uma vez que essa estrutura se assemelharia a um grande reservatório no qual os elementos em arranjo estariam em incessante reconstrução. Não haveria, portanto, qualquer elemento que funcionasse como organizador da estrutura.

3.2. "Real sem lei" e bricolagem

Estamos partindo do princípio de que há uma semelhança entre o "real sem lei" e a noção de bricolagem proposta pelo estruturalismo de Lévi-Strauss. Ele distingue o pensamento mítico do pensamento científico, mostrando que o primeiro se apoia no signo, enquanto o segundo utiliza os conceitos. Ressalta ainda que uma das maneiras de o signo opor-se ao conceito é que este último seja transparente à realidade, enquanto o primeiro aceite e exija que uma certa "densidade de humanidade seja incorporada a essa realidade" (Lévi-Strauss, 1976: 41).

A bricolagem, assim como o pensamento mítico, tem como característica elaborar conjuntos estruturados, mas utilizando resíduos e fragmentos de acontecimentos (Lévi-Strauss, 1976: 43). Os elementos são "recolhidos ou conservados em virtude do princípio de que 'isto sempre pode servir'" sem que haja qualquer ideia preconcebida do que se necessita (ibid.: 39). Cada elemento vale por si e não por sua relação a outro elemento, de modo que o *bricoleur* não trabalha com qualquer sintaxe ou lei. Cada elemento utilizado na bricolagem representa em si mesmo um conjunto de relações (idem).

Segundo Lévi-Strauss (1976: 44), "distinguimos o homem de ciência e o *bricoleur* pelas funções inversas que, na ordem instrumental e final, conferem ao acontecimento e à estrutura". O homem da ciência cria acontecimentos para mudar o mundo por meio de estruturas, enquanto o *bricoleur* cria estruturas por meio de acontecimentos.

Ao discutir a relação entre estrutura e acontecimento, Miller (1999-2000/2004: 65-66) alude ao pensamento de Lévi-Strauss salientando a bricolagem como "um conjunto finito de materiais heteróclitos reunidos segundo os acontecimentos". Há uma "reserva sincrônica" e "em dado momento surge o projeto que se apodera do material e o organiza", cumprindo a "integração do acontecimento na estrutura". Então o "sujeito se relaciona com o mundo pelo viés das estruturas", conhece apenas os "dados mediatizados pela estrutura", não podendo haver uma fenomenologia da percepção pura, "porque a percepção é organizada pelas estruturas".

Interessa-nos destacar nas considerações acima dois modos de compreensão da estrutura. Uma relacionada à bricolagem, ao acontecimento, que poderíamos pensar como uma estrutura aberta à contingência dos encontros, dos arranjos; portanto, uma estrutura não submetida a uma lei de formação. Outra relacionada à sintaxe, à lei que estabelece lugares, cuja dinâmica se reduz à permutação de elementos que se inscrevem em posições que são invariáveis. Logo, uma estrutura fechada segundo sua própria lei de formação.

É exatamente essa dinâmica que encontramos nos "tempos de constituição do sujeito". Como vimos, o *Real-Ich* alucina incessantemente por meio do investimento constante na marca mnêmica de satisfação. Esse movimento revela um paradoxo: um investimento – descarga – que produz acúmulo de quantidade. Essa vivência de um "além do princípio do prazer" aprisiona o ser humano em um movimento de repetição que visa eliminar a quantidade pelo frequente investimento na marca mnêmica de satisfação. Podemos pensar aqui na formação de uma série que não parte de um ponto que a articule e oriente.

No que concerne ao sujeito do inconsciente, este aspira reencontrar o objeto que carregaria a marca mnêmica de satisfação recalcada. Essa marca é o polo articulador do movimento de desejo que se caracteriza pelo movimento de repetição que, em vão, visa reencontrar uma suposta satisfação de plenitude. Buscando o idêntico, o ser humano encontra outra coisa. Podemos pensar aqui na conformação de uma série que parte de um ponto que serve para articulá-la e orientá-la.

É seguindo essa linha de pensamento que consideramos, conforme os conceitos de falasser – *Real-Ich* – e de sujeito do inconsciente, o conceito de estrutura capaz de contemplar tanto os momentos iniciais e os finais do ensino de Lacan e da clínica lacaniana.

REFERÊNCIAS BIBLIOGRÁFICAS

BOHADANA, E. (1999). Estrutura e estruturalismo: o vazio da significação. *Cadernos de Psicanálise*, 7, 13, 13-21. Rio de Janeiro: SPC/RJ.

FREUD, S. (1985/1989). Proyecto de psicología. *Obras completas*, v. II. Buenos Aires: Amorrortu editores.

————. (1900/1989). La interpretación de los sueños. *Obras completas*, v. V. Buenos Aires: Amorrortu editores.

————. (1915a/1990). Lo inconsciente. *Obras completas*, v. XIV. Buenos Aires: Amorrortu editores.

————. (1915b/1990). La represión. *Obras completas*, v. XIV. Buenos Aires: Amorrortu editores.

————. (1925/1990). La negación. *Obras completas*, v. XIX. Buenos Aires: Amorrortu editores.

LACAN, J. (1951-1952). *El hombre de los lobos*. Escuela Freudiana de Buenos Aires. Documento interno.

————. (1953/1998). Função e campo da fala e da linguagem em psicanálise. *Escritos*. Rio de Janeiro: Jorge Zahar Ed.

————. (1958-1959). *Le séminaire, livre VI, Le désir et son interprétation*. Inédito.

————. (1959-1960/1988). *O seminário, livro 7: a* ética *da psicanálise*. Rio de Janeiro: Jorge Zahar Ed.

————. (1960-1961/1992). *O seminário, livro 8: a transferência*. Rio de Janeiro: Jorge Zahar Ed.

————. (1961-1962). *Le séminaire, livre IX: L'identification*. Inédito.

————. (1964/1988). *O seminário, livro 11: os quatro conceitos fundamentais da psicanálise*. Rio de Janeiro: Jorge Zahar Ed.

————. (1968-1969/2006). *Le séminaire, livre XVI: d'un Autre à l'autre* Paris: Seuil.

———. (1971/2006). *Le séminaire, livre XVIII: d'un discours que ne serait pas du semblant*. Paris: Seuil.

———. (1975-1976/2007). *O seminário, livro 23: o sinthoma*. Rio de Janeiro: Jorge Zahar Ed.

———. (1976/2003). Joyce, o Sintoma. *Outros escritos*. Rio de Janeiro: Jorge Zahar Ed.

LÉVI-STRAUSS, C. (1976). *O pensamento selvagem*. Trad. Maria Celeste da Costa e Souza e Almir de Oliveira Aguiar. São Paulo: Nacional.

MAIA, M. A. (2003). Corpo e gozo. *Latusa*, nº 8. *O trabalho na sessão*. Rio de Janeiro: Escola Brasileira de Psicanálise-Rio de Janeiro.

MILLER, J.-A. (1999-2000/2004). *Los usos del lapso*. Buenos Aires: Paidós.

———. (2004). Biologia lacaniana e acontecimentos de corpo. *Opção Lacaniana*, 41, 7-67. São Paulo: Eólia.

———. (2004-2005). *Pièces détachées*. Curso de orientação lacaniana III, 7. Inédito.

MORA, F. (1994). *Diccionario de filosofía*. Barcelona: Editorial Ariel.

POUILLON, J. (1968) Uma tentativa de definição. *In*: *Estruturalismo: antologia de textos teóricos* (pp. 3-19). Lisboa: Portugália Editora.

O QUE HÁ DE MAL-ENTENDIDO NA ESTRUTURA?

Lucia Perez

Resumo

Esse artigo sustenta a condição estrutural do mal-entendido, enfatizando as consequências clínicas daí decorrentes. Problematiza as noções de diagnóstico e estrutura clínica, buscando evidenciar a relação entre o mal-entendido e a interpretação, bem como suas especificidades nos desdobramentos do ensino de Lacan. Por último faz avançar a questão: a que serve a nomeação se o que uma psicanálise visa é a singularidade?

Palavras-chave: mal-entendido; estrutura; interpretação.

Abstract

Is there misunderstanding in the structure?

In this article, we discuss the structural condition of the misunderstanding, emphasizing the related clinic conditions. We work with the notions of diagnostics and clinical structure, in order to make evident the relation between the misunderstanding and the interpretation, and their implications for the Lacan study. Finally, we try to advance in the following question: what´s the purpose of nomination, if what psychoanalysis searches is the singularity?

Key-words: misunderstanding; structure; interpretation.

A experiência analítica coloca-nos diante de uma evidência: o inconsciente é feito e entremeado de mal-entendidos. Mal-entendidos que se depositaram e se inscreveram no sujeito, determinando o que pôde ser marcado como o seu destino. A clínica é rica em exemplos de como frases enunciadas por um outro, proferidas em diferentes contextos, são ouvidas e compreendidas por um sujeito como indicando sua posição fundamental na existência. Marcações, ficções fixantes que o aprisionam em seu sintoma. Sem saber, sem se dar conta, alienadamente, o sujeito a elas se apega, de tal forma que tudo o que vem apresentar como sintoma se ordena e se estrutura a partir de uma certa frase, inevitavelmente mal-entendida. Assim sendo, fica ilustrado que o mal-entendido entre os falantes e falados não é acidental e, sim, determinado pela estrutura.

De maneira análoga, a noção de estrutura clínica, mais do que de "tipos psicológicos" ou "psicopatológicos", fala-nos de certas posições fundamentais assumidas pelos sujeitos em suas existências singulares. Posições que se articulam a esses ditos mal-entendidos que dão corpo à tessitura de sua fantasia. Pretendemos, nesse artigo, sustentar teoricamente essas evidências clínicas, comentando a torção operada pela psicanálise na clássica noção de diagnóstico, própria da tradição médica, e buscando problematizar as noções de diagnóstico e de estrutura aplicadas ao campo analítico: haveria aí um mal-entendido? O que há de mal-entendido na estrutura? Em que medida o mal-entendido se articularia ao trabalho de interpretação? Há mal-entendido no ensino de Lacan no que se refere à estrutura? E mais: a que serviria uma nomeação diagnóstica se, em última instância, pretendemos fazer algo mais do que categorizar?

UM DIAGNÓSTICO MAL-ENTENDIDO?

A psicanálise opera uma torção nos discursos dos quais se originou. Torção esta que se manifesta na maneira particular com a qual opera com muitos termos importados de outros saberes, e é isso o que ocorre com as noções de diagnóstico e de estrutura. Pretendemos demonstrar que se a noção de diagnóstico aplicada ao campo psicanalítico é, de certa forma, uma herança do discurso médico, ela ganha em nosso campo uma outra configuração.

Subvertendo a tradição médica na qual o terapeuta, a partir de uma clínica do olhar, observa os fenômenos e reconhece a doença, podendo, com isso, "dar a receita" e oferecer a solução, Freud aprende com suas histéricas a escutá-las e, a partir disso, convida-as a se lançar com ele na tarefa de desvendar a causa. Causa atingida no desvelamento de enigmas que surgem ao atravessar o *acheronta* de suas fantasias. Travessia que os conduz a uma descoberta: o inconsciente tem suas leis e estas dizem respeito à maneira particular construída, por cada pessoa, para dar conta do traumático encontro com o sexual.

A psicanálise vem, desde Freud, propondo uma maneira de fazer diagnóstico que se distingue do discurso médico e que não se confunde com o discurso psiquiátrico e/ou psicológico. E, embora ao escrever "Um estudo autobiográfico" (1925/1977) Freud tenha considerado incompleta a teoria que construiu desde seus "Estudos sobre histeria" (1895/1977), alegando que "esta não ultrapassou a descrição direta das observações" e que apenas "lançava luz sobre a origem dos sintomas" (1925/1977: 34), mostrando que o método descritivo, próprio à Psiquiatria, não o satisfazia e que seu objetivo era ir além, consideramos como muito severa a autocrítica freudiana e reconhecemos, justamente nesses seus primeiros estudos, os indícios de seu novo método e da torção com ele operada sobre o modelo médico.

Diferente do clássico diagnóstico psiquiátrico, no diagnóstico freudiano não se trata de agrupar sinais indicadores da doença e, sim, trata-se de localizar a posição em que o sujeito se coloca frente à castração, da busca da causa que se presentifica na estrutura de cada sujeito. Neste novo método, o qual, desde sempre, Freud qualificou como um método de pesquisa, não há apenas uma preocupação com as manifestações fenomênicas, conferindo-se grande importância à investigação etiológica do caso. Em seus "Estudos sobre histeria" (1895/1977), Freud demonstra com sua proposta de tratamento em que pesquisa e clínica se confundem: a investigação de cada caso se dá sobre a etiologia e a natureza dos processos psíquicos que lhes são próprios e a decisão sobre o diagnóstico depende do resultado dessa investigação. Mostra-se já preocupado com a tendência, já comum em seu tempo, de se fechar um diagnóstico a partir apenas da localização de algum sintoma considerado mais ou menos típico.

A psicanálise, assim, desde seus primeiros estudos, ao colocar em questão "a *própria naturalidade do fenômeno*" (Vieira, 1988a: 207), abre espaço para pensar o campo da causalidade psíquica como algo muito além do que se alcança com os procedimentos do chamado diagnóstico naturalista. Este, calcado no pressuposto de uma realidade objetiva, procede à reunião dos fenômenos que estabeleceriam, desde sempre, um nexo causal entre si. Já na psicanálise, o diagnóstico visa não à causa da doença e a seus fenômenos indicadores – o que tanto interessa à medicina –, mas à causa do sujeito, que comparece na estrutura de sua fantasia.

Não há como confundir o diagnóstico em psicanálise com o procedimento médico-naturalista, tão caro à medicina. O diagnóstico em psicanálise é da ordem da construção, não se reduzindo a uma mera classificação. É a partir dessa perspectiva, que toma o diagnóstico como uma construção, que Lacan nos propõe as estruturas clínicas. Ele não abre mão das categorias da psiquiatria clássica, mas sobre elas faz incidir o conceito de estrutura. Mas o que seria a estrutura, quando aplicada ao campo analítico?

ESTRUTURA: UMA NOÇÃO MAL-ENTENDIDA?

Retomemos a última questão: o que seria a estrutura aplicada ao campo analítico? Lembremos que uma estrutura é um conjunto de elementos que se definem exclusivamente pelas relações que mantêm entre si. Relações estas que se estabelecem segundo leis que não são propriedades dos elementos que a compõem e, sim, a partir de relações, das quais são, simultaneamente, produzidas e produtoras.

A estrutura é, assim, uma combinatória sem realidade empírica. Pura forma, sem substância, na qual o valor de cada elemento depende da posição que ele ocupa em relação aos outros. Esse valor posicional, próprio da estrutura, é efeito da emergência do simbólico. Ultrapassa-se, assim, o imaginário fenomenológico, limitado a descrever o que julga perceber do real.

A estrutura produz singularidades na medida em que, além de diferencial, é também diferenciadora. Características que evidenciam a especificidade da causalidade estrutural, uma nova modalidade de causalidade, diferente das já assentadas pela tradição: a relação de causa-efeito e a prevalência do todo sobre as partes, sendo as partes expressões do todo. Há um novo modo de pensar a causalidade, próprio da psicanálise, que implica designar a presença da estrutura em seus efeitos. A estrutura se presentifica nos efeitos sem com eles confundir-se, determinando efeitos e sendo por eles determinada.

Lacan, ao propor, em sua releitura dos textos freudianos, que o *inconsciente é estruturado como uma linguagem* (Lacan, 1964/1979: 25), articula às bases do estruturalismo e o *isso pensa* não como causa, mas como efeito da estrutura. A assunção da tese antissubstancialista lhe permite propor que não há nos seres propriedades intrínsecas (essências) que lhe deem substância e que as magnitudes devem ser definidas pelas relações que estabelecem, fazendo com que se rompa com qualquer proposta evolucionista aplicada à psicanálise, apontando que o estatuto do inconsciente não é ôntico e sim ético (Lacan, 1964/1979).

Importante não esquecer que o sujeito do inconsciente, enquanto dessubstancializado, só pode aparecer como efeito de significação entre S_1 e S_2, em que um significante representa o sujeito para outro significante. Assim, se um significante não pode significar a si mesmo (Lacan, 1960/1998: 833), podemos inferir que aqui, de modo diferente das perspectivas ontológicas, assentadas no ser, o que se produz é uma falta-a-ser, constitutiva do sujeito.

Essa falta-a-ser constitutiva não nos apresenta a consistência de um sujeito uno, indivíduo único e isolado que se definiria a partir de si mesmo, pois faz com que o sujeito se constitua a partir de uma falta. Esse elemento estrutural, o objeto *a* – em torno do qual o sujeito de constitui em uma relação de exterioridade –, é a presença de uma ausência para onde vão convergir os esforços do sujeito em se significar. Uma ausência que, marcada por uma positividade – o objeto *a* –, faz a estrutura se mover: eis a lei do desejo.

Assim, se o sujeito barrado é uma imposição da estrutura, ele é efeito da cadeia significante. Se este não existe *per si*, não tendo substância, o sujeito só aparece nos efeitos, naquilo que na cadeia se mostra como irregularidades, dissimetrias, tropeços (Miller, 1994: 102), apontando-nos que o mal-entendido é estrutural.

A estrutura que nos interessa não é psicológica, nem orgânica, tampouco é um puro empirismo. E, se ela guarda algum ranço da ideia de essência, é por uma leitura equivocada do que seja a estrutura em psicanálise. A fenomenologia decanta o fenômeno, na chamada redução fenomenológica, até chegar à essência do ser. Lacan não faz fenomenologia, ele não trata do ser, mas do sujeito na relação com o objeto que falta e que, justamente porque falta, constitui o sujeito.

Tratamos assim de algo diferente do que, tradicionalmente, se entende como campo psicológico, definido na pura interioridade ou na interpessoalidade. A estrutura com a qual lidamos é relacional pela lógica que se estabelece entre os significantes e não entre as pessoas; ela também não é uma representação do mundo interno, já que ocupa o espaço de uma maneira plástica, topológica, não havendo lugar para o clássico dualismo interno e externo na estrutura de linguagem.

No diagnóstico estrutural o fenômeno é o discurso. Os ditos do sujeito são tomados como efeitos de estrutura e, a partir deles, vai ser possível construir as leis que regem a lógica significante de cada sujeito, apontando para sua posição subjetiva.

Ao tomar a noção de estrutura, aplicando-a ao campo clínico, Lacan oferece uma visada borromeana do ato diagnóstico, demonstrando que nele se presentificam dimensões reais, simbólicas e imaginárias. Assim, como coloca Vieira (2001: 174): "Ao promover a noção de estrutura Lacan desloca o diagnóstico do horizonte imaginário onde proliferam os catálogos e as classificações e nos transporta para seus pontos de sustentação simbólicos, o que permite uma certa aproximação do real".

Assim, o diagnóstico estrutural, que tem por base Freud, vai tomar com Lacan a forma de um compromisso ético do analista diante do inconsciente e da sua lógica significante, inaugurando uma nova concepção de causalidade e de temporalidade. Mas como essa concepção se manifesta nos diversos momentos do ensino de Lacan? Não produziriam esses diferentes tempos de seu ensino e de sua elaboração teórica novos mal-entendidos?

O DIAGNÓSTICO NOS DIVERSOS MOMENTOS DO ENSINO DE LACAN: DE NOVO, O MAL-ENTENDIDO

O percurso pela obra de Lacan nos permite dizer que os desdobramentos de seu ensino vão lhe permitindo, cada vez mais, recortar aquilo que é a estrutura do sujeito, possibilitando que o diagnóstico seja entendido não como a categorização de tipos psicológicos, mas como um ato de nomeação da singularidade. Assim, até os anos 60 do século passado, Lacan se empenha em extrair dos tipos descritivos da psiquiatria clássica a estrutura do sujeito. Busca cernir no discurso de cada analisando o modo pelo qual lida com a castração. Nesse tempo, articulando as categorias psiquiátricas à descoberta freudiana e, consequentemente, trabalhando com uma concepção de estruturação do psiquismo que tem como centro o registro simbólico, compreende que a neurose e a psicose se diferenciariam a partir dos mecanismos psíquicos propostos por Freud: na neurose, teríamos o recalque e na psicose, a foraclusão, sendo a foraclusão compreendida como um déficit no simbólico que acarretaria consequências na estruturação subjetiva.

Mas essas primeiras formulações não o satisfazem de todo. Afinal, se a inscrição do sujeito na cadeia, pela falta de um significante que dê conta dele mesmo, aponta para a intersecção da estrutura da linguagem com a estrutura da palavra – o S(Ⱥ), apontando também para a falta de um significante no Outro –, fica evidente que a estrutura não é completa. Incompletude estrutural que, mais do que dizer que no Outro falta algo, aponta para sua inconsistência. A radicalidade dessas ideias conduz Lacan a trabalhar, a partir dos anos 70 do século passado, com a ideia de que a foraclusão é um dado de estrutura e está colocada para todos. Já não se trata mais da foraclusão do Nome-do-Pai, mas, sim, da foraclusão na linguagem.

O que se evidencia no último ensino de Lacan é que não há sentido prévio na linguagem, o que há é pura contingência e é no uso da língua, tomada como objeto, que os sentidos se produzem. Dessa forma, o Nome-do-Pai deixa de ser o operador por excelência, a amarração dos três registros – real, simbólico e imaginário. Como consequência radical, evidencia-

-se o mal-entendido presente nas compreensões que tomavam a distinção entre neurose e psicose como algo da ordem de um déficit, mal-entendido que a tomada do Nome-do-Pai como o operador da amarração contribuía para sustentar.

Ao fazer uso da topologia, Lacan vai situar que existem modos de amarração dos três registros que, mais do que diferenças marcantes, apontam para gradações dessa amarração. O Nome-do-Pai se pluraliza, o que implica situar o mito edípico, assim como o delírio ou o fetiche, como formas de, na linguagem, dar conta do insuportável da castração.

Baseada na teoria dos nós, a clínica borromeana sustenta uma relação ao compromisso estrutural do sujeito com a linguagem, nela não cabendo a ideia de que na psicose haveria um déficit no simbólico. A referência às três categorias clínicas – neurose, psicose e perversão – fica então relativizada, o que redunda em consequências na clínica da psicose, bem como no seu diagnóstico.

Importante destacar que a clínica borromeana não deve ser entendida como em oposição à primeira e sim em uma relação de atravessamento. Entendemos que a primeira clínica não se apaga diante da segunda; afinal, neurose e psicose são pontos que marcam as extremidades de um necessário balizamento teórico e o sujeito vai se situar em um ponto qualquer entre essas extremidades. Mas destacamos que essa última visada enriquece nossa prática clínica, uma vez que permite que possamos entender as formas, cada vez mais singulares, das quais se revestem os sintomas na atualidade. E mais: parece-nos que, de alguma forma, essa segunda clínica atende ao ensinamento repassado por Charcot e tantas vezes repetido por Freud: "teoria é bom, mas não impede o real da clínica de existir".

Dissemos há pouco que a clínica psicanalítica, especialmente a partir de Lacan, possibilita que o diagnóstico seja concebido não como a categorização de tipos psicológicos, mas como um ato de nomeação da singularidade de cada sujeito. Mas a que serve essa nomeação? Para que serviriam termos como neurótico, psicótico ou perverso, se o que uma psicanálise visa é a singularidade? Não promoveria essa nomeação um certo mal-entendido?

A QUE SERVE A NOMEAÇÃO, A NOVOS MAL-ENTENDIDOS?

Se não desejamos fazer da clínica psicanalítica um novo "jardim das espécies", a que serve a nomeação diagnóstica? Que razões nos conduzem a insistir em dispor de uma nomenclatura herdada da psiquiatria clássica?

Uma primeira razão para a manutenção da nomenclatura poderia ser encontrada na necessidade de transmissão. Necessitamos, para que haja psicanálise no mundo, falarmos de seus efeitos para este mundo; mas não podemos esquecer que falar sobre um analisando em público, apesar de todas as precauções que se possa tomar, é transformar um sujeito em um caso, o que pode ser de grande valor para a psicanálise em extensão, mas traz questões para a intensão... Outra justificativa poderia ser a de nos possibilitar construir uma ideia quanto ao estilo do analisante, o que conferiria ao analista um certo poder de antecipação. Razão problemática porque a experiência nos ensina que quanto mais delimitamos o eu através de nomes, títulos e outros revestimentos imaginários mais ocultamos o real do desejo inominável que circula entre os significantes mestres de um sujeito... E um terceiro motivo seria que a nomeação diagnóstica nos fornece as coordenadas necessárias para a direção do tratamento. Mais um problema, pois fixar os contornos do eu equivale a aprisionar/foracluir o sujeito e apagar o desejo. Como considerar uma ação que tira suas coordenadas deste tipo de saber, se desenrolando no âmbito do *automaton* significante e eliminando o real, o acaso, a *tyché*? Não caminharia essa suposta ação em uma direção oposta ao ato, que promove o desejo pela subversão de suas coordenadas significantes? Verificamos, assim, a partir do mal-entendido que provocam, o quanto nossas razões tocam em um ponto de impossível, próprio ao nosso ofício, ilustrando o que Freud já havia antevisto quando apontara a psicanálise como uma das profissões impossíveis.

Parece-nos que a nomeação do fenômeno tem uma vertente imaginária, simbólica e real. Imaginária, pois confere uma roupagem ao sujeito, simbólica, pois o torna distinto, e real, porque toca no circuito de seu gozo.

Seus efeitos relacionam-se a este vislumbre do real que poderá conduzir a uma nova maneira de dar sentido ao sintoma que, de maldito, talvez possa se tornar bendito.

Importante ter claro que não há diagnóstico psicanalítico que se sustente sobre *a priori* e que se dê fora da situação transferencial. Os fenômenos só ganham sentido uma vez materializada a estrutura, que é única e que só pode ser reconstruída pelo trabalho de elaboração da análise. O diagnóstico tem, assim, valor de interpretação, entendendo-se a interpretação como uma nomeação que, ao invés de fixar o sujeito, descentra o eu.

Existe algo no significante que tem o valor de letra. Letra que fixa o gozo e faz gozar, sem sentido, e é isto que visamos na interpretação. Há um ato do analista que introduz o ato do analisante. Este, em seu percurso de saída da prisão imaginária, encontra-se às voltas com seus significantes, com seus objetos, com a sua fantasia... e, nos volteios da repetição significante, poderá encontrar a porta de abertura para o real, para o *non-sense* que o liberta de sua prisão imaginária.

O diagnóstico nomeia um ponto em que a estrutura se abre ao real e ele só nos interessa se opera dessa forma, precedendo e sustentando as coordenadas do ato. Ato a partir do qual o sujeito poderá se situar na fantasia, libertando-se, até certo ponto, de seu peso imaginário. Efeitos da *Durcharbeitung*, trabalho que por sua aproximação com o real traz consequências tanto para o analisante, quanto para o analista. Efeitos decorrentes de um tempo que atende à lógica do *Nachtraglichkeit*. Um tempo aberto, materializado nos tempos de silêncio, da fala e do sonho. Um tempo musical, promotor de transferências, de passagens que transpõem os acontecimentos para seus tempos psíquicos, no ritmo em que ressoam entre espaço e tempo, entre linguagem e pulsão em combinações inesperadas.

REFERÊNCIAS BIBLIOGRÁFICAS

DELEUZE, G. (1973/1982). Em que se pode reconhecer o estruturalismo? *In*: Châtelet, F (dir.). *História da filosofia – ideias e doutrinas: o século XX*. Rio de Janeiro: Zahar.

FIGUEIREDO, A. C. & MACHADO, O. M. R. (2000). O diagnóstico em psicanálise: do fenômeno à estrutura. In: *Revista Ágora: estudos em teoria psicanalítica*. Rio de Janeiro: UFRJ/Campus/Contracapa, III(2), 65-86.

FREUD, S. (1895/1977). Estudos sobre a histeria. *Edição standard das obras psicológicas completas de Sigmund Freud, ESB*, v. II. Rio de Janeiro: Imago.

————. (1925/1977). Um estudo autobiográfico. *Edição standard das obras psicológicas completas de Sigmund Freud, ESB*, v. XX. Rio de Janeiro: Imago.

LACAN, J. (1960/1998). Subversão do sujeito e dialética do desejo no inconsciente freudiano. *Escritos.* Rio de Janeiro, Jorge Zahar.

————. (1955-1956/1985). *O seminário, livro 3: as psicoses.* Rio de Janeiro: Jorge Zahar.

————. (1958/1998). De uma questão preliminar a todo tratamento possível da psicose. *Escritos.* Rio de Janeiro: Jorge Zahar.

————. (1964/1979). *O seminário, livro 11: os quatro conceitos fundamentais da psicanálise.* Rio de Janeiro: Jorge Zahar.

MILLER, J.-A. (1994). *Matemas II.* Buenos Aires: Manantial.

MILLER, J.-A.; HENRY, F. & JOLIBOIS, M. (1997/1998). *Os casos raros, inclassificáveis, da clínica psicanalítica – A conversação de Arcachon.* São Paulo: Agalma, Biblioteca Freudiana Brasileira.

PEREZ, L. M. F. (2006). Qual é a lógica do tempo lógico? *In*: JORGE, M. A. C. (org.). *Lacan e a formação do analista* (pp. 185-194). Rio de Janeiro: Contracapa.

VIEIRA, M. A. (1998). Entre fenômeno e estrutura: o diagnóstico em psicanálise. *In*: *VIII Encontro Brasileiro do Campo Freudiano, Rumo ao âmago da cura psicanalítica: estudos clínicos.* Salvador: EBP, pp. 205-212.

————. (1998b). O catálogo e a chave: o sujeito da ciência e o sujeito do inconsciente. *Opção Lacaniana, Revista Brasileira Internacional de Psicanálise,* 21, 84-87.

————. (2001). Dando nome aos bois, sobre o diagnóstico em psicanálise. *In*: Figueiredo, A. C. (org.). *Psicanálise – pesquisa e clínica* (1ª ed., v. 1, pp. 171-181). Rio de Janeiro: IPUB/UFRJ.

SEÇÃO III

INCIDÊNCIAS DA ESTRUTURA NA ANTROPOLOGIA, NA CIÊNCIA...

O *MANA* COMO FURO NA ESTRUTURA: MAUSS COM LACAN?

Doris Rinaldi

RESUMO

O conceito de *mana*, tal como elaborado por Marcel Mauss e retomado por Lévi-Strauss será abordado como ponto de abertura da estrutura, em uma discussão entre as concepções de estrutura formuladas por Claude Lévi-Strauss e por Jacques Lacan, seus pontos de aproximação e de afastamento.

Palavras-chave: *mana*; estrutura; significante flutuante; sujeito.

ABSTRACT

The *mana* as a hole in the structure: Mauss with Lacan?

The concept of mana, as developed by Marcel Mauss and incorporated by Lévi-Strauss, will be addressed as an open structure, in a discussion between the conceptions of the structure made by Claude Lévi-Strauss and Jacques Lacan, their points of approach and departure.

Key-words: *mana*; structure; significant floating; subject.

Focalizar o tema da estrutura no âmbito dos desdobramentos mais recentes da psicanálise lacaniana convida-nos a revisitar as origens do movimento estruturalista francês e a influência do pensamento de Claude Lévi-Strauss sobre as formulações de Jacques Lacan.

Foi em torno da afirmação da universalidade da função simbólica, que se manifesta tanto na organização social quanto em cada sujeito, pelo fato de falar e estar mergulhado na linguagem, que o próprio Lacan reconheceu sua dívida com Lévi-Strauss. A obra *As estruturas elementares do parentesco* (Lévi-Strauss, 1976), publicada originalmente em 1947, é um livro chave para Lacan, da mesma forma que o artigo "A eficácia simbólica" de 1949, no qual Lévi-Strauss traça um paralelo entre o xamanismo e a psicanálise. Enquanto no primeiro trabalho o autor freudianamente afirma a proibição do incesto como corte que separa a natureza da cultura, fundando esta última a partir das leis que regem a troca simbólica e a aliança, no segundo ele apresenta sua concepção de inconsciente como estrutura através da qual a função simbólica se exerce segundo leis válidas universalmente. Nos dois trabalhos Lévi-Strauss rende homenagens a vários mestres, em especial a Saussure e Jakobson que, no campo da linguística e da fonologia, são a fonte do movimento estruturalista.

Mas são as contribuições de outro autor homenageado por Lévi-Strauss que pretendo brevemente apresentar neste trabalho, trazendo alguns elementos para discutir o conceito de estrutura, justamente no ponto em que podemos problematizar as relações entre Lévi-Strauss e Lacan. Refiro-me a Marcel Mauss, sociólogo e etnólogo, considerado o pai da etnologia francesa, a quem Lévi-Strauss dedica um belo texto, conhecido como "Introdução à obra de Marcel Mauss", que abre os dois volumes da coletânea de suas obras intitulada *Sociologia e antropologia* (Mauss, 1974). Nas primeiras linhas deste texto, Lévi-Strauss chama atenção para o caráter singular do pensamento de Mauss, ao mesmo tempo esotérico e fecundo, tendo exercido profunda influência sobre os estudiosos de diversas áreas do conhecimento no campo das ciências sociais e humanas, desde a etnologia até a psicologia e a psicanálise. Amigo dos surrealistas, que frequentavam as suas aulas (Lanna, 2000: 174), Mauss aborda uma variedade enorme de temas em uma obra considerada pelos comentadores e por ele mesmo como *dispersa*. Diz ele:

> Não estou interessado em desenvolver teorias sistemáticas [...]. Trabalho somente meus materiais e se, ali ou acolá, aparece uma generalização válida, eu a estabeleço e passo a qualquer outra coisa. Minha preocupação principal não é elaborar uma grande esquema

> geral que cubra todo o campo – tarefa impossível – mas somente mostrar algumas dimensões do campo do qual apenas tocamos as margens [...]. Tendo trabalhado assim minhas teorias são dispersas e não sistemáticas (Mauss, *apud* Lanna, 2000: 173).

Uma preocupação central atravessa sua obra: a articulação entre grupo e indivíduo, entre psicologia e sociologia, tema ao qual dedica uma obra específica[1], mas que está presente nos estudos sobre a magia e sobre o dom e também nos trabalhos sobre as técnicas corporais, sobre a noção de pessoa e no ensaio sobre a ideia de morte. Para Lévi-Strauss, a orientação dada por Mauss à etnologia, em que enfatiza o caráter simbólico e inconsciente da vida social – ao dizer, por exemplo, que: "Na magia, como na religião, como na linguística são as ideias inconscientes que agem" (Lévi-Strauss, 1974: 19), ou ao dirigir-se aos psicólogos em 1924, definindo a vida social como "um mundo de relações simbólicas" (ibid.: 6) –, permite uma aproximação entre etnologia e psicanálise. Para Mauss há uma complementaridade entre psiquismo individual e estrutura social.

Em sua obra-prima, *Ensaio sobre a dádiva* (1974b), Mauss apresenta o conceito de "fato social total" para designar, em uma construção teórica, aquilo que põe em movimento a totalidade das instituições de uma determinada sociedade. Esse conceito, contudo, para além das abstrações, pressupõe a articulação de duas dimensões – a ordem das instituições e a ordem individual, em seus aspectos físicos e psicológicos – como duas séries que se entrecruzam. Se o social para ele tem primazia sobre o psicológico (pois considera que o sistema simbólico só pode ser coletivo), ele só se realiza, entretanto, ao ser encarnado em uma experiência concreta de uma sociedade localizada no tempo e no espaço, mas também de um indivíduo qualquer. Para Mauss, o psicológico e o social se confundem, porque todo fenômeno psicológico é também sociológico, mas em outro sentido a prova do social só pode ser psicológica, o que se aproxima da proposição de Freud em "Psicologia das massas e análise do eu" (1921/2006).

---

1 "Relações reais e práticas entre a psicologia e a sociologia" (1974 [1924]: 177-206).

Podemos pensar que o conceito de "fato social total" é uma proposta teórica de recompor o todo a partir das partes, integrando-as em sistema que, na torção que instaura entre essas duas séries, abre espaço para que se afirme que nenhuma sociedade é integralmente simbólica, ou que, mesmo no âmbito do grupo, o simbólico "nunca chega a rematar-se", como diz Lévi-Strauss (1974: 12) na introdução à obra de Mauss. Ao mesmo tempo a dádiva como fato social total é o que caracteriza a sociedade humana, porque supõe a troca simbólica que está na origem do laço social. É total no sentido de sua função, o que não significa que possa recobrir toda a face da Terra. Como diz Lacan, a função simbólica é universal, mas não genérica.

Este é um ponto importante que queremos assinalar e que dá a este magistral texto de Lévi-Strauss suscitado pela obra de Mauss uma abertura que permite um diálogo fértil com a psicanálise, que se aprofunda no relevo que dá à noção de *mana*, a que atribui um lugar central na estrutura lógica da obra de Mauss "Esboço de uma teoria geral da magia", de 1902 (1974a).

Neste texto, Mauss apresenta a noção melanésia *mana*, assim como seus congêneres presentes em outras sociedades, como *orenda*, *manitu*, *wakan*, como um aspecto da magia que foge a todo esforço intelectualista de compreensão de adultos europeus. Estranha e confusa, essa noção subentende uma massa de ideias como: poder do feiticeiro, qualidade mágica, coisa mágica, ser mágico, posse de poder mágico, ser encantado, agir magicamente.

Elencamos a seguir algumas das características que o autor atribui a esta noção. Diz ele: "É, ao mesmo tempo, uma ação, uma qualidade e um estado, condensando na mesma palavra substantivo, adjetivo e verbo" (Mauss, 1974a: 138). Apesar de ser obscura e vaga, tem um uso estranhamente determinado, sendo abstrata, mas também concreta. Em alguns lugares está associada a valor mágico, valor religioso, posição social, compondo-se por uma série de ideias instáveis que se confundem umas com as outras. Na sua estranheza e na sua heterogeneidade, "que foge à vida vulgar" (ibid.: 141), como algo misterioso e separado, Mauss distingue uma característica de todo *mana* que é "a força por excelência, a verdadeira eficácia das coisas" (ibid.: 140). O *mana* é a força do mágico:

> É a noção de uma eficácia pura, que, não obstante, é uma substância material e localizável, ao mesmo tempo que é espiritual, que age à distância e, portanto, por conexão direta, seja por contato, móvel e motora sem mover-se, impessoal e revestidora das formas pessoais, divisível e contínua (Mauss, 1974a: 146-147).

Poderíamos dizer que a noção de *mana* guarda alguma proximidade com aquilo que Freud define como *Unheimliche (*estranho/familiar)?

Mauss busca a origem desta noção em uma ordem de sentimentos, desejos e crenças e nesse ponto Lévi-Strauss não o acompanha mais. A leitura que este faz retira da definição de *mana* todos os aspectos paradoxais, toda sua estranheza para tomá-la em termos lógicos, esvaziada de sentido, como *o significante por excelência*, pura forma que, por não comportar nenhuma significação, pode receber qualquer significado. Para Lévi-Strauss, as concepções tipo *mana*, tão disseminadas como mostra Mauss, representam uma forma de pensamento universal e permanente, estando presentes também em nossa sociedade nas expressões *treco* (*truc*)[2] e *trem* (*machin*), aplicadas a objetos desconhecidos ou cuja ação desconhecemos. Existem como símbolos algébricos representando um valor indeterminado de significação, suscetível, portanto, de receber qualquer sentido. Sua função seria suprir um desvio entre significante e significado, ou melhor, apontar o fato da existência de uma inadequação entre estas duas ordens (Lévi-Strauss, 1974: 30). Do seu ponto de vista o que interessa é a lógica em jogo e o fato de que a noção de *mana* é da ordem da linguagem.

Seu pressuposto é de que a linguagem nasceu de uma só vez e que o Universo tornou-se, de um golpe só, *significativo*, mas nem por isso *conhecido*. O homem, em função da linguagem,

> dispõe desde sua origem de uma *integralidade* de significantes que o embaraça muitíssimo na aplicação a um significado *dado como tal*,

---

2 Podemos traduzir *truc* também por truque. Lévi-Strauss (1974: 30) assinala que "os etimologistas derivam-no de um termo medieval que significa golpe feliz no jogo de destreza ou azar, isto é, um dos sentidos precisos que damos ao termo indonésio em que alguns veem a origem da palavra *mana*".

> sem ser, entretanto, *conhecido*. Há sempre entre os dois uma inadequação que somente a compreensão divina pode desfazer que resulta na existência de uma superabundância de significante em relação significados aos quais ela pode aplicar-se (Lévi-Strauss, 1974: 34).

Esse excedente de significação ele reparte entre as coisas segundo as leis do pensamento simbólico. Noções tipo *mana* são o que chama de *significante flutuante*, "servidão de todo pensamento acabado (mas também a garantia de toda arte, de toda poesia, de toda invenção mística e estética)" (Lévi-Strauss, 1974: 34), ao que acrescenta: "se bem que o conhecimento científico seja capaz, senão de estancá-lo, pelo menos de discipliná-lo parcialmente" (idem).

Vemos na proposta de Lévi-Strauss, de um lado, uma concepção de estrutura simbólica como um todo integral, fechado em si mesmo, sem furo, expresso claramente por ele quando diz que o universo simbólico é uma "totalidade fechada e complementar de si mesma" (ibid.: 33). A questão se instala no seio dessa totalidade, na defasagem entre a ordem da linguagem, dos significantes disponíveis, e a ordem do conhecimento, que diz respeito à articulação entre significante e significado. Há, nesse sentido, esperança de eliminar esta inadequação pelo avanço do conhecimento.

Por sua vez, Lévi-Strauss não pode desconhecer as formulações de Mauss sobre a estranheza do *mana*, que vem chamar a atenção justamente para esta inadequação ao cavar e preencher a distância entre o significante e o significado. Ele não pode deixar de reconhecer aí, ainda que de forma bastante tímida, este furo na estrutura que é a garantia de toda arte e de toda invenção. Não poderíamos ver nisso um espaço real que se abre para o sujeito, não considerado na proposta estruturalista?

Para Lévi-Strauss, o *mana* é a expressão de uma função semântica que permite que o pensamento simbólico se exerça apesar da contradição que lhe é própria. Símbolo em estado puro, como o fonema zero de Jakobson, teria no sistema de símbolos um *valor simbólico zero*, sinal que marca a necessidade de um conteúdo simbólico suplementar cuja função é opor-se à ausência de significação, sem portar nenhuma significação particular.

Isso solucionaria logicamente as antinomias aparentemente insolúveis que feriram os etnógrafos.

Voltando a Mauss, ao levarmos em conta as suas formulações sobre o *mana*, como "eficácia pura" que exerce o papel de *cópula lógica* (Mauss, 1974a: 151), poderíamos aproximar este significante do *falo*, tal como faz Gilles Deleuze no texto "Em que se pode reconhecer o estruturalismo" (1974). Sob a noção de "casa vazia" (ibid.: 291), uma das características através das quais define o estruturalismo, este autor aproxima o *mana* na concepção de Lévi-Strauss – "o mais positivista dos estruturalistas" (ibid.: 294) – e o "objeto problemático" (*x*) que "falta ao seu lugar" – apresentado por Lacan –, mas que, por isso mesmo, faz funcionar a estrutura: o falo simbólico, ao mesmo tempo significante e objeto, distinto do falo imaginário. Para Lacan, o falo é "o significante destinado a designar, em seu conjunto, os efeitos de significado, na medida em que o significante os condiciona por sua presença de significante" (Lacan, 1958/1998: 697).

Lévi-Strauss o designa como significante grau zero. Se, inspirados em Frege, supusermos que o zero é a primeira classe da série significante, podemos pensar este significante grau zero como S_1. Ele se distingue, assim, do S (Ⱥ) que Lacan apontará como o verdadeiro furo que marca a estrutura significante uma vez que ela supõe o sujeito.

No diálogo com Lévi-Strauss, Lacan, em "Subversão do sujeito e dialética do desejo no inconsciente freudiano" (1960/1998), afasta-se do amigo ao afirmar que o Outro, enquanto tesouro dos significantes, não é uma totalidade. Ao contrário, ele é barrado e isso se escreve S (Ⱥ) para designar que não há garantias, que não há Outro do Outro. É o significante para o qual todos os outros significantes representam o sujeito. Diz ele:

> Assim, observamos realmente o que faz objeção a conferirmos a nosso significante S (Ⱥ) o sentido do *mana* ou de qualquer de seus congêneres. É que não podemos contentar-nos em articulá-lo a partir da miséria do fato social, ainda que acuado em um pretenso fato total.
>
> Sem dúvida, Lévi-Strauss, comentando Mauss, quis reconhecer nisso o efeito de um símbolo zero. Mas é antes do significante da falta

> desse símbolo zero que nos parece tratar-se em nosso caso (Lacan, 1960/1998: 835-836).

Dessa afirmação de Lacan deduzimos que ele introduz algo bastante diverso: não se trata de supor a estrutura simbólica inconsciente como incompleta, o que sugeriria a possibilidade de completá-la, mas de afirmar a que o Outro é radicalmente Outro, isto é, ele é inconsistente. O S (Ⱥ) indica este ponto em que não há cópula possível, nem sexual nem lógica, uma vez que não há Outro que responda como parceiro.

O S (Ⱥ) distingue-se, portanto, do falo simbólico que, como suporte do significante, possibilita a cópula. É o S (Ⱥ) que, para Lacan, assinala a inscrição do sujeito na estrutura, como lembra Jacques-Alain Miller no texto "S'truc dure" (1994), no qual, no título, em um jogo de palavras entre Estrutura e *Este truc dura*, reverencia o *mana* como *truc* de Mauss e Lévi-Strauss.

Mas o *truc* de Lacan vai mais além quando, no Seminário *De um Outro ao outro*, ele diz: "O S (Ⱥ) pode dizer várias coisas, inclusive a função da morte do pai. Mas, no nível radical, o da logicização de nossa experiência, o S (Ⱥ) é, exatamente, se ela está em algum lugar e é plenamente articulável, o que se chama estrutura" (Lacan, 1968-1969/ 2008: 284).

Com isso inverte radicalmente a concepção estruturalista de inconsciente como uma ordem fechada, ainda que vazia, que se resume ao conjunto de leis simbólicas, como propôs Lévi-Strauss. Ao tomar a estrutura justamente por este significante impronunciável, traço do círculo que não pode nele ser incluído, mas cuja operação se produz quando um nome próprio é pronunciado (Lacan, 1960/1998), ele aponta para a questão central do inconsciente enquanto estruturado por uma linguagem, que é a questão do sujeito.

REFERÊNCIAS BIBLIOGRÁFICAS

FREUD, S. (1919/2006). Lo ominoso (*das Unheimliche*). *Obras completas*, v. XVII. Buenos Aires: Amorrortu.

————. (1921/2006). Psicología de las masas y análisis del yo. *Obras completas*, v. XVIII. Buenos Aires: Amorrortu.

DELEUSE, G. (1974). Em que se pode reconhecer o estruturalismo. *In*: CHÂTELET, F. *História da filosofia, ideias, doutrinas, VIII – O século XX* (pp. 271-303). Rio de Janeiro: Zahar Editores.

LACAN, J. (1958/1998). A significação do falo. *Escritos*. Rio de Janeiro: Jorge Zahar Ed.

————. (1960/1998). Subversão do sujeito e dialética do desejo no inconsciente freudiano. *Escritos*. Rio de Janeiro: Jorge Zahar Ed.

————. (1968-1969/2008). *O seminário, livro 16: de um Outro ao outro*. Rio de Janeiro: Jorge Zahar.

LANNA, M. (2000). Nota sobre Marcel Mauss e o Ensaio sobre a dádiva. *Revista de Sociologia e Política*, 1, 173-194.

LÉVI-STRAUSS, C. (1974). Introdução à obra de Marcel Mauss. *In*: MAUSS, M. *Sociologia e antropologia*. São Paulo: EPU e EDUSP.

————. (1976). *As estruturas elementares do parentesco*. Petrópolis: Vozes; São Paulo: Ed. da Universidade de São Paulo.

MAUSS, M. (1974a e b). *Sociologia e antropologia*. São Paulo: EPU e EDUSP (volume I – 1974a e volume II – 1974b).

MILLER, J.-A. (1994). S'truc dure. *Matemas II*. Buenos Aires: Manancial.

Discurso do capitalista e sublimação – aproximações

Flávio Bastos
Marco Antonio Coutinho Jorge

Resumo

O presente trabalho aborda a articulação da sublimação com o real da estrutura, cotejando-a com a diferente maneira de o discurso do capitalista abordar o impossível; perpassa trabalhos de Freud que versaram sobre a sublimação e aborda esta como a vicissitude da pulsão que confere à pulsão seu verdadeiro estatuto. Conclui com a diferenciação entre sublimação e idealização a qual pode prevalecer no discurso do capitalista.

Palavras-chave: sublimação; idealização; discurso do capitalista.

Abstract

Capitalist's discourse and sublimation: some approaches

This present work reports the link between sublimation and the real in the structure, showing its difference to the capitalist discourse in the approach to the impossible; brings some of Freud's works about sublimation and approaches this one as the vicissitude that gives drive it's true statute. Ends with a differentiation between sublimation and idealization that occurs on the capitalist discourse.

Key-words: sublimation; idealization; capitalist discourse.

> *Uma única coisa faz alusão a uma possibilidade feliz de satisfação da tendência, e é a noção de sublimação.*
> (Lacan, 1959-1960/1997: 351).

ESTRUTURA E DISCURSO

O hercúleo esforço de matemização da psicanálise empreendido por Lacan em seu ensino encontra na teoria dos quatro discursos o ápice de sua formalização. E é esse mundo do matema lacaniano que "traz para a teoria seu ponto de equilíbrio em relação ao Lacan do 'inconsciente estruturado como uma linguagem'" (Jorge, 2002: 18). Tal qual o inconsciente, o laço social funda-se na linguagem, uma vez que ele é alicerçado sobre os discursos. Assim, a teoria dos discursos – fruto da própria lógica dos significantes, em que um significante é o que representa o sujeito para outro significante –, ao apresentar lugares bem demarcados em sua estrutura, permite a Lacan tecer uma abordagem original do "liame social enquanto essencialmente fundado na linguagem" (ibid.: 19).

Os matemas dos discursos, ao articularem quatro letras – S_1, S_2, $\$$, *a* – em quatro lugares diferentes – verdade, agente, outro, produção –, constituem a estrutura mínima do liame social e trazem a marca do impossível em sua estrutura, recobrindo as profissões ditas como impossíveis por Freud – psicanalisar, governar, educar –, a que Lacan acresce: fazer-se desejar.

O impossível intrínseco à estrutura do discurso denota-se no fato de que jamais a produção dá conta da verdade que o move, ou seja, é impossível ao campo da linguagem açambarcar o campo do gozo. Algo sempre escapa à operação de representação que o significante promove: o objeto *a*. Essa impossibilidade, decorrente do real da estrutura, e suportada pela sublimação, o discurso do capitalista tenta eliminar, baseando-se em um engodo. Pretende-se desenvolver adiante essa articulação da sublimação com o real da estrutura.

O conceito de sublimação na obra de Freud

Freud, apesar de não ter chegado a sistematizar o conceito de sublimação, dedicando-lhe um artigo específico – ainda que tenha intencionado fazê-lo, pois um de seus artigos metapsicológicos versaria sobre o tema –, aborda a sublimação em diferentes passagens de sua obra. Em seus "Três ensaios sobre a teoria da sexualidade" (1905), apresenta a primeira definição do termo, relacionando-o à atividade humana específica que não possui relação aparente com a sexualidade, apesar de extrair sua força da pulsão sexual.

Em "Pulsões e suas vicissitudes" (1915), a sublimação é elencada dentre as vicissitudes da pulsão, junto ao recalque, à reversão em seu oposto e ao retorno em direção ao eu, e, em 1923, Freud refere-se à sublimação – em um curto verbete sobre "a teoria da libido" publicado sob o título "Dois verbetes de enciclopédia" – como a vicissitude mais importante da pulsão, ainda que, posteriormente, em "O mal-estar na civilização" (1930), venha a afirmar que sua intensidade se revela muito tênue, pois incapaz de convulsionar nosso ser físico. Dessa maneira, certa dose de satisfação sexual direta sempre se fará necessária, pois é impossível sublimar toda a libido.

Em "Sobre o narcisismo: uma introdução" (1914), Freud destaca a frequente confusão entre idealização e sublimação, lembrando que, muito ao contrário de aproximarem-se, os dois processos divergem em questões fundamentais: uma elevada idealização é, inclusive, um obstáculo à sublimação, pois, diferentemente desta, aquela favorece o recalque. Esse texto tem fundamental importância já que, com o surgimento da segunda tópica – que para Lacan (1959-1960/1997) ocorre a partir do texto sobre o narcisismo – Freud acrescenta ao conceito de sublimação a ideia de dessexualização (Roudinesco & Plon, 1998).

Ainda que não seja nosso objetivo imediato, não podemos deixar de sublinhar a dinâmica da sublimação que Freud apresenta em "O eu e o isso" (1923) a partir da noção de dessexualização. Freud fala da energia do eu como libido dessexualizada e passível de ser deslocada para atividades não sexuais, tornando a sublimação dependente da dimensão narcísica do eu (Roudinesco & Plon, 1998). Isto é, na dinâmica da sublimação o eu está definitivamente inserido no processo, implicando o abandono do objetivo sexual: "a transformação [de libido erótica] em libido do eu naturalmente envolve um abandono de objetivos sexuais, uma dessexualização" (Freud, 1923/1996: 58).

A SUBLIMAÇÃO: O VERDADEIRO ESTATUTO DA PULSÃO

De acordo com Roudinesco e Plon (1998: 734), o termo sublimação *deriva* "das belas-artes (sublime), da química (sublimar) e da psicologia (subliminar), para designar, ora uma elevação do senso estético, ora uma passagem do estado sólido para o estado gasoso, ora, ainda, um mais-além da consciência".

Jorge (2000) assinala que o termo sublimação remonta ao latino *sublimis*, o que se eleva e se mantém no ar. Assim, pode-se pensar que sublimação remete a uma suspensão: a algo que se suspende e, uma vez suspenso, sustenta-se no ar.

O processo sublimatório evidenciaria o impossível em jogo na satisfação pulsional, conferindo à pulsão seu verdadeiro estatuto (Jorge, 2000). Se a pulsão volta-se a *das Ding* (a Coisa) almejando o gozo mortífero, a sublimação, prescindindo do recalque, também dirige-se ao impossível. Dito de outra forma: se há uma impossibilidade inerente à pulsão de alcançar a satisfação absoluta – o que representaria o gozo do aniquilamento –, essa impossibilidade não só não é negada pela sublimação (como o recalque faz) como é *sustentada* por esta.

O recalque e a sublimação, enquanto vicissitudes psíquicas da pulsão – defesas contra a satisfação direta e corporal – têm diferentes formas de abordar o sexual: o primeiro mantém-no como referência, rebaixando-o ao nível do proibido, a segunda suporta sua dimensão de impossibilidade: não há relação sexual. A sublimação delineia-se, assim, tal qual assevera Jorge (2000), como conceito imprescindível à teoria psicanalítica, pois é uma consequência lógica do fundamento da teoria das pulsões.

Se, conforme dissemos anteriormente, a sublimação dá o verdadeiro estatuto da pulsão, Clarice Lispector parece ilustrar a essência do processo de sublimação:

> eu disse uma vez que escrever é uma maldição. Não me lembro por que exatamente eu o disse, e com sinceridade. Hoje repito: é uma maldição, mas uma maldição que salva. [...] Salva a alma presa, salva a pessoa que se sente inútil, salva o dia que se vive e que nunca se entende a menos que se escreva. Escrever é procurar entender, é procurar reproduzir o irreproduzível, é sentir até o último fim o sentimento que permaneceria apenas vago e sufocador. Escrever é também abençoar uma vida que não foi abençoada. Que pena que só sei escrever quando espontaneamente a "coisa" vem (Lispector, 2004)[1].

De forma simples, a autora consegue demonstrar a maldição em jogo no processo sublimatório: a aproximação a *das Ding*; maldição que, entretanto, é a única possibilidade de salvação, ao aproximar o sujeito do desejo e da ética que lhe é própria. Ainda assim, a maldição de escrever, tentar "reproduzir o irreproduzível", tal como já supunha Freud, não pode ser prescrita pelo analista, uma vez que só acontece espontaneamente, tal é a "espontaneidade" da Coisa.

Levando adiante suas reflexões acerca da intrincada imbricação entre sublimação e pulsão de morte, Jorge (2000: 155) interroga: "incidindo precisamente sobre a vertente mais radical da pulsão, ou seja, sua vertente de pulsão de morte, a sublimação não restitui à pulsão seu verdadeiro estatuto de pulsão de morte?". Se o campo que a pulsão – em seu radical estatuto de pulsão de morte – apresenta é o da morte enquanto gozo absoluto, como frequentá-lo sem ser levado à aniquilação? Parece-nos que a sublimação se apresenta então como resposta, como a possibilidade de aproximação do campo da morte em vida.

---

1 Clarice Lispector, Escrever (II), publicação: 14 de setembro de 1968. Em *Aprendendo a viver*.

A sublimação seria, assim, a vicissitude da pulsão que permite suportar o *mais além* presentificado em seu horizonte. A possibilidade de antevê-lo sem ser dragado por seu viés mortífero. O movimento elevatório do objeto à dignidade da Coisa é correlativo à transposição do objeto do campo do sexual, para mais além desse, sem implicar em aniquilamento. Ela consiste em um salutar distanciamento e aproximação que se estabelece em relação à Coisa, permitindo a criação *ex nihilo*, ao invés de sucumbir ao caráter mortífero contido em seu âmago.

Se há uma impossibilidade de satisfação em jogo na pulsão, a sublimação suporta-a, condição para que a Coisa seja protegida da degradação e mantida no alto de sua dignidade – inalcançável. Há aí uma escolha ética, pois a tentativa de tornar a Coisa acessível produz-se ao preço de degradá-la, tomando-a por um mero objeto – tal qual parece fazer o discurso do capitalista.

CLARICE LISPECTOR: UM TESTEMUNHO DO INCONSCIENTE

A sublimação reproduz o ato de engendramento do simbólico através do qual o significante funda a Coisa. Ao fazê-lo, percorre o mesmo caminho de criação do vazio realizado pela pulsão, contornando o objeto faltoso. Tal qual o vaso cria o vazio a partir do qual a ideia de completude pode emergir, a sublimação reprodu-lo em cada criação que engendra[2].

A leitura da intercessão entre os três registros lacanianos do real, simbólico e imaginário, permite a Jorge (2000: 157) apontar o lugar da obra de arte como "construção simbólico-imaginária que visa apontar para o real, ou, dito de outro modo, uma construção que visa, de dentro do campo do representável, apontar para o irrepresentável". Essa formulação decorre da definição que Lacan concebe para afirmar o movimento próprio

---

[2] Convém frisar que Freud menciona não apenas a arte como forma de sublimação, mas igualmente a ciência e a religião, pois elas são, como pondera Lacan, construções humanas ao redor de um furo, diferentes formas de posicionar-se diante dele: enquanto na religião o vazio é respeitado, na ciência ele é rejeitado. Cf. *Seminário 7*.

à sublimação: "E a fórmula mais geral que lhes dou da sublimação é esta – ela eleva um objeto [...] à dignidade da Coisa" (Lacan, 1959-1960/1997: 140-141). Desse modo, sendo a obra de arte uma construção simbólico-imaginária, o objeto desvela-se em sua face eminentemente real, qual seja, a Coisa em sua dignidade.

Magistralmente, dando-nos mostras de que os artistas antecipam o que, com muito esforço, a psicanálise tenta desvelar e entender, Clarice Lispector ensina-nos por que o ato sublimatório, ainda que remetido a *das Ding*, difere do empuxo à morte, o qual se antevê na psicose, mostrando que a criação vale enquanto ato de criar e não pela obra criada:

> a obra de arte é um ato de loucura do criador. Só que germina como não-loucura e abre caminho. É, no entanto, inútil planejar essa loucura para chegar à visão do mundo. A pré-visão desperta do sono lento da maioria dos que dormem ou da confusão dos que adivinham que alguma coisa está acontecendo ou vai acontecer. A loucura dos criadores é diferente da loucura dos que estão mentalmente doentes. Estes, entre outros motivos que desconheço, erraram no caminho da busca. São casos para médicos, enquanto os criadores se realizam com o próprio ato de loucura[3].

O próprio fato de a obra de arte apontar para o vazio da Coisa significa que ela não é a Coisa, a qual é irrepresentável. Inclusive, ao apresentar-se como objeto, a obra torna-se uma proteção à angústia que decorre da aproximação da Coisa, do confronto com o furo. Este é velado pela obra de arte que, enquanto construção simbólico-imaginária, perdura para além da vida do seu criador.

A aproximação que o artista efetua em relação ao vazio da Coisa é o que será compartilhado pelo espectador ao apreciar a obra. Tal qual aquele, este bordeja o furo, o que gera nele estranheza e, muitas vezes, angústia. A expectativa de ter seu próprio desejo convocado pela obra de arte leva o espectador a se tornar um *expectador*, à espera de ser tocado pela centelha do

---

3 Clarice Lispector. Loucura diferente, publicação: 15 de agosto de 1970. Em *Aprendendo a viver*.

sublime: "Sinto que já cheguei quase à liberdade. A ponto de não precisar mais escrever. Se eu pudesse, deixava meu lugar nesta página em branco: cheio do maior silêncio. E cada um que olhasse o espaço em branco, o encheria com seus próprios desejos[4]".

Não se trata de bordejar o furo sozinho, pois o artista leva consigo o público, uma vez que a obra de arte é, no fundo, feita por ambos, artista e público, e o olhar deste, como formula Duchamp (1977), é que parece "concluir" a obra; contudo, criar ou apreciar uma obra, talvez, seja mero subterfúgio, desculpa utilizada para que se enfrente o misterioso vazio que fascina tanto criador quanto espectador. Sutilmente, Clarice Lispector revela esta verdade que se tenta escamotear: "Vamos falar a verdade: isto aqui não é crônica coisa nenhuma. Isto é apenas. Não entra em gênero. Gêneros não me interessam mais. Interessa-me o mistério (idem)".

O artista convoca, impele e encoraja o público a enfrentar o vazio ali produzido, aproximar-se desse furo que o remete ao confronto com seu próprio furo: "Sou uma só. Antes havia uma diferença entre mim e escrever (ou não havia? Não sei). Agora mais não. Sou um ser. E deixo que você seja. Isso lhe assusta? Creio que sim. Mas vale a pena. Mesmo que doa. Dói só no começo" (idem). O fascínio da obra, que leva ao enfrentamento do vazio, doloroso no começo, como adverte-nos Clarice, é uma aproximação do inassimilável, que de outro modo desconstituiria nosso eu, nossa imagem.

Ovazio que porta a Coisa é produzido no próprio ato de criação. Não se trata de um reencontro com o objeto perdido, mas de, pela construção do objeto, produzi-lo enquanto perdido; produzir sua perda: "[...] esse objeto, não nos é dito que ele tenha sido realmente perdido. O objeto é, por sua natureza, um objeto reencontrado. Que ele tenha sido perdido é a consequência disso – mas só-depois" (Lacan, 1959-1960/1997: 149). Ou seja, o objeto torna-se perdido apenas depois de encontrado. Emana repentinamente – daí a espontaneidade quando a "Coisa vem" –, o que permite dizer que é o ato sublimatório que Picasso evoca em sua famosa frase: "eu não procuro, acho".

---

4 Clarice Lispector. Máquina escrevendo, publicação: 29 de maio de 1971. Em *Aprendendo a viver.*

Discurso do capitalista: sublimação versus idealização

O processo de sublimação é o movimento de contorno que configura um vazio que remete à Coisa. Seu valor está no próprio ato de criação do vazio e não no objeto que decorre desse processo, pois o objeto em si não vale nada: é dejeto, o resto da operação. A sublimação leva o artista à produção, a cavar a Coisa sem jamais encontrá-la. A valorização social da obra de arte, constante da própria definição do conceito de sublimação, é um aspecto incidental decorrente do reconhecimento de uma comoção provocada no público ao se lhe permitir antever o campo do mais além através da ascensão do objeto ao nível da Coisa.

Em contrapartida, a idealização é o processo de aferir valor ao que tem estatuto de dejeto, conferindo-lhe valor de troca e tornando-o um bem da cultura. Por ser um dejeto que restou da operação de bordejamento de *das Ding*, o objeto decaído obterá seu valor correlativamente à degradação da Coisa: quanto maior o valor de troca, maior o distanciamento de *das Ding*. Assim, o que está em jogo na idealização é o próprio objeto, com o consequente apagamento do vazio e da dimensão da Coisa. Aí, então, já não há mais que se falar em sublimação.

Conforme ressalta Rinaldi (1996), há uma identificação subjacente ao processo de idealização, algo que não se passa no ato sublimatório. A idealização promove uma identificação com o objeto que preencheria o vazio. Isso é patente na contemporaneidade ao observar-se as propagandas publicitárias, que pretendem promover uma identificação do sujeito com a imagem veiculada, tal qual o processo descrito por Freud em 1923: o eu investe libidinalmente a imagem midiática e o consumo do objeto pretende transformar o eu, tentando apagar a dimensão da Coisa e almejando não haver perda.

A perda de gozo correlata ao desaparecimento da possibilidade de um Bem Supremo é o preço que o sujeito falante paga para poder aceder ao desejo. Essa perda, a partir da qual a sublimação opera, está em jogo no mal-estar que Freud postulava como onipresente na cultura. Daí Freud ponderar que não é possível sublimar toda a pulsão: não há como haver perda total de gozo, pois um mínimo deste é necessário para mover o maquinário (Freud, 1909/1996).

O discurso do capitalista parece propor a realização do movimento contrário à sublimação: ele tenta engendrar a ideia de que não há perda, pretende fazer crer que é possível gozar ininterruptamente, promovendo assim outra forma de mal-estar, tributária do excesso de gozo. O capitalismo propõe erigir um Bem nos bens, o que se observa no movimento de aquisição e acumulação de mercadorias, na tentativa de recuperar o gozo perdido. Ele promove uma ética avessa à da psicanálise: se a psicanálise propõe que não há um Bem Supremo, tendo sua ética pautada pelo desejo, o capitalismo propõe uma ética dos bens, os bens de capital.

Dessa forma, o discurso do capitalista promove através de um objeto fálico a busca de um gozo absoluto que seria próprio ao campo de *das Ding,* operando uma degradação da Coisa ao nível dos objetos, que pululam no mercado. Ele promove a ilusão de que o gozo absoluto é encontrado no objeto idealizado, quando, na verdade, este não porta senão um gozo fálico, por isso parcial (Jorge, 2003). Nessa medida, ao pretender produzir uma satisfação absoluta, o objeto passa a tamponar o vazio.

A cultura contemporânea torna-se uma "cultura de satisfação total", promove um apelo ao objeto para que ele garanta uma imagem, um sentido, uma completude ao sujeito, o que é notório nas propagandas publicitárias, as quais promovem sempre, com a venda do objeto, a aquisição de uma imagem: "Ou você tem *stylus,* ou você não tem nada"[5]. Tratar-se-ia de uma cultura engodada com a falsa promessa de encontrar-se a Coisa nos objetos por meio da idealização?

Por ser um produto da atividade sublimatória – consequentemente, não pretendendo escamotear a falta –, a obra de arte torna-se perene – ainda que outras obras surjam –, pois ela porta consigo a dimensão da inacessibilidade do objeto. Por sua vez, ao tamponar falsamente a falta, o objeto idealizado deve logo ser substituído por outro,

---

[5] Propaganda de um automóvel cujo nome fantasia é "Stylus".

sob a desculpa do "mais moderno e avançado", já que a acessibilidade do objeto – a infinitas prestações – permite que seu logro seja rapidamente desbaratado.

Ao promover a degradação de *das Ding* ao nível dos objetos, tomando-os pela Coisa – a qual se dissipa nas mais diversas mercadorias (carros, *laptops*, celulares, *mp3s*, *ipads* etc) –, o discurso do capitalista mostra que mantém apenas objetos fálicos no horizonte da pulsão. Num movimento contrário à sublimação, ele apaga sua dimensão mais-além, ao fazer o sujeito crer ter encontrado o objeto perdido. Sem conseguir abrir mão do gozo fálico, o sujeito neste se consome e é por este consumido.

A partir dessa reflexão, poder-se-ia retomar a menção de Freud – feita em nota de rodapé, nos "Três ensaios", quanto à valorização da tendência pelos antigos e do objeto pelo homem contemporâneo –, segundo a qual, na Antiguidade a pulsão teria tido prevalência, pois privilegiava-se o movimento. Isso permite inferir que, sendo o vazio melhor suportado e contornado, a sublimação era a vicissitude mais importante da pulsão. Em contrapartida, na cultura atual, o movimento sublimatório perde espaço em detrimento da valorização do objeto, que é prevalente. A atualidade parece propor o preenchimento do vazio com a substância mesma da matéria do objeto, que é o que se passa com a idealização.

Dá-se um verdadeiro empuxo ao gozo fálico, do qual decorre uma insatisfação disseminada: se o máximo de gozo possível é aquele obtido na mercadoria, não havendo nada para além do objeto, mas, ainda assim, o sujeito encontra-se insatisfeito, aprisionado em um círculo vicioso de demanda, o que mais esperar quando não há nada além? Talvez, o recrudescimento da religião, que se observa na atualidade, seja tributário da tentativa de reintroduzir a dimensão de um mais-além do objeto, que parece ter-se rarefeito bastante no mundo contemporâneo. Dessa forma, se a sublimação eleva o objeto ao estatuto da Coisa, o discurso do capitalista degrada a Coisa ao nível do objeto, o que caracteriza esse discurso como antissublimatório, por um lado *encenando* uma aproximação a *das Ding* e, por outro, paradoxalmente, dela se afastando.

REFERÊNCIAS BIBLIOGRÁFICAS

DUCHAMP, M. (1977). *Ingénieur du temps perdu*. Paris: Belfond.

FREUD, S. (1905/1996). Três ensaios sobre a teoria da sexualidade. *Edição standard brasileira das obras completas de Sigmund Freud*, v. VII. Rio de Janeiro: Imago.

————. (1909/1996). Cinco lições de psicanálise. *Edição standard brasileira das obras completas de Sigmund Freud*, v. XI. Rio de Janeiro: Imago.

————. (1914/1996). Sobre o narcisismo: uma introdução. *Edição standard brasileira das obras completas de Sigmund Freud*, v. XIV. Rio de Janeiro: Imago.

————. (1915/1996). Os instintos e suas vicissitudes. *Edição standard brasileira das obras completas de Sigmund Freud*, v. XIV. Rio de Janeiro: Imago.

————. (1923/1996). Dois verbetes de enciclopédia. *Edição standard brasileira das obras completas de Sigmund Freud*, v. XVIII. Rio de Janeiro: Imago.

————. (1923/1996). O ego e o id. *Edição standard brasileira das obras completas de Sigmund Freud*, v. XIX. Rio de Janeiro: Imago.

————. (1930/1996). O mal-estar na civilização. *Edição standard brasileira das obras completas de Sigmund Freud*, v. XXI. Rio de Janeiro: Imago.

JORGE, M. A. C. (2000). *Fundamentos da psicanálise de Freud a Lacan. v. 1: as bases conceituais*. Rio de Janeiro: Jorge Zahar.

————. (2002). Discurso e liame social: apontamentos sobre a teoria lacaniana dos quatro discursos. *In*: RINALDI, D. & JORGE, M. A. C. (orgs.). *Saber, verdade e gozo: leituras de O Seminário, livro 17 de Jacques Lacan* (pp. 17-32). Rio de Janeiro: Rios Ambiciosos.

————. (2003). A pulsão de morte. *Estudos de psicanálise*, 26, 23-40. Belo Horizonte.

————. (2008). O amor é o que vem em suplência à inexistência. *In*: ALBERTI, S. (org.). *A sexualidade na aurora do século XXI* (pp. 237-251). Rio de Janeiro: Cia. de Freud: CAPES.

LACAN, J. (1959-1960/1997). *O seminário, livro 7: a ética da psicanálise*. Rio de Janeiro: Jorge Zahar.

————. (1969-1970/1992). *O seminário, livro 17: o avesso da psicanálise*. Rio de Janeiro: Jorge Zahar.

LISPECTOR, C. (2004). *Aprendendo a viver*. Rio de Janeiro: Rocco.

RINALDI, D. (1996). *A ética da diferença: um debate entre psicanálise e antropologia*. Rio de Janeiro: Jorge Zahar.

ROUDINESCO, E. & PLON, M. (1998). *Dicionário de psicanálise*. Rio de Janeiro: Jorge Zahar.

Considerações sobre o método estruturalista a partir de Lévi-Strauss

Luciana Francischetti Piza
Adriana Assumpção Bastos
Bruna Americano

RESUMO

Este trabalho visa verificar de que forma o estruturalismo se pretende um método em acordo com os ideais da ciência moderna, tendo, entretanto, como objeto o humano – objeto não natural, que depende da noção de cultura. Desse modo, indagamos: como o método estruturalista poderia atribuir cientificidade às ciências para as quais não caberia o método hipotético- dedutivo?

Tanto Pouillon como Milner apontam a obra de Lévi-Strauss, principalmente aquela que trata das relações de parentesco, como exemplo da estrutura de sintaxe que permite uma abordagem em que o objeto é enxuto de suas qualidades. Dessa forma, tomamos como referência a obra de Lévi-Strauss para pensarmos o método estruturalista como uma alternativa ao método hipotético-dedutivo – alternativa que, apesar de manter os ideais da ciência moderna, não o faz como mera adaptação ao seu objeto.

Palavras-chave: estruturalismo; ciência moderna.

Abstract

Considerations of structuralist method from Lévi-Strauss

This work aims to verify how structuralism is an intended method in accordance with the ideals of modern science, having, however, as the human subject – not natural object, it depends on the notion of culture. Thus, we ask: how the scientific method could assign structuralist science for which will not fit the hypothetical-deductive method? Both, Milner and Pouillon, point the work of Lévi-Strauss, especially that dealing with the relations of kinship, as an example of the syntax structure that allows an approach where the object is drained of its qualities. Thus, we refer back to Lévi-Strauss to think of the structuralist method as an alternative to the hypothetical-deductive method - an alternative that, while maintaining the ideals of modern science, is not a mere adaptation to its object.

Key-words: structuralism; modern science.

O *estruturalismo* é uma abordagem tributária da linguística, pois que teve origem com Ferdinand de Saussure, em seu *Curso de linguística geral* (1857-1913). Nessa obra, Saussure postula a possibilidade de se abordar toda e qualquer língua ao modo de um sistema, composto por elementos que se relacionam entre si e que só podem ser definidos a partir dessas relações. A língua passa a ser tomada como um sistema de formas e regras e é precisamente dessa noção que nasce o conceito de estrutura e, a partir dele, o método estruturalista, do qual se ocupou o etnólogo Claude Lévi-Strauss, fundador da antropologia estruturalista.

Desde a concepção do estruturalismo, o conceito de *estrutura* tornou-se um importante objeto de pesquisa para diversos estudiosos. Jean Pouillon é um deles: especialmente na obra *Problemas do estruturalismo* (1968) dedicou-se à discussão de sua definição. Nessa ocasião, apontou para a falta de rigor com que tal conceito vinha sendo tratado e creditou ao "modismo" que o estruturalismo se havia tornado, em seu ápice, a causa desse problema. Advertindo para esse aspecto, ele assevera que o estruturalismo "não se reduz à admiração exagerada que suscita e, sobretudo, que é necessário desembaraçá-lo das falsas interpretações que tal entusiasmo favorece" (Pouillon, 1968: 8).

Tomando como ponto de partida a definição de um dicionário, Pouillon especifica qual é a estrutura que não está em jogo no estruturalismo. Aproveitando-se da facilidade que a língua francesa lhe permite, ao oferecer duas palavras para o termo "estrutura", Pouillon estabelece a seguinte distinção:

> [..] uma relação é *estructurelle* quando a consideramos em seu papel determinante no interior de uma organização dada; a mesma relação é *estructurale* quando tomamos como suscetível de se realizar de muitas maneiras diferentes e igualmente determinantes em muitas organizações. "Structural" refere-se à estrutura como sintaxe, "structurelle" refere-se à estrutura como realidade (Pouillon, 1968: 17).

É justamente a definição de *estrutura como sintaxe* que permite que se fale em um método de conhecimento – método que, segundo Pouillon, permite não necessariamente resolver todos os problemas, mas abordar todos eles. A ênfase, portanto, recai sobre o método, na medida em que esse é capaz de abordar os mais diferentes conjuntos para, daí, produzir conhecimento. Tal método, então, ao se preocupar com a estrutura de sintaxe e não com a estrutura no nível de seus efeitos de realidade, está de acordo com aquilo que Jean-Claude Milner (1996) aponta como um dos desígnios perseguidos pela ciência moderna, a saber, eliminar da ciência as qualidades. Segundo Milner (1996: 75), "O estruturalismo constitui, para além dos arroubos da moda, uma figura da ciência: um momento em que se pensou que a jurisdição da ciência moderna podia e devia se estender bem além dos limites que durante muito tempo lhe haviam sido reconhecidos".

O estruturalismo se pretende um método em acordo com os ideais da ciência moderna, tendo, entretanto, como objeto o humano – objeto não natural, que depende da noção de cultura. Desse modo, indagamos: como o método estruturalista poderia atribuir cientificidade às ciências ditas do homem ou ciências sociais, tal como Lévi-Strauss as denomina, se para essas não caberia a matematização, tal como proposta pelo método inerente à ciência moderna, que visa à quantificação sobre a qual repousa seu rigor?

Para tratarmos dessa questão, torna-se necessário retomar a distinção que Milner faz, em *A obra clara: Lacan, a ciência, a filosofia* (1996), entre ciência ideal e ideal de ciência. De acordo com ele, o ideal de ciência seria aquele ponto fixado à frente, "um ponto ideal – exterior e infinitamente distante" (Milner, 1996: 30), diferente da ciência ideal, que seria a uma forma de *encarnar* o ideal. Há aqui uma correlação com as instâncias do *Ideal de eu* e *eu ideal*, propostas por Sigmund Freud, em que esse último se situa no registro do Imaginário, tal como a ciência ideal.

Ainda seguindo os passos de Milner, a matematização na ciência moderna é correlata a Galileu, cujo aforismo é: "[o grande livro do universo] está escrito em língua matemática e seus caracteres são triângulos, círculos e outras figuras geométricas" (Galileu, citado por Milner, 1996: 37). A matemática torna-se uma *exigência de precisão*.

Para pensarmos o método estruturalista, tomaremos como referência a obra de Lévi-Strauss, criador da abordagem estruturalista na análise antropológica. Seu trabalho partiu da revolução promovida pela fonologia, à qual ele atribui, frente às ciências sociais, o mesmo papel renovador que desempenhou a física nuclear para as ciências exatas. Se o método estruturalista pode ser considerado uma revolução para as ciências sociais – o que possibilita conjecturar a aquisição do estatuto de cientificidade –, isto não faz do estruturalismo uma cópia do método das ciências exatas.

O objeto do estruturalismo é do campo da cultura e não da natureza; o método estruturalista não visa a uma mera adaptação de seu objeto ao método da ciência moderna na tentativa de nela se incluir. Ao contrário, entende que a abordagem de seu objeto não pode ser a mesma que incide sobre os objetos da natureza. Donde podemos dizer que, muito embora preserve os ideais da ciência moderna, o método estruturalista não evoca o modelo da ciência ideal, ou seja, a física matematizada. Não obstante, adota o ideal de precisão, ainda que esse não mais dependa da quantificação.

Em contraposição ao naturalismo e ao biologismo, predominantes na antropologia francesa, Lévi-Strauss propõe uma reformulação que tem como disciplina-piloto a linguística, uma vez que não se pode falar de estrutura sem levá-la em conta: "[...] a linguística não é uma ciência social como as outras, mas é a que realizou maiores progressos e a única que pode reivindicar o nome de ciência e que chegou a formular um método positivo e a conhecer a natureza dos fatos submetidos à sua análise" (Lévi-Strauss, 1957/2003: 45).

As leis da linguagem são tomadas por ele como o eixo de sua tese, posto que é exatamente da linguagem que nasce a noção de estrutura. Para tanto, Lévi-Strauss recorre a Saussure e aduz:

> A lei fundamental da linguagem é esta: não há nela nada que possa residir num termo, porque os símbolos linguísticos não estão em relação com o que devem designar, dado que "a" só designa alguma coisa com o auxílio de "b", assim como "b" com o auxílio de "a", e que ambos só valem pela sua diferença recíproca, e que nenhum deles vale seja o que for senão por este complexo de diferenças eternamente negativas (Lévi-Strauss, *apud* Coelho, 1967: XVIII).

Ao levar em conta a linguística na antropologia, Lévi-Strauss propõe a criação de um método que abre mão do estudo dos fenômenos conscientes, ou seja, dos efeitos de realidade evocados por Pouillon, para dar enfoque ao estudo de sua infraestrutura inconsciente, ou melhor, daquilo que não está consciente; um método em que os termos deixam de ser tratados isoladamente como entidades independentes para serem, essencialmente, tomados em sua inter-relação, levando em conta a noção de sistema. O que importa, mais do que os termos em si, é a relação que se dá entre eles; o que se visa é à possibilidade de se formular "relações necessárias" (Lévi-Strauss, 1957/2003: 48) a partir da descoberta de leis gerais que regem o sistema, que por sua vez regem as relações entre os termos.

Lévi-Strauss supõe que as sociedades humanas chegaram a um repertório ideal de costumes e pretende encontrar em sua reconstituição a possibilidade de reduzi-los às leis inconscientes fundamentais que regem o homem. Se a linguística trabalha com a ideia de que seus termos se definem pela relação de oposição que guardam entre si, também o estruturalismo irá propor que os diferentes conjuntos aproximam-se não por sua semelhança, mas por sua diferença. Seu objeto de estudo – os termos de parentesco – consiste, assim como os fonemas, em elementos que somente adquirem significação se integrados em sistemas. Partindo desse princípio, não há o que se signifique por si mesmo; a significação é resultante das relações entre os termos do sistema – esses termos são partes de um todo e só podem ser tomados em relação a ele.

Assim, o autor propõe-se estudar uma particular relação familiar que vinha se desenvolvendo em diversas sociedades primitivas: a relação avuncular – entre tio materno e sobrinho –, relação cuja importância era até então interpretada como modo de sobrevivência do regime matrilinear. E é justamente isso que Lévi-Strauss irá interrogar.

Ele verifica, com seu estudo, que o avunculado só pode ser entendido se tomado como uma relação que faz parte de um sistema e, para que se chegue à sua estrutura, esse sistema há que ser contemplado em seu conjunto. A estrutura que, assim, se revela funda-se sobre a descoberta de que, em cada uma das gerações que compõem os quatro termos de parentesco – irmão, irmã, pai e filho –, unem-se pares (irmão-irmã, pai-filho, marido-mulher, sobrinho-tio) que acabam por se opor correlativamente, dois a dois, necessariamente em uma relação positiva e uma relação negativa. Cabe frisar que não há uma conotação qualitativa: os sinais de positivo e negativo indicam apenas pares de opostos.

Lévi-Strauss afirma que essa estrutura elementar, decorrente de relações definidas entre os quatro termos acima, é a mais simples estrutura de parentesco que pode haver, é "o verdadeiro átomo do parentesco. Não há existência que possa ser concebida ou dada fora das exigências fundamentais de sua estrutura" (Lévi-Strauss, 1957/2003: 66). Por meio do que chama de um agrupamento de ordem lógica, firma que a existência da estrutura de parentesco requer a presença dos três tipos de relações familiais, necessariamente dados nos grupos sociais humanos: uma relação de consanguinidade (germano com germana), uma relação de aliança (esposo e esposa) e uma relação de filiação (pai ou mãe com filho) e, consoante com o princípio da maior economia, essa estrutura é a que possibilita a satisfação das três relações referidas.

Prova disso, segundo ele, é o fato de o caráter primitivo e irredutível do elemento de parentesco resultar diretamente da universalidade da proibição do incesto, de modo que, nos grupos sociais humanos, um homem somente obterá uma mulher de um outro homem que, na condição de pai ou de irmão, lha ceda.

Contrariando a ideia de que o sistema de parentesco de uma sociedade é dado a partir da família biologicamente constituída, Lévi-Strauss sustenta a proposição de que, a despeito da presença da família biológica na sociedade e de seu prolongamento nela, o que confere o caráter de fato social ao parentesco não são os vínculos objetivos filiais ou consanguíneos, mas justamente aquilo está fora da natureza e que, para além dela, estabelece determinadas modalidades de aliança que constituem o real alicerce do sistema de parentesco: "o que é realmente 'elementar' não são as famílias, termos isolados, mas a relação entre estes termos. Nenhuma outra interpretação pode explicar a universalidade da proibição do incesto, da qual a relação avuncular, em seu aspecto mais geral, é somente um corolário, ora manifesto e ora disfarçado" (Lévi-Strauss, 1957/2003: 69).

Note-se que essa estrutura – que confere primazia às relações em detrimento das características intrínsecas de seus elementos – equivale à estrutura da linguagem. Falar de relação, como propõe o estruturalismo, implica, por conseguinte, falar de posição. Se buscarmos em Saussure a noção de valor, isso ficará mais claro, na medida em que o valor do elemento linguístico resulta essencialmente da posição que ocupa em relação aos outros elementos do conjunto.

A língua é tomada por Saussure como um sistema em que todos os signos são solidários, de modo que seus valores são deduzidos não de sua própria unidade, mas da relação de uns com os outros na cadeia: "Quando se diz que os valores correspondem a conceitos, subentende-se que são puramente diferenciais, definidos não positivamente por seu conteúdo, mas negativamente por suas relações com os outros termos do sistema." (Saussure, 1857-1913/2006: 136). Um signo em si não significa nada, já que não está em relação com o que deve designar; só designará alguma coisa quando se relacionar, de um determinado lugar, a outro signo que se lhe opuser. Coelho lembra que, ainda que a estrutura não exista na realidade concreta,

> é ela que define o sistema de reações e transformações possíveis dessa realidade. [...] a palavra estrutura designa não a realidade concreta, mas a lei ou conjunto de leis que delimitam e determinam as modificações possíveis dos elementos do sistema. Nesse caso, a

> estrutura é um sistema de relações, é a sintaxe das transformações possíveis (Coelho, 1967: XXV-XXVI).

Em relações recíprocas, cada elemento linguístico se relaciona com os outros de um lugar que o define e que define essas mesmas relações. Pensemos que um termo colocado no lugar de sujeito em uma oração difere radicalmente dele mesmo, se colocado em outro lugar, o de objeto, por exemplo. Daí Saussure alegar que não é por seu valor intrínseco (relação significado-significante) que os signos atuam, mas por sua posição relativa (relação entre os signos no eixo sintagmático e associativo). Não é sem razão que Barthes afirma que "a linguística é, ao lado da economia, a própria ciência da estrutura." (Barthes, citado por Coelho, 1967: 19).

Na contramão do atomismo – que tem por princípio o isolamento dos termos que, por simples justaposição, formam um conjunto –, o estruturalismo vai em busca das relações que dão aos termos por elas unidos um valor topológico num conjunto organizado. A função da proibição do incesto, pois, não é outra: "Evitar a coincidência entre as relações de parentesco e as relações de aliança. Sem essa distinção, cair-se-ia na confusão absoluta, e seria impossível a cada um de nós saber quem era e qual era a sua posição em relação aos outros. Cada um de nós diluir-se-ia na promiscuidade total". (Coelho, 1967: XLVI).

Grife-se a penúltima sentença: para que cada pessoa tenha um lugar no grupo social e desse lugar se relacione com as demais pessoas, essa posição há que ser conferida pela via da lei de proibição do incesto. Mais do que isso, é ela, a proibição do incesto, que marca a passagem da natureza à cultura, do reino animal ao reino humano.

Segundo Dosse (1992), Lévi-Strauss busca origens universais e atemporais que garantem a permanência da proibição do incesto. Encontra na proibição do incesto o comportamento inalterável, apesar da diversidade das sociedades humanas, e propõe pensar o fenômeno não em termos morais, mas sim no plano de sua positividade social. Donde Dosse conclui que é a partir do estudo da proibição do incesto que Lévi-Strauss realiza a emancipação da antropologia das ciências de natureza, colocando-a de imediato no terreno exclusivo da cultura.

Estar no terreno exclusivo da cultura impõe encontrar parâmetros com os quais se possa verificar a precisão dos resultados de seus estudos. Os ideais de precisão e mesmo de previsão são assegurados nas ciências da natureza pela matemática. Donde surge a questão: é possível estender os métodos matemáticos de precisão às ciências sociais? Se a resposta é sim, é preciso dizer como. Em caso de a resposta ser negativa, o que lhes concederia o rigor necessário para serem consideradas como ciência?

É justamente sobre o papel da matemática nas ciências sociais que se interroga Wiener, autor citado por Lévi-Strauss: será que os métodos matemáticos de precisão, capazes até mesmo de gerar máquinas eletrônicas de calcular, poderiam ser extensivos às ciências sociais? Sua resposta é não. Não seria possível uma extensão da matemática às ciências sociais, posto que estas não reuniriam as condições necessárias: primeiro, a condição de que haja haver uma interdependência entre o observador e o fenômeno observado e, segundo, a condição de que seja possível construir uma série estatística de tal abrangência que possibilitasse uma indução legítima.

Tomando as considerações deste autor como ponto de partida, Lévi-Strauss se lhes contrapõe, afirmando que "na linguística e mais particularmente na linguística estrutural – sobretudo encarada do ponto de vista da fonologia – parece que se encontram reunidas as condições que ele supõe para um estudo matemático" (Lévi-Strauss, 1957/2003: 72). Levando essa concepção adiante, ele chega a propor a tal máquina:

> Conhecidas a estrutura fonológica de uma língua qualquer e as regras que presidem ao agrupamento de consoantes e vogais, uma máquina estabeleceria facilmente a lista de combinações de fonemas que formam as palavras de *n* sílabas existentes no vocabulário e de todas as outras combinações compatíveis com a estrutura da língua, tal como teria sido definida previamente (Lévi-Strauss, 1957/2003: 73).

Podemos pensar que a contribuição da matemática vem ao encontro do objetivo de tornar as ciências sociais ciências completas, tal como a física de Newton. Lévi-Strauss (segundo Dosse, 1992: 43) afirma que a antropologia é, acima de tudo, uma ciência empírica, na medida em que o estudo empírico condiciona o acesso à estrutura.

A hipótese em que se sustenta o presente estudo, então, é de que o estruturalismo cria um método próprio, a partir da linguística, através do que Lévi-Strauss chamou de revolução fonológica (Lévi-Strauss, 1957/2003). Em que pese sua especificidade, pensamos que o método estruturalista está em acordo com os ideais da ciência moderna, seja em sua tentativa de retirar as qualidades, tanto sensíveis como práticas, de seu objeto – tal como fazem as ciências cujo objeto é natural –, seja na tentativa de manter uma literalidade, um rigor que também advém da matemática, embora não sirva aos ideais de quantificação, tal como nos esclarece Milner:

> Encontramos aqui o gesto próprio da física matematizada, talvez mesmo estritamente galileana. A qualidade não está, decerto, resumida à quantidade; ela não deixa, no entanto, de estar dissipada; ela não está, por certo, reduzida em figuras geométricas, mas se insere num quadro sobre o qual podemos determinar distâncias, proporções, simetrias [...] Estamos no direito de falar aqui de uma matematização estendida; ela se pretende rigorosa e forçada, é verdade, mas também autônoma em relação ao aparelho matemático *stricto sensu* (Milner, 1996: 77).

REFERÊNCIAS BIBLIOGRÁFICAS

COELHO, E. P. (1967). *Estruturalismo – antologia de textos teóricos*. Lisboa: Portugália.

DOSSE, F. (1992). *História do estruturalismo*, v. 1. São Paulo: Universidade do Sagrado Coração.

LÉVI-STRAUSS, C. (1957/2003). *Antropologia estrutural*. Rio de Janeiro: Tempo Brasileiro.

MILNER, J.-C. (1996). *A obra clara: Lacan, a ciência, a filosofia*. Rio de Janeiro: Jorge Zahar.

POUILLON, J. (1968). Apresentação: uma tentativa de definição. *In*: POUILLON, J. & BARBUT, M. (orgs). *Problemas do estruturalismo* (pp. 7-26). Rio de Janeiro: Jorge Zahar.

SAUSSURE, F. (2006). *Curso de linguística geral* [1857-1913]. Organizado por Charles Bally e Albert Sechehaye. São Paulo: Cultrix.

SEÇÃO IV

... E NA LITERATURA

A ESCRITA E O GOZO FEMININO EM *ÁGUA VIVA*, DE CLARICE LISPECTOR

Márcia Mello de Lima
Angela Batista

RESUMO

O artigo discute alguns pontos do livro *Água viva*, de Clarice Lispector, os quais mantêm consonância com a teoria de Lacan do segundo ensino. O texto prioriza questões vinculadas ao corpo, ao gozo feminino e à escrita como cifra de gozo. A aproximação entre a Psicanálise e a Arte serve para demonstrar como a autora produziu um *saber-fazer* com o real do corpo e com a inexistência da relação sexual.

Palavras-chave: fala e escrito; gozo feminino; Psicanálise e Arte.

ABSTRACT

The writing and the feminine enjoyment in *The stream of life*, by Clarice Lispector

This paper discusses some points extracteds of the Clarice Lispector' book, *Água viva*, that have consonance with the Lacanian's theory of the second teaching. The text privileges the questions relateds with the body, the feminine *jouissance* and the writing as a *jouissance*' cipher. The approximation between Psychoanalysis and Art serves to demonstrate as the author produced the *savoir-faire* with the real of de body and with the sexual relation that no exists.

Key-words: speech and writing; feminine *jouissance*; Psychoanalysis and Art.

Em seu livro *Água viva*, Clarice Lispector revela claramente que a dimensão da fala situa-se em uma dimensão distinta do escrito, tal como Lacan ensina em *O Seminário, livro 18: de um discurso que não fosse semblante* (Lacan, 1971a/2009: 77). Ao trabalhar em ambas as vertentes, a autora visa atingir algo incorpóreo: "Sim, quero a palavra última que também é tão primeira que já se confunde com a parte intangível do real. Ainda tenho medo de me afastar da lógica porque caio no instintivo [...]. Que mal porém tem eu me afastar da lógica? Estou lidando com a matéria prima" (Lispector, 1973/1998: 12).

Desde Freud, sabemos que a Arte se antecipa à Psicanálise na transmissão de um saber. Justamente porque o artista, ao manejar a obra, lida de forma surpreendente com o sem-sentido, denotando um *savoir-y-faire* que Lacan teoriza através do equívoco com *lalíngua*. Diz ele que existe no artista uma "*arte-dizer* [*art-dire*]" que desliza rumo ao "ardor [*ardeur*]" (1975-1976/2007: 114). O saber construído em *Água viva* não apenas deixa transparecer o saber-fazer da artista com sua arte como também constrói um saber-fazer com o real, um saber se virar com aquilo que não cessa de não se escrever.

O leitor se defronta com o ardor das rupturas e descontinuidades do texto. Para além da compreensão de uma história continuada, a autora nos detém pelo efeito de corte que produz no escrito, porque se trata de um enredo para além do sentido que a palavra contém. Esse livro magistral poderia merecer a mesma homenagem que Lacan dirigiu a Marguerite Duras, pois Clarice também parece saber sem Lacan aquilo que ele mesmo ensina (Lacan, 1965/2003: 198).

Ao longo do livro, dois significantes a movem: o "instante-já", e o "it". Pelo primeiro ela define a temporalidade do instante, ou seja, o que é apreendido no aspecto fugaz da experiência vivida, algo impronunciável. Quanto ao segundo é puro elemento corpóreo referido ao intangível que pulsa no corpo, em cuja direção Clarice deseja situar o texto. Descrevendo o "it", ela diz: "A criação me escapa. E nem quero saber tanto. Basta-me que meu coração bata no peito. Basta-me o impessoal vivo do it" (Lispector, 1973/1998: 61).

Sabemos que a fala é uma produção de gozo. No entanto, a matéria prima de Clarice em *Água viva* é o fato de ter um corpo. Em "Radiofonia"

Lacan (1970/2003: 406) se refere à existência de dois corpos: o simbólico e o incorporal. O primeiro é o corpo simbólico, ele isola o corpo do ser que nele se apoia pela via da fala que é sempre anterior à escrita. O segundo – o incorporal – é feito pelo corpo simbólico ao se incorporar no primeiro, pois "é incorporada que a estrutura faz o afeto [...] apenas a partir do que se articula no ser, só tendo ali ser de fato, por ser dito de algum lugar".

Poucos anos depois, em "Joyce, o Sintoma" (1975/2003: 561), texto contemporâneo ao seminário que ditava sobre *O sinthoma*, Lacan enfatiza de forma radical a modificação do conceito de estrutura e substitui o sujeito do inconsciente pelo conceito de falasser. Ele deixa de priorizar o aforismo "Há o Outro" – que constitui a essência do primeiro ensino calcado na teoria do significante – para se dedicar às modalidades de gozo e ao aforismo "Há um corpo", pontos privilegiados do segundo ensino. Nesse sentido, o que caracteriza o falasser é *ter um corpo* que antecede o *ser de corpo*, questão que contraria o pensamento filosófico. Acrescenta naquele mesmo seminário que "o falasser adora seu corpo porque crê que o tem. Na realidade, ele não o tem, mas seu corpo é sua única consistência, consistência mental, é claro, pois seu corpo sai fora todo instante", sem que, todavia, esse corpo se evapore (Lacan, 1975-1976/2007: 64).

Água viva esclarece que a palavra é signo de gozo, uma vez que caracteriza a dimensão do falasser de falar com o corpo, a dimensão real do sintoma como um evento corporal, como Lacan o concebe (1975/2003: 565). Várias citações de Clarice demonstram o estilo visceral desse livro e a maneira como podemos localizar ali o incorporal assinalado por Lacan. Por exemplo, quando a autora descreve a pintura: "É também com o corpo todo que pinto os meus quadros e na tela fixo o incorpóreo, eu corpo a corpo comigo mesma" (Lispector, 1973/1998: 10). Em outra passagem, afirma: "sou orgânica" (ibid.: 22). Revela inclusive a dimensão do falasser e da escrita que se torna, assim, incorpórea:

> Então escrever é o modo de quem tem a palavra como isca: a palavra pescando o que não é palavra. Quando essa não-palavra – a entrelinha – morde a isca, alguma coisa se escreveu. Uma vez que se pescou a entrelinha, poder-se-ia com alívio jogar a palavra fora. Mas aí cessa

> a analogia: a não-palavra, ao morder a isca, incorporou-a. O que salva então é escrever distraidamente (Lispector, 1973/1980: 20).

O livro cumpre a função matêmica da inexistência da relação sexual; a relação sexual não pode ser jamais escrita senão condicionada por um discurso de linguagem. Clarice reconhece o desconforto que a inexistência da relação sexual promove: "É porque não estou vivendo do único modo que existe para cada um de se viver e nem sei qual é. [...] só sei que não quero a impostura" (Lispector, 1973/1998: 40). Por isso a autora fornece ao amor a dimensão de suplência ao que não pode ser dito: "É tão difícil falar e dizer coisas que não podem ser ditas [...]. Como traduzir o silêncio do encontro real entre nós dois?" (ibid.: 49).

A FUNÇÃO DO ESCRITO E O EFEITO FEMINIZANTE DA LETRA

A dimensão da letra/carta (*lettre*) sempre esteve presente na teoria lacaniana. No Seminário dedicado ao conto "A carta roubada", de Edgar Alan Poe, Lacan (1957 [1955-1956]/1998) insere o equívoco entre carta e letra. No conto de Poe a carta se separa de seu valor de significação ultrapassando a função de transmitir uma mensagem significada. Ela importa mais pelo efeito significante que aponta sempre uma ausência. A passagem da função mensageira da carta para sua natureza de objeto indica o aspecto feminizante da carta, além de apontar uma descontinuidade no saber articulado.

Anos depois Lacan utiliza a categoria do semblante para retornar à dimensão da letra, separando dois aspectos distintos, porém interconectados: o da letra significante que promove significações e a vertente referida ao real, algo que se escreve para não se ler. Assim, lemos em "Lituraterra" (1971b/2003: 18) que o inconsciente comanda a função da letra de duas maneiras: por um lado, a que designa os efeitos dos significantes, sem ser letra primária; por outro, a letra como estrutura lógica de linguagem do ser falante, não mais e simplesmente aquela associada aos efeitos simbólicos, mas a que denota a ruptura, o número, a cifra de gozo, sem significado.

Nesse caso, a letra aproxima-se do real, tem a função de litoral entre o simbólico e o real.

Entendemos que a escrita literária tece um semblante para a relação sexual que não pode ser escrita. O significante se apoia na materialidade da letra para dizer o que não pode ser dito. Assim, destacamos que a ficção literária está associada ao sinthoma descrito por Lacan nos anos 1975-1976, sinthoma definido pela incidência do significante no corpo e que produz a singularidade do falasser em seu o modo de gozar.

No escrito de Clarice destaca-se o efeito feminizante da letra através do constante deslizamento de significações, visto que a autora não se preocupa com a via de um sentido único. O *um-a-mais* do gozo feminino se apresenta aí de forma infinita, em oposição ao gozo fálico. Por isso Clarice repete, em várias passagens de *Água viva*, algumas frases que esclarecem o gozo feminino sem borda: "O que te falo nunca é o que te falo e sim outra coisa" (1973/1998: 14). Ou então, em outro trecho: "Escrevo-te porque não me entendo" (ibid.: 27). E mais adiante: "A verdade última a gente nunca diz" (ibid.: 59).

Clarice produz um texto poético que exemplifica o gozo feminino em sua relação com o sem-sentido, com o que segue mais além das palavras transbordando a ordem significante. O gozo suplementar é o equivalente, na mulher, ao matema S (Ⱥ), ao significante da falta do Outro. Portanto, concordamos com a afirmação surpreendente da autora expressa na frase afixada na abertura da exposição em homenagem aos trinta anos de sua morte, "Clarice Lispector – A hora da estrela", realizada no Museu da Língua Portuguesa de São Paulo em 2007. A frase de Clarice dizia: "Escrever é uma maldição que salva".

Poderíamos então afirmar que a escrita de Lispector seria uma forma de frear o gozo feminino, deixando-a próxima à devastação, índice da loucura própria da mulher? Perguntamos ainda sobre a incidência desse gozo infinito, enigmático, na clínica e no laço social, pois Lacan (1972-1973/1982: 15 e 86) dirá como muita clareza, em *O Seminário, livro 20: mais, ainda*, que a mulher não-toda é uma exigência lógica da fala. A especificidade do gozo feminino em correlação com a função do escrito é constatada nesse mesmo seminário, uma vez que todo escrito parte da impossibilidade de escrever a relação sexual. Clarice Lispector afirma – na correspondência que estabelece entre o impronunciável do "instante-já" e o "it" que pulsa no corpo – que "cada coisa tem um instante em que ela é. Quero apossar-me do que é da coisa" (Lispector, 1973/1998: 9).

A singularidade da autora de *Água viva* caracteriza-se por apresentar uma fala em que os vazios são produzidos pela interrupção da coerência textual. De algum modo, o leitor é coprodutor do texto. Não obstante Clarice defina as significações do "instante-já" e do "it", cabe ao leitor significar o que se enreda para-além das palavras. Em síntese, o texto é a prova do que se enreda para além das palavras. Se Clarice nos remete ao caráter de suplência do não-todo sobre o qual repousa o gozo da mulher, a letra insiste aí no que ela tem de mais real. A autora aproxima-se de uma tensão entre o ilegível do registro da letra-cifra e o significante no registro do semblante. E isso nos causa em nossa posição de leitores, dividindo-nos entre os efeitos de furo e os efeitos de sentido. Portanto, Clarice demonstra seu *savoir-y-faire* com *lalíngua* e coloca em evidência a função da letra como borda, como litoral entre o simbólico e o real.

Nossa intenção nesse artigo é a de enlaçar a escrita ao gozo feminino para tentar pensar o caráter enigmático de gozo que se subentende em *Água viva* (Lispector, 1973/1998) – apesar de que adjetivar a escrita com o "feminina" não implique necessariamente uma escrita de mulher e sim uma escrita não-toda submetida ao registro fálico. Nesse livro verifica-se uma desconstrução, uma fragmentação da letra-significante que confirma o efeito poético em Clarice Lispector.

Ram Mandil escreveu sobre os efeitos da letra. Amparado nas referências lacanianas de "Lituraterra", indica que a rasura inclui a descontinuidade e poderia ser um estilo do "bem-escrever" no dizer de Lacan, no sentido em que a letra é rasura de "nenhum traço que lhe antecede" (Lacan, *apud* Mandil, 2003: 50). E continua Mandil: "Lacan conjuga a tentativa de encontrar a palavra que mais se aproxime daquilo que busca se expressar – a palavra mais próxima da 'coisa'" (idem). Justamente por isso podemos afirmar, com Jacques-Alain Miller (1995-1996/1996: 98), que existe uma fuga do sentido, pois "esse mais-de-significante é o que podemos chamar de efeito poético".

Os desdobramentos teóricos processados por Lacan a partir de *O Seminário 23* acarretam uma mudança no estatuto do inconsciente. Inicialmente o conceito de estrutura voltava-se para o momento simbólico da definição do inconsciente, da estrutura significante enquanto elemento articulado no triunfo da sintaxe: a estrutura aparecia nas leis da metáfora e da metonímia. Entretanto havia um resto que não se inscrevia, permanecia fora, na dimensão do real. A lógica dos discursos iniciada em *O Seminário, livro 16: de um Outro ao outro*, explorada intensamente no seminário subsequente e permutada, em *O Seminário: livro 18*, para um discurso que não fosse semblante, traz consequências.

A transmissão da letra na organização do escrito mantém relação com o gozo, conforme Lacan ensina ao longo de *O Seminário 18*, mas o significante assume a função de semblante. No Seminário 19, *... ou pire*, Lacan começa a se apoiar na lógica quântica para esclarecer a diferença sexual em sua relação ao gozo. Por isso, em *O Seminário, livro 20: mais ainda*, a estrutura da linguagem é questionada e passa a ser interpretada como uma elucubração de saber sobre *lalíngua*. Então o inconsciente passa a ser definido de maneira diferente do inconsciente-mensagem freudiano, trata-se mais, no segundo ensino de Lacan, de um saber-fazer com *lalíngua*. Encontramos o ápice desta definição no seminário *O sinthoma*, no qual a estrutura topológica dos nós demonstra o inconsciente real: uma maneira de gozo que implica o corpo e as modulações do sem-sentido de *lalíngua*. Daí o efeito poético que faz ressoar outra coisa que não o sentido.

Ao final de *Água viva* Clarice Lispector nos fornece um testemunho de sua posição de autora quando deseja transmitir o que lhe resta na dimensão do corpo que goza e do "instante-já" do escrito. Considera a felicidade suprema como um estado de graça indizível, uma espécie de transe que não se refere apenas à simples inspiração dos que lidam com a Arte. Ela aponta que o escrito se aproxima do real. "Se tenho que ser um objeto, que seja um objeto que grita [...] o que me salva é o grito" (Lispector, 1973/1998: 79). Além disso, define as descobertas indizíveis e incomunicáveis "como numa anunciação sem anjos" (ibid.: 80). Por essa razão quis tomar a felicidade eterna "por intermédio da objetivação da palavra", como se fosse "um gozo da alma", sem meditação, religiosidade ou alucinação, mas algo "à margem da beatitude" (ibid.: 81). Apesar de antever o gozo além das palavras, a autora admite que "o melhor ainda não foi escrito. O melhor está nas entrelinhas" (ibid.: 86).

A escrita de Clarice Lispector nos interessa porque nos enreda em pequenos pedaços de real onde, entre o saber e o gozo, a letra tece seus efeitos em nossa mais íntima singularidade.

REFERÊNCIAS BIBLIOGRÁFICAS

LACAN, J. (1957 [1955-1956]/1998). O seminário sobre "A carta roubada". *Escritos.* Rio de Janeiro: Jorge Zahar Ed.

———. (1965/2003). Homenagem a Marguerite Duras pelo arrebatamento de Lol V. Stein. *Outros escritos.* Rio de Janeiro: Jorge Zahar Ed.

———. (1970/2003). Radiofonia. *Outros escritos.* Rio de Janeiro: Jorge Zahar Ed.

———. (1971a/2009). *O seminário, livro 18: de um discurso que não fosse semblante.* Rio de Janeiro, Jorge Zahar Ed.

———. (1971b/2003). Lituraterra. *Outros escritos.* Rio de Janeiro: Jorge Zahar Ed.

———. (1972-1973/1982). *O seminário, livro 20: mais, ainda.* Rio de Janeiro: Zahar Ed.

———. (1975/2003). Joyce, o Sintoma. *Outros escritos.* Rio de Janeiro: Jorge Zahar Ed.

———. (1975-1976/2007). *O Seminário, livro 23: o sinthoma.* Rio de Janeiro: Jorge Zahar Ed.

LISPECTOR, C. (1973/1998). *Água viva.* Rio de Janeiro: Rocco.

MANDIL, R. (2003). *Os efeitos da letra: Lacan leitor de Joyce.* Rio de Janeiro: Contra Capa.

MILLER, J.-A. (1995-1996). O escrito na palavra. *Opção lacaniana*, 16. Revista Brasileira Internacional de Psicanálise. São Paulo: Eólia. (Originalmente *in La fuite du sens.* Seminário inédito, 6ª aula).

SOLIMANO, L. M. (2008). Sobre los bordes del silencio. *Boletim*, 13, XVII Jornadas Anuales de la Escuela de Orientación Lacaniana (EOL), *Inconsciente y sintoma.* Apostilado.

A ESTRUTURA TEXTUAL EM *DOM CASMURRO* E *HAMLET*

Geraldo Martins

RESUMO

Hamlet, como Dom Casmurro, não é, propriamente falando, neurótico, mas, antes, revelador do que é a neurose. *Hamlet* tornou-se a mais misteriosa e enigmática peça de Shakespeare. Nossa impressão é a de que *Dom Casmurro* foi esculpido com a pedra-Hamlet. A loucura de Hamlet é deslocada para o ciúme em *Dom Casmurro*. Pela via do ciúme, ele pode dialogar com o morto.

Palavras-chave: *Hamlet*; *Dom Casmurro*; desejo do Outro.

ABSTRACT

The textual structure in *Dom Casmurro* and *Hamlet*

Hamlet as well as Dom Casmurro are not, strictly speaking, neurotics but revealers of what neurosis is. Hamlet is the most mysterious and enigmatic play by Shakespeare. We have an impression that *Dom Casmurro* was carved and shaped out of the Hamlet-rock. The madness of Hamlet shifts into jealousy in *Dom Casmurro* and thus, he can talk with the dead.

Key-words: Hamlet; *Dom Casmurro*; the Other's desire.

[...] a alma é cheia de mistérios.
(Machado de Assis)

O corpo está com o rei, mas o rei não está com o corpo.
O rei é uma coisa.
(Shakespeare)

Desde a publicação de *Dom Casmurro*, a leitura que tomou corpo para o grande público foi a da traição de Capitu. Se o adultério também foi durante muito tempo motivo de pesquisas pela crítica literária e de intrigas do senso comum, tendo em vista uma analogia entre o Bentinho e o Otelo de Shakespeare, poucos são os estudos que comparam o personagem de Machado com um outro personagem de Shakespeare: Hamlet.

Ao invés de sustentarmos ser *Otelo* o grande interlocutor de *Dom Casmurro*, afirmamos que a trama fundamental deste último – o desejo desdobrado em uma dúvida – está plantada no *Hamlet*, outro texto de Shakespeare.

Hamlet, como Dom Casmurro, não é, propriamente falando, neurótico, mas, antes, revelador do que é a neurose. Ambos são, de fato, acossados pela melancolia ou pela mania. Toda a ação em *Hamlet* está centrada no momento em que o príncipe pode reintegrar seu desejo e voltar a ser um homem. Este momento está localizado na cena do cemitério, na qual o coveiro cava o túmulo de Ofélia, quando, ao ver Laertes encenar a farsa de um pesar por demais ostensivo, o próprio Hamlet sente-se atingido pelo luto. O que está em questão neste luto não é a incorporação do objeto perdido. Há nesta cena um elemento decisivo que se instaura para Hamlet. Assim, é na medida em que o objeto de seu desejo tornou-se um objeto impossível que volta a ser objeto de seu desejo.

Dom Casmurro é, também, um romance-luto no qual as lembranças ensaiam o reencontro do tempo perdido. É uma narrativa para emoldurar uma perda. A menina Capitu, num primeiro momento, é objeto de amor do narrador.

Com o aparecimento do espectro da traição e a instauração do ciúme, Capitu torna-se objeto de uma depreciação amorosa. A morte de Capitu e a de Ofélia restitui-lhes a dignidade fálica, podendo tanto Dom Casmurro como Hamlet reencontrarem seus lugares na temática do desejo obsessivo.

Promover a impossibilidade do acesso ao objeto de amor, constituindo, assim, uma barreira a ele, é a fórmula obsessiva para intervir na melancolia tão acentuada nestes dois personagens: Hamlet e Dom Casmurro.

Hamlet, como Dom Casmurro, perdeu objetos idealizados que estavam revestidos pelo campo narcísico. A melancolia destes dois personagens tem seu prelúdio em uma decepção amorosa. As duas mulheres que serão depreciadas no decorrer da narrativa – Capitu e Ofélia – foram marcadas, a princípio, pela idealização narcísica. Duas mulheres que têm o estatuto de *grande Outro*. Elas têm a dimensão de um sintoma para eles. Em Machado de Assis, isto pode ser constatado, na medida em que o narrador – Dom Casmurro – endereça a Capitu significantes que a constituem como objeto de amor; mais tarde, estes mesmos significantes a transformam em objeto depreciado.

As palavras tecidas pelo narrador concluem seu arco passando pelo Outro (Capitu), já que é no Outro que reside o que aproximamos com a expressão objeto perdido. O que o romance nos demonstra é a necessidade de as palavras girarem em torno desse objeto: elas são lançadas como projeções, explosões, vibrações, maquinarias. Por isso, encontramos uma história estruturada, construída a partir das lembranças, que velam e desvelam a verdade do narrador. É uma procura para recuperar o amor da mãe, o amor da infância com a menina Capitu, a vida com a esposa. O que ele encontra? A falta dele mesmo, fundadora do não-todo, da não-relação sexual.

Um dos significantes machadianos que enunciam esta trama do narrador é a *lacuna*. Se há *lacuna*, logo os significantes se encadeiam, giram em torno de um objeto que de saída está perdido. O que eles fazem nada mais é do que envelopar, margear, bordejar aquilo que não cessa de não se escrever: o objeto perdido.

Na peça de Shakespeare e no romance de Machado de Assis, a dúvida é uma constante. No Hamlet há uma suposta loucura, uma desrazão presente no seu tão conhecido enunciado: "ser ou não ser", culminando na sua indecisão frente ao imperativo do *Ghost*, que nada mais é do que uma ordem para o assassinato de Cláudio.

Hamlet deverá vingar a morte do seu pai, matando o tio assassino. Tudo isso está mesclado por uma dúvida cruel, que o impede de chegar a termo, fazendo com que o seu ato seja postergado. A dúvida será também a questão fundamental de Casmurro, fazendo-se às vezes passar por louco, chegando a convocar o leitor como cúmplice e até mesmo como um possível aliado para sanar sua dúvida. Fazer um semblante de louco é uma das dimensões do que se poderia chamar de *a política do herói moderno*.

Hamlet, para alguns, entre eles sua mãe, a partir da sua dúvida e dos seus atos, assemelha-se a um louco. No entanto, para outros, trata-se de um fingidor. Ele dissimula uma loucura como forma de justificar o seu pretenso ato.

No romance *Dom Casmurro*, o personagem narrativo (e narrador), enlouquecido pela dúvida, se faz passar por lúcido. Chega a ponto de fazer com que seus leitores acreditem nele. O que ele pretende com sua argumentação é nos convencer da existência de um adultério. Esta é uma leitura que foi feita inúmeras vezes. É uma leitura, a nosso ver, cúmplice do narrador e que pretende resolver a dúvida dele, concordando com a existência do adultério. Não é esta a leitura que nos interessa no presente trabalho.

A leitura que propomos, neste momento, é a de que o adultério possivelmente só existiu na fantasia do narrador. Ou, ainda, podemos dizer que independente da realidade concreta do adultério, o narrador construiu uma fantasia para sustentá-lo. Desta maneira, trata-se de uma narrativa, um romance, uma ficção para alojar uma fantasia de adultério. A consequência é o aparecimento do Outro desejante, ou seja, a mulher passa a ocupar o lugar do Outro desejante.

Freud, quando tratou do tema da fantasia, nos alertara para a construção da mesma como equivalentes a fachadas psíquicas produzidas com a finalidade de impedir o acesso às recordações.

Em *Dom Casmurro*, o menino protege-se da escolha determinante da mãe – desejo da mãe – construindo uma fantasia, virtualizando, assim, a realidade concreta. As fantasias passam a possuir realidade psíquica. Se no mundo das neuroses a realidade psíquica é a realidade decisiva, estamos diante de uma equivalência entre verdade e ficção. Logo, a verdade tem a dimensão de ficção. A partir da invenção, de uma suposta mentira, o narrador arquiteta sua ficção. Ao pretender dizer a verdade, ele a diz como invenção, como efeito de verdade. Desde já, podemos dizer que é isso que a narrativa produz: uma verdade ficcional, logo não-toda.

Só podemos, assim, dizer por que não se trata de algo restrito à psicanálise, mas também algo que pertence ao narrador quando ele afirma acerca do que narra: "sendo este livro a verdade pura".

Foi talvez por isso que Freud deu razão a Shakespeare quando este último justapôs ficção e loucura.

Hamlet tornou-se a mais misteriosa e enigmática peça de Shakespeare. Para muitos, seu interesse e valor se deu na medida em que se localizou no herói um temperamento melancólico, solitário, incompreensível e irônico que o fez modelo da literatura moderna. Nisso encontramos muitas ressonâncias com o herói machadiano. Casmurro, como Hamlet, é paradoxal, o que ele diz ou faz não corresponde ao que pensa ou quer, fazendo com que o texto desta obra seja *fachada*, discurso que não é senão semblante.

Várias leituras feitas sobre *Hamlet*, que agora podemos tomar emprestadas para *Dom Casmurro*, concentram-se em saber por que, tendo tão fortes razões para agir, ele hesita. Ambos postergam, procrastinam o ato. Casmurro não nos diz o que ele sabe, e todos sabemos que ele é um herói moderno que tem um saber. O saber em Hamlet lhe é revelado pelo espectro. No herói machadiano, o saber retorna sob a forma das lembranças, imagens, pensamentos torturantes. O espectro é o tempo travestido na memória.

Na leitura que fez do *Hamlet*, Lacan assinala que, contrariamente ao desconhecimento do autor do assassinato do pai edipiano, no *Hamlet* não se deve dizer "ele não sabia", mas "ele sabia". Não somente ele sabia como este fator intervém na incidência subjetiva que nos interessa, a do personagem central: Hamlet.

Na nossa leitura do *Dom Casmurro* iremos, também, constatar uma posição e uma existência de um não-saber no que concerne ao desejo do Outro, posição na qual o narrador se encontra. Este não-saber apresenta-se formalizado a partir da sua dúvida em relação ao objeto de amor de Capitu, ou também em relação à fidelidade da amizade de Escobar para com ele, e até mesmo se o que retorna sob a forma de lembranças tem uma equivalência ao vivido. O narrador chega ao ponto de intitular um dos seus capítulos com a palavra *cismado*.

Digamos que se Dom Casmurro, como Hamlet, sabe o que Édipo não sabia, é preciso, por outro lado, sublinhar que ele preferiu não saber, que quer saber muito menos do que sabe.

Durante a obra, percebemos que é o Outro quem sabe. O narrador não sabia. Tudo isso podemos afirmar, tendo em vista a própria narrativa, quando o narrador afirma jamais ter recuperado sua identidade a partir das lembranças: "Se só me faltassem os outros, vá; um homem consola-se mais ou menos das pessoas que perde; mas falto eu mesmo, e esta lacuna é tudo".

Na origem do seu nascimento temos uma mãe que faz uma promessa de oferecê-lo a Deus. O que está em questão é o desejo da mãe. Não se trata do desejo pela mãe, mas sim do desejo da mãe. O desejo pela mãe em *Dom Casmurro*, como em *Hamlet*, está recalcado. Estes dois personagens modernos estão diante do desejo da mãe. O que faz enigma para Hamlet é como pôde a mãe casar-se com o irmão do defunto rei imediatamente após a morte deste. O que faz enigma para Bentinho é a promessa da mãe: ela o oferece a Deus. O que Bentinho e Hamlet enfrentam o tempo todo, com o qual se debatem, é um desejo. Esse desejo deve ser considerado como está no drama de Shakespeare e no romance de Machado de Assis. Não se trata do desejo de Hamlet ou do desejo de Bentinho, mas sim do desejo da mãe: desejo do Outro.

Desta maneira, o alcance mais importante que *Hamlet*, para Lacan, como *Dom Casmurro*, para nós, adquire refere-se à sua estrutura textual – à lógica dessa escrita. Eles têm uma equivalência à do Édipo. Em *Dom Casmurro*, sua dimensão de metáfora do romance familiar, mas, ao mesmo tempo, sua forma de construir um narrador-autor, sua maneira de inscrever o enigma do personagem Capitu fazem com que o próprio narrador e o leitor enderecem ao outro – texto, leitor e autor – a pergunta fundamental sobre o que quer o Outro: *Che vuoi?*. Tudo isto é a instância fundadora do sujeito desejante e instituidora da identificação do sujeito ao significante.

O que tem nos interessado no texto de Machado de Assis é sua articulação significante, sua maquinaria, suas vigas de sustentação. Estas dão-lhe profundidade, instaurando uma superposição de planos no interior da qual pode ter lugar a dimensão própria da subjetividade humana: o desejo.

Uma das questões cruciais que se coloca para o Hamlet e para o leitor de Shakespeare é a de que, se ele sabe quem é o assassino, por que não mata o usurpador, o seu tio Cláudio? Talvez também pudéssemos fazer essa pergunta a Dom Casmurro: se ele tem tantos indícios como demonstra acerca do adultério, porque não ousa buscar a verdade e mantém a dúvida?

Historicamente, Freud verifica que a característica de Hamlet é a hesitação, designando o personagem como o procrastinador de Shakespeare. Para Freud, realizar o ato que o espectro determina para Hamlet – a vingança – é o que ele hesita em fazer.

Anteriormente, Freud já havia recorrido à interpretação de Goethe sobre Hamlet de que o herói da tragédia representa o tipo de homem inibido. Naquele momento, Freud discordara de Goethe, pois para ele Hamlet, durante a peça, tem várias ações, entre elas o assassinato de Polônio e quando envia os dois cortesãos à morte, que fora planejada por ele próprio.

Talvez pudéssemos dizer que a única ação inibida na peça seria matar o tio. Ao fazê-lo, ele estaria ocupando o lugar deste com sua mãe; assim, Cláudio, ao ser assassinado, estaria mostrando a Hamlet os desejos recalcados da sua própria infância.

Para Lacan o que está em questão não é absolutamente o drama de impotência do pensamento em relação à ação, uma vez que, no mundo moderno, o personagem de Shakespeare seria o testemunho de uma certa debilidade do homem que está por vir com respeito à ação. Lendo *Dom Casmurro*, percebemos que a ideia do ciúme de Bentinho está presente desde sua infância, mas a ideia do ciúme em relação a Escobar só aparece e se desenvolve a partir da morte de seu amigo.

Portanto, até este momento, o da morte de Escobar, podemos dizer que no romance predominam recordações dos seus dias felizes com Capitu. Sabemos, também, que o próprio Escobar queria a felicidade do casal. Escobar praticamente o retirou do seminário para entregá-lo a Capitu. Bentinho, antes da morte de Escobar, não nos deixou nenhuma suspeita do seu ciúme com relação a ele. Todas as alusões ao amigo são sempre de encantamento, de confidências, de verdadeira amizade, ao ponto de dizer: "Escobar também se me fez mais pegado ao coração". O ciúme tem sua aparição *só-depois*, a partir da morte do amigo.

Algo semelhante se passa em *Hamlet*, porque no reino da Dinamarca todos viviam felizes quando o rei estava vivo, inclusive o próprio Hamlet. O tormento se estabelece a partir da morte e da aparição do espectro do rei, desencadeando uma tragédia pessoal – a de Hamlet – e, mais tarde, uma tragédia coletiva. É o retorno do pai, depois de morto, que provoca a *loucura* de Hamlet.

Se na estrutura do édipo de Hamlet está posto o desejo de morte do Outro, como Hamlet poderia desejar a morte do pai se seu objeto já se encontra morto? O seu desejo fora realizado de fato. Toda a loucura de Hamlet se ancora aí. Poderíamos pensar que ele se encontra frente à impossibilidade de sustentar seu desejo e que isso o enlouquece. Seu suposto amor ao pai era encobridor do seu desejo de morte.

Nossa impressão é a de que *Dom Casmurro* foi esculpido com a pedra-Hamlet. A loucura de Hamlet é deslocada para o ciúme em Dom Casmurro. Pela via do ciúme, ele pode dialogar com o morto. Sua amizade com Escobar era encobridora do seu desejo de morte para este outro dele mesmo? O espectro do ciúme não seria o revelador desta relação especular, *Unheimliche*, Bentinho-Escobar?

Hamlet e Bentinho levam pela mão o cadáver do outro. Eles cavam a sepultura do outro. Fazem as exéquias do morto e se despedem dele com orações, poesias e lembranças. Não o enterram. Levam-no consigo da sepultura. Arrastam com suas recordações aquilo que deveria estar esquecido, sepultado – recalcado: "Saí, supondo deixar a ideia em casa; ela veio comigo".

Podemos mais uma vez pensar Bentinho-Hamlet dois procrastinadores. Em ambos há uma espécie de ética da hesitação que os torna personagens frustas equivocadas, cheias de contradições e conflitos. Bento hesita e acaba não tomando o veneno que o puniria pela suposta traição de Capitu, não age impulsivamente como Otelo, mas segue as veredas vacilantes de Hamlet. Bentinho imprime no mundo tudo o que pertence à morte: "Fui educado no terror daquele dia". Temos assim um mundo morto. O mundo lhes parece um grande cemitério, feito de ideias ("era como se fosse fixa"), retóricas, sofismas, dilemas ("que era preciso para viver?") e isolamento ("Moro longe e saio pouco").

O que acabamos de registrar é um dos pontos fundamentais do presente trabalho: o texto *Dom Casmurro* compõe a estrutura do desejo como desejo do Outro.

Sua narrativa serve de suporte ao desejo do Outro. Primitivamente não existia separação entre o desejo do narrador e o desejo do Outro. A narrativa ordenou, construiu, compôs o desejo do Outro e, consequentemente, o narrador e as suas inscrições significantes.

Uma infância em lembranças, um amigo que morreu, um filho que não se reconhece como seu, uma mulher que se calou e depois morreu instituíram neste Casmurro o desejo de narrar. Temos assim *Dom Casmurro*. Foi preciso que houvesse perdas para que a narrativa existisse. A morte do amigo – o seu desaparecimento – faz com que Bentinho, pela via do ciúme, interrogue o que o amigo quer. O mesmo acontece com Capitu, quando ela, também, desaparece. Sua ausência torna possível que o narrador interrogue o que ela desejou. Portanto, a narrativa de Dom Casmurro é uma resposta ao desejo do Outro. A narrativa é um arranjo que se põe em ação quando se manifesta o desejo do Outro.

Nossa tentativa de recuperar o desejo do Outro – como formulação da psicanálise – foi para corroborar a tese de que tanto o *Hamlet* de Shakespeare como o *Dom Casmurro* de Machado de Assis são textos em que encontramos um ponto fundamental para o olhar do psicanalista: o da escolha, que se inscreve na tessitura do desejo.

REFERÊNCIAS BIBLIOGRÁFICAS

MACHADO DE ASSIS. (1997). Dom Casmurro. *Obras completas*, v. 1. Rio de Janeiro: Nova Aguilar.

MARTINS, G. M. (2001). *Dom Casmurro: tela escrita da lembrança: a trama do desejo*. 2001. 146f. Dissertação (Mestrado em Literatura brasileira – Literatura e psicanálise) –Faculdade de Letras da UFMF, Belo Horizonte.

SHAKESPEARE, W. (1960). *The tragedy of Hamlet, Prince of Denmark*. 4. ed. New York: Pocket Library.

Salvador Dalí – estrutura e verdade no "Mito Trágico do *Angelus* de Millet"

Vanisa Santos

Resumo

O artigo pretende trabalhar a relação da verdade como destino e a escrita do ensaio "O mito trágico do *Angelus* de Millet" (1963 [1933]/2005) de Salvador Dalí. Se a verdade está referida à castração, na psicose ela se encontra a céu aberto. A autora sustenta a hipótese de que a relação do artista com sua mulher, Gala, operou para ele como suplência à foraclusão do Nome do Pai em sua estrutura, o que, juntamente com sua arte, permitiu-lhe manter-se no laço social.

Palavras-chave: verdade; castração; suplência.

Abstract

Salvador Dalí – structure and truth in the "Tragic myth of Millet's *Angelus*"

This article works on the relation between the truth as a destiny and Dalí's writing of his essay "The tragic myth of Millet's *Angelus*" (1963). Once truth is referred to castration, in psychosis, its manifestations are expressed under an "open sky". The author supports the idea that Dalí's relationship with his wife Gala, his art and his personal writings must have operated as a supplementary cord to the foreclusion of the name-of- the-father in his structure.

Key-words: truth; castration; supplementary cord.

Este artigo trata do tema da verdade, relacionando-o à questão da estrutura em Dalí. Em seu ensaio sobre o "O mito trágico do *Angelus* de Millet" (1963 [1933]/2005), Dalí compara sua vida com Gala a uma estrutura semelhante à carapaça de um crustáceo conhecido por *bernardo-eremita*. Sobre isso falarei ao longo deste trabalho.

O olhar sobre a casa de vidro

Sabendo-se que Dalí se intitulou "*Salvador* da arte moderna da preguiça e do caos" (Dalí, *apud* Jorge, 1988), como pensar o destino da verdade nesse caso? Primeiramente, devemos nos lembrar de que a verdade para a psicanálise está referida à castração. Em "A ciência e a verdade" (1966/1998), Lacan nos ensina que a verdade é tratada pela psicanálise como causa material justamente por se referir ao significante e à incidência deste sobre o corpo do sujeito. Mas ela também remete ao objeto *a* na sua dimensão de puro vazio, que escapa a toda e qualquer significação, sendo precisamente aí, nessa ranhura, nesse vácuo que podemos nos referir à falta e, portanto, à castração.

A verdade do sujeito está continuamente referida à inexistência de um objeto que possa suprir o que ele julga lhe faltar. Lacan também alude à castração como limite entre os pares amorosos ao se referir à inexistência da relação sexual, mas afirma no *Seminário 20* (1972-1973/1985: 62) que é o amor que vem em suplência à relação que não há. O amor reivindica a presença do outro para discutir o relacionamento e é por isso que essas conversas entre os casais se repetem, porque justamente o que se pretende nomear não tem representação possível. Talvez seja por isso que os artistas tentem dar um contorno à falta, como se assim fazendo criassem uma tela sobre o furo para nela pintarem uma história de amor. A verdade da castração é, desse modo, velada por essa tela que com a psicanálise chamamos de fantasia. Mas nem sempre isso é possível, pois para que a tela seja tecida sobre o furo real é preciso que o artista possua as ferramentas necessárias. Em outras palavras, é preciso que ele tenha a inscrição do Nome-do-Pai em sua estrutura. Se isso acontece, a tela da fantasia se constrói sobre a falta real, mas, se falha, o que temos é uma estrutura rota, esgarçada, na qual o furo deixa à vista o próprio abismo.

Na psicose, como não há a operação da metáfora paterna, o sujeito fica ao léu e, por não contar com a barra do recalque, permanece à mercê do gozo do Outro. A isso Lacan chama de *inconsciente a céu aberto*. Poderíamos fazer coincidir essa definição quase poética da psicose em Lacan com a imagem de uma casa sem teto e sem telhado. Refiro-me à casa destelhada como uma metáfora para o que Dalí irá desenvolver em seu ensaio "O mito trágico do *Angelus* de Millet", no qual ele compara sua relação com Gala a uma estrutura semelhante a de um caranguejo que tem em sua dura carapaça externa uma proteção para seu interior frágil e mole. E como poderíamos pensar essa casa em Dalí? Talvez possamos supor que "a casa" de Dalí foi construída sob um espesso telhado de vidro que, embora frágil, serviu-lhe de proteção à invasão significante vinda do campo do Outro. O vidro, entretanto, não poderia impedir a incidência do olhar.

Sabemos que Dalí nasceu nove meses após a morte de um irmão cujo nome também era Salvador. A hipótese de que sua mãe viu nele a figura substituta do irmão morto parece-nos viável, uma vez que ela mantinha no horizonte de seu olhar uma fotografia do outro filho pendurada sobre o leito conjugal. Supomos, portanto, que essa foto tenha operado para Dalí como um espelho – o outro por detrás do vidro era ele, o que era confirmado continuamente para ele não somente através do olhar, mas também da voz materna que lhe dizia: "tu és o Salvador". O medo de perder novamente o filho fazia com que a mãe depositasse sobre Dalí um olhar superprotetor e, desse modo, "exigia-lhe" que cumprisse a tarefa impossível de ocupar o lugar do morto.

Foi recorrendo à arte que Dalí convocou um novo olhar sobre si, um olhar de admiração, confirmando sua existência como um nome de referência para o Surrealismo. Entretanto, parece que só isso não bastou, foi preciso construir uma proteção dupla. Assim, surge Gala, sua mulher e musa inspiradora, que, ao se incluir em sua vida, constrói para ele uma poderosa imagem vital, sobrepondo-se à imagem do irmão falecido. Se a foto do irmão sobre o leito dos pais aterrorizava Dalí desde pequeno, Gala operaria como um anteparo para essa imagem insuportável. Entretanto, ainda havia uma duplicidade de imagens sobrepostas que atormentava Dalí. Trata-se do quadro de Jean François Millet (1814-1875), o Ângelus (1857-1859) (*fig.1*).

Fig. 1: O *Angelus*, Jean -François Millet (1859)
Óleo sobre tela – 55,5 x 66 cm
Paris – Museu do Louvre

O *Angelus* de Dalí – uma teoria em forma de mito

Mas o que tanto atordoava Dalí neste quadro? Sua resposta foi construída em forma de teoria, ou seja, na escrita do seu *método paranoico crítico* de interpretação da realidade. Assim, Dalí escreveu um ensaio por ele intitulado "O mito trágico do *Angelus* de Millet" no qual explicava o que era o método paranoico crítico valendo-se de suas interpretações acerca daquilo que no quadro de Millet apontava para uma íntima relação entre sexo e morte. De fato, havia uma história intrigante acerca desse quadro, à qual Bernard Nominé também alude em seu livro *Psicoanálisis de la vida amorosa* (2007: 80), apontando o fato de que Millet teria originalmente pintado um quadro para representar uma devastação agrária (filoxera) que teria arruinado as colheitas de batatas. Aos pés da mulher, vemos uma cesta com batatas podres e o ar de lamento dos camponeses diante da destruição.

O quadro ficara sem título por vários anos até que alguém aconselhou Millet a incluir uma igreja no fundo da tela de modo que sua pintura tomasse um sentido religioso. O quadro se popularizou amplamente, sendo uma de suas telas mais conhecidas, de modo que suas réplicas passaram a constar em vários objetos decorativos e utilitários do dia-a-dia das pessoas. Não podemos afirmar que Dalí sabia dessa história, mas sua inquietação diante do quadro o levou a solicitar estudos de raios X ao Museu do Louvre sobre a tela. De fato, ele descobriu que sob a pintura do cesto de batatas havia o esboço de um desenho de "caixão" com algo dentro que ele julgou ser o filho morto do casal de camponeses. A partir de então, Dalí começou a escrever "O mito trágico do *Angelus* de Millet" (Ajame, 1986: 64-66), desenvolvendo seu método paranoico crítico. Uma mistura de realidade, lembranças e ficção se converteram na sua tese sobre o tema mítico da morte do filho. Em sua autobiografia *Vida secreta* (1984: 347) Dalí fala sobre o quadro:

> Propus-me a análise sistemática de uma série de fenômenos que começaram a ocorrer em torno desta imagem e que tomaram para mim um caráter declaradamente obsessivo; e depois de utilizar esta imagem do *Angelus* nas formas mais diversas, tais como objetos, pinturas, poemas, etc. escrevi finalmente um ensaio de interpretação paranoico intitulado "O mito trágico do Ângelus de Millet", livro que se publicará logo e que considero um dos documentos fundamentais da filosofia daliniana.

Eis aí a resposta mítica com valor de verdade que Dalí desenvolve para tentar dar conta da sua tragédia particular. O filho do casal de camponeses que não aparece explicitamente no quadro talvez possa equivaler à imagem que Dalí fazia do irmão morto, sendo ele mesmo aquele que viria substituí-lo. A explicação que ele fornece para o seu mito trágico em se referindo ao seu nascimento seguido à morte do irmão do mesmo nome aponta simultaneamente para o sexo e para a morte; afinal ele fora gerado sobre o leito de um luto que não se deu. Para Dalí, o camponês no quadro estaria escondendo sob seu chapéu uma ereção, aludindo, desse modo, à relação sexual de seus pais, a despeito da morte do filho. Assim, o sexo dos pais traz o filho morto de volta das profundezas da terra devastada pela filoxera.

A atividade paranoico-crítica proposta por Dalí através de seu método é um modo espontâneo de conhecimento irracional da realidade, ou seja, um conhecimento que "escapa, na medida do possível, às leis e ao controle da inteligência", como assinala Pierre Ajame em seu livro *As duas vidas de Salvador Dalí* (1986: 70). A abertura para o inconsciente em Dalí fez com que ele pudesse ir além do óbvio olhar sobre a tela de Millet e, ao mesmo tempo, lhe permitiu construir um mito particular como uma saída para sua angústia.

SOBRE A VERDADE DO ÂNGELUS DE DALÍ, A ESTRUTURA DO BERNARDO-EREMITA

Mas o que teria levado Dalí a querer escrever essa teoria? Sabemos que sua expulsão da Escola de Belas Artes de São Fernando em Madri se deu por decreto do rei Afonso XIII, em 20 de outubro de 1926, e isso teria abalado definitivamente sua relação com o pai. Entretanto, será o seu envolvimento com Gala que colocará pai e filho em pé de guerra, culminando com sua expulsão de casa.

Fora de casa, Dalí vai morar com Gala em Paris e novamente se depara com o quadro de Millet. Esse reencontro o abala de tal modo que ele inicia uma minuciosa pesquisa sobre o quadro. Como essa tela de Millet era extremamente conhecida, tendo sido reproduzida em inúmeros objetos do cotidiano, como xícaras, calendários, guardanapos, etc., Dalí se deparava com essa imagem frequentemente e, a cada momento em que isso se dava, ele atribuía um novo sentido para o fato.

Pierre Ajame afirma que não apenas a imagem do *Angelus* aparece-lhe "muito nítida e em cores" como parecia se impor a ele. Ajame cita o próprio Dalí quando o artista afirma o seguinte: "[...] carregada de tal intencionalidade latente, o Ângelus tornou-se subitamente para mim a obra pictórica mais perturbadora, mais enigmática, mais densa e mais rica em pensamentos inconscientes que jamais existiu" (Dalí, *apud* Ajame, 1986: 100). Ainda segundo Ajame, com sua obsessão por esse quadro Dalí tornou-se o Sherlock Holmes da surrealidade, pois em todos os lugares via pistas que o remetiam ao enigma escondido na tela.

Há inúmeras referências ao sexo e à morte em suas interpretações sobre o quadro, mas chama a atenção o fato de que frequentemente Dalí fala de Gala como "salvadora", o que nos leva a supor que ela seria parte da resposta *sinthomática* à catástrofe subjetiva que o acometera por ocasião de sua expulsão de casa. Sua união com Gala seria sua mais bela obra-prima, como ele mesmo dissera inúmeras vezes. No seu mito trágico ele compara sua vida conjugal à vida de um caranguejo conhecido como *bernardo-eremita*. O crustáceo tem este nome porque vive recluso dentro de sua concha protetora. Em seu ensaio "O mito trágico do *Angelus* de Millet", Dalí propõe a seguinte equação para explicar sua união com Gala: o paranoico seria o mole; e a crítica, o duro. Então, Salvador seria o paranoico-mole, o interior do bernardo-eremita, e Gala, a crítica dura, correspondendo à carapaça, à concha do caranguejo solitário de aparência esquisita (Dalí, *apud* Ajame, 1986: 64-66).

Sua obsessão por imagens duplas teria surgido daí, segundo o próprio Dalí, de modo que o Ângelus de Millet foi inserido em vários de seus quadros. Uma de suas telas ilustra muito bem o lugar que Gala ocupava em sua vida. Bernard Nominé (2007: 86-87) comenta a tela *O Angelus de Gala* (1935) (*fig.2*), apontando que o que vemos é Gala, enquanto esse duplo especular de Dalí, posicionada de tal modo no quadro que sua imagem tampona o vazio percebido por Dalí na cena do Ângelus, aquele mesmo vazio que o próprio Millet tentara cobrir com o saco de batatas podres. Assim, a imagem de Gala se sobrepõe à do filho morto do casal e, lá onde havia a castração real, Dalí pinta outra imagem, a de sua musa, aquela que, como ele mesmo dizia, o trouxera de volta à vida.

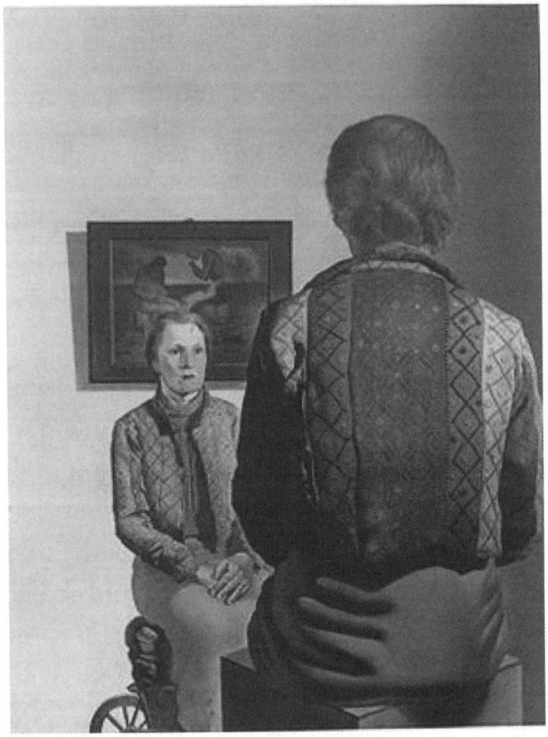

Fig. 2: *Retrato de Gala* ou *O Angelus de Gala* (1935)
Óleo sobre painel

Se a verdade sobre a castração na psicose está a céu aberto, é possível que Gala tenha operado para Dalí como uma proteção dupla para a casa do bernardo-eremita. Se o amor na neurose vem como suplência à inexistência da relação sexual, como enfatiza Lacan no *Seminário, o livro 20: mais ainda* (1972-1973/1985), em Dalí, somos levados a crer que não somente a arte, mas também a mulher funcionaram como suplência à falta da inscrição do Nome-do-Pai. Tal qual Adão para com Eva, Dalí faz surgir de sua própria imagem a Mulher, esse duplo de si mesmo, construindo com ela o seu nome de artista, para sempre reconhecido, para sempre imortalizado como *Gala-Dalí*. Eis aí o destino da verdade no mito trágico de Salvador Dalí: lá, onde havia a morte como destino, ele coloca a arte e a mulher.

Referências bibliográficas

ALBERTI, S. (org.). (2008). *A sexualidade na aurora do século XXI*. Rio de Janeiro: Cia de Freud/CAPES.

AJAME, P. (1986). *As duas vidas de Salvador Dalí*. São Paulo: Brasiliense.

DALÍ, S. (1984). *Vida secreta de Salvador Dalí*. Figueras: Gerona.

————. (1963 [1933]/2005). El mito trágico de "El Ángelus" de Millet. *Obra completa*, v. V. Barcelona: Ediciones Destino S.A.

GAILLEMIN, J.-L. (2002). *Dalí: the impresario of surrealism*. Thames & Hudson: London.

JORGE, M. A. C. (1988). *Sexo e discurso em Freud e Lacan*. Rio de Janeiro: Zahar.

————. (2002). *Fundamentos da psicanálise de Freud a Lacan*, v. 1: as bases conceituais. Rio de Janeiro: Jorge Zahar.

————. (2005). *Lacan, o grande freudiano*. Rio de Janeiro: Zahar.

JULIEN, P. (1999). *As psicoses: um estudo sobre a paranoia comum*. Rio de Janeiro: Companhia de Freud.

LACAN, J. (1966/1998). A ciência e a verdade. *Escritos*. Rio de Janeiro: Jorge Zahar.

————. (1959-1960/1997). *O seminário, livro 7: a ética da psicanálise*. Rio de Janeiro: Jorge Zahar.

————. (1972-1973/1985). *O seminário, livro 20: mais, ainda*. Rio de Janeiro: Jorge Zahar.

NËRET, G. (1994). *Dalí*. Köln: Taschen.

NOMINÉ, B. (2007). *Psicoanálisis de la vida amorosa*. Valencia, Venezuela: IADA.

QUINET, A. (2006). *Psicose e laço social*. Rio de Janeiro: Jorge Zahar.

RINALDI, D. (1996). *A ética da diferença*. Rio de Janeiro: EdUERJ/Jorge Zahar.

SEÇÃO V

APLICAÇÕES DA ESTRUTURA NA CLÍNICA PSICANALÍTICA

Pontuações sobre a angústia nas estruturas neurótica e psicótica

Sonia Leite

Resumo

O trabalho retoma os estudos freudianos sobre a angústia e destaca os avanços de Lacan sobre o tema. O objetivo é enfatizar a importância clínica da distinção freudiana entre angústia sinal e angústia real, ou automática, visando responder à questão: se, na neurose, é a angústia sinal que produz o recalque, na psicose poder-se-ia afirmar, correlativamente, que é a angústia real aquilo que produz a foraclusão?

Palavras-chave: angústia; neurose; psicose.

Abstract

Notes about anxiety in neurotic and psychotic structures

The paper focus on Freud's studies on anxiety and highlights Lacan's contributions to the subject. It emphasizes the clinical importance of freudian distinction between anxiety as a signal and realistic – or automatic – anxiety in order to answer the question: assuming that, concerning neurosis, what causes repression is a signal of anxiety, could it also be said that, in psychosis, it is realistic anxiety that produces foreclosure?

Key-words: anxiety; neurosis; psychosis.

INTRODUÇÃO

O tema da angústia é tratado, ao longo da obra freudiana, como uma questão central da clínica da neurose. Lacan, fazendo avançar esses estudos, destaca a posição mediana da angústia, entre o gozo e o desejo, afirmando que a angústia é sempre *sinal* do real.

Ao encontrar no texto freudiano "A perda da realidade na neurose e na psicose" (Freud, 1924a/1977) uma referência sobre a geração da angústia na psicose, fui levada a considerar uma possível relação entre a *angústia* e a *foraclusão*[1]. Tal perspectiva já havia sido cogitada quando me interrogava sobre a natureza da experiência que conduzia Rosana, uma paciente psicótica, a uma infindável repetição do que poderia ser denominado de encontro traumático. A partir daí a seguinte interrogação se estabeleceu: Se, na neurose, é a angústia (sinal) que produz o recalque, na psicose poder-se-ia afirmar, correlativamente, que é a angústia (real) aquilo que produz a foraclusão? (Leite, 2009).

Para responder a esta questão tornou-se imprescindível retomar a diferença estabelecida por Freud entre *angústia automática*, ou *real*, e *angústia sinal* (Freud, 1926 [1925]/1977), diferença que parece ser profícua para a clínica psicanalítica.

COM ROSANA

"– Eu vi a coisa horrível!".

Assim Rosana começa a sessão, relatando o inabordável que permeia cotidianamente sua vida. E prossegue:

"– Quando ele (o ator Marcos Paulo) aciona os meus ouvidos, tenho a impressão de que vou morrer e deito na cama. Este estrondo no meu

---

[1] A *foraclusão* é a condição essencial da psicose, que necessita do que se denomina uma causa ocasional para seu desencadeamento. Esta causa ocasional, que varia com os acidentes da vida, tem como característica principal produzir um apelo ao Nome-do-Pai – significante fundamental –, promovendo a desestabilização do sujeito (Lacan, 1955-1956).

ouvido é perigoso... ele vem pelos fios de eletricidade... outro dia caí na rua... Ele dá gritos estrondosos, de maneira estúpida e violenta nos meus ouvidos. Ele me tortura com esses gritos...".

Os significantes *estrondo* e *grito* destacam a presença de um excesso – puro som – desvinculado da palavra e do sentido. Quando os *estrondos* são fortes demais, não consegue sair de casa, fica paralisada, tem medo de morrer. Trata-se de um *encontro* violento e que, segundo Rosana, repete-se várias vezes na semana. O que chama a atenção no seu relato é a repetição de uma experiência de susto, pavor[2].

Como nos sonhos dos neuróticos de guerra relatados por Freud no texto de 1920 "Além do princípio de prazer", algo de inassimilável retorna para o sujeito psicótico, só que nesse caso não através dos sonhos – isto é, não como algo que seja da ordem da subjetividade –, mas pelos *fios de eletricidade da rua* que atingem os ouvidos. Ou seja, como algo totalmente externo ao sujeito. Nesse momento, ao deparar-se com o que denomina *a coisa horrível*, Rosana – literalmente – perde os sentidos.

As crises têm início na adolescência, quando começa a sair sozinha numa tentativa de estabelecer laços sociais e amorosos. Aos vinte anos, quando termina o Curso Normal e assume sua primeira turma, diz ter sido tomada por um grande temor. Ia, enfim, ocupar um lugar definido, trabalhar, ser independente, e muitas expectativas convergiam. Como se posicionar? Nesse momento, o *impossível* se corporifica na função social que é chamada a desempenhar. O momento da eclosão da psicose – momento denominado por Freud de *catástrofe* – é exatamente aquele em que o sujeito é chamado a responder ali onde não pode.

---

2 A palavra alemã *Angst* (angústia), utilizada no artigo de 1926 "Inibição sintoma e angústia", também pode ser traduzida por *pavor*, que, em alemão, também corresponde à palavra *Schreck* (Beau, 1982). Freud, no artigo "Além do princípio de prazer", de 1920, já havia chamado a atenção para a diferença entre *Angst* – um estado particular de espera ou preparo para um perigo – e *Schreck* que retrata o momento de encontro com o perigo, dando-se ênfase, aqui, para o fator surpresa, ou seja, para uma ausência de preparo para o perigo. Tudo indica que a ideia contida no significante *Schreck* será transportada para a chamada *angustia automática ou real*, introduzida em 1926.

COM FREUD E LACAN

A investigação sobre a temática da angústia encontra-se presente desde os primórdios da obra freudiana, atrelando-se, inicialmente, à discussão concernente às neuroses de angústia (Freud, 1895 [1894]/1977). Estas neuroses vão compor o quadro das neuroses atuais, ao lado da neurastenia e da hipocondria, sendo consideradas afecções relacionadas à vida sexual atual do sujeito. Freud considera que esta afecção é causada, por exemplo, por certas técnicas de contracepção, como o *coitus interruptus*, e, afirma que "[...] tudo depende simplesmente do receio de, ao utilizar essa técnica sexual, o sujeito privar o parceiro de satisfação sexual [...]". Como consequência, observa que "[...] a neurose de angústia é acompanhada por um decréscimo da libido sexual, ou desejo psíquico [...]" (Freud, 1895 [1894]/1977: 126).

Freud sublinha, então, que o mecanismo da neurose de angústia deve ser procurado em uma deflexão da excitação sexual somática da esfera psíquica, estabelecendo, na ideia de conversão direta da libido, a sua primeira teoria da angústia. O fato assinalado é o de que algo *excede* o psiquismo. Na realidade, o texto freudiano já traz uma clara indicação da relação visceral entre a ausência de desejo e o aparecimento da angústia, ponto que será destacado, por Lacan, no seminário sobre a angústia (Lacan, 1962-1963/2005).

Lacan, reinterpretando as palavras freudianas, considera que "[...] A angústia aparece [...] na medida em que o orgasmo se desliga do campo da demanda do Outro" (Lacan, 1962-1963/2005: 287). Supõe que Freud, ao situar no *coitus interruptus* a fonte da angústia, indica que esse afeto é promovido, em sua função essencial, justamente ali onde a intensificação orgástica é desvinculada do exercício do instrumento fálico. Como afirma Lacan, o sujeito, no caso, pode chegar à ejaculação, mas é uma *ejaculação do lado de fora* e a angústia é provocada, exatamente, pelo fato de o instrumento fálico ser (de)posto, *ficando fora do jogo do gozo*. O fato é que Lacan identifica, nos primeiros estudos freudianos, a presença, implícita, de uma distinção entre gozo e desejo, um dos pontos fundamentais do seu estudo sobre a angústia.

O encontro clínico com as psiconeuroses, isto é, a descoberta do complexo de Édipo e, com ele, do tema da culpa, viabiliza uma nova elaboração teórica da angústia, que será apresentada no texto "Inibição, sintoma e angústia" (Freud, 1926 [1925]/1977). O tema é articulado à ideia do desamparo, sendo a angústia definida como um estado afetivo com um caráter acentuado de desprazer, que é liberado seja *automaticamente* (na vivência traumática), seja como um *sinal* que possibilita ao *eu* uma espécie de preparo, que aciona o princípio de prazer-desprazer, cuja função é evitar o reviver da situação traumática.

Freud retoma, aqui, a discussão sobre o ponto de vista econômico introduzido no texto "Além do princípio de prazer" (Freud, 1920/1977) e, ampliado, no artigo "O problema econômico do masoquismo" (Freud, 1924b/1977), quando destaca a relação entre a quantidade de excitação presente na mente e as sensações de prazer e desprazer. Considera que não se trata, porém, de uma razão proporcional direta:

> O prazer e o desprazer não podem ser referidos (exclusivamente) a um aumento ou diminuição de uma quantidade [...]. Parece que eles dependem não desse fator quantitativo, mas de alguma característica dele que só podemos descrever como qualitativa [...] talvez seja o ritmo, a sequencia temporal de mudanças, elevações e quedas na quantidade de estímulo (Freud, 1924b/1977: 200).

São essas variações qualitativas de uma quantidade que indicam a capacidade do psiquismo de suportar um certo *quantum* de estimulação. As variações apontam para as condições que circundam a experiência do desprazer – ou angústia – e talvez possam justificar a utilização de determinados mecanismos de defesa em detrimento de outros. Tais questões são importantes não só para se considerar as especificidades no que diz respeito à experiência da angústia nas estruturas neuróticas e psicóticas, como também para o reconhecimento da singularidade da experiência psicanalítica no que diz respeito ao tempo de cada sujeito para realizar a travessia da angústia (Leite, 2009).

No artigo de 1926, Freud reformula algumas antigas concepções no campo da constituição das neuroses. Um dos pontos principais é a conclusão de que é a angústia que produz o recalque e não o contrário – o recalque que produz a angústia –, como pensava até então.

A angústia sinal não é, portanto, criada novamente no recalque, ela é reproduzida como um estado afetivo "[...] de conformidade com uma imagem mnêmica já existente" (Freud, 1926 [1925]/1977: 114). Essa imagem ou marca, segundo Freud, aponta para a presença de experiências traumáticas primevas.

Mas o que são tais experiências traumáticas? Freud afirma que

> Muitíssimo pouco se sabe até agora sobre os antecedentes e as fases preliminares do recalque [...]. De qualquer modo, as primeiras irrupções de angústia, que são de natureza muito intensa, ocorrem antes de o superego tornar-se diferenciado. É altamente provável que as causas precipitantes imediatas do recalque originário sejam fatores quantitativos, tais como uma força excessiva de excitação (num determinado período de tempo) e o rompimento do escudo protetor contra os estímulos (Freud, 1926 [1925]/1977: 115-116)[3].

Existe, pois, um fator histórico que faz da presença da angústia sinal uma espécie de reprodução de uma experiência primitiva, uma reação a um perigo que já ocorreu, cujo protótipo é o trauma do nascimento. Freud deixa claro que o chamado trauma do nascimento não pode, efetivamente, ser vinculado à simples ideia de uma separação com relação à mãe, porque o bebê ainda não tem condições de subjetivar a situação. Na realidade, destaca que a experiência de castração seria mais do lado da mãe do que, propriamente, do bebê. De qualquer modo, a angústia surge, originalmente, como uma reação a um estado de perigo e é reproduzida sempre que um estado dessa natureza se repete. Lacan, esclarecendo a questão, destaca que

---

[3] Interessante destacar que, neste trecho, Freud atribui a possibilidade de instauração do recalque originário a um rompimento do escudo protetor (a mãe), isto é, a uma *falha* do mesmo, o que permite estabelecer uma articulação com aquilo que Lacan (1957-1958) denomina de função da metáfora paterna, ou seja, aquilo que instaura a falta/falha no *Outro*.

"o verdadeiro trauma do nascimento vincula-se à experiência de invasão, ou melhor, de aspiração de um ambiente absolutamente Outro em relação à criança" (Lacan, 1962-1963/2005: 355). É por isso que a angústia é, fundamentalmente, algo que se sente, desprazer cujos traços são referidos a certos órgãos do corpo – órgãos respiratórios e coração. A angústia é um afeto que não engana (ibid.: 191).

Freud, no seu último trabalho dedicado ao tema – Conferência XXXII, Angústia e vida pulsional (Freud, 1933 [1932]/1977) –, reafirmando alguns dos pontos introduzidos em 1926, sublinha o fato de uma dupla origem para esse afeto: uma como consequência direta do momento traumático (angústia automática ou real) e outra como sinal que prepara o *eu* para uma ameaça de repetição de tal momento (angústia sinal). O que se revela, efetivamente, é o fato de que o *eu* é o lugar da angústia e a angústia como sinal permite um tempo a partir do qual o princípio de prazer-desprazer pode ser acionado.

Os pontos destacados remetem para a importância do recalque originário como linha divisória entre as estruturas – neurótica e psicótica – e como condição *sine qua non* da própria experiência da angústia sinal.

Duas questões chamam, particularmente, a atenção ao longo do estudo lacaniano sobre a angústia. Primeiramente, o seu aparente abandono de uma das duas modalidades da angústia estabelecidas por Freud – a chamada angústia *automática* ou *real* – enfatizando, por outro lado, a ideia de que a angústia, afeto que não engana, é sempre *sinal do real*. A segunda é a aparente contradição entre a perspectiva freudiana de que a angústia se relaciona à falta do objeto e a afirmação lacaniana de que a angústia não é sem objeto.

Freud, ao considerar que, na infância, a experiência da angústia se relaciona a "sentir falta de alguém que é amado e de quem se sente saudade" (Freud, 1926 [1925]/1977: 160) põe em destaque que é a ausência da imagem mnêmica da pessoa amada e intensamente investida que pode se transformar em angústia. Esta angústia tem toda a aparência de ser uma expressão do sentimento da criança em sua desorientação, em seu desamparo mental porque "a criança descobre, pela experiência, que um objeto externo perceptível pode pôr termo à situação perigosa". A partir daí, "o conteúdo do perigo que ela teme é deslocado da *situação econômica* para a condição que determinou essa situação, a saber, a perda de objeto. É a ausência da mãe que agora constitui o perigo, e logo que surge esse perigo a criança dá o sinal de angústia, antes que a temida situação econômica se estabeleça" (Freud, 1926 [1925]/1977: 161; grifo meu). Freud destaca que esse momento representa uma importante passagem, um grande passo da vivência da angústia automática e involuntária para a angústia como um sinal de perigo.

Lacan, no *Seminário 10*, procura, especialmente, delinear a função mediana da angústia entre o gozo e o desejo, e para isso retoma o esquema óptico (Lacan, 1962-1963/2005: 48) com o intuito de enfatizar o momento de emergência da angústia.

O investimento da imagem especular pela criança é um tempo fundamental da relação imaginária por ter um limite. Ou seja: nem todo investimento passa pela imagem especular e o que aí resta, não tendo imagem especular possível (-φ), se inscreverá, daí por diante, como *falta*. É a partir desse momento que o falo se institui como *significante da falta* em tudo aquilo que é demarcação imaginária. Isto quer dizer que o *falo*, não podendo ser representado, é efetivamente cortado da imagem especular. Lacan considera que o que não se projeta não se investe na imagem especular é irredutível a ela em razão de permanecer profundamente investido no nível do próprio corpo, do narcisismo primário (gozo). Tal corte constitui a castração, que implica, simultaneamente, na queda do objeto *a* e na *Spaltung* do sujeito, sua divisão significante.

No que concerne ao sujeito mítico do gozo, como nomeia Lacan, a emissão do *grito* é transformada em *apelo*, interpretação que advém do *Outro*. É o que ocorre na neurose, como resposta à própria castração do *Outro*. Trata-se do processo de subjetivação, pois o sujeito se constitui no lugar do *Outro* – sob a forma primária do significante – e com base no tesouro dos significantes já constituído no *Outro*. O que daí resta é o objeto *a*, que, nesse sentido, é metáfora do sujeito mítico do gozo, que se expressa na fórmula da fantasia ($ ◊ a). Não havendo resto, não há dialética. A dialética do resto se expressa na neurose pela fantasia, na perversão, pelo fetiche e na psicose, pelo delírio.

O *a*, portanto, é o que sobra da operação subjetiva, é o objeto perdido. A emergência da angústia indica um momento da emergência do *objeto a* que coincide com o desaparecimento do objeto constituído imaginariamente pelo investimento da libido e, por isso, trata-se de um momento de desmoronamento da imagem especular. É o acesso ao simbólico que permite a reconstrução dessa imagem e, consequentemente, o recobrimento do real mortífero.

Quanto ao objeto da angústia em Lacan – *objeto a* –, o reencontramos no texto freudiano de 1933, expresso da seguinte maneira: "o que é temido, o que é o objeto da angústia é invariavelmente a emergência de um momento traumático, que não pode ser liquidado seguindo as normas do princípio de prazer" (Freud, 1933 [1932]/1997: 118).

Mas se, como afirma Lacan, a angústia é sempre sinal do real, onde localizar a angústia automática, ou real, nomeada por Freud?

Suponho que, ao situar nos patamares da divisão significante do sujeito a experiência da angústia entre o gozo e o desejo, Lacan substitui a ideia freudiana de angústia automática ou real pela própria experiência de encontro do real. Ou seja, aquilo que Freud chama de *angústia automática*, em Lacan se chamaria *gozo*, localizado no primeiro patamar da divisão significante do sujeito.

A	S	*la jouissance* (o gozo)
a	Ⱥ	angústia
$		desejo

Tal perspectiva permite reafirmar que, nas psicoses, aquilo que induz a uma foraclusão *secundária* é, de fato, a presença de uma *foraclusão originária*, experiência de um excesso irrepresentável, traumático, e a impossibilidade de o sujeito sair de um lugar de objeto de gozo do *Outro* devido à ausência do recalque originário. Perspectiva que se delineia mais claramente, em Lacan, a partir da década de 70, no segundo tempo dos estudos sobre as psicoses (Lacan, 1974-1975; 1975-1976), quando generaliza o mecanismo da foraclusão, tomando-o como fenômeno originário, e a psicose como modelo primário, em relação à neurose. Ou seja, a função da metáfora paterna, inicialmente pensada como faltosa na psicose, é vista agora como um *acréscimo*, um suplemento presente na neurose.

O mito da Medusa permite uma clara representação da divisão significante do sujeito, apontando um duplo momento: o encontro com o olhar medusante é o tempo da angústia, que precisa ser atravessado para que possa emergir o desejo. Encontro que pode ser indicado pela questão: *Che Vuoi?O que o Outro quer de mim? O que sou para o Outro?* Como indica o referido mito, é preciso atuar como Perseu, que utiliza o capacete para ficar invisível ao olhar da Medusa, e o escudo, que serve de espelho e permite que ele veja Medusa sem cruzar com seu olhar, conseguindo, assim, cortar sua cabeça. Momento que simboliza a queda do objeto *a* e a emergência do sujeito dividido. No esquema da divisão significante do sujeito, o momento da emergência da angústia – sinal do real – é o momento em que é preciso renovar uma travessia para aceder ao desejo.

Na psicose, com a foraclusão do significante Nome-do-Pai (traço unário que faz barra ao desejo da mãe (Ⱥ)), a coisa escópica ganha vida (substância). O sujeito se petrifica diante do olhar medusante. Momento de dissolução imaginária que bem se expressa na frase de Rosana: "Eu vi a coisa horrível!". Não há espelho possível. Momento da emergência de *Unheimliche* (o estranho, assustador) (Freud, 1919/1977) que indica, aqui, o momento da repetição da foraclusão e aponta para um reencontro, sem contorno, do real traumático. Reencontro que poderá, num segundo tempo lógico, ser parcialmente recoberto com a metáfora delirante.

Talvez tal perspectiva justifique por que Freud, na conferência XXXII, depois de uma longa exposição sobre a angústia, retome a discussão sobre a vida pulsional, incluindo a noção de libido na noção de pulsão de vida, o que faz pensar na *angústia sinal* como aquilo que prepara o *eu* para o encontro com a pulsão de morte. Por um lado, a *angústia sinal* estando a serviço do princípio de prazer, é o que sinaliza a tendência do psiquismo em direção a algo irrepresentável e, por outro, a *angústia automática* – encontro do real – talvez signifique um outro nome para a pulsão de morte.

Referências bibliográficas

BEAU, A. E. (1982). *Langenscheidt.* Dicionário de bolso das línguas portuguesa e alemã. Tomo segundo. Berlim, Munique, Viena, Zurique: Langenscheidt.

FREUD, S. (1895 [1894]/1977). Sobre os critérios para destacar da neurastenia uma síndrome particular intitulada "neurose de angústia". *Edição standard brasileira das obras psicológicas completas de Sigmund Freud,* v. II. Rio de Janeiro: Imago.

________. (1919/1997). O estranho. *Edição standard brasileira das obras psicológicas completas de Sigmund Freud,* v. XVII. Rio de Janeiro: Imago.

________. (1920/1977). Além do princípio de prazer. *Edição standard brasileira das obras psicológicas completas de Sigmund Freud,* v. XVIII. Rio de Janeiro: Imago.

________. (1924a/1977). A perda da realidade na neurose e na psicose. *Edição standard brasileira das obras psicológicas completas de Sigmund Freud,* v. XIX. Rio de Janeiro: Imago.

________. (1924b/1977). O problema econômico do masoquismo. *Edição standard brasileira das obras psicológicas completas de Sigmund Freud,* v. XIX. Rio de Janeiro: Imago.

________. (1926 [1925]/1977). Inibição, sintoma e angústia *Edição standard brasileira das obras psicológicas completas de Sigmund Freud,* v. XX. Rio de Janeiro: Imago.

________. (1933 [1932]/1977). Conferência XXXII. Angústia e vida pulsional. *Edição standard brasileira das obras psicológicas completas de Sigmund Freud,* v. XXI. Rio de Janeiro: Imago.

LACAN, J. (1955-1956/1985). *O seminário, livro 3: as psicoses.* Rio de Janeiro: Jorge Zahar.

________. (1957-1958/1999). *O seminário, livro 5: as formações do inconsciente.* Rio de Janeiro: Jorge Zahar.

———. (1962-1963/2005). *O seminário, livro 10: a angústia*. Rio de Janeiro: Jorge Zahar.

———. (1974-1975). *O seminário, livro 22: RSI*. Inédito.

———. (1975-1976/2007). *O seminário, livro 23: o sinthoma*. Rio de Janeiro: Jorge Zahar.

LEITE, S. (2009/no prelo). Silêncio, solidão e escuridão: a travessia da angústia. Em GARCIA, F. & MOTTA, M. A. (orgs.). *O insólito e o seu duplo*. Coleção CLEPSIDRA, EDUERJ.

Estruturas clínicas e sujeito: considerações sobre o diagnóstico em psicanálise

Magali Milene
Sonia Altoé

Resumo

O objetivo deste artigo é discutir o modo como a psicanálise formula o diagnóstico estrutural, aproximando a categoria de "estruturas clínicas" com a noção de "classes paradoxais", esta última apresentada por Milner (1999). Discute-se a função do diagnóstico em uma terapêutica, contrastando com o modo particular como a psicanálise, ao enfatizar o sujeito, situa-o na clínica que propõe.

Palavras-chave: classes paradoxais; sujeito.

Abstract

Clinical structures and subject: the particularities of psychoanalytic diagnosis

This paper aims to discuss the specific way that psychoanalysis formulates the structural diagnosis and it makes a relation between the category of "clinical structures" and the idea of "paradoxal classes" as it's proposed by Milner (1999). We discuss the function of a diagnosis in the therapy and compare it with the particular way in witch the psychoanalysis, by emphasizing the subject, places the diagnosis in its clinic.

Key-words: paradoxal classes; subject.

Pretende-se demonstrar, neste artigo, que a proposta psicanalítica de estruturas clínicas, por considerar o sujeito, toma de um modo particular a noção de "estrutura". Na esteira de Milner (1999), propõe-se nomear esta articulação como "estruturas paradoxais", destacando sua importância fundamental para o campo inaugurado pela psicanálise. Pretende-se, ainda, defender a hipótese de que o diagnóstico de estruturas clínicas implica a consideração do sujeito e a tomada das classes diagnósticas como paradoxais, tal como propõe Milner.

De modo geral, podemos dizer que a função do diagnóstico é fornecer orientação para uma intervenção, situando a singularidade de uma manifestação numa tipologia já caracterizada pelo saber de uma área e para a qual se construíram previamente indicações de tratamento. A função classificatória da linguagem tem por objetivo o controle da diferença através do estabelecimento de classes. As classes funcionam numa lógica de inclusão/exclusão: para que uma coisa seja classificada como *x*, é preciso que haja algo que possa ser classificado como não-*x*. O objetivo classificatório é alcançar "uma espécie de arquivo espaçoso que contém todas as pastas que contêm todos os itens do mundo e confina cada pasta e cada item num lugar próprio, esperado" (Bauman, 1999: 10). É porque esse projeto totalizador não pode ser alcançado que a meta classificatória é infinita, exigindo constantes reclassificações.

Uma classe estabelece o interior e o exterior, mas estabelece também o indefinível, aquilo que não se encaixa nem dentro nem fora, questionando a classe e exigindo novo esforço de classificação. Num diagnóstico, portanto, são forjados conjuntos de características que constituem determinada patologia, ficando a encargo da clínica e seus instrumentos a discriminação entre os diferentes conjuntos (diferentes patologias). Trata-se de julgar o pertencimento de um indivíduo a uma classe, discriminando a apresentação dos critérios que constituem o diagnóstico em questão. Trata-se de enquadrar o individual numa coleção, fornecendo uma identidade: a classe a que pertence. Nessa lógica, um diagnóstico é mais preciso quanto mais fiel for a adequação das manifestações individuais ao quadro previsto.

A singularidade do caso, entretanto, impede sua total submissão a uma classe diagnóstica, gerando a necessidade de constante revisão dos critérios diagnósticos e impedindo, felizmente, a total mecanização da clínica[1]. A psicanálise, por sua vez, lança seu olhar a essa singularidade irredutível enquanto tal, sem ter como objetivo fornece-lhe um diagnóstico que funcione como identidade de uma classe.

A psicanálise se apresenta como "resposta ao mal-estar gerado pela dificuldade que experimenta o sujeito em se adequar à unidade de classe que o nomeia" (Teixeira, 2002: 275)[2]. No entanto, ao mesmo tempo que chama para a cena a singularidade subjetiva, não abre mão do diagnóstico, que separa três estruturas clínicas: neurose, psicose e perversão, tal como podemos pensar a partir das formulações teóricas de Lacan. Essas reflexões parecem nos conduzir a um paradoxo: o uso de diagnósticos e a defesa da impossibilidade de o diagnóstico abarcar a singularidade. Qual o sentido, então, do uso dessas nomeações estruturais?

Classes e inclassificáveis

A psicanálise traz para a cena de sua práxis esse embate, fundando sua articulação diagnóstica nessa impossibilidade de conciliação entre o universal do diagnóstico e o singular do sujeito. Como qualquer discurso, lança mão da função classificatória da linguagem, mas destaca desta operação aquilo que resiste, o real inapreensível ao esforço simbólico e imaginário de organização de laços. Desse modo, "os nomes da clínica psicanalítica, embora pareçam representações destinadas a uma coleção de casos, só nos interessam enquanto instrumentos para captar a dimensão subjetiva no que resiste a ser representado, a ser incluído numa coleção" (Teixeira, 2002: 176). O diagnóstico psicanalítico fala da maneira neurótica, psicótica ou perversa de um sujeito ser inagrupável, dessemelhante de todo outro, constituindo o que Milner (1999) chamou de classes paradoxais.

---

1 Ver uma discussão a esse respeito em: Silva, M. A saúde mental e a fabricação da normalidade: uma crítica aos excessos do ideal normalizados a partir das obras de Foucault e Canguilhem. *Interação em Psicologia* (no prelo).

2 Neste artigo, o autor tece comentários muito pertinentes sobre *Os nomes indistintos*, de Milner, propondo um bom uso da experiência de alienação na exigência social de significação: fazer uso, sem render-se a ela.

Pode-se depreender dessa proposição teórica de Milner que, para construir um laço social, de alguma forma o sujeito deve deixar-se contar, passando à categoria de indivíduo enumerável e classificável, participando do semblante das identidades sociais, mas não deve resumir-se ao semblante, sob pena de seu próprio apagamento enquanto sujeito. Pode-se considerar então que o sujeito pertence a uma classe paradoxal: faz parte de um conjunto, sem render-se a ele. Assim, quando um psicanalista fala em diagnóstico, deveria estar ciente de que se trata apenas de um semblante, de uma realidade discursiva, nunca de algo que alcance a totalidade subjetiva. Os diagnósticos psicanalíticos só são válidos se pensados por essa via paradoxal, de modo que "o nome neurótico, perverso, obsessivo nomeia ou finge nomear a maneira neurótica, perversa, obsessiva que tem o sujeito de ser radicalmente diferente de qualquer outro" (Milner, 1999: 114).

As classes paradoxais não implicam em nenhum agrupamento; ao contrário, evocam a impossibilidade deles, pois a propriedade que parece criar laço é ao mesmo tempo o que evoca a singularidade radical, não compartilhada ou nomeável. Se por um lado uma classe diz respeito ao coletivo, àquilo que se representa numa identidade, considerar a singularidade evoca o ponto que classe não alcança, que se apresenta mas que não tem representação possível, por isso o termo "classe paradoxal". Desse modo, um diagnóstico psicanalítico, ao tratar os sujeitos como singulares e, portanto, incontáveis, considera o não-diagnosticável, aquilo que é e permanecerá inapreensível. Dito de outro modo, para além do laço imaginário e simbólico presente numa classe, aposta na consideração do real.

A proposta de Milner de tratar os nomes dos diagnósticos psicanalíticos como classes paradoxais situa bem o modo como essa clínica opera. No entanto, falávamos de estruturas clínicas e não de classes. Ora, uma classe não é uma estrutura, mas podemos dizer que pensar estruturalmente é pensar as condições de possibilidade para a formalização de uma classe. Conforme define Pouillon (s/d: 16), o estruturalismo preocupa-se em estabelecer o dinamismo prático de uma ordem. Seu método implica a definição da singularidade de um conjunto sem, no entanto, resumir-se a ele, pois requer a articulação entre diferentes ordenações não a partir de suas semelhanças, mas de suas diferenças. Implica, portanto, a pluralidade das organizações. A consideração estrutural requer

> descobrir, sob os fatos observados, aquela razão escondida de sua aparência, em fazer aparecer aquela configuração subjacente que podemos chamar estrutura. Todavia, é preciso não esquecer que, subjacente à organização, também a envolve, porquanto é a estrutura que faz dela uma variante cujas transformações explica [...]. De fato, a estrutura é, ao mesmo tempo, uma realidade – aquela configuração que a análise descobre – e um instrumento intelectual – a lei de sua variabilidade (Pouillon, s/d: 17).

A noção de estrutura não é tomada de maneira única nos diferentes campos do saber, mas interessa, neste trabalho, destacar algumas de suas características gerais, que servirão de base para a discussão sobre o sentido da elocução "estruturas clínicas" no diagnóstico psicanalítico.

Apresentando um livro que reúne textos de diversos autores sobre o estruturalismo, Coelho (s/d: XXI) sintetiza a noção de estrutura, dentre suas diversas concepções, como remetendo a um conjunto de elementos com leis próprias e independentes regendo esses elementos de modo que a alteração de um deles provoque a alteração dos demais. Dessa forma, cada elemento depende principalmente da posição que ocupa em relação aos demais.

DO RECHAÇO À ÊNFASE

Para a psicanálise, a proposta de estruturas clínicas, por levar em conta o sujeito, aponta para o que poderíamos chamar, seguindo Milner, de "estrutura paradoxal". Isso implica em considerar os dois termos da proposição "estruturas clínicas".

Se, com a noção de estrutura, temos a ênfase no simbólico, em relações diferenciais e em articulação de posições (Miller, 1988), com o termo "clínica" temos de nos remeter ao sujeito, que, por definição, estando sempre entre dois significantes, não pode ser totalmente apreendido por nenhuma identidade, ou seja, é o que escapa à fixação de uma posição.

A questão aqui é a ênfase. Com a elocução "estruturas paradoxais" pretende-se destacar a ênfase no registro do real em sua face mais radical, irredutível. Trata-se de considerar que há um indecidível inerente à aposta de estruturas clínicas em que é possível a emergência do sujeito. Aliás, a condição de decisão do diagnóstico deve ser esse ponto de indecidível da estrutura, consideração da estrutura em seu limite. É preciso considerar que, se falamos de sujeito na estrutura, não é por considerá-lo um amo da estrutura, mas em sua condição de sujeição a ela (Miller, 1996: 11). Isso não quer dizer que há um lugar prévio para o sujeito nas relações de posição previstas pela estrutura; ao contrário, indica a inadequação do sujeito a ela. Conforme aponta Lacan, "num universo de discurso, nada contém tudo, e é aqui que encontramos novamente o espaço que constitui o sujeito" (Lacan, 1966/1980: 205). Pode-se dizer, para usar um modo de articulação proposto por Lacan, que sujeito e estrutura mantêm uma relação de *extimidade*, uma espécie de exclusão interna, que o recurso à topologia (fita de Möebius) tão bem ajuda a visualizar.

O diagnóstico em psicanálise, portanto, não fixa o sujeito a uma identidade; ao contrário, realça sua impossibilidade em ser descrito por atributos. Atribuir uma estrutura clínica a uma posição subjetiva não é o enquadre em uma classe, senão na consideração da classe em seu ponto de dissolução, de inutilidade.

Normalmente, encontramos, nas disciplinas que se ocupam da saúde, diagnósticos que estabelecem diferenças em relação a um ideal de normalidade ou saúde. Nesse sentido, tal como propõe Georges Canguilhem (2002)[3], uma definição do patológico só pode ser moral, orientada por um conjunto de valores que discriminam o normal (bem) do patológico (mal).

Quando falamos em tratamento de uma patologia, falamos, portanto, de um tratamento moral. Canguilhem faz um percurso histórico sobre os conceitos de patologia e normalidade, tentando retirar as consequências

---

3 Uma discussão a esse respeito foi realizada em trabalho anterior: A saúde mental e a fabricação da normalidade: uma crítica aos excessos do ideal normalizador a partir das obras de Foucault e Canguilhem. *Revista Interação em Psicologia*, 2008 (no prelo).

que cada definição traz em termos das patologias que produz[4] e do tratamento que propõe. Ele ressalta que, quando analisado sob o ponto de vista da oposição saúde x doença, o patológico não é apenas um desvio da norma, mas uma norma diferente, valorizada como inferior.

Ao tratar a doença, a medicina se situa no campo dos valores porque julga o fisiológico, considerando-o comparativamente àquilo que considera um bem. A medicina não trata um corpo, mas um "mal". Assim, caberia a cada terapêutica escolher critérios que caracterizem desvios e construir modos de reconduzir as manifestações desviantes aos padrões dos quais se afastaram, atuando numa lógica claramente moralizante.

A psicanálise, em sua proposta, rompe com essa lógica de oposição entre o normal e o patológico conforme exposto anteriormente, o que é marcado pelo modo como constrói suas categorias diagnósticas e, consequentemente, como conduz o tratamento. Um diagnóstico de neurose, psicose ou perversão não implica um desvio em relação a uma norma de referência; ao contrário, marca o impasse referente a qualquer norma. As estruturas clínicas, como vimos, evocam ao mesmo tempo identidade e ruptura, questionando sua própria organização.

Pode-se inferir então que o convite psicanalítico é um convite a que o sujeito se reconheça como fundado em uma classe paradoxal, que diz respeito tanto ao nome que ordena, quanto àquilo que escapa à classificação. Que não seja possível encontrar um princípio que nomeie o desejo e alcance o objeto que o cause não quer dizer que o sujeito deva renunciar ao enigma de seu desejo; ao contrário, deve enfrentá-lo: "De que todo pensamento seja, ao nomear, equívoco não quer dizer que não se tenha que pensar; de que todo nome seja multiplamente ambíguo não quer dizer que não se deva nomear; de que a univocidade seja impossível não quer dizer que não se deva ordenar um desejo (Milner, 1999: 147).

Pensar, nomear e ordenar a partir da impossibilidade de encontrar o pensamento, o nome ou a ordem definitiva. Enfim, constituir-se numa classe, mas uma classe paradoxal.

---

4 Considero aqui a determinação do que vem a ser patológico como produção de uma patologia, uma vez que esta só é assim considerada a partir de sua nomeação como tal. Uma teoria das doenças, portanto, traz como consequência a produção das doenças supostas.

REFERÊNCIAS BIBLIOGRÁFICAS

BADIOU, A. (1997). Lacan – a antifilosofia e o real como ato. *Letra Freudiana*, 22, 3-44. Rio de Janeiro: Revinter.

BAUMAN, Z. (1999). *Modernidade e ambivalência.* Rio de Janeiro: Jorge Zahar.

CANGUILHEM, G. (2002). *O normal e o patológico.* 5a ed. Rio de Janeiro: Forense universitária.

COELHO, E. P. (s/d). Introdução a um pensamento cruel: estrutura, estruturalidade e estruturalismos. *In*: COELHO, E. P. (org.). *Estruturalismo: antologia de textos teóricos* (pp. III-LXXV). São Paulo: Portugália.

LACAN, J. (1966/1980). Da estrutura como intromistura de um pré-requisito de alteridade e um sujeito qualquer. *In*: MACKSEY, R. & DONATO, E. (orgs.). *A controvérsia estruturalista: as linguagens da crítica e as ciências do homem* (pp. 198-212). São Paulo: Cultrix.

MILLER, J.-A. (1996). *Matemas I.* Rio de Janeiro: Jorge Zahar.

————. (1988). *Matemas II.* Buenos Aires: Ed. Manantial.

MILNER, J.-C. (1999). *Los nombres indistintos.* Buenos Aires: Ed. Manantial.

POUILLON, J. (s/d). Uma tentativa de definição. *In*: COELHO, E. P. (org.). *Estruturalismo: antologia de textos teóricos* (pp. 3-18). São Paulo: Portugália.

TEIXEIRA, A. (2002). Do bom uso da besteira na experiência psicanalítica. *Ágora*, v. 5, 2, 271-293.

Em que se pode reconhecer o estruturalismo em Lacan ou o problema da melancolia como estrutura clínica

Felipe Castelo Branco

Resumo

Este trabalho procura compreender o lugar da melancolia como classificação clínica em Freud, e a repercussão da classe das neuroses narcísicas nas estruturas clínicas de Lacan. Para isso é preciso estudar os interesses teóricos de cada um desses autores e seus efeitos clínicos. É fundamental estudar a relação ambígua de Lacan com o movimento estruturalista para chegar às suas estruturas clínicas.

Palavras-chave: melancolia; neuroses narcísicas/psicose; estruturas clínicas

Abstract

How one can recognize the structuralism in Lacan? The problem of melancholy as a clinical structure

This work's aim is to try to understand the place occupied by melancholy in Freud's clinical classification, and the repercussion of the narcisical neurosis class in Lacanian's clinical structures. It is important to study the theoretical interests of each one of these authors and its clinical effects. To reach the clinical structures, it is necessary to study the Lacan's ambiguous filiation with structuralism.

Key-words: melancholy; narcisical neurosis/psychosis; clinical structures

EM QUE SE PODE RECONHECER O ESTRUTURALISMO?

Sob um pedido de François Chatêlet, em 1967, Gilles Deleuze (2002) publicou um famoso artigo que foi batizado com o pretensioso título: "Em que se pode reconhecer o estruturalismo?". Chamo de pretensioso a este título justamente porque nele nos é transmitida a ideia de que o estruturalismo poderia ser definitivamente identificado; e mais do que isso, de que é provável encontrar sinais verdadeiramente estruturalistas. Deleuze obviamente reconhece a dificuldade que essa tarefa apresenta, em função da diversidade de modos de operação e de influências daqueles autores que são incluídos sob o signo do "estruturalismo". Não chegando a ser um movimento de identidade em que autores de diversas áreas do pensamento se ligariam por um laço de solidariedade intelectual e nem chegando a se configurar como uma escola de pensamento, o que se denomina de estruturalismo não é mais do que uma *atividade*, conforme afirma Roland Barthes (Barthes, 1967: 19-27). Surgindo de inicio como uma resposta direta aos problemas humanistas trazidos pela fenomenologia, a atividade estruturalista não seria mais do que a reunião de um certo número de traços um tanto comuns às posições intelectuais de um grupo de autores de campos diversificados: desde a linguística e a filosofia até o marxismo, a crítica literária e a psicanálise.

LACAN E O ESTRUTURALISMO

Sem dúvida, ao lado de Lévi-Strauss e de Jakobson, Lacan é a principal fonte de influência para aqueles que se dedicaram, ainda que alguns apenas por um curto período, à atividade estruturalista. Toda a reflexão lacaniana sobre o simbólico, a anterioridade da posição em relação àquele que a atualiza – relação entre o operador simbólico e o elemento final do jogo estrutural –, a valorização das relações em detrimento dos termos e, ainda dentro desse aspecto, a existência das singularidades como inteiramente dependente das relações diferenciais, todos esses modelos de pensamento e abordagem que atravessam a obra de Lacan se fizeram contaminar pela onda estruturalista. Mas Lacan foi também alvo de severas críticas por parte desse mesmo grupo de autores. A mais conhecida delas é a acusação de que seu pensamento teria dado um certo "passo para trás" em relação ao pensamento estruturalista com o seu "reestabelecimento" do sujeito. Todo o esforço que se inicia com Lévi-Strauss ao evidenciar a *anterioridade dos lugares* ocupados pelos indivíduos como termos diferenciais nas relações elementares de parentesco parecia ter sido jogado fora por Lacan ao se manter ainda agarrado a uma ideia tão cartesiana (ou metafísica), ao conceito de sujeito. Tal crítica parte de uma compreensão equivocada do pensamento de Lacan.

A questão do sujeito no pensamento lacaniano é a primeira evidência do modo como seu ensino permanece numa linha fronteiriça entre um dentro e um fora do campo estrutural. Isso não quer dizer que Lacan fuja do anti-humanismo e do anticartesianismo (e poderíamos ainda dizer do ateísmo) radical pelos quais ele próprio foi um dos responsáveis e propagadores dentro da atividade estruturalista. Não se trata, no sujeito lacaniano, de restabelecer uma subjetividade autônoma, original, consciente em última instância. O sujeito em Lacan é produzido, efeito efêmero e fugidio de sua dependência do significante. Lacan nega certa visão "metafísica e popular" (Ogilvie, 1987: 46) ou ainda *psicológica* do sujeito para situá-lo como efeito daquilo que, de fora da cadeia significante, como ausência, se faz presente ou se faz representar em seus deslizamentos. O sujeito em Lacan é aquilo que (como o número 0 na lógica de Frege, segundo Jacques-Alain Miller) não é idêntico a si mesmo.

A CASA VAZIA

Toda a noção de estrutura no pensar estruturalista supunha uma causalidade "inconsciente" – termo tomado aqui no sentido mais corrente, como oposto à consciência volitiva – para aquilo que seus efeitos atualizarão *a posteriori*, recobrindo nessa atualização as relações anteriores que os produziram como termos. Entretanto, em torno das relações diferenciais há um elemento que cumpre uma função paradoxal: ele é um elemento simbólico, tal qual os outros elementos, mas trata-se de um elemento que não se relaciona com nenhuma série diferencial e, portanto, remete para fora da cadeia, para um espaço desocupado fora da série. A essa necessidade de um elemento "de fora" Deleuze deu o nome de *casa vazia* (*case vide*)[1]: algo que é buscado onde nada há, fundamental para o funcionamento dos jogos e das trocas.

No entanto, não basta, para Lacan, postular a ausência de algo que se faz presente no movimento metonímico da cadeia significante. O Falo faz a função de presentificar isso que "falta a seu lugar" no interior do simbólico. Falta *no simbólico* justamente porque só no simbólico algo pode faltar a seu lugar, ou antes, só no simbólico pode se supor haver *lugar* no qual algo falta em sua função de ocupá-lo. Claro está, portanto, que no real, onde nada falta, nada pode ter lugar: toda falta é falta de um termo (um significante último) suposto capaz de preencher a cadeia significante definitivamente, dando a ela a possibilidade da cópula ontológica, ou seja, de pelo significante gerar o *ser*. "Tudo o que é deve aparecer no lugar em que é esperado", diz Moustafa Safouan (1968: 43). Entretanto, no real nada é. E no simbólico há falta-a-ser: algo escapa a seu lugar.

A casa vazia se presentifica notadamente na ideia do *fonema zero* de Jakobson ou no *lugar do rei* em *As meninas* de Velásquez no texto de Foucault (1966) e faz a função deste ponto sem significação em torno do qual todos os termos se situam em suas próprias relações de diferença. O Falo também está incluído nesse vazio onde:

> Tudo o que se acha uma vez associado à cadeia significante [...] todos esses elementos, em condições adequadas, são capazes de poder ser tomados como equivalentes uns aos outros. [E onde] um elemento circunstancial [...] pode assumir o valor representativo daquilo que é o *termo* da enunciação subjetiva [...] (Lacan, 1960-1961/1992: 171; grifo nosso).

No entanto, a questão do Falo com o "de fora" não se esgota em sua função de casa vazia. A causalidade metonímica do deslizamento signifi-

1 A *casa vazia* é o sexto critério de reconhecimento do estruturalismo no artigo de Deleuze.

cante traz implicações que Lacan nunca deixará de salientar e de explorar. Importa à reflexão lacaniana trabalhar aquilo que impede o termo último, aquilo que esburaca e faz vacilar todo o intuito de totalização da cadeia.

Portanto, as preocupações intelectuais e clínicas de Lacan sempre se mantiveram em torno das relações do homem com o símbolo, com o campo de onde podem se produzir as operações de significação, mas também com o "de fora" do simbólico, com aquilo que excluído do significante traz ressonâncias diretas para o interior do simbólico. Lacan busca, e cada vez mais profundamente, pensar aquilo que escapa ao simbólico e o modo pelo qual o sujeito se relaciona com isso do qual não se pode falar. É por essa via que suas reflexões vão chegar ao gozo. É em torno do gozo que o pensamento de Lacan sobre a linguagem alça outro estatuto, ainda que inteiramente dependente de tudo o que ele sempre desenvolveu sobre a estrutura do significante.

Antes de ser cópula entre nomes, no sentido de Aristóteles (Aristóteles, 2008: 90-95), a linguagem é um caminho de retorno, é busca de retorno a um "de fora" da linguagem desde sempre perdido em torno do qual gravita o significante. Antes de ser produtor dos efeitos de significado, o significante faz a função de contenção, de barra contra o gozo. Com Lacan, a linguagem se desloca da concepção tradicional que incidia sobre ela, isto é, a de ser um *instrumento* produtor de significação – a função do sentido pertence em Lacan ao imaginário, não ao simbólico –, e passa a ocupar, antes, o lugar de barra ao silêncio do ser (gozo), de *mecanismo* ou *estrutura* que busca obliterar a abertura, a fenda que o próprio significante fundou.

Ao estruturalismo interessa o simbólico; e na sobredeterminação do sistema simbólico *nada parece estar excluído*, ainda que não inteiramente determinado. O pensamento de Lacan não se reconhece de todo aí. Contudo, mesmo em meio ao surgimento de uma terminologia que revela uma reflexão às vezes bastante estranha ao pensamento estrutural, Lacan não abandona as questões que o levaram a ser incluído sob o título de estruturalista. E a questão que se coloca aqui é a de pôr em trabalho as chamadas *estruturas clínicas*. Para isso, introduziremos a classe nosográfica da *melancolia* como modelo-problema para a relação diferencial entre as estruturas. A melancolia que permaneceu num lugar problemático e aberto no pensamento freudiano, sendo localizada numa classe atípica na nosografia psicanalítica, pode ser repensada a partir de Lacan?

A QUESTÃO DAS NEUROSES NARCÍSICAS EM FREUD

Freud publica em 1924 um artigo intitulado "Neurose e psicose", onde tenta, pela última vez em sua obra, estabelecer uma classificação nosográfica dentro do campo da psicanálise. Em 1915, num artigo encontrado depois de sua morte chamado "Neuroses de transferência: uma síntese", Freud já havia tentado uma classificação dos conflitos psíquicos. Contudo, neste primeiro trabalho seu maior interesse parece ter sido o de se basear numa comparação entre a filogênese e a ontogênese para distinguir tais conflitos. Em 1924, os interesses de Freud se voltavam mais para outra direção. Muito marcado pela recente construção de sua segunda tópica, a divisão entre neurose e psicose vai se apoiar nas relações entre o eu, o supereu e o isso. De modo esquemático, podemos considerar a neurose como uma luta do eu contra os impulsos do isso, o primeiro sendo dominado, nesta atitude, pelas ordens do supereu que o vela contra os imperativos que o acometem, oriundos do isso. Já na psicose há uma ruptura, uma fenda aberta entre o eu e o mundo externo. O delírio vai surgir aí como um remendo, uma tentativa de reconstrução deste laço entre essas duas instâncias separadas.

Lacan vai incluir em suas estruturas clínicas as mesmas categorias de Freud no texto de 1924 "Neurose e psicose" e vai extrair ainda de seus trabalhos posteriores a categoria de *perversão*, que se baseia nos estudos sobre "O fetichismo" (1927), e "O problema econômico do masoquismo" (1924). Contudo, Freud ainda acrescenta *entre* neurose e psicose, em sua estrutura nosográfica, outra classe que jamais aparecerá em Lacan: a classe das psiconeuroses narcísicas. Nem uma neurose, nem uma psicose, a neurose narcísica, para Freud, carrega em si uma marca fundamental: a violência com que o supereu massacra o eu, efeito do modo como estas duas instâncias se separam e se diferenciam dentro desta classe "especial". Toda essa violência sem limites do supereu contra o eu impressionou muito a Freud desde seu "Luto e melancolia", estudo de 1917 no qual a luta do supereu contra o eu assim como a identificação e a perda do objeto amado serão as características fundamentais da melancolia[2]. Não nos impressiona, portanto, que em 1924 ele tenha posto em destaque essa operação extremada do supereu na classe da neurose narcísica e tenha incluído nesta classe, única e exclusivamente, a melancolia.

Freud pensa a melancolia diferenciando-a das "outras psicoses" também porque, em sua observação, a relação da melancolia com a castração, a principio, não se assemelha nem a uma neurose, nem a uma psicose. Como nos alerta o próprio Freud:

> Falta a ele vergonha diante de outras pessoas, sendo esta a principal característica desse estado, ou pelo menos ela não aparece de maneira notável. Poder-se-ia destacar no melancólico a presença de um traço oposto, de uma insistente comunicabilidade [*aufdringlichen Mitteilsamkeit*] que encontra satisfação no desnudamento de si mesmo (Freud, 1917/2006: 279).

Isso quer dizer que, ao contrário da paranoia (tomada como paradigma da psicose), a melancolia encontra satisfação na exibição de uma *possível* castração, sustentada num delírio extremamente empobrecido. Mas também, contrariamente a uma neurose, essa "castração melancólica" não é recalcada, mas ostentada. O melancólico aparece como alguém que tem fixação, verdadeira sideração pela castração. Por esse motivo, torna-se evidente a razão de todo o desprezo que o melancólico nutre pela neurose. A opção que o neurótico teria por fantasiar, por se "iludir" no lugar de encarar de frente a finitude, ou seja, o real da castração, parece indigna e risível aos olhos do melancólico. Entretanto, essa *sideração pela castração* não significa sua inscrição. Não devemos nos iludir no orgulho que exibe e nutre o melancólico por sua "coragem".

---

2 Sobre este tema cf. nossa dissertação de mestrado *Tristes tópicos: um estudo sobre a melancolia em Freud* (2008), UERJ.

E o que Lacan fez com a reflexão de Freud sobre a melancolia como uma neurose narcísica? É importante dizer, em primeiro lugar, que as referências sobre a melancolia na obra de Lacan são raríssimas. Existem apenas alguns breves comentários nos *Seminários* 8, 10 e 26 sobre o tema. Além disso, Lacan não altera consideravelmente as concepções de Freud sobre o estado melancólico, acrescentando apenas algumas reflexões sobre a melancolia em suas relações com o ideal do eu. Portanto, não existe nenhum ponto fundamental de inovação ou divergência entre Lacan e Freud no que diz respeito à teoria da melancolia e, logo, não existe nenhuma razão *interna às reflexões lacanianas sobre a melancolia* para ignorar a proposta de Freud de uma categoria especial que a inclua em separado do campo das psicoses.

AS ESTRUTURAS DE LACAN

Ao propor suas estruturas clínicas, Lacan parte de uma relação diferencial entre três termos que ele extrai do texto de Freud e que representam modos diferentes de lidar com aquilo que pode ser simbolizado. Não se trata aqui de conflitos psíquicos. A *Verwerfung*, a *Verdrängung* e a *Verneinung*, ou foraclusão, recalque e denegação são, antes de conflitos internos ao psiquismo, estruturas sobre as quais e a partir dos quais qualquer conflito pode se dar. Importa, para Lacan, pensar os registros clínicos como modos de questão, ou seja, interessa a ele pensar a anterioridade estrutural do modo como se oferece ao sujeito o *possível* de lidar com a castração. Ainda que essa lida intente negá-la radicalmente de saída, como se a castração jamais houvesse sido uma questão; ou melhor, negá-la sem que haja antes uma afirmação de existência simbólica (*Bejahung*). Aqui, negar a questão já faz parte da questão. Negar que algo existe como algo que falta impede que exista *casa vazia*: falta, portanto, a falta fundamental e movente da linguagem. Estamos no campo das psicoses.

Na foraclusão, a questão da falta de um elemento no simbólico não se coloca como questão; ignora-se e torna-se sem efeito aquilo que a Lei suporta e que surge como índice desse *ser* que falta. Se nada falta em nenhum lugar, a linguagem, jogo diferencial de lugares, torna-se impotente em seu movimento. Sem estar sustentada por uma ausência, a linguagem não "mata a coisa", pois convivem quase que indiscriminadamente a simbolização (produzida pelo significante) lado a lado aos efeitos de *retorno* do real. E a psicose padece exatamente desse retorno do real sem regulação no coração do simbólico.

Vemos então que, diferente das categorias de Freud em 1924, Lacan não *prioriza* em suas estruturas clínicas o conflito entre instâncias psíquicas (e mais especificamente os conflitos da segunda tópica). Ele busca antes compreender as estruturas que, estas sim, vão definir que tipo de conflitos psíquicos vão ser possíveis em sua atualização *a posteriori*.

Ao tratar da melancolia, mesmo Freud, destacando o conflito entre eu e supereu como característico da classe das neuroses narcísicas, chama essa classificação de *provisória*. Nessa atitude ele parece ter um objetivo muito definido: salientar que o conflito psíquico da melancolia não se assemelha nem com o da neurose, nem com o das *outras* psicoses. Cito Marie-Claude Lambotte: "Freud classifica, com efeito, a melancolia entre as psiconeuroses narcísicas, distintas do grupo das psicoses constituído pela esquizofrenia e pela paranoia; concorda nesta posição com Bleuler que, lembramos, não dava à melancolia um diagnóstico preciso, a não ser para diferenciá-la de outras afecções" (Lambotte, 2000: 60).

No nível do conflito que move a melancolia, Freud optou por não adequar definitivamente essa última às outras classes. Seu conflito localizado entre o supereu devastador e o eu empobrecido guarda diferenças em relação à neurose e à psicose que foram salvaguardadas pelo pensamento freudiano. No entanto, como uma estrutura clínica, poderíamos pensar a melancolia como interna ao campo das psicoses *a partir* de Lacan[3]? Não estaria aí, na inclusão da melancolia entre as psicoses, um ato de reconhecimento da "falta da falta" que acometeria o melancólico?

---

3 Digo *a partir* de Lacan porque não há nenhuma referência direta e clara em seu ensino de uma inclusão da melancolia sob o signo da psicose. Entretanto, não creio que seja necessária nenhuma recusa quanto a esta inclusão, por falta de uma referência mais clara ou literal. Para quem frequenta o ensino de Lacan, é preciso aprender a pensar sem manual.

A dependência profunda de um outro a quem o melancólico permanece ligado por um laço de identificação patológico faz com que a tão frágil sustentação imaginária que o mantém seja irremediavelmente catastrófica quando do momento da perda de seu objeto de amor. O adoecimento (desencadeado pela perda daquele que foi amado numa dependência especular) leva a um vazio e a um desespero profundo. Mas se por um lado o melancólico lamenta o eterno tédio e o vazio da vida que leva – efeito da retirada da libido de todos os objetos mundanos –, por outro ele se orgulha de ser capaz de ver um mundo sem máscaras, tal como "ele é". Um mundo cru, do qual nada se espera – senão apenas se *des*espera – e a partir do qual toda a fala monocórdia do melancólico aponta para sua capacidade de ser o único a vê-lo como tal. Satisfação sinistra, que tanto impressionou a Freud, que o melancólico paradoxalmente extrai de sua ruína e de sua desgraça. Talvez na melancolia o sujeito aponte, com dedo em riste, para aquela verdade que o *neurótico* só tem acesso de modo velado, desfigurado pelo retorno do recalcado – e da qual ele nada quer saber. Diante do melancólico, Freud se questionava: por que ele tem que adoecer para ter acesso a *uma verdade* como essa? Talvez aí esteja uma primeira tentativa de resposta.

REFERÊNCIAS BIBLIOGRÁFICAS

ARISTÓTELES. (2008). De l'interpretation. *In*: Aristóteles. *Organon I et II*. Paris: Vrin.

BARTHES, R. (1967). A actividade estruturalista. *In*: COELHO, E. P. (org.). *Estruturalismo: antologia de textos teóricos* (pp. 19-29). São Paulo: Martins Fontes.

DELEUZE, G. (2002). A quoi reconnait-on le structuralisme? *L'île déserte et autres textes*. Paris: Minuit.

FOUCAULT, M. (1966). *Les mots et les choses*. Paris: Gallimard.

FREUD, S. (1915/1987). *Neuroses de transferência: uma síntese* (Manuscrito recém-descoberto). Rio de Janeiro: Imago.

———. (1917/2006). Trauer und melancholie. *Schriften zur Krankheitlehre der Psychoanalyse*. Frankfurt am Main: Fisher Klassik.

———. (1924/1976). Neurose e psicose. *Edição standard das obras psicológicas completas de Sigmund Freud, ESB*, v. XIX. Rio de Janeiro: Imago.

LACAN, J. (1955-1956/1985). *O seminário, livro 3: as psicoses*. Rio de Janeiro: Jorge Zahar.

———. (1960-1961/1992). *O seminário, livro 8: a transferência*. Rio de Janeiro: Jorge Zahar.

LAMBOTTE, M.-C. (2000). *Estética da melancolia*. Rio de Janeiro: Companhia de Freud.

LÉVI-STRAUSS, C. (1982). *As estruturas elementares do parentesco*. Petrópolis: Vozes.

MILLER, J.-A. (1967). A sutura (elementos da lógica do significante). *In*: COELHO, E. P. (org.). *Estruturalismo – antologia de textos teóricos* (pp. 211-224). São Paulo: Martins Fontes.

OLGIVIE, B. (1991). *Lacan: a formação do conceito de sujeito*. Rio de Janeiro: Jorge Zahar.

SAFOUAN, M. (1968). *Estruturalismo e psicanálise*. São Paulo: Cultrix.

A ESTRUTURA TOPOLÓGICA DO OBJETO *a* E O FENÔMENO PSICOSSOMÁTICO

Joseane Garcia

RESUMO

Esse artigo tem como objetivo pensar a estrutura topológica do objeto *a* em relação ao fenômeno psicossomático (FPS). Seguindo as indicações de Lacan, trabalhamos com a hipótese de que no FPS o objeto *a* não pode ser considerado encarnado no corpo, contrapondo o ponto de vista de alguns pesquisadores lacanianos no campo da psicossomática.

Palavras-chave: psicanálise; fenômeno psicossomático (FPS); objeto *a*.

ABSTRACT

The topological structure of the object *a* and psychosomatic phenomenon

This article aims to think the topologic structure of object *a* in relation to the psychosomatic phenomenon (PSP). Following Lacan indications, we work with the hypothesis that PSP cannot be considered an object *a* embodied in the body, by opposing the point of view of some Lacanian researchers in the psychosomatic field.

Key-words: psychoanalysis; psychosomatic phenomenon (PSP); object *a*.

Logo de saída, podemos nos perguntar por que abordar o fenômeno psicossomático[1] em relação ao objeto *a* e o que isso tem a ver com estrutura, que é o tema deste livro.

É claro que não vamos abordar o FPS como uma estrutura clínica, pois ele não o é. Não se trata de uma quarta estrutura específica aposta à série das três estruturas clínicas propostas pela psicanálise, ou seja, neurose, psicose e perversão. Este tipo de fenômeno não tem característica de uma posição subjetiva, nem o privilégio de um dos elementos da estrutura, já que podemos encontrá-lo em qualquer uma das estruturas clínicas.

O tema estrutura se justificaria neste artigo pelo estudo do objeto *a*, pois Lacan o inclui na estrutura ao formular sua teoria dos discursos, momento de virada de seu ensino fundado na tese de que "o inconsciente é estruturado como uma linguagem" em que o objeto *a* ganha operatividade. Lacan não abandona a sua tese, mas coloca o objeto *a* presente no campo da linguagem, no que a ele escapa.

No entanto, o que pretendemos neste artigo é comentar um ponto específico do estudo do FPS considerado por alguns psicanalistas lacanianos estudiosos no assunto que é o seguinte: a não-extração do objeto *a* nestes fenômenos e a sua encarnação no órgão lesionado. A proposta é discutir de que estrutura é o objeto *a* e se ele pode tomar corpo.

FPS E ANGÚSTIA

O diabetes tipo 1[2] de Karina, uma menina de sete anos, eclodiu após alguns episódios de morte e separação na sua vida. Esses episódios, a mãe

---

1 Cabe ressaltar que este tipo de fenômeno coloca-se diferentemente de uma lesão puramente orgânica, pois apresenta surgimento, mobilizações e desaparecimento em função de acontecimentos exatos e datas específicas, sendo capaz de uma indução ou causalidade significante. A partir de agora, para nos referirmos ao fenômeno psicossomático, usaremos a abreviação FPS.

2 Há dois tipos de diabetes. O diabetes tipo 1, muito mais frequente em crianças e adolescentes, decorre de uma falência do pâncreas que deixa de produzir insulina. Esse tipo de diabetes exige doses suplementares de insulina pelo resto da vida. O tipo 1 é considerado uma doença autoimune, ou seja, o organismo, de repente, age como se o pâncreas fosse um "corpo estranho" e passa a destruí-lo. Para saber sobre o diabetes como FPS, ver MORAES, J. G. S. "O corpo entre a conversão histérica e o fenômeno psicossomático" Rio de Janeiro: UERJ, 2007. Dissertação de Mestrado.

dela os coloca em série: a morte do avô paterno – a morte da avó materna – separação dos pais – nascimento do irmão por parte do pai – reconciliação dos pais e morte da irmã caçula que nasceu com síndrome de Down, morrendo depois por complicações clínicas. A série é da mãe. Inclusive, mãe e irmã mais velha fazem demanda de análise. A mãe por "depressão" e a irmã por apresentar um quadro de "pânico". Mas Karina não apresenta nenhuma queixa, pouco fala. Ela se limita a descrever como é sua dieta: "é assim" e ponto. Quando peço para que fale de alguma lembrança de sua vida, Karina responde de imediato: "Eu não guardo lembranças". Fala que nos remete à afirmativa de Freud juntamente com Breuer em "Comunicação preliminar" (1893/1989) de que os histéricos sofrem principalmente de reminiscências. Nesta fala podemos ler que Karina não sofre de reminiscências em relação ao seu diabetes. Isto não configura um sintoma histérico, conversivo. Ela não traz nenhuma associação ao seu diabetes. Diferente de um sintoma conversivo, o diabetes se apresenta como algo que não é para ler. Karina lida com o diabetes como se não fosse com ela, ou melhor, como se o corpo não fosse dela. Ela não se implica no tratamento médico, nem mesmo aplica sua insulina. Diabetes de difícil controle, com hipoglicemias e hiperglicemias[3], Karina veio encaminhada porque a equipe não conseguia nenhum resultado com ela.

Como neste fragmento clínico, a escassez de demanda e a aparente inexistência de conflitos psíquicos, em que a angústia não se apresenta, são constatadas por vários profissionais que trabalham com sujeitos portadores de FPS.

Em *O seminário, livro 10: a angústia* (1962-1963/2005), Lacan reúne numa pequena fórmula a relação entre a angústia e o objeto, dizendo que o objeto que se encontra no centro, quando tratamos da questão da angústia, não é outro senão o objeto *a*. Isto quer dizer que o afeto da angústia traduz a relação do sujeito com o objeto *a*. Então, a questão que a clínica com os sujeitos portadores de FPS nos coloca é que, se a angústia não comparece, então como podemos pensar o objeto *a* nestes casos?

---

3 Baixo ou alto nível de glicose (açúcar) no sangue, respectivamente.

A TOPOLOGIA DO OBJETO *a*

Lacan levou dez anos para formular claramente a categoria de objeto *a* e foi na elaboração sobre a questão da angústia que ele o fez. Para ele, o objeto *a* foi sua única invenção na psicanálise.

Falar de objeto na psicanálise é quase paradoxal, pois ele não apresenta nenhuma objetividade, como acontece com os objetos das ciências positivas, por exemplo. Por outro lado, tampouco podemos qualificá-lo de subjetivo. O objeto *a* é um objeto que, por não ser objetivável, é o fundamento de toda objetividade possível para o sujeito.

Em *O seminário, livro 4: a relação de objeto* (1958-1959/1955), Lacan retoma a concepção freudiana do objeto, criticando radicalmente a prevalência no movimento psicanalítico pós-freudiano da noção de relação de objeto. Lacan problematiza a teoria dos estágios evolutivos da libido e diferencia de maneira rigorosa o objeto da necessidade e o objeto do desejo dialeticamente dependente do desejo do Outro. Esta crítica vai resultar alguns anos depois, no seminário sobre a angústia (1962-1963), na elaboração de um novo conceito de objeto, o objeto *a*. No entanto, não é através da lógica do significante que Lacan formaliza a dialética do desejo que lhe serve de porta de entrada para a invenção do objeto lacaniano, mas do afeto freudiano por excelência, a angústia. Porém, em contraposição a Freud, Lacan sustenta que a angústia não é sem objeto e que é o único afeto que não engana (Lacan, 1962-1963/2005).

No seminário sobre a angústia, Lacan propõe um esquema de divisão (Lacan, 1962-1963/2005: 259) em que algo, que é designado pela letra *a*, resta. De um lado se tem A, representando o Outro como lugar do significante, de outro lado S, sujeito ainda inexistente, pois tem que se situar como determinado pelo significante. O sujeito, marcado pelo traço unário do significante do campo do Outro, se constitui como ⊠. Dessa operação, dessa divisão, algo, que é designado pela letra *a*, resta do lado do Outro (A). "Esse resto, esse Outro derradeiro, esse irracional, essa prova e garantia única, afinal, da alteridade do Outro, é o *a*" (ibid.: 36).

Neste mesmo seminário, Lacan conceitua o objeto *a* fora da série dos objetos empíricos, imaginários ou significantes. Ele lista cinco formas do objeto *a*, traduzido em formas homólogas ao oral, ao anal, ao fálico, ao olhar e à voz, como algo que não se substancializa. Delimitações de bordas que são circunscritas pela falta do Outro. Lacan formulou a natureza do objeto separado do corpo, caído, resto irrecuperável, não absorvível na dialética entre sujeito e Outro. Assim, o objeto *a* tem um caráter de resíduo e de exterioridade.

Não se deve aqui fazer uma leitura errônea do ponto de vista da anatomia ao considerar os objetos em termos de retiradas do corpo. Lacan se utiliza do significante anatomia, concordando com Freud que "a anatomia é o destino", entretanto atribui ao termo "anatomia" seu sentido estrito, etimológico mesmo, valorizando a função de corte, já que a anatomia está ligada à dissecação. É na condição de separável, cedível que um objeto pode fazer função de objeto *a*. Ser separável supõe as ideias de corte e de borda, o que equivale a dizer que é a borda que faz a estrutura do objeto *a* e não a substância: o objeto *a* tem estrutura de borda.

É a partir de *O seminário, livro 11: os quatro conceitos fundamentais da psicanálise* (1964/1988: 101) que podemos dizer, com Lacan, que "o objeto *a* é algo de que o sujeito se separou como órgão". O objeto *a*, então, tem estatuto de resto, órgão externo ao corpo.

Situado no ponto da causa do sujeito, o objeto *a* é como algo distinto do sujeito, mas que não lhe é alheio. Objeto "êxtimo", por estar dentro e fora. Objeto estranho, *unheimlich,* diria Freud, cujo contorno a pulsão tenta fazer para obter do retorno deste enlace a sua satisfação.

Lacan se utilizou da topologia para falar do objeto *a*. Estudando a etimologia da palavra topologia, vemos que *topos* do grego, significa lugar e *logia* significa estudo, ou seja, o estudo do lugar. A topologia não se interessa nem pela métrica nem pelas proporções, ela estuda as propriedades do espaço. O objeto *a* tem estrutura topológica, aquela que Lacan colocou em imagens nas figuras do toro, do *cross-cap* e da garrafa de Klein, constituindo um campo que, embora exterior ao sujeito, é o que lhe há de mais íntimo. A topologia utilizada por Lacan vai muito além do uso de esquemas com valor explicativo ou didático. Ele não teve a pretensão de usar a matemática para embasar suas teorias psicanalíticas como científicas.

Valas (2001) nos diz que Lacan apela para a matemática não como demonstração, nem mesmo como metáfora. Ele utiliza estruturas topológicas porque são as próprias estruturas que a psicanálise encontra na sua experiência.

Em *O seminário, livro 13*, quando coloca o objeto *a* como borda entre o saber e a verdade, Lacan demonstra que aquilo que representa o lugar do objeto *a* é o furo. "[...] o objeto *a* está aí neste espaço de furo que lhe é propriamente, digamos, representável, propriamente por este fato que ele não é de maneira nenhuma representado" (Lacan, 1965-1966: aula de 20/1/1966).

Ele situa que o objeto *a* é o que completa a banda de Möebius, remetendo-se ao *cross-cap* (Fig. 1). Esta figura estranha foi apresentada por Lacan pela primeira vez em *O seminário, livro 9: a identificação* (1961-1962), como suporte da estrutura da fantasia. Lacan utiliza o corte da figura topológica do *cross-cap* a fim de figurar a constituição do sujeito na separação do objeto. Com o corte do *cross-cap* obtemos dois pedaços: uma banda de Möebius e um disco, o sujeito e o objeto *a*. O *cross-cap* é uma superfície que engana, que parece não conter este furo, mas que o revela com o corte.[4]

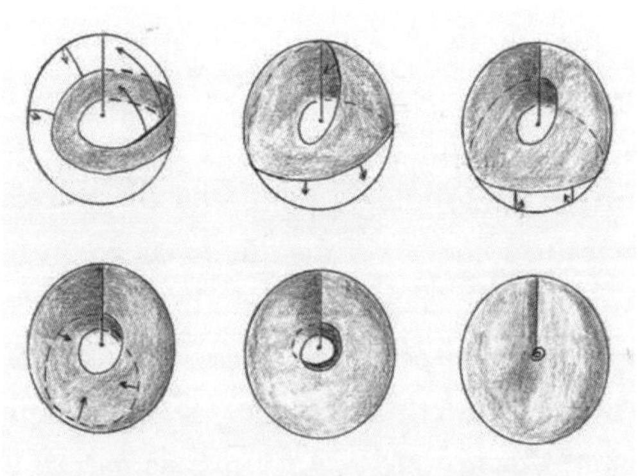

Fig. 1 – O *cross-cap* a partir da banda de Möebius

[4] Figura retirada do artigo de Vandermersch, B. *O cross cap de Lacan ou "asfera"*. <http://tempofreudiano.com.br/artigos/detalhe.asp?cod=74>. Capturado em 20/01/2009.

A posição do objeto esconde a dimensão da falta à qual o sujeito está submetido. O objeto *a* é uma estrutura topológica, pois responde a uma lógica que formaliza a borda de uma interseção vazia entre o sujeito e o Outro. A consistência do objeto é o vazio, é o nada. Ele se faz presente pela sua ausência.

Durante a sua elaboração do objeto *a*, Lacan foi dessubstantivando-o para defini-lo na sua consistência lógica (Valas, 2001: 71). Ele então não pode ser o que se apresenta sob a forma de uma substância. O objeto *a* não é um objeto, é a falta de objeto.

Em suma, o objeto *a* não tem consistência, a não ser lógica.

SOBRE A CONSIDERAÇÃO DO OBJETO *a* ENCARNADO NO FPS

A contribuição de Lacan em relação ao FPS surge em certas referências nos seus seminários e numa conferência. Vamos trabalhar com duas delas. A primeira, *O seminário, livro 11: os quatro conceitos fundamentais da psicanálise* (1964/1988), quando a tônica recai na via do significante e o FPS é emparelhado à debilidade mental e à psicose; e a segunda, "A conferência de Genebra sobre o sintoma" (1975), quando Lacan marca um gozo específico no FPS.

Ao colocar em série o FPS com a debilidade mental e a psicose, Lacan conjectura que, no momento da constituição subjetiva, opera-se uma equivalência entre significantes, uma *holófrase*[5].

Discordando da assertiva de Maud Mannoni segundo a qual na debilidade haveria uma fusão no nível do corpo, Lacan sustenta que a fusão se daria no nível significante e conjectura que, no momento da constituição subjetiva, opera-se uma equivalência entre significantes. No lugar em que o sujeito deveria ser representado na cadeia por um significante para outro significante acontece um congelamento entre S_1 e S_2. Os significantes perdem seu caráter flexível, se interpenetram, não há

---

5 Holófrase é um termo oriundo da linguística que designa palavra formada pela aglutinação de significantes que encerra o sentido de uma frase.

deslizamento, não há intervalo entre eles para o surgimento do sujeito, nem queda do objeto *a*.

A holófrase impede o intervalo entre os significantes, não ocorrendo a dialética necessária para a aparição do sujeito, que é sempre evanescente. No FPS, a afânise do sujeito não é acionada e, desse modo, o objeto *a* é impedido de emergir.

Holófrase é, enfim, o nome que Lacan dá à ausência da dimensão metafórica. A solidificação de S_1 e S_2 impede a vinda de outros significantes, já que eles ocupam o mesmo lugar.

Para alguns pesquisadores lacanianos do FPS, este congelamento significante se dá no nível do corpo, produzindo uma lesão compacta. Por efeito dessa gelificação do significante, o objeto *a* não emerge e aparece então sob forma incrustada no corpo.

Como exemplo, vamos nos reportar às palavras de Jean Guir, pesquisador pioneiro do FPS a partir da psicanálise lacaniana, que considera o FPS como objeto *a* materialmente encarnado no corpo. Cito-o: "Os fenômenos psicossomáticos, como os estigmas, podem ser considerados como objetos *a* de certo modo encarnados no corpo do sujeito" (Guir, 1994: 55). Ou uma outra citação, que se encontra no seminário de Nasio intitulado *Psicossomática: as formações do objeto a* em que Guir foi convidado a falar sobre o assunto; ele diz: "Penso que o objeto *a* se encarna materialmente no corpo" (Guir, citado em Nasio, 1993: 80).

Colocamos uma questão: se o objeto *a* é o furo, o vazio, o imaginarizável, pode ele se encarnar no organismo? Ele não é justamente o que o objeto é: um objeto. Ele é justamente a falta de objeto. O que não podemos conceituar é justamente o que é o objeto *a*. Em *O seminário, livro 10: a angústia*, Lacan diz que designar esse pequeno *a* pelo termo objeto é fazer um uso metafórico dessa palavra, uma vez que ela é tomada de empréstimo da relação sujeito-objeto, mas é um objeto externo a qualquer definição possível da objetividade.

Lacan reduz o objeto *a* a algo que não se substancializa. Então, pelas indicações de Lacan, podemos concluir que não podemos considerar uma lesão de órgão como objeto *a* encarnado.

Mas, se a lesão não é um objeto *a*, seria um significante? Lacan afirma em 1964 que não se trata de um significante, mas só pode ser concebível se uma indução significante se passou (Lacan, 1964/1988: 215). Se não é a encarnação do objeto *a*, se não é um significante, de que ordem seria o FPS? A pergunta é de difícil resposta e escapa à proposta deste artigo, mas vamos tentar avançar um pouco mais.

Para Lacan, os FPS são traços escritos sobre o corpo que não são da ordem do signo, mas da assinatura: o que é do sujeito aparece como marca impressa. Lacan para se referir ao FPS usa "hieróglifo", "traço unário", "assinatura", "cartucho revelando o nome próprio", no entanto não utiliza o objeto *a*.

O que se observa é que o FPS pode ser induzido por um significante: uma palavra pode fazê-lo desaparecer, ou pode agravá-lo, o que leva a crer que as lesões sejam sensíveis à linguagem, por isso permeáveis à psicanálise.

No FPS, algo está escrito, diz Lacan, mas não o sabemos ler (Lacan, 1975). Na ausência de intervalo entre S_1 e S_2 estamos em presença de um significante não articulado, um S_1 absoluto.

Uma escrita ilegível exigiria, então, do analista, um desejo, um empenho em tornar decifrável esta escritura. Ler aqui equivaleria a encontrar o sentido que descongelaria o Um da holófrase. O problema seria saber quais são os significantes que não representam o sujeito para outros significantes!

Em "A conferência de Genebra sobre o sintoma" (1975), Lacan afirma que no FPS trata-se de um gozo específico: "É por esse viés, é pela revelação do gozo específico que há na sua fixação que é preciso visar a abordar o psicossomático". Lacan levantou a questão sobre a espécie de gozo que se encontra no psicossomático, considerando que há uma fixação de gozo em que o corpo se deixa escrever algo da ordem do número.

Em resposta a uma pergunta, Lacan faz uma indicação surpreendente a respeito do tratamento do FPS: "podemos esperar que o inconsciente, a invenção do inconsciente, possa servir para algo". Encontramos aí uma recomendação lacaniana precisa acerca da abordagem clínica da difícil questão do FPS, na medida em que não é uma formação do inconsciente, mas se pode fazer uso dela.

REFERÊNCIAS BIBLIOGRÁFICAS

FREUD, S. (1893/1989). Bosquejos de la "Comunicación preliminar". *Obras completas*, v. 1. Buenos Aires: Amorrortu Editores.

GUIR, J. (1994). Fenômenos psicossomáticos e função paterna. *In*: WARTEL, R. e outros. *Psicossomática e psicanálise*. Rio de Janeiro: Jorge Zahar Ed.

LACAN, J. (1956-1957/1995). *O seminário, livro 4: a relação de objeto*. Rio de Janeiro: Jorge Zahar Ed.

———. (1961-1962). *O seminário, livro 9: a identificação*. Inédito.

———. (1962-1963/2005). *O seminário, livro 10: a angústia*. Rio de Janeiro: Jorge Zahar Ed.

———. (1964/1988). *O seminário, livro 11: os quatro conceitos fundamentais da psicanálise*. Rio de Janeiro: Jorge Zahar Ed.

———. (1965-1966). *O seminário, livro 13: o objeto da psicanálise*. Inédito.

———. (1975). A conferência de Genebra sobre o sintoma. Tradução: Rogina Dias Coelho dos Santos e Viviane Antunes. *Formações Clínicas do Campo Lacaniano*. Rio de Janeiro. Documento interno.

NASIO, J.-D. (1993). *Psicossomática; as formações do objeto* a. Rio de Janeiro: Jorge Zahar Ed.

VALAS, P. (2001). *As dimensões do gozo: do mito da pulsão à deriva do gozo*. Rio de Janeiro: Jorge Zahar Ed.

SEÇÃO VI

A ESTRUTURA NA CLÍNICA DAS PSICOSES E NA PSICANÁLISE APLICADA À SAÚDE MENTAL

Sujeito, estrutura e rede: a psicanálise na atenção psicossocial

Ana Cristina Figueiredo
Ana Paola Frare
Daniela Bursztyn
Wagner Erlange Monteiro

Resumo

O texto apresenta uma proposta de articulação entre os três termos: sujeito, estrutura e rede com referência aos pressupostos da psicanálise na clínica da atenção psicossocial. Assim, é possível sustentar a construção e circulação do caso na rede ao modo moebiano a partir dos elementos dados pelo sujeito na dimensão do diagnóstico e da condução do tratamento. Propomos para tal articulação como elementos mínimos da estrutura do sujeito: o *objeto* (objeto *a*) e o *Outro*.

Palavras-chave: sujeito; estrutura; rede; objeto *a*; Outro.

Abstract

Subject, structure and network: a psychoanalytic approach to psychosocial attention

The text presents a proposition to articulate three terms: subject, structure and net based on the psychoanalytical concepts for a clinical approach to the psychosocial attention system. It is possible to sustain the case building and its circulation in the health system as the weaving of a net made from the elements given by the subject in a moebian manner, where there is no inside or outside, but only a torsion relaying both sides. In this way, concerning diagnosis and treatment, the path is taken towards the subject. In order to accomplish this articulation, we propose two Lacanian concepts as minimal elements of the subject's structure: the object (object *a*) and the Other.

Key-words: subject; structure; net; object *a*; the Other.

As atuais políticas de saúde mental desenvolvidas pelo Ministério da Saúde no regime do SUS se sustentam cada vez mais sobre a constituição de redes de serviços de base territorial que devem percorrer a saúde pública. A proposta é integrar a atenção básica que envolve os programas de saúde da família, passando pelos ambulatórios, aos novos dispositivos como os CAPS, Serviços Residenciais Terapêuticos, Centros de convivência, trabalho e lazer assistidos. Comecemos então pela pergunta: nesse contexto, que relação se estabelece entre esses três termos *sujeito*, *estrutura* e *rede*? E ainda, como articulá-los com um campo tão heteróclito como o da saúde mental, mais precisamente da atenção psicossocial?

Inicialmente, para desdobrar nosso argumento, devemos cotejá-los dois a dois – assim temos os binômios *sujeito* e *estrutura*; *estrutura* e *rede* – para, finalmente, articular os três termos em uma proposta de tessitura da rede tendo como suporte os pressupostos da psicanálise. Vejamos.

SUJEITO E ESTRUTURA

Relacioná-los não é tarefa fácil, na obra de Lacan encontramos várias formulações da localização do sujeito na estrutura.

Nos anos 50, nos *Seminários* 1 a 5 (Lacan 1953, 1954, 1955, 1956, 1957, 1958), temos os esquemas, grafos e matemas. Dentre os esquemas destacamos: o esquema L; o esquema R (de onde se deduz o Édipo freudiano); o esquema I ("esquema de Schreber" ou da paranoia); e o esquema ótico. Cada um é apresentado para situar a relação do sujeito ao outro (*a*) e ao Outro (A), situando os três registros *imaginário*, *real* e *simbólico*, com a pregnância deste último.

Nos anos 60, mais especificamente no *Seminário 11* (1964/1979), Lacan apresenta uma nova formulação da constituição do sujeito a partir da interseção entre conjuntos (teoria dos conjuntos), em que há uma perda do *ser*, de onde se extrai o objeto *a*, na interseção com o campo do Outro, para o sujeito advir: a bolsa ou a vida!

No *Seminário 17* (1969-1970/1992), Lacan, mais aproximado ao modo estruturalista, formula os quatro discursos com quatro elementos – $\$$, S_1, S_2, *a* – girando por quatro lugares. A articulação entre os elementos e os lugares é a chave de seu esquema "quadrípode" que marca modos de laço social e de gozo. Discurso sem palavras e não discurso como sinônimo de palavra (*parole*). Há aqui um deslocamento na própria concepção de discurso.

No *Seminário 20* (1972-1973), Lacan, se valendo da lógica formal de modo peculiar, nos brinda com um esquema conhecido como a "fórmula da sexuação". Nesse esquema propõe situar os campos do Sujeito e do Outro no masculino e no feminino, respectivamente, para além da divisão de gêneros, realocando seus matemas numa partição singular para deles extrair novas consequências sobre modos de gozo, relação ao falo e ao objeto.

Ao longo dos anos 70 (Lacan, 1974; 1975), ao introduzir a topologia, Lacan se vale da geometria e suas diferentes figuras como a banda de Moebius, o plano projetivo ou *cross cap*, o oito interior, o toro, a garrafa de Klein etc. O ponto comum é a operação por cortes e torções nas figuras. Mas não nos iludamos, pois não se trata de representação. As figuras não representam nada e sim apresentam o sujeito, seu percurso na borda, os cortes e torções como efeitos de análise no real. Finalmente, trabalha com os nós, em particular o nó borromeano e suas variações de enlaçamento dos três registros nas rodinhas de barbante (*les ronds de ficelles*), introduzindo o quarto elo como o Sinthoma, a amarração que sustenta os três registros.

Dos esquemas à teoria dos conjuntos, dos rotativos de elementos e lugares aos cortes, torções e entrelaçamentos de nós de barbante, seguimos atrás do sujeito. Como atravessar todas essas *démarches* e o que pode haver de comum entre elas para situar o sujeito? Sujeito como efeito do significante, determinado a partir do campo do Outro, ou se produzindo entre os significantes. Mas a estrutura é da linguagem e o inconsciente se estrutura "como uma" linguagem. E o sujeito não se reduz à linguagem; o sujeito não está nem dentro nem fora, está na borda da banda (de Moebius), o sujeito ex-siste e não consiste, e só se constitui na perda de seu ser, constituindo também o objeto, em Lacan o objeto *a* que se extrai dessa operação.

Assim, são vários os modos de apresentar o sujeito *na* estrutura. São desdobramentos de diferentes concepções de estrutura, para além do estruturalismo, como já sabemos, para localizar o sujeito entre, meio na borda, nem fora nem dentro, nunca idêntico ao ser, nunca situado em si mesmo, sempre em relação com seu objeto. Este é o traço comum dessas diferentes formulações que nada devem ao sujeito descentrado de Freud cujo "eu" não é "senhor em sua própria morada", ou só pode ser situado frente a seu objeto (libidinal). Mais ainda (*Encore/En corps*), o sujeito escapa, se desloca, é pontual e evanescente como sujeito do inconsciente, mas não incorpóreo: se apresenta em ato e em seu dizer, dividido entre enunciado e enunciação. O sujeito, portanto, não é uma evidência, não está lá todo o tempo e não coincide com o "sujeito" do senso comum, a pessoa, o indivíduo ou, simplesmente, o paciente.

ESTRUTURA E REDE

Este binômio é nosso novo desafio. O que podemos articular da estrutura com a rede? De que rede falamos? A rede pública de serviços de saúde mental é uma hipótese a ser testada, ou uma proposta a ser implantada; não existe em si, não está dada a princípio, é mais uma aposta política e clínica. Sendo assim, podemos nos valer de uma aproximação com a rede que se tece como a rede do pescador: uma sucessão de buracos amarrados por nós. Jogando com a ambiguidade do significante, podemos dizer que somos "nós" que fazemos a rede, e que ela pode ser mais estreita, mais amarrada numa tessitura fechada, ou mais lacunar, furada ou aberta dependendo dos enlaçamentos que se produzam a cada vez.

Assim, a partir da orientação psicanalítica, com Freud e Lacan, fazemos a clínica, um saber-fazer-aí (*savoir y faire*), em cada situação, com as demandas que nos chegam. Essas demandas vêm de qualquer um, do próprio paciente ou, ao contrário, de todos menos daquele que é designado como paciente. Vêm da família, da escola, do hospital, do neurologista, do psiquiatra, do clínico geral, vêm até da vizinhança em vários casos. Essas demandas vêm em nome da ordem social ou em nome do desenvolvimento humano.

Nossa tarefa de tecer a rede nos convoca a dar uma resposta: acolher, encaminhar, pedir para retornar, acompanhar, fazer morar, fazer sair ou ficar, estar perto, conviver e não convencer, nem educar ou controlar. Ainda que em determinados momentos o melhor a fazer seja aplacar a angústia frente ao inexplicável, ao susto do estranho familiar, barrando certo "agir" (aqui não destaco a diferença entre *acting out* e passagem ao ato, entendendo que podemos estar diante de um ou outro, por serem muitas vezes fronteiriços).

Os pacientes circulam na rede de serviços de saúde de todo tipo, os moradores (aqui me refiro aos serviços residenciais terapêuticos) circulam na cidade de todo jeito. Pacientes são moradores, moradores são pacientes, e a fronteira é tênue. Quem cuida corre o risco de vigiar e/ou punir a cada momento. E quem trata trata do quê? Certamente não do comportamento, ainda que certos comportamentos devam ser restringidos, mas de que modo ou com que objetivos? Também não se trata *do* sujeito, esse é um engano clínico, talvez mesmo epistemológico. Tratamos *com* um sujeito, desde que este se apresente, e cabe a nós permitir e, mesmo, provocar isso. Sendo assim, temos que elaborar nossa proposta para tecer a rede.

SUJEITO, ESTRUTURA E REDE

Aqui temos o desfecho de nossa proposta de articular esses três termos. Quanto ao sujeito, depois de tantas definições, em sua relação com a estrutura, propomos cernir dois elementos mínimos da estrutura como operadores para localizá-lo: o Outro (A) e o objeto *a*. Se entendemos a partir da psicanálise que não há sujeito sem objeto e, com Lacan, que ele não se constitui sem referência ao Outro, esses elementos mínimos podem nortear nossa clínica.

O Outro como tesouro dos significantes a partir de onde pode se articular a linguagem; mas também como o campo obscuro do desejo. Outro que pode ser esvaziado e sem contorno, ou presença consistente excessiva. Mas deve ser barrado, limitado em seu poder, e mesmo apaziguador, operando entre simbólico e real.

O objeto *a* comparece em sua dupla dimensão de condensador de gozo (mais-de-gozar) e causa de desejo (objeto perdido). Separado do corpo ou no corpo, se fazendo corpo, reduzindo o sujeito a um resto na psicose, por exemplo; ou ao contrário, se apresentando como resto, ou ainda objeto precioso (*agalma*); e em sua vertente pulsional como objeto parcial (objetos freudianos acrescidos do "olhar" e da "voz" em Lacan). Objeto em relação ao qual o sujeito se coloca em conjunção e disjunção, como nos mostra o matema da fantasia.

Enfim, situar o sujeito em relação a esses dois elementos nos abre a possibilidade de reduzir as narrativas e os contextos a um denominador comum, numa espécie de condensação das produções imaginárias em todo o seu colorido e riqueza, para produzir uma nova operação, a saber: a "construção do caso". Esta se dá de modo parcial, intervalar e se vale de cada situação em que podemos colher algo da relação do sujeito ao Outro e ao objeto (*a*). Pode ser coletiva no trabalho em equipe e pode avançar na tessitura da própria rede, já que o paciente, usuário ou morador circula entre os diferentes serviços. Convém um adendo importante: não se apreende ou captura o sujeito a partir do caso, mas se constrói o caso somente a partir do sujeito, dos elementos que ele nos dá em seu dizer e agir. Sendo assim, o "caso" como uma construção deve circular percorrendo o mesmo itinerário e envolver tantos quantos forem aqueles que lidam com o sujeito e com suas demandas de algum modo, muitas vezes para além da área da saúde.

A circulação do "caso" também é o modo de sua construção, o que nos faz pensar que construção-circulação-construção podem ter uma estrutura moebiana, um atravessa o outro em um *continuum*, e o sujeito permanece na borda, não-todo capturável ou conhecido.

A construção do caso a partir dos elementos mínimos da estrutura (Outro e objeto *a*) como operadores da clínica nos dá suporte para:

1. *diagnóstico do sujeito* versus *diagnóstico psicopatológico*: porque é mais específico e singular; o primeiro pode incluir o segundo, mas se diferencia a cada caso porque a estrutura vai além da classificação e faz incidir o singular no geral remetendo pontualmente ao universal. Podemos situar o sujeito na estrutura em algum modo de arranjo entre neurose, psicose ou perversão. Mas não se trata aqui de três estruturas e sim de localizar um modo de apresentação ou de "estruturação" possível para cada sujeito como resposta frente à castração posta para todos, mas também em sua dimensão insuportável. O modo como se articulam o campo do Outro e o objeto *a* em relação ao sujeito em cada caso nos dá a referência diagnóstica fundamental.
2. *direção do tratamento* versus *direção do sujeito*: porque põe em jogo o estilo de cada um. Isto é, o que se decanta dos fenômenos que se apresentam e do sintoma que aí se constitui dá pistas para a direção do tratamento. Dirigir o "sujeito", além de ter se demonstrado insuficiente como recurso clínico, mostrou-se inoperante para o próprio sujeito. Entendemos aqui o "tratamento" no sentido amplo, podendo variar desde os dispositivos de consulta, na direção de uma análise propriamente dita, até a convivência no cotidiano, seja nos CAPS ou nos Serviços Residenciais Terapêuticos. "O estilo é o próprio homem", diz Lacan na primeira frase do texto de abertura aos *Escritos*. E o sujeito não vai sem o sintoma que se constitui pela via de sua relação ao objeto e em sua relação ao gozo. Nesse sentido, o tratamento do gozo está presente de modo pontual ou constante em qualquer dispositivo da atenção psicossocial. Da contingência, nos acontecimentos, ao que se fixa e se decanta do sintoma para extrair o estilo, seja um "psicótico" ou "neurótico", o sujeito sempre porta a sua marca.

Em suma, o que está em jogo é como transmitir esse modo de fazer clínica para aqueles que não têm e nem querem ter uma transferência com a psicanálise. E são tantos, no serviço público, que não se escolhem para trabalhar e não abrem mão de seus saberes referenciais, de suas especialidades. Aqui nos resta apostar na "construção do caso" como o próprio dispositivo formador, podendo ser aliado à supervisão na rede. A transmissão se dá a cada caso, a cada vez, a aposta é no real, na resposta do sujeito em seu movimento. A supervisão seria um dispositivo de garantia para estabelecer a "transferência de trabalho" e sustentar a "construção do caso". Mas há uma condição mínima da qual não se pode abrir mão: deve haver ao menos um psicanalista em cada território como disparador do processo.

DOIS EXEMPLOS NA REDE

Caso Rita[1]

A partir de um fragmento do caso de uma paciente atendida na rede de serviços de saúde (ambulatório e CAPS) apontamos algumas contribuições do dispositivo analítico ao promover a oferta de tratamento capaz de acolher o saber inconsciente que esse sujeito revela através de seus sintomas. E, ainda, nos utilizamos da construção parcial do caso para nortear o trabalho em equipe na rede de atenção psicossocial.

Rita, como será chamada aqui, foi encaminhada para atendimento psicológico no ambulatório a partir da discussão diagnóstica levantada na reunião de supervisão da equipe do CAPS do território correspondente. Ao trazer alguns relatos sobre a paciente como "ela agarra o pai e o irmão quando está em crise e fala dos delírios como alterações hormonais", a técnica de referência que a acompanhava no CAPS questiona o tratamento de Rita no serviço, já que ela não aceitava participar de nenhuma oficina e comparecia ao CAPS apenas para obter os medicamentos prescritos pela psiquiatra. Ao

[1] Caso extraído da dissertação de mestrado de D. Bursztyn *O tratamento da histeria: um enigma para a medicina, um desafio para a psicanálise*, defendida em agosto/2007 no Programa de Pós-graduação em Psicanálise / UERJ.

longo dessa discussão, a supervisora do CAPS levanta uma questão sobre o diagnóstico para orientar a condução do caso: histeria ou psicose?

Nas semanas seguintes, a técnica de referência de Rita procurou a psicóloga para fazer o encaminhamento justificado pela falta de interesse da paciente em participar das atividades do CAPS. Rita afirmava não ser "maluca" e, portanto, negava-se a aceitar qualquer oferta da equipe. Nas primeiras entrevistas realizadas no ambulatório, Rita revela ter 41 anos e ter um problema "hormonal" diagnosticado pelos médicos que tratam de seu caso "desde os 8 anos de idade", chegando a sofrer uma internação psiquiátrica de duas semanas no período da adolescência. Assim, Rita descreve suas "crises": "eu me enrolava toda na cama, tentava enfiar objetos e lençóis na vagina, agarrava meu pai, meu irmão e qualquer homem na rua"; e com 11 anos de idade as "crises" se acentuaram: "eu desmaiava, sentia uma pontada na cabeça, me entortava toda no chão". Durante a adolescência, sua mãe, que "era mais do que uma mãe, era minha única amiga", também adoeceu após sofrer um "derrame" que comprometeu severamente suas atividades domésticas e familiares, ocasionando seu falecimento há cerca de oito anos. Rita enfatiza que depois disso "piorou muito" e, em função do agravamento de suas "crises hormonais e carnais", viu-se impelida a fazer um "propósito com Deus" de que permaneceria virgem até "a hora que Deus escolhesse um varão" para com ela se casar.

Sobre sua virgindade Rita afirma ser esta a causa de seu "problema hormonal", o que a afasta do problema de ser "maluca", como é considerada pela vizinhança e pela família. Mas ela sustenta: "eu não sou louca, tenho muito hormônio [...], os hormônios se acumulam e sobem para a cabeça, mas se eu arrumar um marido isso tudo passa". Quando é convidada a falar sobre seu interesse por um casamento, Rita começa a produzir deslizamentos importantes em sua fala que indicam um desesperado medo de ficar só: "eu me preocupo, meu pai está velho e está morrendo, quem vai cuidar de mim?". A partir do desespero já experimentado com a morte da mãe, a paciente pôde falar do desejo de "ter minha própria casa, ter meu dinheiro, ter um marido", descrevendo uma série de dificuldades na relação com o pai idoso e doente e com alguns irmãos dos quais mantém distância desde o falecimento de sua mãe.

Na ocasião em que Rita começa a falar desses "problemas" de sua família, ela chega sozinha no ambulatório "enganada" com a data do atendimento já realizado nos dias anteriores e, com isso, quer aumentar a frequência dos atendimentos para duas vezes na semana. Rita, que "nunca podia sair sozinha porque passava mal na rua" e, por isso, tinha que, obrigatoriamente, circular pelo bairro acompanhada de seu pai, começou a comparecer todas as terças e sextas-feiras sozinha ao ambulatório; o que foi marcado pela analista como um avanço significativo em seu tratamento: "você já consegue cuidar de algumas coisas sozinha". A aposta lançada dirigia-se ao desejo de Rita de ter uma vida própria que lhe permitisse sobreviver ao desamparo familiar. Falar sozinha sobre sua doença também não era fácil, pois todas as descrições referidas às suas *crises* e às respectivas formas de tratamento estabelecidas para seu caso eram, todavia, acompanhadas pela seguinte frase: "pergunta só ao meu pai, você deve achar que é mentira, que eu invento".

Ao longo desses atendimentos, a paciente continuava frequentando o CAPS em tratamento com o psiquiatra para obter seus medicamentos. Mas Rita queixava-se constantemente do uso de antipsicóticos que lhe provocavam novas "crises" assim que eram ingeridos. Nessa ocasião, a analista começa a receber algumas chamadas telefônicas do psiquiatra que tentava reformular sua prescrição. A partir da discussão do caso em supervisão com a equipe do CAPS, resolveu-se repensar o diagnóstico polarizado entre as hipóteses de histeria e psicose e partilhar com os técnicos da equipe as dificuldades sociais desta paciente, solicitando-lhes o acompanhamento de algumas questões de âmbito social.

Os elementos colhidos de sua fala foram, então, expostos à equipe do CAPS a fim de se sustentar uma hipótese diagnóstica de histeria, mas também cernir um diagnóstico *do* sujeito. Pensou-se em um caso de "loucura histérica", acompanhado por uma série de fenômenos clínicos que vinham mascarando tal hipótese diagnóstica e poderiam facilmente ser confundidos com os sintomas alucinatórios típicos da psicose. Nessa direção, foi necessário ratificar o diagnóstico de histeria, justamente para sustentar a revisão da conduta medicamentosa prescrita para os estados de "loucura" descritos pelos psiquiatras que a acompanharam e melhor localizar o sujeito. Sobre os medicamentos que ingere diariamente, Rita enfatiza o efeito dos anticonvulsivantes como o que a "ajuda a melhorar" em detrimento dos antipsicóticos, recentemente retirados por "aumentarem suas crises". Diante disso, o psiquiatra ressalta uma descrição indicada pela paciente: "ela diz que tem duas crises: numa ela cai e não vê, não ouve e nem lembra de nada; na outra ela cai e não consegue levantar mas não perde a consciência". A descrição sintomatológica exposta pela própria paciente esclarece, por um lado, a manifestação de um quadro de ataque histérico e, por outro, as crises epiléticas que a acometem desde sua infância. O diagnóstico de histeria foi, então, corroborado pelo acréscimo de uma relevante informação diagnóstica que nos permitiu aproximar as descrições de Rita aos casos clássicos de histero-epilepsia.

A partir da indicação desse quadro sintomático, foi vista em equipe a necessidade de um novo encaminhamento para o serviço ambulatorial de neurologia para um acompanhamento mais sistemático das crises epilépticas. A assistente social do CAPS passou a acompanhar o caso para obter benefícios sociais e de transporte como parte de seu tratamento a partir de sua condição tão claramente apontada por ela mesma na complexa rotina familiar. A técnica de referência no CAPS, contudo, permaneceu com a importante função de acompanhar a paciente junto aos atendimentos do psiquiatra e da assistente social do serviço.

Ao iniciar tratamento analítico no serviço de saúde mental de um ambulatório público, a fala de Rita sobre a singularidade de seus sintomas foi priorizada em detrimento da excessiva medicalização que vinha norteando seu tratamento. A partir do encontro com um analista foi possível ouvir atentamente os significantes que representam o temor da solidão revelado por esse sujeito sob transferência, permitindo, ainda, a indicação da hipótese diagnóstica de histeria para reorientar as condutas e as ofertas terapêuticas que lhe eram dirigidas. E, ainda, o diagnóstico do sujeito a partir de seus significantes e sua localização frente ao Outro (qual seria o seu destino como mulher) e ao objeto *a* (objeto extraído do corpo, retornando presentificado nos hormônios). Encaminhada pela analista para outros tratamentos na clínica médica, ginecologia (que a faz ressignificar os malefícios dos hormônios) e odontologia no mesmo ambulatório, Rita consegue se apropriar de seu tratamento como algo que "a ajuda a melhorar" também do quadro orgânico grave de que sofre, sem a necessidade gritante de "um companheiro". Como efeito, as condutas medicamentosas por ela questionadas vêm sendo alteradas por meio das discussões em equipe fomentadas pela analista a partir do saber que esse sujeito produz sobre seu estado sintomático.

Ao acolher esse sujeito histérico e sua demanda de elaboração sobre o sofrimento psíquico causado pela solidão manifesta através dos "problemas hormonais e de relação", como ela bem define, o desafio foi lançado à analista. A construção do caso com os profissionais que se ocupam de Rita possibilitou não somente uma articulação entre os serviços de saúde mental, como, ainda, uma reconfiguração das ofertas terapêuticas a partir do desejo apresentado por ela: "ter uma vida de solteira, ter meu próprio dinheiro" como modo de minimizar os "problemas de relação" familiar. Nessa direção, a técnica de referência do CAPS vem reordenando seu projeto terapêutico, que, desta vez, não mais se restringe à oferta de oficinas, mas amplia-se ao acompanhamento das dificuldades familiares da paciente estendidas às questões financeiras e sociais de seu cotidiano. Eis aí a contribuição do dispositivo analítico aos diversos dispositivos presentes no campo da saúde mental: promover a tessitura de um trabalho clínico em rede alinhavado pelo desejo de cada sujeito.

É, portanto, pela construção do caso que a clínica psicanalítica vem lançando suas contribuições, transmitindo o que da particularidade de um sujeito pode ser apreendido por diversos profissionais na promoção de ofertas clínicas, institucionais e sociais disponíveis nos serviços que compõem hoje a rede de atenção psicossocial.

Caso Ana Maria[2]

D. Ana já é uma senhora idosa quando ingressa na Residência Terapêutica (RT/SRT). Com passagens por todos os grandes hospitais no estado do

---

2 Caso extraído do trabalho em rede no município de Paracambi envolvendo diferentes serviços.

Rio de Janeiro, ficou nove anos internada ininterruptamente, depois obteve alta e tratou-se em um CAPS. Sua chegada em Paracambi deu-se pela emergência no hospital geral onde permaneceu por alguns meses até seu filho (e todo seu histórico) serem encontrados. Uma semana depois de ser encaminhada pelo serviço ao CAPS no qual já havia iniciado tratamento e ser deixada na casa do filho, D. Ana volta ao Polo de Saúde Mental dizendo que foi expulsa de casa. Relata ter apanhado um trem e chegado por conta própria até o serviço. Novamente a equipe da emergência faz contato com o filho, sem sucesso desta vez. Contata o CAPS e não obtém nenhuma resposta. Depois de percorrer todos os serviços aos quais Ana já havia se vinculado, descobrem outros dois endereços do filho e constatam que ele não mora mais em lugar nenhum. Faz-se busca pelo CPF, pelo título de eleitor, mas Ana continua internada em uma enfermaria de emergência, sem documentos e com uma certeza inabalável: "vocês vão encontrar o Marcos". Após três anos, aceita ir conhecer um SRT para "esperar" enquanto o Marcos não vem buscá-la. Recusa-se ir ao CAPS (que chama de "capo"), dizendo que o "capo" não serve para nada, é só ficar lá andando de um lado pro outro, jogando conversa fora, e ela "tem muita coisa a fazer esperando o Marcos". Sobre a RT, só chama de hospital, as cuidadoras, de enfermeiras e o único assunto que desenvolve é sobre sua "alta" e a saudade que sente de Marcos. Ana desperta muita angústia em toda a equipe, pois coloca ao lado de sua certeza delirante a impotência de uma rede de serviços. Acusa a todos de não trabalharem, queixa-se de tudo e é muito dócil quando afirma que não vai reclamar pois aquilo é temporário, só até o Marcos chegar – o que novamente deixa a equipe sem ação. Nenhum dos "capos" resolve seu caso, que para ela só tem uma saída: levá-la até a casa do filho. As inúmeras tentativas de explicar que na verdade o filho não mora mais ali, e as construções que faz diante de cada fala da equipe, dão um tom ao fato como se tudo fosse simples, bastaria que alguém resolvesse fazer alguma coisa. Quando alguém tenta dizer que sua casa não é mais a casa do filho, fica irritada, sobe o tom de voz e ameaça fugir. D. Ana segue sua vida, rechaçando qualquer um que tente lhe dizer a "verdade" que, para ela, só reafirma o lugar de dejeto, de objeto largado que ocupa frente ao Outro.

Um determinado dia, em reunião da rede, decidiu-se que era hora de levar D. Ana para ver a casa onde morou com o filho. A decisão não foi unânime, pois havia os que acreditavam que a certeza delirante de Ana era muito organizadora para ela, e o que a "desorganizava" era a equipe não suportar o seu pedido de reencontrar para si um lugar no desejo do Outro, seu filho. Havia os que defendiam que tínhamos que dar alguma resposta para o seu pedido. Depois de muito debate, perguntou-se novamente a Ana como ela queria "resolver o seu caso", como dizia. Deu todo o itinerário: "temos que voltar ao 'colo'" (como descrevia o Polo de Saúde Mental) "e chamar o Marquinho" (um auxiliar de enfermagem com o mesmo nome de seu filho). "Aí ele vai até o 'capo' e pega o endereço". Assim foi feito. Ana, que tinha o pensamento bastante empobrecido e lentificado, ficou eufórica. Ao chegarmos à rua, cumprimentou toda a vizinhança e todos lembravam dela. Disseram-lhe que já havia muitos anos que Marcos não morava mais ali e um vizinho acreditava que nem morava mais no estado do Rio (tendo se mudado para São Paulo). Não sabiam informar sobre outros familiares e Ana ouvia atenta cada informação colhida. Ao voltarmos para a RT, Ana teve duas atitudes alucinatórias recorrentes: conversar em um telefone de brinquedo com Marcos e vê-lo andando na rua (uma vez chegou até a colocar-se em risco tentando buscá-lo). Ana, depois da visita, recolocou sua certeza dizendo para as colegas de casa que seu filho não estava lá pois "tinha saído", mas, ainda assim, pouco tocou no assunto. Seguiu-se um período de muita tristeza e abriu um quadro catatoniforme muito preocupante: não comia sem estímulo, não tomava banho sem auxílio, não levantava da cama sem a insistência dos cuidadores. Ficava o dia todo parada, olhando para o nada, e quando falava algo (o que se tornou cada vez mais raro) era para me perguntar se eu tinha notícias de Marcos. Novamente foi alvo da discussão da rede de saúde mental. A medicação foi alterada, exames clínicos, neurológicos e de toda ordem foram feitos. Fato é que Ana não respondia a nada. Dito de outro modo, respondia "nada" para a equipe e todos os seus esforços. Um dia, me disse que achava que precisava ir ao "colo". Indaguei o motivo, e ela disse "acho que estou precisando do colo, me leva até lá, depois eu volto para cá". Fomos ao Polo, e lá pediu para ficar internada. Uma longa discussão se estabeleceu com a equipe, buscamos estabelecer uma direção entre atender ou não ao pedido – já que não se tratava exatamente de um caso que necessitasse de internação. Ana foi internada. Seu pedido atestava a mínima posição de um sujeito. Os dias no "colo" foram se passando e Ana foi ficando mais ativa. No terceiro dia, uma cuidadora foi visitá-la e ela perguntou "o que você quer de mim?". Ao que a cuidadora respondeu: "nada, eu gosto de cuidar de você, estou aqui porque gosto de cuidar de você". Nesse dia ela pediu para ir comer pizza. No dia seguinte, todas as colegas da casa e a outra cuidadora a levaram para comer pizza. Ao terminar, ela perguntou se poderia levar mais sachê de mostarda para casa. A cuidadora perguntou "que casa?". Ela respondeu: "aquela que a gente fica". A partir daí, Ana voltou a ficar mais ativa e, novamente, voltou a fazer coisas na casa. Ainda pede para voltar para a casa do filho, mas diz que por enquanto tem que ficar ali, pois senão todo mundo esquece de dar "comida para as crianças". Os cuidadores e os demais moradores brincam com seu discurso, perguntando sobre crianças ou dizendo que ela acha que elas são crianças, mas ninguém mais lhe diz que a sua casa é ali. Somente ela, quando se refere à RT fora dela (p. ex. quando tem que dizer para alguém onde mora, ou quando vai fazer compras para "sua casa").

Neste caso, percebemos que a rede de saúde mental teve que ser tecida de um outro lugar: a princípio tomou para si o discurso na impotência e depois pôde colocar o saber do lado do sujeito em sua posição frente ao Outro, sem pensar somente nas prescrições e protocolos. Ao pensar o caso de Ana, pensamos a função de cada dispositivo e como o endereçamento de cada sujeito é o que faz a rede funcionar, exigindo uma resposta criativa e esvaziada de saber a cada vez. Ana dizia algo para todos que tomávamos como crítica. Demandava algo que era para além do pragmatismo do morar. Dizer-lhe que o lugar que habitava era uma casa, e mais, que era a sua casa, lhe era insuportável. Casa era a casa do filho, onde encontrava "seu lugar". Não se tratava de convencer, ou fazê-la entender. Quem tinha que entender a impossibilidade éramos nós. Ao solicitar ser internada, buscou alguma solução, algum caminho já percorrido por ela e acompanhado por nós. Ninguém mais acha insuportável ela falar do Marcos. Tomam seu pedido de um outro lugar. "A senhora cozinhava na casa do Marcos? Então podia cozinhar aqui também". Ao estarmos esvaziados de saber e um pouco mais "desapegados" dos procedimentos adequados de uma clínica que atua mais pelo imaginário, na qual tudo é resolvido com uma solução pronta, pudemos oferecer a Ana não uma casa, mas um lugar no Outro. Um *lieu* (lugar simbólico) mais do que *place* (lugar na casa) na rede que ela pôde tecer. De objeto largado a sujeito frente ao Outro.

REFERÊNCIAS BIBLIOGRÁFICAS

BURSZTYN, D. (2007). *O tratamento da histeria: um enigma para a psiquiatria, um desafio para a psicanálise.* Dissertação de mestrado. Rio de Janeiro: Programa de Pós-Graduação em Psicanálise / UERJ.

————. (2008). *A escuta do sintoma histérico como contribuição do dispositivo analítico na prática clínica em Saúde Mental.* Anais do III Congresso Internacional de Psicopatologia Fundamental e IX Congresso Brasileiro de Psicopatologia Fundamental. Disponível em <www.psicopatologiafundamental.org>.

FIGUEIREDO, A. C. (2004). A construção do caso clínico: uma contribuição da psicanálise à psicopatologia e à saúde mental. *Revista Latinoamericana de Psicopatologia Fundamental*, VII, 1, 75-86.

————. (2005). Uma proposta da psicanálise para o trabalho em equipe na atenção psicossocial. *Mental – Revista de Saúde Mental e Subjetividade UNIPAC/MG*, III, 5, 43-55.

————. (2007). A função da psicanálise (e do psicanalista) na clínica da atenção psicossocial. *In*: NASCIMENTO, E. M. V. & GONZÁLES, R. (orgs.). *Psicanálise e os desafios da clínica na contemporaneidade*, Série Teoria da Clínica Psicanalítica, 2, 81-89. Salvador: EDUFBA.

FIGUEIREDO, A. C. & FRARE, A. P. (2008). A função da psicanálise e o trabalho do psicanalista nos serviços residenciais terapêuticos. *Revista Latinoamericana de Psicopatologia Fundamental*, XI, 1, 82-96.

LACAN, J. (1953-1954/1983). *O seminário, livro 1: os escritos técnicos de Freud.* Rio de Janeiro: Jorge Zahar.

————. (1954-1955/1985). *O seminário, livro 2: o eu na teoria de Freud e na técnica da psicanálise.* Rio de Janeiro: Jorge Zahar.

______. (1955-1956/1985). *O seminário, livro 3: as psicoses*. Rio de Janeiro: Jorge Zahar.

______. (1956-1957/1995). *O seminário, livro 4: a relação de objeto*. Rio de Janeiro: Jorge Zahar.

______. (1957-1958/1999). *O seminário, livro 5: as formações do inconsciente*. Rio de Janeiro: Jorge Zahar.

______. (1964/1979). *O seminário, livro 11: os quatro conceitos fundamentais da psicanálise*. Rio de Janeiro: Jorge Zahar.

______. (1969-1970/1992). *O seminário, livro 17: o avesso da psicanálise*. Rio de Janeiro: Jorge Zahar.

______. (1972-1973/1985). *O seminário, livro 20: mais, ainda*. Rio de Janeiro: Jorge Zahar.

______. (1974-1975). *O seminário, livro 22: R.S.I.*. Inédito.

______. (1975-1976/2007). *O seminário, livro 23: o sinthoma*. Rio de Janeiro: Jorge Zahar.

Interpretação estrutural do delírio e posição subjetiva na alucinação verbal

Bianca Novaes
Eduardo Rotstein
Ana Maria Rudge

Resumo

O objetivo deste trabalho consiste em demarcar que a ênfase dada à linguística estrutural por Lacan não exclui a noção de sujeito. Veremos que Lacan ora utiliza um modelo de linguagem mais tradicional – o modelo saussureano que inspirou a linguística estrutural – ora volta-se para as abordagens estruturalistas que avançam em relação ao modelo do qual partem por concederem um lugar para o sujeito na linguagem.

Palavras-chave: psicose; interpretação estrutural; sujeito da enunciação.

Abstract

Structural interpretation of delirium and subjective position in verbal alucination

The objective of this paper work is to show that the emphasis on structural linguistics by Lacan does not exclude the notion of subject. We will see that Lacan sometimes uses a more traditional language model – the model inspired by Saussurean structural linguistics – sometimes turns to the structuralist approaches that advance from the model from which they departed by granting a place for the subject in language.

Key-words: psychosis; structural interpretation; subject of enunciation.

O ensino de Lacan é marcado pela ideia de que a experiência analítica e os conceitos formulados a partir dela só podem ser devidamente compreendidos por referência ao campo da linguagem, o qual é concebido principalmente a partir da linguística estrutural. Contudo, uma vez que seu interesse dirige-se não diretamente à linguagem, mas à constituição do sujeito através da linguagem, Lacan acaba por modificar as noções tomadas à linguística saussureana ao ocupar-se de questões propriamente psicanalíticas. Deste modo, toma de Jakobson e Benveniste a noção de *shifter* a fim de abordar a noção de sujeito da enunciação, que se refere à posição do sujeito frente à cadeia significante.

É certo que essa operação não é consumada de um só golpe, mas parte da clínica da psicose e estende-se em um processo cujos momentos gostaríamos de tematizar aqui. Assim, apresentaremos brevemente duas abordagens lacanianas diferentes quanto à ênfase dada a aspectos diversos do modelo de linguagem empregado, abordagens essas que, vale dizer, visam fenômenos referidos a um mesmo quadro: a psicose. Os fenômenos em apreço são: 1o) o delírio de Schreber, cuja célebre interpretação de Freud foi considerada por Lacan como uma "interpretação simbólica, no sentido estruturado do termo" (Lacan, 1955-1956/1985: 19); 2o) a manifestação, nas alucinações verbais, do *objeto a* enquanto voz, fenômeno que é abordado mediante a noção de sujeito da enunciação. Demarcando a diferença na abordagem desses dois fenômenos, mostraremos que a ênfase dada pela psicanálise à dimensão da linguagem deve à linguística estrutural mas não fica atada a ela, pois se, por um lado, o modelo estrutural de linguagem poderia conduzir-nos a pensar o sujeito como exclusivamente determinado pela língua, por outro abordagens advindas do próprio campo da linguística estrutural concedem ao sujeito, no ato de fala, uma posição singular diante das regras da língua.

A INTERPRETAÇÃO FREUDIANA DO DELÍRIO DE SCHREBER, NOMEADA POR LACAN COMO INTERPRETAÇÃO SIMBÓLICA NO SENTIDO ESTRUTURADO DO TERMO

No exame da interpretação do delírio de Schreber, pelo qual Freud estabelece um nexo entre os termos "pássaros miraculosos" e "jovenzinhas",

Lacan, no *Seminário 3*, sugere que aí ele empregava *avant la lettre* o método estrutural. Em suas palavras:

> [...] há da parte de Freud um verdadeiro lance de gênio do linguista que vê surgir várias vezes num texto o mesmo signo, parte da ideia de que isso deve querer dizer alguma coisa e chega a reconstituir o uso de todos os signos dessa língua. A identificação prodigiosa que Freud faz dos pássaros do céu com as jovens participa desse fenômeno – é uma hipótese sensacional que permite reconstituir toda a cadeia significante de que se trata, mas, ainda mais, reconstituir a própria língua, essa famosa *língua fundamental* de que nos fala Schreber. Mais claramente do que em qualquer outro lugar, a interpretação analítica se demonstra aqui simbólica, no sentido estruturado do termo (lacan, 1955-1956/1985: 19).

Portanto, quando Lacan afirma nessa passagem o uso de uma interpretação afim ao modelo da linguística estrutural, pretende assinalar que a denominada "linguagem fundamental" de Schreber traz à luz as leis de funcionamento da língua que, nos sujeitos não psicóticos, dificilmente aparecem por serem estas regras da língua submetidas a um ponto de amarração de sentido, chamado por Lacan de "ponto de basta". Por isso, Freud (1910/2002), ao iniciar sua obra sobre Schreber, faz o seguinte esclarecimento: "A investigação psicanalítica da paranoia seria totalmente impossível se os enfermos não apresentassem a peculiaridade de revelar espontaneamente, ainda que alterado por deformações, aquilo que os demais neuróticos ocultam como seu mais íntimo segredo (Freud, 1910/2002: 9)".

Assim como os sonhos, o delírio de Schreber é submetido à hipótese de que possui um sentido e de que, portanto, pode ser interpretado. Mas o que Lacan pretende sublinhar é o modo pelo qual, a partir dessa hipótese, busca-se o sentido dessas manifestações. É o modo pelo qual se elabora o sentido delas que chama a atenção de Lacan. Como se dá tal elaboração?

O sentido do delírio de Schreber é procurado através do exame da relação mantida entre seus termos constituintes, o que supõe que ele é produzido segundo regras estruturais. Segundo o princípio denominado pelo precursor do estruturalismo, Saussure, como "caráter diferencial dos signos", um signo só adquire valor ou unidade de sentido a partir da relação com outro signo. Não basta, portanto, conhecer o significado de um signo para compreender o seu sentido. Para aceder ao sentido de um signo é necessário, antes, observar a relação dele com os outros signos na cadeia falada. Nas palavras do linguista: "[...] a língua é um sistema em que todos os termos são solidários e o valor de um resulta tão-somente da presença simultânea de outros" (Saussure, 2006: 133). Por exemplo: só saberemos o sentido do signo "manga" se o colocarmos em relação a outro signo. Se lhe acrescentamos o signo "curta", seu sentido é "manga de camisa". Se acrescentarmos o signo "doce", seu sentido é "a fruta manga". Se, contudo, lhe acrescentamos o signo "rosa", aí já não sabemos se nos referimos a uma manga de camisa com essa coloração ou a um tipo de fruta. É preciso, então, acrescentar mais um signo, e assim por diante.

Ora, Lacan supõe justamente que foi através da aplicação de tal compreensão ao delírio de Schreber que Freud chegou a apreender seu sentido fundamental, o qual – lembremos – consistia no desejo de tornar-se mulher e submeter-se à cópula. Aduziremos, então, exemplos que permitem ilustrar como esse tipo de interpretação pode equiparar-se ao método estrutural.

O delírio de Schreber diz que os homens compõem-se de corpo e alma. Quando eles morrem, sua alma sofre um processo de purificação ao cabo do qual ela acede a um estado de beatitude e reúne-se novamente ao deus criador no vestíbulo do céu. Ao mesmo tempo que o termo "beatitude" (*Seligkeit*) relaciona-se a termos que designam um estado de plenitude alcançado após a morte, ele se associa também, no discurso de Schreber, a palavras relativas a sensações voluptuosas. A partir dessa conexão Freud afirma o caráter sexual do encontro com Deus, reforçando sua interpretação através da consideração de que o adjetivo *selig*, do qual o substantivo "beatitude" (*Seligkeit*) é derivado, pode significar tanto "falecido", quanto "satisfeito sensualmente", no idioma alemão.

Outro exemplo reside no estabelecimento do sentido de "pássaros miraculosos" ou "pássaros falantes" a partir de sua associação ao termo "jovenzinha". Essa conexão inusitada é extraída do próprio discurso de Schreber, que diz serem esses pássaros, aos quais ele empresta nomes femininos, tais como as mocinhas tolas, que nada podem dizer além de frases aprendidas de cor. Em seguida, Schreber acrescenta que esses pássaros são constituídos pelos restos dos "vestíbulos do céu" (*Vorhöfe des Himmels*), donde Freud conclui que os vestíbulos possuem o sentido de feminilidade, interpretação que é reforçada pelo fato de vestíbulo (*Vorhof*) ser também empregado em anatomia para designar os órgãos genitais femininos.

Com isso ilustramos um dos momentos do percurso que leva Freud até o núcleo do delírio: o cerne da linguagem delirante de Schreber. Vimos que o procedimento de Freud envolve a relação de signos linguísticos, os quais não são considerados como elementos que comportam um sentido em si mesmos, mas como termos que, em relação, originam algum sentido.

A MANIFESTAÇÃO DO *OBJETO a* ENQUANTO VOZ NAS ALUCINAÇÕES VERBAIS ATRAVÉS DA NOÇÃO DE SUJEITO DA ENUNCIAÇÃO

Por outro lado, observa-se ainda que o uso da linguística estrutural sofre torções na mão de Lacan a fim de dar conta da noção de sujeito. Assim, apropriando-se das abordagens estruturalistas da linguagem mais avançadas, aquelas que buscam conceder uma posição discursiva para o falante, Lacan emprega a noção de sujeito da enunciação – noção que assegura um lugar para o sujeito na cadeia significante. Miller (1989), em um artigo sobre a voz como *objeto a*, demonstra muito bem essa apropriação lacaniana quando este analisa a alucinação verbal.

De acordo com Miller (1989), "a instância da voz merece inscrever-se como um terceiro entre a função da fala e o campo da linguagem" (Miller, 1989: 32), o que assinala o quanto Lacan está concernido pelas questões do sujeito, que aparecem na fala. Examinemos então que lugar é esse que assume a voz como um terceiro entre a função da fala e o campo da linguagem.

A função da fala, tal como Lacan a define na época desse seminário, vai um pouco além da dimensão da fala como atualização individual do código da língua, tal como conceituada por Saussure. Para Lacan (1953/1998), a fala se efetua em uma dialética intersubjetiva, na qual sua função é o reconhecimento do Outro. Toda fala é dirigida ao Outro, que pode ser encarnado em um ouvinte que deve responder ao enunciado, conferindo, ao mesmo tempo, reconhecimento ao falante. A fala enquanto endereçada ao Outro é sempre uma demanda de significação, um pedido de reconhecimento feito ao outro que seria dado pela atribuição de uma significação pelo ouvinte à mensagem do emissor da fala, o que Lacan, em "Variantes do tratamento-padrão" (1955/1998), nomeia como o poder discricionário do ouvinte. Assim, embora a fala tenha que passar pelo Outro como tesouro do significante, ou seja, pelo campo das regras sociais da língua que regem a linguagem, é garantido no ato de fala, nessa intenção de significação, um lugar para o sujeito da enunciação: esse sujeito que demanda ao Outro alguma significação.

Já o campo da linguagem – campo da língua, das regras sociais que regem o funcionamento da linguagem – é também concebido por Lacan de um modo um pouco diferente do modelo saussurreano. Para Saussure (2006), o campo da língua é um sistema de signos constituídos pela união arbitrária de um significante (imagem acústica) a um significado (conceito mental). No sistema da língua estes signos ganham unidade de sentido em relação com outros. Já para Lacan, há um primado do significante em relação ao significado, o que faz com que os significantes sempre possam deslizar quanto à significação na cadeia significante.

O que ocorre para Lacan entre a fala e a linguagem é que a intenção de significação presente na fala é sempre cortada pela cadeia significante, pelo que ele denomina como campo da linguagem.

Por isso, Miller (1989), no artigo mencionado, desenha o vetor do gozo e da castração paralelamente ao vetor da cadeia significante, e o vetor da intenção de significação cortado pelo da cadeia significante:

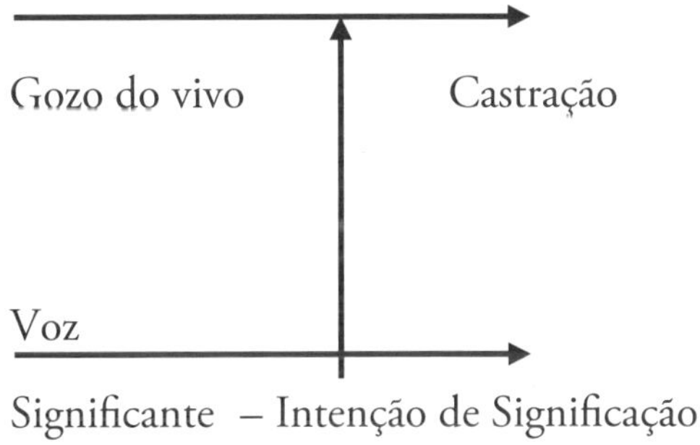

Deste modo, Miller (1989) introduz no esquema apresentado (vetor da intenção de significação cortado pelo vetor da cadeia significante) o vetor da castração e do gozo, fazendo aparecer a voz enquanto objeto da pulsão, como subproduto dessa intenção de significação barrada pela cadeia significante. Essa barra é a castração, que produz, como seu objeto resíduo, a voz.

A voz revela-se, assim, como esse terceiro termo entre a função da fala (intenção de significação) e o campo da linguagem (deslizamento da cadeia significante, que obedece às regras sociais da língua).

Para ilustrar o aparecimento da voz enquanto *objeto a*, Miller (1989) recorre à análise que Lacan, no *Seminário 3*, faz da alucinação verbal de uma paciente que ouviu do vizinho: a injúria "porca". Lacan descobre pela paciente que antes de ter ouvido o insulto ela havia pensado "estou vindo do salsicheiro". Assim, ele constrói o todo formado pela injúria e por essa frase pensada e não assumida pela paciente: "Porca, eu venho do salsicheiro". "Porca" então é a palavra arrancada da cadeia significante e atribuída ao outro, na distribuição de designação subjetiva.

O que é a distribuição de designação subjetiva? É a propriedade que a cadeia significante possui de designar um lugar para o sujeito. Como a atribuição subjetiva dada pela cadeia não é de forma alguma unívoca, mas distributiva, a cadeia significante pode designar vários lugares subjetivos, e o sujeito se posiciona em relação a eles.

Na alucinação verbal, algo ocorre que o sujeito não assume um significante da cadeia e o atribui ao outro, não se colocando como agente da enunciação. Lacan (1955-1956/1985) esclarece que essa quebra da cadeia significante, que retira dela uma palavra, dá-se devido à carga libidinal da palavra "porca", que possui um valor especial na história da paciente. Esse significante aparece, deste modo, como não pertencente à frase completa pensada pelo sujeito; excluído assim da cadeia significante, é atribuído ao outro. A designação subjetiva da cadeia é distribuída de modo que o falante não se coloca como o agente da fala do significante porca.

Essa noção de distribuição de designação subjetiva é solidária à noção de *shifter* ou de "dêiticos", abordada por linguistas como Jakobson (1957, *apud* Jakobson, s/d) e Benveniste (1976), estruturalistas que asseguraram um lugar para o sujeito na fala, a despeito da ideia, muito difundida (Dosse, 1993), de que a linguística estrutural realizou a "morte do sujeito" por não lhe conferir um lugar. A noção de *shifter* consiste na função que alguns pronomes e palavras desempenham em uma frase, indicando o agente da fala no contexto discursivo, escapando, por isso, à sua mera função de signo. Por exemplo, o pronome "eu": somente podemos entender quem é o agente de uma fala que traz esse pronome apelando para o contexto atual do proferimento desse ato de fala. Nas palavras de Benveniste (1976):

> *eu* se refere ao ato de discurso individual no qual é pronunciado, e lhe designa um locutor. É um termo que não pode ser identificado a não ser dentro do que, noutro passo, chamamos uma instância de discurso, e que só tem referência atual. A realidade à qual ele remete é a realidade do discurso. É na instância de discurso na qual *eu* designa o locutor que este se enuncia como "sujeito" (Benveniste, 1976: 288).

A consideração dessa propriedade da cadeia significante em designar uma posição para o sujeito apela a uma linguística que não pode deixar de levar em conta o fato de que "todo discurso comporta fundamentalmente menções, que todo discurso é, neste sentido, indireto, que não existe discurso sem que, na própria enunciação, o sujeito não esteja recuado, e não se organize, não tome posição em relação àquilo que diz" (Miller, 1989: 33). A distinção entre enunciado e enunciação é disso testemunha.

Muito embora Lacan (1971) afirme que "o sujeito nem sempre pode ser tido como idêntico ao que os linguistas chamam de 'shifter'" (Lacan, 1971: 201), pois há enunciados na língua que não oferecem indício algum de quem profere o enunciado, tais como as orações sem sujeito ("Chove"), mesmo assim, ao levarmos em conta a natureza "linguageira" do inconsciente, temos que supor a posição de enunciação, vedada à consciência, em todo enunciado. Assim, há sempre o enunciado – o que é dito –, e a enunciação – a posição subjetiva que o sujeito ocupa em relação ao que diz.

Assim, a noção de distribuição de designação subjetiva, que permite que o lugar de agente da fala possa ser designado de diversas formas, dá lugar para a posição do sujeito no ato de fala. Na alucinação verbal, a posição subjetiva do falante diante da cadeia significante consistiu em não se assumir como agente da fala, uma vez que certos significantes são atribuídos a um outro remetido ao Outro. Por isso, Miller (1989) conclui que a voz situa-se no nível da enunciação: "[...] a voz é a parte da cadeia significante que não pode ser assumida pelo sujeito como 'eu (*je*)', e que é subjetivamente atribuída ao Outro" (Miller, 1989: 183).

A voz enquanto objeto comporta, então, uma dimensão de não reconhecimento e aparece no ponto indizível do sujeito, denominado por Lacan como seu "mais-de-gozar". Como a cadeia significante está sempre em relação com este objeto indizível, com esta dimensão do gozo ou da libido, a voz aparece quando é exigido do sujeito posicionar-se diante da cadeia significante.

Vê-se, portanto, que Lacan, ao ressaltar o método da linguística estrutural, ora o utiliza simplesmente o paradigma saussureano, como na ênfase que faz à análise freudiana do delírio de Schreber, enfatizando o papel de uma idiossincrática língua fundamental, ora utiliza concepções de linguagem mais afins com uma linguística do discurso, como faz na abordagem da alucinação verbal.

REFERÊNCIAS BIBLIOGRÁFICAS

BENVENISTE, E. (1976). Da subjetividade na linguagem. *Problemas de linguística geral*. São Paulo: Nacional.

DOSSE, F. (1993). *História do estruturalismo*, v. 1. São Paulo: Ensaio.

FREUD, S. (1910/2002). *O caso Schreber: notas sobre um relato autobiográfico de um caso de paranoia (*dementia paranoides*)*. Rio de Janeiro: Imago.

JAKOBSON, R. (s/d). A procura da essência da linguagem. *Linguística e comunicação*. São Paulo: Cultrix.

LACAN, J. (1953/1998). Função e campo da fala e da linguagem em psicanálise. *Escritos*. Rio de Janeiro: Zahar.

————. (1955/1998). Variantes do tratamento-padrão. *Escritos*. Rio de Janeiro: Zahar.

————. (1955-1956/1985). *O seminário, livro 3: as psicoses*. Rio de Janeiro: Zahar.

————. (1971). Da estrutura da linguagem como intromistura de um pré-requisito de alteridade e um sujeito qualquer. *In:* MACKSEY, R. & DONATO, E. (orgs.) *A controvérsia estruturalista* (pp. 198-212). São Paulo: Cultrix.

MILLER, J.-A. (1989). Jacques Lacan et la voix". *In*: LEW. R., SAUVAGNAT, F. et al. (eds.) *La voix: Actes du colloque d'Ivry* (pp. 175-184). Paris: Lysimaque.

SAUSSURE, F. (2006). *Curso de linguística geral*. São Paulo: Cultrix.

O PAI NA ESTRUTURA EM FREUD E O TRATAMENTO DA PSICOSE

Matheus Dias Pereira

RESUMO

Este artigo surgiu através de um impasse na elaboração da dissertação de Mestrado[1], uma pergunta que mordia nossos calcanhares: que concepção de estrutura da psicose para Freud fazia com que ele afirmasse que o método psicanalítico não era eficaz para o tratamento dos psicóticos? Para tentar responder a esta pergunta, foi preciso pesquisar como Freud concebia a estrutura da psicose. Nesta investigação, percebemos a importância da função paterna na estrutura da psicanálise freudiana. Foi preciso fazer um retorno a Freud, através da direção de pesquisa dada por Lacan, e assim verificar que esta função era um elemento essencial na estrutura em Freud. Assim, é disso do que se trata neste artigo: do Pai e sua função estruturante no método psicanalítico desenvolvido por Freud e dos impasses deste "estruturalismo freudiano" no tratamento da psicose.

Palavras-chave: Freud; psicose; estrutura.

ABSTRACT

The father on Freudian's structuralism and treatment of psychosis

---

1 Este artigo também é parte da dissertação de Mestrado em Pesquisa e Clínica em Psicanálise sob o título: "Onde está o sujeito? A transferência na psicanálise com muitos", defendida em dezembro de 2009, e que teve orientação do Prof. Dr. Luciano Elia pela Universidade do Estado do Rio de Janeiro – UERJ.

This paper was made from an impasse broted up from the research of a master's tese. As the studies developed, the questions: what is the Freud's concept of structure? Why he asserted the impossibility of treating psychosis, using the psychoanalitical method, started to bother? In attempting to answer this, it was necessary to go further on Freud's concepts of the structure of psychosis. In this research, we put emphasis on the importance of the paternal function on his concepts of structure. To do that, we had to look also at Lacan's theory about it. Therefore, we will expatiate about the importance of the Father and it's function in the psychoanalytic method developed by Freud and the impasses of this "Freudian structuralism" in the treatment of psychosis.

Key-words: Freud; psychosis; structure.

Este artigo surgiu através de um impasse na elaboração da dissertação de mestrado. Uma dúvida pairava no ar: qual era a concepção de estrutura da psicose para Freud que fazia com que ele dissesse que o método psicanalítico não era tão eficaz para o tratamento de tais pacientes?

A partir desta dúvida foi necessário pesquisar e entender como Freud concebia a estrutura da psicose, pois somente a partir daí poderia entender a que ele se referia quanto às dificuldades do tratamento psicanalítico de tais pacientes.

Nesta busca, em um momento no trabalho de orientação da dissertação, algo de uma transmissão psicanalítica se deu, pois, escrevendo sempre em posição de analisante, com a ajuda do orientador pudemos então encontrar o ponto essencial e fundamental no que estava sendo dito/escrito em todo o trabalho. Chegamos então ao ponto essencial: a importância da função paterna na estrutura da psicanálise freudiana.

A partir de então pudemos fazer um retorno a Freud, através da direção de pesquisa dada por Lacan, e assim verificar que esta função era um elemento essencial na estrutura em Freud. Assim, é disso que se trata neste artigo, do Pai e sua função estruturante no método psicanalítico desenvolvido por Freud e dos impasses deste "estruturalismo freudiano" no tratamento da psicose.

UMA QUESTÃO PRELIMINAR: A PSICOSE É TRATÁVEL EM FREUD?

Uma questão preliminar se impõe e algo precisa ser dito antes de dar qualquer passo em direção de uma afirmação de um tratamento possível da psicose. Freud se nos apontava a direção de um desejo que presentifica a psicanálise no mundo, nomeado por Lacan de desejo do analista, e ao mesmo tempo apontava claramente para as dificuldades do tratamento psicanalítico com as psicoses, chegando em certos momentos a afirmar a inoperância da psicanálise com tais pacientes.

Assim, se há um desejo que faz com que a psicanálise opere sobre um sujeito, que especificidade da estrutura psicótica faz com que Freud não se anime quanto a um tratamento possível para esta estrutura clínica? Uma questão preliminar deve ser levantada para que busquemos em Freud como ele concebia a estrutura psicótica, pois sem esta concepção não poderemos avançar.

É preciso retornar a Freud através de um retorno à releitura que Lacan faz do próprio Freud, pois a partir disso poderemos seguir os passos que o próprio Lacan fez para poder afirmar que o "psicanalista não deve recuar diante da psicose" e não apenas ficarmos repetindo como papagaios os ditos lacanianos, como se estes ditos portassem algo de religioso em que psicanalistas deveriam crer e seguir sem buscar seus fundamentos.

Nesta trilha então procuraremos o que da formulação de estrutura de Freud relida por Lacan dificultava o tratamento psicanalítico da psicose e em que Lacan, em certo momento de sua obra, de uma questão preliminar freudiana pôde apresentar fundamentos para um tratamento possível.

Assim, torna-se inevitável pensar o conceito de estrutura aos moldes de Freud, pois através dele poderemos chegar ao que ""emperra" para depois ver onde Lacan nos dá pistas de um tratamento possível.

Ao sabermos como Freud concebe a estrutura psicótica, poderemos então ver os impasses que esta estrutura acarreta na transferência e na direção de um tratamento com psicóticos. A partir da noção da estrutura freudiana das psicoses poderemos então entender os apontamentos do autor para sua falta de empolgação para o tratamento de tais pacientes.

FREUD ERA UM ESTRUTURALISTA?

O parto de nascimento do estruturalismo é geralmente associado ao lançamento póstumo do *Curso de linguística geral* (1916) de Ferdinand de Saussure. Neste trabalho inicial Saussure tenta provar que qualquer língua é um sistema cujos elementos se definem por relações sincrônicas e diacrônicas, de equivalência e oposição entre si. Assim, a este conjunto de "relações" dá-se o nome de estrutura.

O estruturalismo que tem como ponto de partida a linguística se torna uma forte corrente de pensamento filosófico nos anos 60 do século passado, com grandes nomes como Roland Barthes e Jacques Derrida, que concentram seus estudos estruturalistas na literatura, com Louis Althusser na análise social, com Lévi-Strauss na antropologia, com Michel Foucault na epistemologia e finalmente Jacques Lacan na psicanálise.

Logo de início um problema se apresenta: podemos dizer que Freud era um estruturalista? Dizer que Freud era um estruturalista, antes mesmo de o movimento estruturalista existir, é no mínimo uma distorção científica. Mas, se pensarmos em um Freud relido por Lacan, estamos sim em uma posição de poder dizer que Freud tinha, mesmo antes de o estruturalismo ser formalizado nos anos 50 e 60, uma teoria estruturalista. Não levantar esta hipótese de que Freud antecipa algo do estruturalismo é o mesmo que dizer que o inconsciente não existia antes de Freud. Nas palavras de Lacan "o fato de Freud antecipar Saussure não implica que algum rumor tenha feito que tomassem consciência um e outro" (Lacan, 1970/2003: 400).

O estruturalismo de Lacan é pautado, no início de seu ensino, com bases na obra de Ferdinand de Saussure na linguística. Nessa sua concepção de estrutura, Lacan aponta que esta é instituída por um corte "que é a barra colocada entre significante e significado" (ibid.: 400-401). O sujeito marcado por uma divisão fundadora, inconsciente e consciente, formalizada por Freud, permite o surgimento de uma linguística moderna. Em Freud, essa concepção de um sujeito dividido que aparece justamente nos "erros" linguísticos de alguma maneira antecipa, aos olhos de Lacan, Saussure, e ele é assim relido como um estruturalista. Saussure, por outro lado, na tentativa de saber a infraestrutura da língua, daquilo que era comum a todos os falantes, evocava então a existência do inconsciente, pois acreditava na existência de uma alteridade.

Freud, em sua descoberta do inconsciente, nos aponta algo na fala que está para além da comunicação: o homem não é senhor nem em sua própria casa. Lacan: "Portanto, ao enunciar que Freud antecipa a linguística, estou dizendo menos do que o que se impõe, e que é a formulação que agora libero: o inconsciente é a condição da linguística" (ibid.: 403). Portanto, sendo o próprio sujeito efeito da linguagem, esta se torna a condição do inconsciente, enquanto que, por sua vez, o inconsciente se torna a condição da linguística.

Lacan, com base na divisão do sujeito e tendo o inconsciente como regente dos atos e da vida humana, subverte a lógica de Saussure de uma primazia do significado sobre o significante para uma primazia do significante sobre o significado. Em seu ensino dá primazia ao sujeito e ao significante "como aquilo que estrutura a estrutura" (Miller, 1966: 224), portanto coloca o inconsciente freudiano como peça chave de seu "estruturalismo".

O estudo do significante se torna a proa do barco, no caminho de Lacan no seu "retorno a Freud", e a ponte para formalizar um estruturalismo freudiano. Em seu *Seminário 3*, Lacan afirma claramente o que tratava de abordar naquele ano: "Trata-se, com efeito, do que Freud deixou com referência às estruturas das psicoses, e é por isso que as qualificamos de *freudianas*" (Lacan, 1955-1956/1985: 209).

Vamos então à busca do conceito de estrutura freudiana vigente no ensino de Lacan para podermos definir as diferenças de uma estrutura neurótica para uma estrutura psicótica.

A ESTRUTURA EM FREUD

A concepção de estrutura freudiana aos moldes de Lacan é estabelecida sempre em relação a algo que é *coerente* com algo diverso que lhe é *complementar*. Este é o conceito de estrutura freudiana para Lacan no início de seu ensino. Nestes moldes Lacan afirma: "a noção de estrutura já é por si só uma manifestação do significante" (ibid.: 210). A chave de um estruturalismo freudiano-lacaniano consiste e é pautada inicialmente em dois pontos: o de coerência e o de complementaridade.

Este algo complementar que é diverso do coerente, mas que ao mesmo tempo lhe dá o complemento necessário no estruturalismo lacaniano, seria então a chave da concepção de estrutura em psicanálise. Assim, neste momento, para que possamos afirmar que a neurose ou a psicose são estruturas aos moldes lacanianos devemos então poder detectar o que estas "estruturas" possuem em si de coerente e de diverso complementar.

Partindo destes pressupostos, temos então uma concepção de estrutura marcada por uma "castração", ou seja, pela incidência de algo que surge como diverso ao já estabelecido, ao coerente, mas que ao mesmo tempo dá à estrutura sua consistência de estrutura e a complementa, sendo como que um ordenador dela.

Temos então o ponto de partida de Lacan no qual ele nos afirma que um significante não se sustenta sozinho, está em relação a outro que lhe possa permitir alguma significação. Esta é uma concepção estrutural da linguagem, na qual, para Lacan: "Todo verdadeiro significante é, enquanto tal, um significante que não significa nada" (ibid.: 212). Ainda mais, nestes moldes dizer linguagem é o mesmo que dizer estrutura: a linguagem é em si a própria estrutura, pois se faz marcada por um corte, uma divisão entre significante e significado.

O significante se torna então a peça principal do estruturalismo lacaniano, que sempre necessita de algo diverso que lhe dê certa complementaridade, e este complementar não poderia ser outra coisa senão outro significante que dê ao sujeito um "efeito" de sentido. Desse modo, o significante é algo totalmente diverso de uma língua e do significado, o que lhe dá o estatuto de fonte complementar e de agenciamento estrutural em busca de uma coerência que somente chega ao sujeito através de uma possibilidade, mesmo que precária e ilusória, de uma significação.

Este sistema estrutural significante precisaria de algo para sustentá-lo e para fazer a ordenação, ou seja, de algo que lhe permitisse constituir uma cadeia na qual um significante pudesse ser substituído por outro significante e assim lhe desse coerência para que este "agrupamento" não se desse de forma "louca" ou desordenada.

Ele necessitaria então de algum ordenador, de algo que agenciasse e desse esteio à estrutura; enfim: um significante que estruturasse a própria estrutura. Nesta direção percebemos então que o significante é algo que necessita de certa articulação e convoca o aparecimento de novos significantes em uma constante tentativa de encontrar alguma significação: "a estrutura do significante está, como se diz comumente da linguagem, em ele ser articulado" (Lacan, 1957a/1998: 504).

Esta necessidade de articulação significante implica o aparecimento de uma cadeia que passa a ser chamada de simbólica, pois é constituída por significantes que se articulam fazendo metonímia e metáfora, a primeira análoga ao termo deslocamento e a segunda à condensação, termos estes cunhados como modos de funcionamento do inconsciente por Freud. Assim se dá, para este autor, o processo de funcionamento primário do inconsciente: "Pelo processo de deslocamento uma ideia pode ceder a outra toda a sua quota de catexia; pelo processo de condensação pode apropriar-se de toda a catexia de várias outras ideias. Propus que esses dois processos fossem considerados como marcos distintivos do assim denominado processo psíquico primário" (Freud, 1915).

O inconsciente é estruturado como uma linguagem e se mostra como uma cadeia na qual existem articulações; e a forma como os elementos venham a se articular poderá definir qual é a posição do sujeito diante da linguagem, o que nos permitirá afirmar se temos uma estrutura neurótica, psicótica ou perversa.

O Nome-do-Pai

Vimos então que o inconsciente é uma estrutura articulada, constituída por significantes que se articulam na produção de uma significação. Devemos então agora poder definir que significante seria este, diverso e ao mesmo tempo complementar, que daria consistência à cadeia simbólica no inconsciente. Lacan denomina este significante ordenador da cadeia simbólica de significante do Nome-do-Pai.

O significante do Nome-do-Pai surge como o agenciador do funcionamento da cadeia simbólica, é o significante diverso que permite a complementaridade estrutural e dá ao simbólico uma certa consistência em direção a uma possível significação: "ele é o significante que significa que, no interior desse significante, o significante existe" (Lacan, 1957-1958/1999: 153).

O que Lacan aponta neste momento é a possibilidade da constituição de uma realidade para o sujeito através de algo que amarre o constante deslizamento significante em busca de alguma significação, e a esta realidade Lacan dá o nome de fantasia. Mas sabemos desde Freud que a fantasia é tida como um recurso neurótico, uma "amarração" neurótica diante da castração, um ilusório recurso de significação diante do insuportável vazio próprio do significante.

Freud em 1924 constrói o artigo "Perda da realidade na neurose e na psicose", cujo título já dá uma impressão de que o pensamento de uma perda da realidade que antes supunha-se apenas aos psicóticos agora também faz parte do mundo dos neuróticos, sendo o recurso da fantasia aquele que permite que o mundo do neurótico possa ter alguma consistência de realidade.

Aquilo a que se chega brilhantemente neste artigo é que há sempre fracasso do *recalque*, quer seja na psicose ou na neurose. O que nos faz pensar, portanto, numa estrutura do inconsciente marcada por uma falha de significação, que necessita sempre de um complemento que lhe dê alguma coerência. A estrutura inconsciente concebida desta maneira é então uma estrutura feita de significantes, que, como já sabemos, por si mesmos não significam nada, o que levou Freud a ver que a perda de realidade se dava tanto na neurose quanto na psicose e que isso se dava pela própria estrutura do significante.

Freud, ao dividir o processo de neurose e psicose em duas etapas, afirma que na segunda etapa deste processo ambas servem "ao desejo de poder do Id" (1924), que não se deixa ditar pela realidade. Assim, na neurose a realidade insuportável é evitada: "a neurose não repudia a realidade apenas a ignora" (idem), e isso somente acontece porque o neurótico pode lançar mão de um significante ordenador chamado de significante do Nome-do-Pai.

Lacan formaliza o Nome-do-Pai como o agenciador da fantasia na neurose; e não só isso: ele é o agenciador da cadeia significante no inconsciente. A estrutura neurótica fica então definida por uma operação chamada de *Verdrangung*, que podemos traduzir por recalque, agenciada pelo significante do Nome-do-Pai, levando o sujeito ao recurso da fantasia. Na neurose temos então um significante que se articula com outros.

O Nome-do-Pai vem então funcionar como o que presentifica o significante como algo sempre passível de significação, permitindo a criação de metáforas que ratifiquem a mensagem vinda do inconsciente (Outro). È na dimensão da metáfora que se realiza a invocação feita ao Nome-do-Pai – o que faz com que Lacan nos diga de uma metáfora paterna existente na neurose.

AS METÁFORAS

Na neurose temos o aparecimento de uma metáfora que de alguma maneira permite ao sujeito certo apaziguamento e define a fantasia como um recurso neurótico. Lacan define a metáfora como "um significante que surge no lugar de outro significante" (Lacan, 1957-1958/1999: 180), enquanto que podemos pensar na metonímia como o processo de um significante que convoca outro significante para sua própria validação em um eterno deslizamento. Nas palavras de Lacan: "Ela concerne à substituição de alguma coisa que se trata de nomear – estamos, com efeito, no nível do nome. Nomeia-se uma coisa por outra que é seu continente, ou a parte, ou que está em conexão com" (Lacan, 1955-1956/1985: 251). O que temos então, como já foi dito anteriormente, são os mecanismos de funcionamento inconsciente de condensação e deslocamento, e agora podemos notar que uma metáfora surge para fazer barreira e dar coerência a uma estrutura em que, se fosse somente marcada pela metonímia, nenhum fragmento de realidade seria possível para o sujeito: "na cadeia significante o sentido *insiste*, mas [...] nenhum dos elementos da cadeia *consiste* na significação de que ele é capaz neste momento" (Lacan, 1957a/1998: 506; grifos do texto).

A metáfora surge como sintoma e como uma barra no gozo mortífero de uma eterna falta de significação simbólica. Um fragmento de realidade aparece quando desta articulação significante pode surgir uma metáfora, algo que condense e cesse por um instante o deslocamento significante, dando ao sujeito um efeito de sentido. Lacan justifica uma exigência de coerência estrutural dizendo da necessidade de a estrutura possuir um complemento que lhe traga alguma significação: "O Outro quer isso, e ele quer sobretudo que se saiba disso, ele quer significar" (Lacan, 1955-1956/1985: 221).

O significante enquanto tal, não significando nada, somente desliza e precisa que neste encadeamento algo faça metáfora, e é por justamente existir este complemento que permita alguma condensação que a cadeia continua a se desenrolar metonimicamente.

> A centelha criadora da metáfora não brota da presentificação de duas imagens, isto é, de dois significantes igualmente atualizados. Ela brota entre dois significantes dos quais um substitui o outro, assumindo seu lugar na cadeia significante, enquanto o significante oculto permanece em sua conexão (metonímica) com o resto da cadeia (Lacan, 1957a/1998: 510).

O Nome-do-Pai, diante do infinito deslizamento metonímico da cadeia significante, permite, na neurose, a criação de uma metáfora, chamada de "metáfora paterna", dando ao sujeito uma ilusão de significação e de que a linguagem tenha algo passível de comunicação.

Continuemos então a partir do *Seminário 3* com a afirmação de que "a psicose se situa no nível das relações do sujeito com o significante" (Lacan, 1955-1956/1985: 227), com a qual temos que a psicose então faz parte do que é coerente, mas falta-lhe o que é o complementar; o sujeito psicótico está na linguagem, mas na sua relação com o significante há um certo *déficit* organizador. O déficit neste momento é o que nos permite fazer uma diferenciação e organizar a psicose como uma estrutura; a psicose aparece como nada mais nada menos do que um problema de linguagem, uma estrutura a que falta um elemento. A psicose é sim uma grafia, uma escrita de um corpo e da pulsão que deve ser lida de forma diferente da neurose, "a psicose consiste num buraco, uma falta no nível do significante" (ibid.: 229).

O que acontece na psicose é que, neste momento no qual um significante convoca outro para vã tentativa de significação – já que esta também não é suficiente nas neuroses apesar de esta estrutura possuir um ordenador que faça com que a cadeia continue deslizando –, ela não é conseguida de maneira alguma. O sujeito, na busca de uma coerência, de um outro significante que sustente a cadeia estrutural, se depara com a perplexidade diante da cristalização deste significante inicial. "Trata-se, no fundo da psicose, de um impasse, de uma perplexidade concernente ao significante" (ibid.: 221). Enquanto o neurótico lança mão neste momento do significante ordenador que é o Nome-do-Pai, que funciona como uma metáfora, o psicótico se mantém na perplexidade, no que surge um "buraco": o significante do Nome-do-Pai não incide sobre o sujeito.

> [...] a falta do Nome-do-Pai nesse lugar que, pelo furo que abre no significado, dá início à cascata de remanejamentos do significante de onde provém o desastre crescente do imaginário, até que seja alcançado o nível em que significante e significado se estabilizam na metáfora delirante (Lacan, 1959/1998: 584).

A metáfora na psicose é feita de forma diferente do que na neurose, pois ela não se dá pelo encadeamento metonímico como na neurose, mas de forma cristalizante, estagnante, causando uma petrificação em um sentido único ou na total falta dele. Freud nos explica, por exemplo, o processo que acontece na esquizofrenia:

> Na esquizofrenia as palavras estão sujeitas a um processo igual ao que interpreta as imagens oníricas dos pensamentos oníricos latentes – que chamamos de processo psíquico primário. Passam por uma condensação, e por meio de deslocamento transferem integralmente

> suas catexias de umas para as outras. O processo pode ir tão longe que uma única palavra, se for especialmente adequada devido a suas numerosas conexões, assume a representação de todo um encadeamento de pensamento (Freud, 1915).

O que Freud nos traz para o importante estudo desta estrutura é que, ao contrário da neurose, na qual um encadeamento de pensamento é formado justamente pela conexão destas palavras – sendo que é na intersecção destas palavras que algo do sentido pode vir a aparecer –, na psicose o sentido aparece cristalizado em um significante que tenta fazer conexões mas que por si só representa toda a conexão, ou seja, os significantes não fazem uma cadeia simbólica: este significante cristalizado em si mesmo apenas reafirma sua onipotência diante dos outros que vierem a surgir.

Esta cristalização do significante faz lembrar uma passagem cômica em um atendimento no CAPSi. Uma paciente esquizofrênica me pede que eu lhe busque um copo de água, vou até a cozinha e preparo a água misturando água gelada e morna. Acostumado a usar o significante "ver" para que o outro aprove ou não o que fora feito, digo a ela: "Veja se a água está boa". Ela olha para dentro do copo e diz: "Tá sim, obrigada" – e sai com o copo de água na mão. Este exemplo cômico e até certo ponto inocente nos mostra que ver para a paciente não poderia ser a mesma coisa que beber, ou experimentar a água; o significante ver é cristalizado e marcado como olhar para alguma coisa para esta paciente. No entanto, esta fixidez não garante ao psicótico uma significação, justamente pela própria estrutura de funcionamento do significante, que só terá efeitos de sentido na sua conexão com outros.

A busca de significação se torna o motivo da perplexidade significante do psicótico porque o Outro quer significar onde não há recursos para tal significação. Ele se depara com uma perplexidade que lhe é dada por um sentido total cristalizado do significante ou uma total ausência de possibilidade de sentido. "Essas duas formas, a mais plena e a mais vazia, param a significação, é uma espécie de chumbo na malha, na rede do discurso do sujeito. Característica estrutural a que, já na abordagem clínica, reconhecemos a assinatura do delírio" (Lacan, 1955-1956/1985: 44).

O recurso simbólico de uma tentativa de amarração a uma realidade se mostra extremamente precário para o psicótico, lhe restando as amarras da produção de um delírio, o que Lacan denomina de metáfora delirante.

Assim, o neurótico fantasia e esta é sua realidade, enquanto o psicótico cria a nova realidade que pode ser alcançada pelo delírio. O que temos então é a importância da metáfora como algo que permite aos sujeitos algum efeito de sentido, seja ela paterna ou delirante.

O que temos na psicanálise é uma concepção de estrutura inconsciente marcada pela primazia do significante enquanto algo que não significa nada e que estará sempre remetido a uma busca de significação, o que faz que na psicanálise o diagnóstico seja marcado não pelos fenômenos apresentados pelos sujeitos, mas na relação do sujeito com a linguagem, no encadeamento significante e nos recursos de que o sujeito lançará mão na busca de uma significação. Para Lacan, "se o sintoma pode ser lido, é porque ele mesmo já está inscrito num processo de escrita. Enquanto formação particular do inconsciente, não é uma significação, mas sim sua relação com uma estrutura significante que o determina" (Lacan, 1957b/1998: 445-446).

O que nos permite já desde o *Seminário 3* ler a psicose em termos de estrutura é saber que é do significante que se trata no estruturalismo lacaniano; assim, é dele que também se trata na psicose e não do significado ou do sentido.

Assim podemos ter o esquema:

A fantasia, agenciada por um significante ordenador da cadeia (Nome-do-Pai), fazendo assim uma metáfora paterna, nos indica	uma estrutura neurótica
O delírio, na falta de tal significante ordenador da cadeia, fazendo assim uma metáfora delirante, nos indica	uma estrutura psicótica

A fantasia surge como recurso agenciado pelo significante do Nome-do-Pai na neurose e o delírio surge na psicose agenciado justamente pela foraclusão deste significante. O que temos no delírio então é a foraclusão de um significante. Assim, o delírio aos moldes como concebemos a estrutura lacaniana até agora nos dá indícios da existência de uma estrutura psicótica, assim como a fantasia nos dá indícios de uma estrutura neurótica; no entanto, na neurose temos o significante que estrutura a estrutura, o complementar necessário, que é o Nome-do-Pai, enquanto na psicose não se pode afirmar o que há, somente sabemos o que não há. Com Lacan chegamos finalmente até a questão preliminar: "É num acidente desse registro (simbólico) e do que nele se realiza, a saber a foraclusão do Nome-do-Pai no lugar do Outro, e no fracasso da metáfora paterna que apontamos a falha que confere à psicose sua condição essencial, com a estrutura que a separa da neurose" (Lacan, 1959/1998: 582).

A PSICOSE É UMA ESTRUTURA FREUDIANA

No caminho da busca de uma concepção freudiana de estrutura, podemos ver como o próprio Freud concebe suas estruturas clínicas. Segundo ele, "Se atiramos ao chão um cristal, ele se parte, mas não em pedaços ao acaso. Ele se desfaz, segundo linhas de clivagem, em fragmentos cujos limites, embora fossem invisíveis, estavam predeterminados pela estrutura do cristal. Os doentes mentais são estruturas divididas e partidas do mesmo tipo" (Freud, 1933).

A partir de um Freud relido por Lacan, pudemos ver a estrutura "linguageira" do inconsciente freudiano, pudemos definir a função do significante como primordial neste funcionamento e o papel da metáfora e da metonímia.

Assim pudemos perceber de que estrutura Lacan nos diz a partir de Freud, pois ele consegue de alguma maneira formalizar a psicose como uma estrutura, pois também na psicose é do significante que se trata e não de qualquer outra coisa. Segundo Lacan: "ao se reconhecer o drama da loucura, põe-se a razão em pauta, sua *res agitur*, porque é na relação do homem com o significante que se situa este drama" (Lacan, 1959/1998: 581).

Na tentativa de concluir através destes elementos trazidos até o momento e afirmar que a psicose é uma estrutura freudiana, vimos que na psicose é o estatuto do significante que está em causa. O significante enquanto tal é algo que não suporta "sofrer de solidão", ele sempre convoca outro, necessita estruturalmente desta convocação em busca de uma coerência, na busca da "significância mesma do significante" (Lacan, 1955-1956/1985: 231).

A falta de encadeamento significante na psicose leva necessariamente a termos que repensar e reconsiderar o conjunto significante e afastá-lo de qualquer aproximação com algo análogo ao que acontece na neurose, ou seja, há um mecanismo operante na psicose que a faz diferente da neurose: "Como não ver na fenomenologia da psicose que tudo, do começo ao fim, se deve a uma certa relação com essa linguagem [...] que fala sozinha, em voz alta, com seu ruído, seu furor, bem como com sua neutralidade? Se o neurótico habita a linguagem *o* psicótico é habitado, possuído pela linguagem" (ibid.: 284).

Na estrutura da psicose surge então o impasse de se saber o que ocorre, já que o "algo complementar" para podermos denominá-la estrutura não pode ser o significante Nome-do-Pai, sendo este por excelência o complementar na estrutura neurótica. A psicanálise ao moldes de Freud era, portanto, uma teoria essencialmente voltada para o tratamento das neuroses.

Lacan encontra em Freud, no trabalho sobre o Homem do Lobos, o mecanismo de *Verwerfung* (rejeição), que é o mecanismo que justamente foraclui o significante que daria ordenação a tal cadeia neurótica, ou seja, a *Verwerfung* é responsável pela foraclusão do significante do Nome-do-Pai. Freud nos traz: "uma foraclusão é algo diferente de um recalque" (Freud, 1918).

Lacan, portanto, inaugura no *Seminário 3* algo de muito novo definindo o mecanismo da *Verwerfung* (rejeição) como o mecanismo da psicose, permitindo-nos pensar nesta como uma estrutura, marcando como ninguém havia feito até o momento qual era o seu mecanismo.

A psicose se situa na falta de um ordenador "visível" como na neurose, o que faz que o sujeito psicótico tenha esta relação particular com o significante. Nas palavras de Lacan: "Eis a chave fundamental do problema da entrada na psicose, a sucessão de etapas e de sua significação" (Lacan, 1955-1956/1985: 231).

No diagnóstico diferencial, o que temos que perceber é a relação que o sujeito faz com o significante na cadeia metonímica, como estes significantes se articulam e principalmente a que estes significantes estão remetidos na tentativa de alguma amarração metafórica.

Schreber, em sua metáfora delirante e em seu belíssimo livro, nos dá todas as indicações e nos direciona para a resolução do enigma da estrutura psicótica quando encontra a saída de toda sua confusão alucinatória com o complemento "ser a mulher de Deus".

Ele nos mostra uma construção, mesmo que precária, de uma metáfora, de algo que condensa toda a confusão de significantes que lhe aparecem ao montes. Lacan nos seus *Escritos* nos dá a chave da construção da estrutura psicótica em Schreber quando nos diz: "Sem dúvida a adivinhação do inconsciente adverte o sujeito, desde muito cedo, de que, na impossibilidade de ser o falo que falta à mãe, resta-lhe a solução de ser a mulher que falta aos homens" (Lacan, 1959/1998: 572). Schreber tampona assim a castração de uma forma belíssima através de sua metáfora delirante, fazendo "existir" A mulher, uma mulher possuidora de um pênis, na qual não incide a castração, ou seja, a sua própria castração que o remete ao enorme vazio significante.

Assim, temos aqui a concepção de estrutura freudiana, marcada pela incidência ou não do recalque, e principalmente marcada pela relação do sujeito com a castração e com a linguagem. Para Freud o problema das estruturas não era a perda da realidade, "mas o expediente daquilo que vem substituí-la" (ibid.: 549).

O elemento complementar na estrutura freudiana, portanto, é algo ausente na psicose. Assim, o motivo de Freud não seguir adiante no tratamento da psicose e por vezes dizer que isso não era possível se pauta justamente na concepção de estrutura através da qual ele concebia os pacientes passíveis de serem tratados pela psicanálise.

O Freud que criara a psicanálise a partir das histéricas não podia abrir mão de um elemento fundamental na estrutura como o "pai" e, ao perceber que na psicose era justamente este elemento estrutural que estava ausente, percebera a impossibilidade do método psicanalítico diante desta estrutura. O pai como elemento fundamental na estrutura, "parece-nos que foi Freud, mais uma vez, quem marcou seu lugar [...] sem esse lugar marcado, a teoria psicanalítica se reduziria àquilo que é para melhor e para pior – um delírio schrebiano" (Lacan 1968/2003: 338).

Com isso podemos perceber e assim de certa maneira entender o porquê de Freud não ter ido além das neuroses quando se tratava de pensar a psicanálise enquanto "psicanálise aplicada", ou seja, como forma estrita de tratamento de pacientes. Ao ver que na psicose o elemento estrutural fundamental de toda uma teoria estava ausente, Freud não pôde ir além, mas mesmo assim não deixou de nos mostrar os motivos pelos quais não entrou em tal empreitada: ele não podia ir sem o pai.

Referências bibliográficas

FREUD, S. (1915). O inconsciente. *Edição eletrônica brasileira das obras psicológicas completas de Sigmund Freud*, v. XIV. Rio de Janeiro: Imago.

————. (1918). A história de uma neurose infantil. *Edição eletrônica brasileira das obras psicológicas completas de Sigmund Freud*, v. XVII. Rio de Janeiro: Imago.

————. (1924). Perda da realidade na neurose e na psicose. *Edição eletrônica brasileira das obras psicológicas completas de Sigmund Freud*, v. XIX. Rio de Janeiro: Imago.

————. (1933). A dissecção da personalidade psíquica. Novas conferências introdutórias sobre a psicanálise: conf. XXXI. *Edição eletrônica brasileira das obras psicológicas completas de Sigmund Freud*, v. XXII. Rio de Janeiro: Imago.

LACAN, J. (1955-1956/1985). *O seminário, livro 3: as psicoses*. Rio de Janeiro: Jorge Zahar Editor.

————. (1957a/1998). A instância da letra no inconsciente. *Escritos*. Rio de Janeiro: Jorge Zahar Editor.

————. (1957b/1998). A psicanálise e seu ensino. *Escritos*. Rio de Janeiro: Jorge Zahar Editor.

————. (1957-1958/1999). *O seminário, livro 5: as formações do inconsciente*. Rio de Janeiro: Jorge Zahar Editor.

————. (1959/1998). De uma questão preliminar a todo tratamento possível da psicose. *Escritos.* Rio de Janeiro: Jorge Zahar Editor.

————. (1963/2005). *Nomes-do-Pai.* Rio de Janeiro: Jorge Zahar Editor.

————. (1968/2003). Engano do sujeito suposto saber. *Outros escritos.* Rio de Janeiro: Jorge Zahar Editor.

————. (1970/2003). Radiofonia. *Outros escritos.* Rio de Janeiro: Jorge Zahar Editor, 2003.

MILLER, J.-A. (1966). A sutura: elementos da lógica do significante. *Estruturalismo: antologia de textos teóricos.* Lisboa: Martins Fontes Editora.

Notas sobre o objeto *a* na clínica das psicoses

Mariana Abreu Senra

Resumo

Este artigo trata de um manejo no uso da música na clínica psicanalítica praticada num CAPSi – Centro de Atenção Psicossocial Infanto-Juvenil num caso de estrutura psicótica. Esse uso refere-se à propriedade que tem a estrutura musical de fazer-se matéria através da qual um discurso de sujeito do inconsciente pode ser constituído, uma vez que faça aceder sons musicais à condição de significante.

Palavras-chave: psicanálise; saúde mental; música.

Abstract

Notes on the object *a* to the clinic of psychosis

This article treats about management in use of the music on psychoanalytical clinical practiced in a CAPSi – Psychosocial Attention Juvenile Center, on case of psychotic structure. This use refers to a property of the musical structure makes material through the discourse of the unconscious subject can be constituted, once that makes the music sounds to be significant.

Key-words: psychoanalysis; mental health; music.

A partir de um fragmento clínico apresento algumas questões sobre o lugar do objeto *a* na psicose assim como *se*, e de que forma, ele pode vir a comparecer numa estrutura que não a neurótica através da estrutura musical. Se é pelas brechas, pelos intervalos, que o sujeito comparece, sendo o significante o que representa o sujeito para outro significante, pensaremos como é possível que também numa construção de estrutura musical esta seja matéria através da qual pode o sujeito vir a se fazer representar, assim como ocorre através da palavra.

A música, atualmente inscrita primordialmente no campo da arte, era também outrora usada em rituais xamânicos como meio de cura, no qual o sujeito se configurava como objeto, objeto da cura de um xamã que, detentor do saber sobre seus males, expulsava-lhe os demônios através daquela. Pensaremos aqui, com a psicanálise e sua referência à estrutura, à qual, sabemos, não se reduz, como a música pode na clínica ser escutada podendo aceder à condição de significante, em que o sujeito ocupa seu lugar como tal. Esta orientação nos faz então passar a música do campo da arte ao da clínica, no qual ela não se apresenta mais como objeto de arte, a ser olhado, ou a *olhar* o sujeito, como diz Lacan no *Seminário 11*. Nesse campo, o da clínica, a música nos interessa como matéria de discurso do sujeito do inconsciente, construído através de seus elementos e não pelo "todo" de seu "conjunto" como obra.

Vamos ao caso. Maira é uma menina de 19 anos, inicialmente diagnosticada como autista, que, atendida num CAPSi[1], caracteriza seu comportamento pela fixação numa determinada atividade que se repete inúmeras vezes. Por exemplo, quando comecei a atendê-la, pintava monocromaticamente numa folha de papel muito rapidamente, pegava outra e fazia o mesmo, e assim sucessivamente, sempre balançando o corpo num certo *frisson*. Num atendimento no qual chamei sua mãe, no intuito de que ela falasse de sua permanência no tratamento (que já fazia 17 anos), Isadora, como vou chamá-la, diz que "está tudo bem, sempre" e que não tinha mais nada para falar. Quando interrogo o fato de Maira estar com as mãos *presas* entre as pernas dela diz que "isso é mania da Maira" e enumera outras "manias" que a irritam, notadamente o pedido de "ir ao Cristo", ao qual ela nesse momento não dá sentido algum e diz que não atende nada

[1] Centro de Atenção Psicossocial Infanto-juvenil Maria Clara Machado, da Secretaria Municipal de Saúde do Rio de Janeiro.

que ela pede "senão ela fica pedindo a toda hora". Na saída, Maira pede para subir o elevador do Serviço e, repetidas vezes, dentro dele, balançando-se, faz perguntas como "e se ficar presa?" e pede para chamar sua mãe também. Nos atendimentos subsequentes, participando de uma atividade com música, canta:

Canta o *e* inicial praticamente ofuscando seu som a ponto de nas duas repetições seguintes da palavra suprimi-lo completamente. Acompanhando-a no atabaque, instrumento que ela sempre usava, respondo perguntando musicalmente:

Ela repetia minha frase musical, recomeçando a sua composição incluindo esta parte. Até dizer: *pro terceiro, Mariana, quero subir pro terceiro.* E voltar a cantar a música do início, reincluindo a letra *e* do início da palavra elevador e modificando-lhe a entonação, com uma acentuação aguda, também e principalmente para o segundo *e*, dando a seguinte sonoridade:

Isso me faz perceber que as subidas e descidas do elevador concentravam-se em ir e vir *do terceiro*. Desde então apresenta uma mudança, passando a falar muito mais, principalmente que "quer conversar" e que "precisa de ajuda": "chama a minha mãe?", diz toda vez que pede para subir o elevador. Note-se que a ajuda é de um *terceiro* simbólico, mediação da Lei, que Maira pede inclusive ao insistir em "ir ao Cristo", nome do pai, literalmente, pois, sendo muito religiosa, é como pai que Isadora a ele se refere. Vemos assim que, ao introduzir uma fala sobre a mão *presa* entre as pernas da mãe, advém o início de uma simbolização possível através do elevador, para o qual faz um deslocamento libidinal em seu movimento de balanço e *frisson*, o que no entanto se destaca *na música*, que Maira canta inclusive quando encontra alguém que faça objeção a que ela suba: a dor é primeiro *levada* e, após a intervenção, *elevada*. Num movimento elaborativo correspondente ao que a prende à mãe, que está numa posição, por enquanto, de não admitir a dor. O que não a impediu de no fim do atendimento perguntar, angustiada: "por que ela repete tanto a mesma coisa?". A dor que precisa, do lado de Maira, ser *levada* quando se constrói como insuportável ao se tentar negar a própria dor de existir, numa tentativa de não-separação radical, esboça transformar-se numa dor já *bordejável*. A elevação da dor que aparece através da mudança de entonação aponta ao mesmo tempo o lugar que não lhe é mais negado e a possibilidade de que a dor possa ser *elevada*, alçada à mediação de um terceiro, simbólico.

O trabalho em equipe coloca a questão do lugar do analista "entre muitos" saberes. Essa expressão é usada em alusão à "Prática entre vários" (Di Ciaccia, 2005) cunhada por Jacques Alain-Miller e à pesquisa de Luciano Elia que hoje pretende intitular-se "Psicanálise coletiva – as bases científicas da psicanálise e sua aplicação clínica ao campo da saúde mental pública e coletiva"[2] (Elia, 2008-2011). Nessa clínica, nos perguntamos como a eficácia da psicanálise se verificaria, uma vez que a proposta é de

---

2 Essa pesquisa já foi anteriormente nomeada, nessa ordem: "A clínica-dia como extensão espacial, temporal e estrutural do dispositivo psicanalítico" (Elia, 2002), "O dispositivo psicanalítico ampliado em sua aplicação em uma clínica institucional pública do autismo e da psicose infantil" (Elia, 2005) e "A psicanálise com muitos na clínica institucional de saúde mental infanto-juvenil" (Elia, 2008).

que seja feita "por muitos", abrindo-se lugar portanto para muitos "saberes", inclusive o psicanalítico, que se situa aí apenas como mais um, encarnável ou não, conforme cada profissional. O que pensamos é que o advento do discurso do sujeito do inconsciente não se dá, nesse "entre muitos", senão através da ocupação de um lugar, que é o do analista, função de *a*, causa de desejo, que pretendo ocupar entre Maira, Isadora e o Outro. Função na verdade de quarto, de nó, como diz Lacan na "Terceira":

> Haveria que deixar aí alguma coisa bem diferente de um membro – falo dos analistas –, haveria que deixar aí este objeto insensato que especifiquei de "a". É isso, o que se pega no cerramento do simbólico, do imaginário e do real como nó. É ao pegá-lo bem que vocês podem responder ao que é sua função: oferecê-lo ao analisante como causa do desejo dele. É isso que se trata de obter. Mas se vocês ficam com a pata presa aí também não é muito bom. O importante é que isso se passe às custas de vocês. [...] esse nó, é preciso sê-lo (Lacan, 1974: 181).

Nesse lugar, na clínica, os sons musicais, como na arte, evidentemente também bordejam o real, por exemplo possibilitando a Maira uma separação do Outro ao qual fica tão *presa*. Se a arte trata o real pelo simbólico, como diz Lacan em relação a qualquer ação realizada pelo homem que o põe em condição de tratar o real pelo simbólico, no entanto cabe aqui pensarmos que diferença há nas respostas que uma e outra ofertam com esse bordejamento do real. Para Croce (2001) a definição de arte como intuição é uma outra forma de chamá-la "obra da fantasia". Apesar de sabermos que se trata de conceito não equivalente ao da fantasia na psicanálise, pensemos algumas articulações possíveis. Croce diz que a fantasia "é a faculdade peculiar da arte" (Croce, 2001: 46), do que já entendemos, como dito acima, que a fantasia é um bordejamento do real. Falando em estrutura da fantasia, bordejamento do fantasma em sua face mais próxima do real. Sendo assim, pensemos no lugar que a fantasia ocupa na psicanálise, a partir do objeto *a*, para refletirmos sobre a sua colocação em operação na análise.

Para pensarmos a constituição do sujeito, momento no qual parece situar-se Maira, lembremos o que Lacan diz no *Seminário 10* sobre a relação do sujeito com o significante exigir a estruturação do desejo, que na fantasia "implica uma síncope temporalmente definível da função do *a*, que, forçosamente, apaga-se e desaparece numa dada fase do funcionamento fantasístico" (Lacan, 1962-1963/2005: 240). Síncope, termo usado por Lacan nessa citação, é um termo musical que quer dizer exatamente "a prolongação de um som do tempo fraco ou parte fraca do tempo ao tempo forte ou parte forte seguinte" (Fiuza, 1958: 16). Deslocamento esse que tem a função de acentuar o impulso, em vez do tempo forte do compasso, o que em termos sonoros dá um efeito como esse:

É um efeito, diríamos, de suspensão, de uma emissão sonora suspensa para fora de seu lugar, causando também o impulso. Acaso não é isso que se passa com o objeto *a*, na fantasia, na descrição de Lacan? Poderíamos fazer a analogia por dois vieses. O objeto *a*, numa dada fase do funcionamento fantasístico, afanisado, desaparece. É o que acontece com o ataque sonoro "forte" da nota na música. Num tempo lógico posterior, dado o impulso pela ausência da representação do som "forte", a origem representa-se pelos seus prolongamentos, ou deslocamentos, assim como a nota sincopada pelo seu prolongamento na nota seguinte. Ele não deixa de operar, opera justamente sincopado, fazendo a causa de desejo do sujeito, deslocada, pôr-se como impulso, apenas invocada. Como vemos na afânise, é justamente pelo efeito de petrificação que o sujeito é preparado para sua segunda operação lógica de constituição, a separação. Esse deslocamento, diz Lacan, é exigível para que a função da causa entre em operação na fantasia. Em operação, ou poderíamos dizer, em movimento, impulsionando, como na música. A fantasia apresenta-se com sua dupla vertente: ao mesmo tempo vela o desejo, no que o objeto *a* é sincopado, e o aponta, pelo que dele faz-se representar em seus deslocamentos.

Como na síncope[3], na fantasia a supressão de um certo lugar de causa é exigível. Será que podemos dizer com isso que arte é fantasia, como diz Croce, porque equivale mais à face imaginarizada do fantasma – num deslocamento mais longínquo do lugar de causa – na tentativa, mesmo não intencional, de chamada ao gozo? Diz Freud (1908) em "Escritores criativos e devaneio":

> Mas quando um escritor criativo nos apresenta suas peças, ou nos relata o que julgamos ser seus próprios devaneios, sentimos um grande prazer, provavelmente originário da confluência de muitas fontes. Como o escritor o consegue constitui seu segredo mais íntimo. A verdadeira *ars poetica* está na técnica de superar esse nosso sentimento de repulsa, sem dúvida ligado às barreiras que separam cada ego dos demais. Podemos perceber dois dos métodos empregados por essa técnica. O escritor suaviza o caráter de seus devaneios egoístas por meio de alterações e disfarces, e nos suborna com o prazer puramente formal, isto é, estético, que nos oferece na apresentação de suas fantasias (Freud, 1908/1976: 158).

A colocação em operação da fantasia na análise corresponde então à sua fantasmatização, isto é, na direção de se chegar à sua face real? Se na fantasia e na arte temos a necessária afânise do *a*, o lugar de suprimido, sincopado é justamente o que é colocado em questão pela operação da psicanálise. Esta tem em sua direção o desvelamento imaginário da função do *a*. Atravessando a fantasia e sua vestimenta imaginária, na aproximação do fantasma, teríamos com isso o objeto *a* não mais afanisado, no que então provoca assim angústia, como podemos observar na mudança de tom de

---

3 Lacan voltará a falar em síncope no Seminário seguinte, dessa vez referindo-se à dimensão de repetição da transferência, repetição de "algo sempre faltoso", dizendo que ela o faz "fazendo ressurgir uma relação que é, por sua natureza, sincopada". Cf. Lacan, J. (1964/1998), p. 137.

Isadora ao querer saber sobre a repetição que a filha impunha. Se o lugar de origem não é jamais representável, a análise, ao apontar-lhe o vazio, opera na direção de radicalização desse impulso na construção da borda, no sentido de dar movimento ao desejo do sujeito uma vez que desbasta os preenchimentos paralisadores e imaginários[4]. Já se delineia assim uma diferença fundamental nas operações da arte e da psicanálise no bordejamento do real. Por mais que a arte também faça presente esse outro tempo de produção de "vertigem" – como diz Rivera (2006) –, se esse bordejamento é o que permite que o desejo possa operar, no que seu motor é a causa, somente a psicanálise o toma como função quando dela há encarnação[5].

Ainda tratando estruturalmente da neurose, podemos inferir que é sincopado que o objeto *a* estrutura a fantasia, donde a direção da análise ao seu núcleo real: pensemos, então, num *dessincopamento* do *a*. E na psicose, no caso de Maira, se não é senão em relação ao desejo que o sujeito pode advir, podemos pensar que algo se destaca como fazendo suplência em sua construção musical? Sendo o deslocamento da acentuação que dá movimento à música, correlato à colocação em causa do objeto *a* – tal como supomos no exemplo clínico-musical –, podemos dizer que o intervalo musical, onde se constitui o ritmo, a melodia, seria correlato do que comparece entre, entre os significantes onde o sujeito advém. Poderíamos talvez levantar a hipótese de que o objeto *a* na música – nesta dimensão – entraria em operação a partir de sua queda quando a música faz ato. Como numa letra não cantada e após a intervenção o aparecimento dela e o relevamento de outra, mudando o sentido, como no caso da música de Maira? Isto é, quando o que da música o sujeito toca faz o que aponta talvez para uma retificação subjetiva?

---

4 Essa prerrogativa mantém-se viva mesmo com a ressalva de que o psicótico encontra, como diz Alberti, seguindo o *Seminário 23* de Lacan, "o próprio esfacelamento imaginário", "desnudamento da falta de amarração entre real, simbólico e imaginário". O que não quer dizer que a esse esfacelamento devemos fazer face imputando mesmo ao psicótico um imaginário que só pode ser o nosso. Trata-se de ajudá-lo na sustentação de uma amarração, coisa diferente de oferecer a ele "preenchimentos paralisadores e imaginários". Cf. ALBERTI (1999).

5 "Nenhuma práxis, mais do que a análise, é orientada para aquilo que, no coração da experiência, é o núcleo real.", diz Lacan. Cf. *O Seminário, livro 11: os quatro conceitos fundamentais da psicanálise*, p. 55.

Pensando o tempo lógico da constituição do sujeito – em sua inerradicável relação à linguagem –, a afânise, como momento da operação da alienação, é o que ao apagá-lo, após o banho de sentido no qual é investido, faz a preparação para a separação. Não é o mesmo significante que opera esses dois momentos, o de alienação ao sentido e o de apagamento, um é S_1 e outro S_2, respectivamente. Esse é o resultado, nos diz Lacan no *Seminário 11*, do encontro que o ser, miticamente anterior ao advento do sujeito como tal, tem com o sentido[6]. Esta é uma construção à qual chegamos no entanto na aproximação clínica pela psicose, nosso campo aqui de pesquisa. Como o significante não sabe o que diz, puxa outro, sendo o sujeito excluído da cadeia e tão somente representado. Esse que puxa, *a posteriori* definido com o S_2 como S_1, é o significante unário. Em sua referência matemática, Lacan (1964/1998: 202) nos diz que a lúnula, "forma da hiância, da borda", é a zona comum aos dois conjuntos, o do ser e o do sentido, e configura-se então não mais como lugar de reunião, mas como "subestrutura que chamamos interseção ou produto" (ibid.: 203). Com isso ambos os conjuntos são abolidos, essa sendo a operação que se sucede no interior do espaço comum aos dois campos, com a metáfora empregada por Lacan: *grosso modo*, o ser se aliena ao sentido na convocação da linguagem, do qual é extraído o significante que como unário se constituirá a partir do S_2, significante binário. Essa operação somente é possível graças à afânise, que pelo apagamento de sentido do S_1 faz o sujeito no intervalo entre esses dois significantes se constituir pela falta presentificada na injunção da relação ao Outro. Lacan diz exatamente que a interseção surge do recobrimento de duas faltas. A falta, ao ser verificada no Outro, produz uma mediação que prepara e instaura a separação: *como, desde este nível, o sujeito terá que se procurar?*, pergunta Lacan. O que nos leva à questão de que ao psicótico não se supõe a queda do *a* e a constituição do fantasma. No *frisson* composto de horror e excitação que toma conta de Maira quando ela encontra o objeto elevador ou o que a ele equivalha, podemos forçosamente identificar um correlato da angústia, de um encontro com a falta (da falta, como diz Lacan)?

---

[6] Ver representação topográfica no *Seminário 11*, *op. cit.*, p. 200.

Lacan (1962-1963/2005: 132) refere-se ao momento anterior ao estádio do espelho dizendo que o "que será *i(a)*", imagem especular através da qual o sujeito se constitui, "encontra-se na desordem dos pequenos *a* que ainda não se cogita ter ou não ter", dando com isso o sentido do autoerotismo. Diz então que esse momento anterior "ao surgimento da imagem *i(a)*" é o "anterior à distinção entre todos os pequenos *a* e essa imagem real, em relação à qual eles serão o resto que se tem ou não se tem" (ibid.: 133). É com isso que afirma no que diz respeito a um dos traços da fantasia da mãe do esquizofrênico sobre o filho em seu ventre não ser "nada além de um corpo, inversamente cômodo ou incômodo, ou seja, a subjetivação do *a* como puro real" (idem). Para dizer em seguida que a falta não existe no real e é somente apreensível através do simbólico, como bem podemos testemunhar com Maira.

No meio desta lição, para dizer qual deve ser nossa relação com o *a*, Lacan diz precisamente que o manejo da relação transferencial é o da relação que gira em torno desse objeto. Objeto que não é, ele, o que é invasivo na psicose, mas o "perigo para o eu [...] é a própria estrutura desses objetos, o que os torna impróprios para a 'egoização'" (ibid.: 134). A angústia é o que dá sinal do real, desse perigo para o eu, e "apenas por intermédio da relação de *i(a)* com o *a*, e precisamente pelo que aí temos de buscar de estrutural, a saber, o corte" (ibid.: 135). O que alude ao momento anterior de o objeto *a* se manifestar como $(-\varphi)$, como falta, indicando haver no campo da linguagem um tempo lógico anterior à queda no qual pairam objetos *a* desordenados. Podemos com isso supor que a psicose se instala e fixa o sujeito nesse tempo? Desse modo, seria possível uma *suplência de queda do a*, se assim podemos chamar, suplência que enodaria traços de uma separação, articulando um esboço de queda do *a*, como podemos apostar que Maira fará em seu percurso? Do contrário, como resolver a contradição de supormos sempre um sujeito naquele que escutamos nos CAPSi e em outros tantos dispositivos clínicos? Lacan com isso insere a posição do sujeito em relação ao *a* como o que o distingue na constituição de seu desejo, para daí falar da diferença em relação ao *a* na psicose, na perversão e na neurose:

> Quando se trata do perverso ou do psicótico, a relação da fantasia ($ ◊ *a*) institui-se de tal modo que o *a* fica em seu lugar do lado de *i(a)*. Nesse caso, para manejar a relação transferencial, de fato temos que tomar a nós o *a* de que se trata, à maneira de um corpo estranho, de uma incorporação da qual somos o paciente, porque o objeto como causa de sua falta é absolutamente estranho ao sujeito que nos fala (Lacan, 1962-1963/2005: 154).

Conforme Lacan está tratando, temos um pensamento para o horizonte de tratamento de Maira, no qual da encarnação de um objeto causa de desejo estranho a ela como sujeito apostamos numa suplência possível, inclusive na indicação do "correlato" de angústia que supomos no caso, sem que isto seja o mesmo, obviamente, do que ocorre na neurose. Voltando a pensar na neurose, diz Lacan que: "No caso da neurose, a posição é diferente, na medida em que algo de sua fantasia aparece do lado da imagem *i'(a)*. No *x* aparece algo que é um *a*, e que apenas parece sê-lo, porque o *a* não é especularizável e não poderia aparecer aí, digamos, em pessoa. É apenas um substituto" (ibid.: 155).

Se o psicótico não conclui o estádio do espelho, não se vale da imagem do outro e apenas da especular que lhe fica não-estruturada, é estranha a ele a função da falta, efeito do outro como causa. Para o psicótico, *a* lhe é estranho como causa de sua falta por ficar do lado da imagem especular. Assim, *a* e imagem de *a* ficam no mesmo plano, não disjuntos, o que nos faz pensar que a causa fica sendo a própria imagem e a imagem a causa própria, numa visibilidade que deveria ser estranha à causa, tornando-a não operável uma vez que o que se mostra não opera, é seu vazio que faz a função radical da falta, o *a* deve ser *surdo e cego àquilo que o causa*, como diz Lacan (ibid.: 240): "através da forma *i(a)*, a minha imagem, minha presença no Outro, não tem resto. Não consigo ver o que perco ali" (ibid.: 277). Podemos arriscar dizer que, numa espécie de ponte artificial que faria o *a* efemeramente deslizar de *i(a)* para *i'(a)*, no manejo da clínica da psicose, como no caso de Maira, vemos no entanto o sujeito deparar-se com um mínimo de operação da função da falta, função de colocar em pauta o desejo, numa subjetivação que talvez poderia ir mais afirmativamente numa direção simbólica do *a*?

Referências bibliográficas

ALBERTI, S. (1999). O surto esquizofrênico na adolescência. *In*: ALBERTI, S. (org.). *Autismo e esquizofrenia na clínica da esquize* (pp. 119-130). Rio de Janeiro: Marca d'Água Livraria e Editora.

CROCE, B. (2001). *Breviário de estética / Aesthética in Nucce*. São Paulo: Editora Ática.

DI CIACCIA, A. (2005). A prática entre muitos. *In*: ALTOÉ, S. & MELLO, M. (orgs.). *Psicanálise e instituição* (pp. 34-55). Rio de Janeiro: Rios Ambiciosos.

ELIA, L. (1999-2002). *A clínica-dia como extensão espacial, temporal e estrutural do dispositivo psicanalítico.* Prociência – Programa de incentivo à produção científica, técnica e artística. UERJ/SR 2/DEPESq-FAPERJ.

————. (2002-2005). *O dispositivo psicanalítico ampliado e sua aplicação em uma clínica institucional pública de saúde mental infanto-juvenil.* Prociência – Programa de incentivo à produção científica, técnica e artística. UERJ/SR 2/DEPESq-FAPERJ.

————. (2005-2008). *A psicanálise com muitos na clínica institucional pública de saúde mental infanto-juvenil.* Prociência – Programa de incentivo à produção científica, técnica e artística. UERJ/SR 2/DEPESq-FAPERJ.

————. (2008-2011). *Psicanálise coletiva – as bases científicas da psicanálise e sua aplicação clínica ao campo da saúde mental pública e coletiva.* Prociência – Programa de incentivo à produção científica, técnica e artística. UERJ/SR 2/DEPESq-FAPERJ.

FIUZA, V. S. (1958). *Pontos de teoria musical.* Rio de Janeiro: Editora N. S. de Fátima Ltda.

FREUD. S. (1908/1976). Escritores criativos e devaneio. *Edição standard brasileira das obras psicológicas completas de Sigmund Freud*, v. IX. Rio de Janeiro: Imago Editora.

LACAN, J. (1962-1963/2005). *O seminário, livro 10: a angústia.* Rio de Janeiro: Jorge Zahar.

————. (1964/1998). *O seminário, livro 11: os quatro conceitos fundamentais da psicanálise.* Rio de Janeiro: Jorge Zahar.

———. (1974). A terceira. *7º Congresso da École Freudienne de Paris, Roma, 1o de novembro de 1974* – Intervenções de J. Lacan extraídas de Lettres de L'École – Documento de Trabalho da Association Freudienne Internationale – *Lettres de L'École*, XVI, 178-203.

RIVERA, T. (2006). Vertigens da imagem. Sujeito, cinema e arte. *In*: RIVERA, T. & SAFATLE, V. (orgs.). *Sobre arte e psicanálise* (pp. 137-162). São Paulo: Escuta.

SEÇÃO VII

ESTRUTURA, TEMPORALIDADE E ESCRITA

Tempo e estrutura: algumas considerações sobre lugar e cena numa lógica temporal

Ana Maria Medeiros da Costa

Resumo

Este artigo trata do desdobramento entre lugar e cena a partir de proposições lacanianas sobre a passagem ao ato. Retoma articulações entre olhar e tempo lógico, situando seus desdobramentos a partir de um exemplo.

Palavras-chave: passagem ao ato; angústia; olhar.

Abstract

Time and structure: some considerations about scene and place in a temporal logic.

This article treats the passage between place and scene, from lacanianan's propositions of the passage to act. It retakes articulations between watch and logical time, situating his elaboration in an example.

Key-words: passage to act; anguish; watch.

O tema deste artigo exige muitos desdobramentos em função da complexidade das questões que abarca, mas vou restringi-lo, transmitindo-o a partir de um exemplo que me permitirá recortar uma determinada questão ligada ao tema. Nesse sentido, não tomarei todos os seus desenvolvimentos possíveis. O recorte que me ocupará diz respeito à relação entre olhar, saber e ato.

Inicialmente, pontuarei alguns elementos que já constam de construções iniciais de Lacan e que vão assumir toda a sua propriedade a partir do seminário sobre a angústia (Lacan, 1962-1963/2005). Eles constam de uma primeira abordagem da relação entre tempo e estrutura a partir da proposição do tempo lógico. Essa proposição surgiu muito cedo, mas sem que fosse possível situar todas as consequências que dali se poderia extrair. Este texto (Lacan, 1945/1998), cuja primeira versão é de 1945, é extremamente enigmático, extremamente restritivo como base de análise clínica e, no entanto, dá abertura a supostos fundamentais. Seus elementos retornam ao longo da obra de Lacan, até seu final, o que indica a insistência dessa lógica na elaboração conceitual do autor. Ele tenta ligar, numa espécie de parábola, dois elementos que tocam o impossível: o ato e o saber na relação ao objeto olhar. Está na enunciação do apólogo, nas suas diferentes apresentações lógicas, que relembrarei aqui rapidamente.

O primeiro – instante de ver – no qual vamos encontrar um saber autoevidente, um saber que dispensa interpretações, um saber sem engano. A forma de evidência desse saber, Lacan formulou-a no impessoal: "*se* sabe...". No caso dos três prisioneiros, "*se* sabe que *se* é branco...". Não há *eu* em causa e a posição do sujeito diz respeito a uma passividade originária. Situa-se aqui uma referência à relação entre tempo e estrutura que pode ser nomeada como "antecipação". São inúmeras as construções lacanianas a esse respeito, mas lembremos aqui somente uma colocação no seminário sobre o ato analítico, em que Lacan propõe uma superposição entre verbo e ato – a clássica enunciação "no início era o ato" – como correlativa de um originário sempre antecipado ao sujeito. Advém daí a necessária colocação do ato como recorte de um real.

O segundo – tempo de compreender – é o tempo da organização do *eu* a partir do suporte necessário no outro. É o tempo da dúvida e do engano e – no trabalho analítico – é o tempo da construção da transferência. A afirmação do *eu* se dá no lugar do outro a partir de um traço que não se vê ("se eu fosse preto...").

Por último, o momento de concluir, no qual retorna o impessoal (aqui novamente "*se* sabe..."). Também não há dicotomia e aqui pode ser situada uma outra referência ao saber. Nesse tempo situa-se um ato de afirmação que evidencia uma posição do inconsciente. É possível perceber que temos dois tempos de estrutura, dois tempos de dispensa do *eu* – o instante de ver e o momento de concluir.

Aqui podemos lembrar uma frase de Lacan (Lacan, 1967-1968: lição de 22/11/1967), do seminário sobre o ato analítico, que diz o seguinte: "Que o sujeito somente seja realizável em cada um [...] não deixa menos intacto seu estatuto como estrutura precisamente, e antecipado na estrutura". Certamente não se trata de uma espécie de saber que esteve aí desde sempre e que basta procurar para que se revele. Não se trata de um saber que, *a priori*, dispense o *eu* de uma enunciação. Pelo contrário, é necessária uma afirmação para que esse saber se torne operativo, ou seja, participe dessa condição expressa como *saber fazer*. Podemos situar esses dois tempos de estrutura na forma como Lacan trabalha a frase freudiana "wo is war soll ich werden". Lá onde isso era – o isso, que tantas vezes Lacan tratou como a máquina, a estrutura mínima – o sujeito do inconsciente deve advir. Assim, temos dois tipos de antecipação: a do espelho e esta última, que é uma espécie de precedência lógica colocada *a posteriori*.

Para trazer de uma forma mais rápida essas questões, utilizarei o exemplo de um filme mais antigo, recentemente relançado em DVD: *Betty Blue* ("37,2 Le matin")[1]. Nele, vemos surgir este tema da ligação entre saber e ato numa referência direta tanto à interpelação do supereu, quanto à angústia. É esta inter-relação que ordena uma lógica temporal, desta depende que se reconheça um "tempo do Outro", como sugere Lacan a propósito de Hamlet (Lacan, 1986). Nesse tempo do Outro o sujeito está do lado do impedimento.

Quem não sabe bem a importância das "preliminares" precisaria ter assistido *Betty Blue* no cinema. Nele, a cena de entrada – uma transa "quente" do casal principal – deixa o expectador de "fora", ainda se ajeitando na cadeira para assistir ao filme e sem apoio identificatório para poder "entrar" na cena. Fica ali plasmada uma cena antecipada, fora do tempo.

[1] O filme é do diretor Jean-Jacques Beineix. Estreou em 1987 e foi indicado ao César de melhor direção. Foi recentemente lançado em DVD com uma "versão completa", sem os cortes da edição, o que aumenta o tempo para 3 horas e também reduz o impacto.

Talvez possamos reconhecer aí a experiência, muitas vezes relatada em análises, de quanto o sexo pode parecer violento, fazendo-se representar por uma entrada intrusiva. O intruso é o que fica de fora da erótica, sem poder usufruir nem mesmo da condição de *voyeur*. Esse "fora" vai nos orientar na abordagem de um ponto específico que o filme nos traz, na relação à questão da passagem ao ato. Não pretendemos, portanto, fazer um entendimento do filme, mas tomar elementos que nos ajudarão a pensar essa construção.

Betty Blue fez época. Em meados dos anos 80, quando estreou no cinema, marcou uma geração ao identificar e glorificar um amor louco, extremado, de consequências bizarras e trágicas. Conta a história de um encontro amoroso que busca constituir um lugar. Por caminhos que não deixam de ter seu charme, o filme nos mostra a fundamental diferença entre lugar e cena. Betty entra na vida de Zorg sem pedir licença. No mesmo dia da cena de abertura – a da relação sexual – ela surge na porta da casa dele com suas malas, convidando-se para morar ali. Nesse momento ficamos sabendo que antes daquela transa não tinham nada em comum, nada que justificasse esse "morar juntos". Depois da surpresa, Zorg aceita isso que lhe é apresentado como desafio: silenciosamente levanta-se e carrega as malas de Betty para dentro da casa.

Zorg era uma espécie de zelador faz-tudo, encarregado de *bungalows* numa praia, parecendo viver muito pacificamente, e que nas horas livres escrevia. Betty era agitação, furacão, instabilidade... A cada segundo ela vai rompendo a bucólica vida de Zorg. O que acalma Zorg enfurece Betty, que não faz concessões às saídas sintomáticas. Ela busca o impossível, sempre batendo de frente com o furo da estrutura. A diferença das duas posições logo se apresenta: enfurecida com a exploração a que o chefe de Zorg os submete – eles precisariam pintar os 500 *bungalows* para que Betty pudesse ficar morando ali –, ela joga os apetrechos e mobiliários da casa pela janela. Como ato final, coloca as malas dos dois do lado de fora e ateia fogo na casa.

O desdobramento dessas passagens é muito interessante: tanto a passividade de Zorg, que assiste a tudo impotente, quanto a frieza apaixonada com que Betty realiza sua passagem ao ato. Poder-se-ia pensar que o que está em causa nesse momento é uma ruptura com o que diferencia os objetos; diferença que os interditaria e que os faria designar o valor do lugar que ocupam. Os utensílios e móveis compõem *a casa* e esta tanto pode ser um lugar, que amarra simbólico e real, quanto uma *cena*. Quando Betty traz sua mala *a casa* é o valor de um lugar do qual Zorg se faz representante para ela. Quando o chefe dele o destitui, Betty somente continua com ele por ter deslocado o valor para os cadernos nos quais descobrira o que Zorg escrevera. A partir daí Zorg não era um simples zelador, era um escritor, e ela mostraria isso ao mundo. *A casa*, então, perdera o abrigo de lugar e se tornara uma *cena*.

Pode parecer curiosa a designação "frieza apaixonada". Uma nos parece o oposto da outra: onde há paixão não há frieza. No entanto, essa expressão serve para situar uma determinada relação da paixão com o ato, que adquire importância no tema que nos ocupa. São momentos em que o ato é o próprio objeto em si mesmo. Ou seja, são expressões ligadas à produção de uma falta no Outro que a passagem ao ato coloca em causa. Aqui, a compulsão ao ato responde a uma interpelação do supereu.

Freud já analisou o ato de jogar objetos da casa pela janela ligado a momentos na infância em que um irmão vem deslocar o outro. "Tirar o lugar", aqui o propomos num sentido o mais radical possível, não como a colocação corriqueira de rivalidade. No texto de 1917 (Freud, 1972), denominado "Uma lembrança infantil de Goethe em 'Poesia e verdade'", Freud retoma um episódio relatado por Goethe, no qual – com a idade de quatro anos – este jogava todos os pratos da casa pela janela e se regozijava com o barulho feito. Vinha-lhe na memória a voz dos vizinhos, que lhe diziam "mais, mais...". Para além das significações posteriores que porventura se acrescentem à cena (Freud propõe interpretações a partir de sentidos imaginários), é de grande interesse a proposta de análise freudiana a respeito do irmão como intruso. Como o mencionado anteriormente, isso não se refere a toda vinda de irmãozinho e sim quando essa vinda situa algo a mais. Não por nada Freud associa esse elemento de memória de Goethe aos vários irmãos do escritor, mortos precocemente. *Intruso, intrusão* retoma essa báscula entre lugar e cena na qual estamos nos detendo. Uma intrusão pode conter a violência de ser ejetado para fora da cena se esta não se sustenta na referência simbólica de um lugar. Essa violência implica, como interpelação superegoica posterior, um *fazer ativo*, isso que se coloca como princípio de passagens ao ato. A passagem ao ato busca a produção da falta: essa produção é o *a priori* necessário a toda constituição de lugar.

Retomando o filme, a casa como *cena* interpela a passagem ao ato na reconstituição dos orifícios da janela, no extravasamento de seus interiores precipitados *para fora*. Queda do valor do objeto a dejeto, condição de uma nova busca de lugar: o lugar do escritor. Betty e Zorg rumam a Paris, onde encontram a amizade de outro casal, num suporte especular que permite uma convivência amistosa e amena. Mas isso não é suficiente para Betty, que se empenha na busca de publicar o que Zorg escrevera. Este é absolutamente cético sobre isso e esconde dela as respostas negativas que recebem. Até que – o inevitável – a carta chega a seu destino[2]. Novo fracasso, nova busca: desta vez por engravidar. No entanto, com o retorno insistente dessa *carta*[3], a prova de novo fracasso se precipita *em corpo*: Betty ouve vozes, Betty vê coisas e, por fim, interpelada pela angústia, produz uma falta no lugar em que seu corpo se cola ao Outro: arranca seu próprio olho. Esse ato esvazia Betty, leva-a embora. É nessa forma de catatonia que Zorg a revê no hospital. Nesse momento é dele que depende a passagem ao ato para reconstituir a cena: ele precisa matar Betty. Coisa curiosa: ele o faz vestido de mulher.

Acrescentando algo mais ao tema, no seminário sobre a angústia (Lacan, 1962-1963/2005) Lacan diferencia *acting-out* e *passagem ao ato* com a fineza de uma precisão clínica. O *acting-out*, nos diz ele, demanda interpretação, o que implica numa determinada relação ao Outro como suposto saber, que indica ainda a preservação desse lugar. Já na passagem ao ato o sujeito "se deixa cair" para fora de cena. Ele está numa situação de máximo embaraço, como refere Lacan, "apagado pela barra".

---

2 Talvez seja desnecessário mencionar, mas uma das cartas chega até Betty com um texto de extrema violência sobre a incompetência de Zorg como escritor. A menção que fazemos aqui retoma essa proposta lacaniana da relação entre repetição e destino ligada ao destinatário de uma carta.

3 Estamos empregando uma licenciosidade na escrita. Carta, aqui, faz menção à letra, tal qual proposta por Lacan, como designativo de um gozo na repetição. No filme, a personagem também fracassa ao tentar engravidar, o que provoca sua última crise.

Mesmo não sendo o objetivo neste artigo, a personagem Zorg merece algumas considerações. Ele parece secundário à presença extremada de Betty. No entanto, é ele quem "faz o palco" e que constitui o ponto necessário para a montagem fantasmática. Tanto é assim que seu ato de assassinato – o ato final – o faz internalizar essa mulher louca. Talvez não fosse usar de muita licenciosidade dizer que, se o lugar de Betty constitui essas passagens ao ato, o lugar de Zorg é o do sintoma. Sintoma este em fracasso constante.

Referências bibliográficas

COSTA, A. (1998). *A ficção do si mesmo. Interpretação e ato em psicanálise*. Rio de Janeiro: Cia. de Freud.

FREUD, S. (1917/1972). Un recuerdo infantil de Goethe en "Poesia y verdad". *Obras completas*. Madrid: Biblioteca Nueva.

LACAN, J. (1945/1998). O tempo lógico e a asserção de certeza antecipada. *Escritos*. Rio de Janeiro: Jorge Zahar Editor.

________. (1962-1963/2005). *O Seminário, livro 10: a angústia*. Rio de Janeiro: Jorge Zahar Ed.

________. (1967-1968). *O Seminário, livro 16: o ato psicanalítico*. Inédito.

________. (1986). Hamlet por Lacan. *In*: *Textos psicanalíticos* (pp. 34-40). Campinas: Escuta.

O TEMPO DA ESCRITA NO CORPO ESTRUTURADO COMO LINGUAGEM

Luciana Brandão

RESUMO

O presente trabalho visa subscrever uma particular dimensão temporal implicada na relação matricial $S_1 \rightarrow S_2$. Ao sustentarmos a correspondência do tempo *sinthomático* ao instante no qual o sujeito terá sido falado (ou olhado) pelo Outro, pode-se, com a lógica do nó borromeano, circunscrever uma estrutura de linguagem na qual apreende-se que os termos estrutura e linguagem são indissociáveis da noção de corpo pulsional.

Palavras-chave: tempo; *sinthome*; corpo pulsional.

ABSTRACT

The time of writing in the body structured as a language

This work aims to endorse a particular time dimension involved in the matrix relation between $S_1 \rightarrow S_2$. Sustaining *sinthomatic* time correspondence of the moment which the subject has been talked (or seen) by *Autre*, it is possible, with the borromeane knot logic spill out a language structure in which apprehends that the terms structure and language are inseparable from the body pulse concept.

Key-words: time; *sinthome*; body pulse.

Variadas abordagens, ao longo da obra de Jacques Lacan, visaram, de acordo com os períodos e as conjunturas de seu ensino, estabelecer meios através dos quais uma certa lógica viesse a subsidiar os construtos a respeito da estrutura. Aliás, é patente a participação de diversas disciplinas nesse processo, todas espargidas no curso destes desenvolvimentos. A esse respeito, podemos observar elementos extraídos desde os domínios da linguística, passando ainda pela lógica proposicional, pela logística de Frege e pela axiomática de Peano. Não suficiente, ocorrem extrações também do domínio da topologia combinatória e, por fim, da topologia dos nós – ramo da matemática que subsidia a escrita do nó borromeano. No entanto, apesar de suas particularidades, tais abordagens congregam uma constante: a relação matricial entre S_1 (o Um) e S_2 (os outros), ou seja, o par significante (Nasio, 1991: 25). De todo modo, o estruturalismo é o que inicialmente faculta Lacan a situar a experiência da psicanálise como o campo onde *Isso fala*. Assim, a noção de estrutura é cara à psicanálise na medida em que ela permite que se estabeleçam as relações dos seres falantes com a linguagem que os constitui, cuja consequência principal é a delimitação da especificidade do sujeito do inconsciente, já que este, por sua vez, na estrutura de linguagem está inserido. Todavia, vale também subscrever que esta inclusão decorre da necessária referência – cunhada por Jacques-Marie Émile Lacan – a uma particular dimensão de temporalidade, pois, ao introduzir a noção de uma imprescindível diacronia na sincronia da cadeia significante, o tempo passa a ser admitido como o elemento através do qual se percebe o movimento desejante do sujeito. Desta feita, se para a linguística a estrutura de linguagem condiz com um grupo de elementos que formam um conjunto covariante – o que corresponderia ao aspecto sincrônico da cadeia significante –, a diacronia equivale ao tempo de inserção do ser falante na estrutura linguageira a partir de seu acesso à palavra. A estrutura sincrônica de um sujeito diz respeito, então, a uma modulação de tempos estruturantes, remontando invariavelmente ao corte que desmonta o sentido, franqueando assim o *nonsense* inerente a uma falta central existente na estrutura. Em tal escansão temporal desponta o Real que nos afronta justamente no limite da significância. Assim, já que não há um significado prévio na relação que articula os significantes entre si, a própria dimensão do saber é constantemente reconsiderada, retomada numa logicidade temporal retroativa. Isto porque a introdução da diacronia na sincronia revela "um aparente paradoxo, na medida em que afirma que no conjunto dos significantes tomado sincronicamente não falta nenhum elemento, concomitantemente à afirmação de que, no plano da remissão em cadeia dos significantes, há uma falta. Ao Outro, tomado aqui como o tesouro dos significantes, falta" (Leite, 1993: 70).

Ora, isto diz respeito à incidência de tempos distintos a um só tempo, numa espécie de simultaneidade. Em termos freudianos, equivaleria a dizermos que num dado momento a afirmativa primordial – *Bejahung* – está em consonância com uma negativa – *Ausstossung* –, já que estes dois termos não são pares opositivos, sequer dualistas. Assim, por ocasião de um duplo processo, temos como consequência um sujeito que se esboroa justamente pela percepção de uma ausência de significância nos meandros da presença do significante que inicialmente marcou-lhe o corpo. Em poucas e claras palavras, Sim e Não sincronicamente encadeados, dando-nos indícios de que "o sujeito integra a contradição de S(Ⱥ)" (Didier-Weill, 1997: 23). A esse respeito Lacan é enfático no *Seminário 24*, pois: "isso nos engaja na *Verneinung* da qual Freud promoveu o essencial. O que ele enuncia é que a negação supõe uma *Bejahung.* É a partir de alguma coisa que se enuncia como positivo que *se escreve a negação*" (Lacan, 1976-1977: 133; os grifos são meus). Aliás, neste mesmo *Seminário* Lacan chega a declarar que o princípio do dizer verdadeiro é a própria negação (ibid.: 134). Contudo, *a escrita desta negação* deve ser buscada numa espécie de congruência do signo em relação ao Real, nesta instância da Letra no inconsciente, cuja insistência decorre de uma impossibilidade escritural.

Imbuído do viço de examinar os elementos constitutivos do ser falante, quiçá na estrutura linguageira, Lacan proclama que o campo da linguagem tem uma especificidade matemática, em que o significante S(Ⱥ) designa uma falta estrutural e estruturante, cuja apreensão somente poder-se-á efetivar num lampejo demasiadamente peremptório e às expensas do signo de uma fratura. Isto ocorre justamente no momento em que a ligação entre o significante índice 1 (S_1) e o significante índice 2 (S_2) é rompida: "é bem assim que se apresenta o famoso inconsciente" (Lacan, 1976-1977: 139). Ainda neste *Seminário*, Lacan chega até a afirmar que o inconsciente é impossível de ser apreendido, pois ele "se limita a uma atribuição", já que o mesmo se esvai e não representa, isto porque "não há desenho do inconsciente": aproximando o inconsciente do Real, este último apenas "se desenha como excluindo o sentido" (ibid.: 110). No entanto, ele há de ser apreendido no momento exato em que se realiza, em ato. Ou seja, a experiência do inconsciente pode ser apreendida apenas nesta dimensão temporal, quando, no deslanchar da linguagem, apresentar-se uma palavra exaurida de significado, empobrecida de imaginário, dissipada de sentido. Apresentar-se algo da ordem de uma letra; letra que, por conseguinte, desde aí se transmite. Deste modo Lacan expõe mais uma de suas assertivas, dizendo-nos que

> a linguagem não é imprópria senão para dizer o que quer que seja do Real. O Real não é impróprio senão para ser realizado [...] é que a própria ideia de Real comporta a exclusão de todo sentido. Não é senão na medida em que o Real é esvaziado de sentido que nós podemos apreendê-lo um pouco (Lacan, 1976-1977: 100).

Ora, essa referência ao escrito situa a cadeia simbólica num limiar que obedece tanto às leis geridas pelo significante – leis da linguagem, concernidas sobretudo na metáfora e na metonímia –, quanto numa referência ao que restaria fora dessa lei, correlativa a uma ordem determinada pela letra. Afinal, o Real "é o impossível somente de escrever, ou seja, não cessa de não se escrever" (ibid.: 98). Temos, então, Real e Simbólico intimamente enlaçados, cerzidos na estrutura de que se trata na cinzeladura da linguagem.

Portanto, em virtude desta falta instituída no campo da linguagem, a matriz S_1/S_2 – invariável em sua articulação – vem a repetir-se numa sequência de cortes diacrônicos, "sendo cada um deles uma realidade definida e precisa, de modo que todas as vezes em que um acontecimento significante se produz uma castração ocorre" (Nasio, 1991: 79). Neste ponto, ressaltemos que para os seres falantes a castração não se dá apenas de um só golpe. Ela não é um fato histórico cronologicamente delimitado na biografia de quem quer que seja. Ela é, ao contrário, factual, local e pontual; recolocada ao ser falante em múltiplas e variadas ocasiões, numa temporalidade eminentemente lógica. Para um ser falante, é daí que se ensejam as suas zonas erógenas, "cuja estrutura de borda sustenta o recorte dos orifícios do real do corpo pela ação dos significantes da demanda do Outro" (Leite, 1993: 70). Ora, a demanda cava um furo simbólico no Real. Esse furo corresponde ao momento de extração do objeto, que é irrepresentável pelo significante, mas que se deixa circunscrever pela letra. A letra, nesta medida, vem a ser o representante do objeto *a*, que na repetição aciona o circuito pulsional em torno do furo instaurado na cadeia. É graças à exclusão de uma letra que a cadeia funciona, motivo pelo qual a letra suporta a quota libidinal que alimenta os movimentos metaforonímicos em torno das bordas erógenas dos orifícios corporais. Bordas, todavia, que a cada corte precisarão ser refeitas, já que disto depende a oportunidade de o corpo novamente vir a consistir e continuamente se perfazer; um corpo discursivo tramado pelo perpassar rítmico do enlace-desenlace de três instâncias que se nodulam: por uma fala (fala que, atentemos, é correlata a uma linguagem, cuja dimensão é eminentemente *simbólica*); entremeado numa língua (que a partir de seus códigos o consiste *imaginariamente* enquanto semblante); e que suporta o limite de *lalangue* (admitindo a incidência do *real* excedente à possibilidade da língua de imaginarizar, ou significantizar o Todo da linguagem). Assim, temos corpo e discurso consistidos por um tríplice *élan*, cujo debrum simbólico atesta o momento em que o Real afeta fala, língua e carne, esvaziando-os portanto de sentido e subtraindo-lhes o imaginário por ventura até então conquistado.

Tais asserções permitem que sustentemos que para Lacan estrutura e linguagem tenham sido tomadas como sinônimos – em franca relação com a instauração do corpo pulsional, cujos movimentos implicam uma temporalidade lógica retroversiva, relativa ao efeito de anterioridade que a estrutura impõe a um sujeito que dela é efeito. Este tempo – relativo ao tempo *sinthomático* – corresponde ao futuro anterior... justo quando o sujeito terá sido falado (e olhado) pelo Outro. Disto decorre dizermos que o tempo do sujeito é subsumido na lógica do só-depois, propriedade que nos possibilita afirmar que o recalque é estruturante para o falante. Com a lógica do nó borromeano – sendo dado ao nó igualmente o estatuto de uma cadeia significante –, Lacan também sustentará tais propriedades, admitindo uma estrutura de linguagem que se articula a partir de uma tríplice consistência: através do *Sinthome*, o sujeito se intromistura na estrutura em relação a cada um dos três componentes de seu nó, ou seja, Real, Simbólico e Imaginário. Consequentemente, já que para Jacques Lacan S_1 é tanto elemento quanto um lugar na cadeia discursiva – onde ele não estaria ligado aprioristicamente ao significado na unidade do signo –, ele vem a ligar-se ao significado apenas a partir da relação que esteja mantendo com os outros significantes: dependendo do lugar em que esteja inserido na cadeia, tal relação dá-se por contextualidade-contiguidade (via metonímia) ou por similaridade (por via metafórica). Assim, o substrato topológico de S_1 é a própria cadeia significante, na particular relação que ele esteja mantendo com os outros significantes (S_2) (Vallejo & Magalhães, 1979: 138). É por este motivo que, na lógica dos nós, o *Sinthome* ocupa o lugar de S_1, ao passo que S_2 se constitui enquanto os três outros elementos por ele encadeados no cadeinó, ou seja, RSI. Desta feita, o par significante $S_1 \rightarrow S_2$ pode ser concebido numa vertente que contempla as relações entre S_1 (*Sinthome*) e S_2 (RSI). Entrementes, ao admitir-se, com a introdução do *Sinthome*, que a cadeia significante porta uma estrutura quaternária – cujo substrato continua sendo a matriz S_1/S_2 –, uma vez sendo o *Sinthome* o quarto elemento desta estrutura, o terceiro seria justamente o Tempo.

Percebe-se, por conseguinte, a íntima relação entre tempo e *Sinthome*, uma vez que o *Sinthome* sustém os traços distintivos deixados na queda do objeto, que nada mais são do que o substrato do traço unário, substrato índice de um sujeito que a partir daí pode emergir na estrutura de linguagem que o engendra. Os movimentos implicados na cadeia farão com que ora esses traços venham a ser transpostos metonimicamente, mas ora venham a funcionar como o instrumento através do qual persevere uma reta infinita que alinha sincronicamente as três dimensões temporais implicadas no sofisma do tempo lógico: um instante de ver absorvido num tempo de compreender que se modula para um momento de concluir – remarcação iminente de uma cifra a partir de uma escansão temporal, culminada por um tempo efetivo de corte cuja principal consequência é a desnodulação dos três registros (RSI), ou seja, a dissolução do saber (S_2). Daí a aparição do sujeito, fruto de uma precipitação na cadeia. Dessa experiência irão ressurgir, mais uma vez, os traços do objeto faltante, que nessa guinada invocarão metonimicamente o movimento rítmico das palavras, restituindo, assim, algum sentido promovido por uma nodulação que se refaz, a cada vez de modo diferente. Portanto, a alternância ritmada dessa temporalidade desfaz e refaz insistentemente a cadeia, atando e desatando os nós da significância. Ensejando, a cada encontro com o Impossível, o sujeito refendido do inconsciente. Logo, o momento de concluir modula, congrega o instante de ver aos tempos diacrônicos das repetições do tempo para compreender, "que estrutura a ficção da verdade em escansões lógicas suspensivas" (Ramos, 1999: 58). Um evento traumático, por definição, vinculando corpo e linguagem, mortificando o corpo pela linguagem.

Se isto se dá por ocasião do *recalque originário* – inscrevendo-se na memória de traços inconscientes –, opera-se afortunadamente a cifragem de um tempo zero: um marco nas origens, uma cifra de gozo que insere três tempos subsumidos numa estrutura, campo lógico das possibilidades iniciais de um evento posto em condição de causa. Daí, oportunamente, a chance de outros eventos significantes – inúmeros outros, desta vez já linguageiros – pela via de um sucessor que retroage sobre o primeiro. A cada golpe, numa descontinuidade essencial, recortam-se as chagas corporais, sucessivamente. Afinal, o momento de concluir não é o fim, é, sim, o começo.

Ainda a esse respeito, passemos a alguns desdobramentos, na intenção de que eles subsidiem meus argumentos. Num tempo lógico anterior ao *recalque originário* – e no *Seminário 10* Lacan nos faz saber que tal tempo co-incide com a fase oral –, a voz modulada na sonata materna prepara o solo do corpo do *infans* a partir daquilo que esta voz traz de silêncio por entre-as-notas vocalizadas. É uma voz que sensibiliza o corpo para a inscrição da letra, fato que, por sua vez, o fertilizará a partir do momento em que este silêncio revista-se de significante. É antes de tudo o som proveniente das palavras pronunciadas pela mãe que o sentido que elas comportam. Afinal, um som musical não porta em si nenhum significado. Não significando nada, é pura vibração acústica de um de gozo assemântico escandido pela pulsão. Pontuando o silêncio, tal voz-som-materno faz marca, enseja vestígio... deixando na superfície do *infans* um traço do objeto, um ponto zero em que se demarca o substrato do traço unário, ponto no qual a pulsão vem se fixar e encarnar. Ao soar, tal sonata na verdade ressoa e propaga os timbres que animam um corpo; corpo este que, por sua vez, somente assim se torna erógeno. Desde aí a ressurgência da voz poderá co-incidir com o olhar, fato que no corpo provoca cortes. Portanto, é a voz escandida por meio da fala materna que veicula a lei do Pai. Tal operação é fundamental, pois é a partir dela que se faculta o desejo no corpolinguagem da criança. Por conseguinte, a negatividade que constitui a língua materna é correlata ao Real da castração, devendo-se justamente ao fato de haver uma impossibilidade de tudo se dizer... e, uma vez que a mãe nem tudo diz – pois quando pensa que assim o faz o sentido sempre esbarra num ponto em que malogra –, a não-univocidade de *lalangue* permite-se demonstrar no suscitar do equívoco, inerente ao lapso e ao duplo sentido claramente entrevisto nas homofonias, homografias e homossemias dos tropos de linguagem. Ocorrências linguageiras que toda língua testemunha! Há, inconteste, um furo na estrutura da linguagem, um ponto de abismo em que a nomeação não incide, índice de que *lalangue* é não-toda submetida ao gozo fálico. Portanto, num tempo antecedente à nodulação ao Imaginário – numa anterioridade estritamente lógica –, o Real do organismo da criança e o Simbólico do corpo discursivo materno nodulam-se, enlaçam-se. Como fiz sublinhar, isto ocorre no momento em que a música da voz materna veicula o traço mais irredutível do *Um*. Tal particularidade acentua a anterioridade do significante em relação ao trauma, pois é a voz que enseja o sujeito nas sendas da repetição, encantando-lhe as carnes por meio da pulsão. É o silêncio do objeto *a* – dessa voz que nada diz, em perfeita cumplicidade com o supereu – que marca o *infans* com os traços mais frugais da lei paterna. A partir disto, na prevalência do olhar, o ato de corte – correlato ao *recalque originário* – nodula Real, Simbólico e Imaginário, consistindo um corpo que insistirá, continuamente, em se perfazer.

Somos, portanto, marcados por uma voz. Mas é preciso contornar o furo do olhar para acedermos à palavra.

A esta altura, tomo a liberdade de recorrer às palavras de Clarice Lispector, já que ela, dentre tantos escritores, por meio de sua lida com a língua nos indicou uma via aberta rumo aos meandros do funcionamento inconsciente e à linguagem que por ele é atravessada, destacando a maneira pela qual a psicanálise e as ciências da linguagem podem disto se valer. Uma escrita remetida ao corpo pulsional, testemunhando-o. Cito, por esse motivo, algumas passagens de Clarice Lispector em Água Viva, em que a escritora situa a íntima relação de sua obra com as suas entranhas , ao ponto de testemunhar que se encarna "nas frases voluptuosas e ininteligíveis que se enovelam para além das palavras. E um silêncio se evola sutil do entrechoque das frases" (Lispector, 1998: 20).

> Meu tema é o instante? Meu tema de vida. Procuro estar a par dele, dividindo-me milhares de vezes em tantas vezes quanto os instantes que decorrem, fragmentária que sou e precários os momentos – só me comprometo com vida que nasça com o tempo e com ele cresça: só no tempo há espaço para mim. Escrevo-te toda inteira e sinto um sabor em ser e o sabor-a-ti é abstrato como o instante. É também com o corpo todo que pinto os meus quadros e na tela fixo o incorpóreo, eu corpo a corpo comigo mesma. Não se compreende música: ouve-se. Ouve-me então com teu corpo inteiro (ibid.: 10). Vejo que nunca te disse como escuto música – apoio de leve a mão na eletrola e a mão vibra espraiando ondas pelo corpo todo: assim ouço a eletricidade da vibração, substrato último no domínio da realidade, e o mundo treme em minhas mãos. E eis que percebo que quero para mim o substrato vibrante da palavra repetida em canto gregoriano. Estou consciente de que tudo o que sei não posso dizer, só sei pintando ou pronunciando sílabas cegas de sentido. E se tenho aqui que usar-te, palavras, elas têm que fazer um sentido quase só corpóreo, estou em luta com a vibração última. Para te dizer do meu substrato faço uma frase de palavras feitas apenas dos instantes-já (ibid.: 11).

Por entre as frases, voluptuosas e ininteligíveis, chocam-se Real e Simbólico. E é lá, no espaçamento escandido por um clarão – vão a céu aberto, aberto na língua –, que as palavras estão para além do inteligível e a eletricidade da pulsão de morte invagina-se pelo corpo. Para o ser falante é da incorporação de *lalangue* que procede toda a animação do gozo corporal, suporte ao saber inconsciente que permite o acesso à função simbólica da fala no campo da linguagem. Com isso o gozo fálico se abre para o ser falante, por meio da fala e do discurso. Agora encarnada, a materialidade do corpo daquele que fala enovela-se ao simbólico pelo real com que se goza, e a pulsação, daí evolada, faz vibrarem no corpo os ecos do significante. Desta feita, o corpo do simbólico isola o corpóreo, fixando-lhe em sua tela o incorpóreo e, assim, o ser ganha corpo e imagem na fala, corpo a corpo consigo mesmo num campo Outro: escreve-se um corpo através da inscrição do significante. É na montagem pulsional de seu corpo que o ser falante se engendra nas sendas da repetição: ao sabor do vaivém pulsional e subjugado pelo encontro faltoso, faz-se o mistério do corpo falante. Mas deste corpo só aparamos seus objetos: seio, fezes, olhar, voz... substratos do instante-já em que a abertura ao inconsciente faz jorrar a centelha do sujeito por entre as fendas de *lalangue*. Dessa nesga renda-se um sujeito em afânise que faz torção e retorno, reativando o movimento pulsional, constantemente, incandescentemente. Este novo sujeito – o do inconsciente –, diferentemente do indivíduo biológico ou do eu gramatical, é evanescente. Efeito da cadeia significante, ele é faísca de duração breve, jato luminoso de cintilação instantânea e fugaz: logo fenece e se escurece. Logo, é numa descontinuidade, a partir de uma escansão temporal, que o sujeito do inconsciente se estabelece. Lembremos Clarice: "o instante-já é um pirilampo que acende e apaga, acende e apaga... Eu, viva e tremeluzente como os instantes, acendo-me e apago, acendo e apago, acendo e apago" (Lispector, 1998: 15).

A fala, na medida em que requer a presença-ausência simultânea do Outro, nasce apenas quando se realiza um luto: o luto da relação de alternância ritmada, outorgada pelo ritmo musical da voz materna (Didier-Weill, 1997: 287). Através desse luto, sustenta Didier-Weill, o sujeito perde a contemporaneidade com o Outro, ficando numa espécie de atraso que o fará deslizar incessantemente atrás do objeto perdido, do corpo-voz da mãe; assim, "jogando com este atraso" – numa certa diacronia, portanto –, ele "jogará com o *fort-da*". Desta feita, dispondo do recurso da fala, poderá simbolizar o trauma, nomeando-o. Podemos dizer que o deslocamento metonímico do desejo é o que efetiva o deslizamento significante: numa busca frusta pelo cíbalo desprendido da significância; nessa espécie de errância que se repete por entre-as-sílabas que se desdobram no transcurso das palavras, num flanar reiterado que vislumbra o encontro com o objeto faltante. Por conseguinte, o movimento metonímico congrega, estruturalmente, desejo e falta; afinal, aprendemos com o *rébus* que a fonetização do traço é a origem da sílaba. Não obstante, é da nodulação Real-Simbólico que o *fort-da* tenta dar conta, ensejando desde aí um semblante qualquer, cuja principal consequência é a possibilidade de algum sentido ser conferido à ausência fálica advinda no ato de nomeação. Estando RSI nodulados, o corpo, situado por entre as bordas, integra-se na insistência da cadeia significante, metonimicamente. Lacan acentua que o decurso da separação é uma questão do ser, pois, diferentemente do *cogito* cartesiano, o ser concebido pela psicanálise não permite uma apreensão "no que sou e me assegurar em meu ser", pois o que a psicanálise revela é que, "na minha busca desse ser, abraço apenas uma quimera, isto é, uma identificação imaginária cuja inconsistência e inanidade logo percebo". Daí que, entre o ser ou o sentido, Lacan indica que "se escolhemos o ser, o sujeito desaparece, escapa, cai no não-senso. Se escolhemos o sentido, este só subsiste desfalcado dessa parte de não-senso" (Kaufmann, 1996: 21).

Assim, a cada vez que se apaga, o sujeito reafirma o Real de *lalangue* ao qual os seres humanos estamos submetidos. Pirilampo tremeluzente por entre as falas, o sujeito do inconsciente aparece-desaparece, acontece e se esvanece, alternando-se por entre apagamentos, manifestados enquanto *fading*; condenado a essa divisão na qual, no momento em que resplandece n'algum lugar como sentido, ele também vem a manifestar-se n'outro lugar como afânise. A escrita, portanto, esta se produz no instante em que a barra não foi transposta, quando ainda não se deu a significação: produto do instante-já do qual nos fala Lispector. Eco do que Lacan também nos diz, ao afirmar que a escrita é justamente "um traço onde se lê um efeito de linguagem" (Lacan, 1972-1973/1985: 50), donde a constituição do sujeito se fazer no momento mesmo em que seu traço é lido. É a passagem do zero ao *Um*. É por isso que, havendo um simbólico que ex-siste à fala, tal leitura faz um sentido "quase só corpóreo". Coincidindo com o "instante-já", ela vislumbra a recém-nascida escrita, ecoada da partitura musical de um remoto cântico. Lê-se como se ouve música. Afinal, "não se compreende música: ouve-se". Ao convocar o leitor a operar uma leitura que remonta ao corporal, Lispector acentua o efeito de sulcagem do traço em sua natureza significante que, desde aí, faz-se letra que, por sua vez, faz as vezes de objeto. Donde, ao imiscuir-se na pulsão, o corpo (re)marcado é reanimado pela impossibilidade de um gozo pleno e "a mão vibra espraiando ondas pelo corpo todo", escutando-se "a eletricidade da vibração, substrato último no domínio da realidade": ecos no corpo da presença do significante, já que o significante sempre produz uma mortificação do gozo. Assim, se a escrita de que se trata é a da impossibilidade de que a relação sexual se escreva, alguns textos literários têm afinidade com o resto escapado do gozo fálico... ainda que não estejam submetidos de todo a este gozo, atestando a impossibilidade de satisfação da pulsão e permitindo-nos que apenas depreendamos, corporalmente, a Outra escrita.

REFERÊNCIAS BIBLIOGRÁFICAS

DIDIER-WEILL, A. (1997). *Os três tempos da Lei – o mandamento siderante, injunção do supereu e a invocação musical.* Rio de Janeiro: Jorge Zahar Ed.

KAUFMANN, P. (1996). *Dicionário enciclopédico de psicanálise – o legado de Freud e Lacan.* Rio de Janeiro: Jorge Zahar Ed.

LACAN, J. (1976-1977). *O seminário, livro 24: l'insu que sait de l'une bévue s'aile à mourre.* Seminário inédito. Publicação não comercial da Associação Freudiana Internacional.

————. (1972-1973/1985). *O seminário, livro 20: mais, ainda.* Rio de Janeiro: Jorge Zahar Ed.

LEITE, N. (1993). *O acontecimento na estrutura – o real da língua na teorização sobre o discurso: a hipótese do inconsciente.* Tese de doutorado-Unicamp. Campinas.

LISPECTOR, C. (1998). *Água viva.* Rio de Janeiro: Rocco.

NASIO, J.-D. (1991). *Os olhos de Laura – o conceito de objeto* a *na teoria de Jacques Lacan.* Porto Alegre: Artes Médicas.

RAMOS, H. (1999). Ato e tempo. *Objeto e tempo da psicanálise. Revista da Escola Letra Freudiana*, XVII, 25.

VALLEJO, A. & MAGALHÃES, L. (1979). *Lacan: operadores da leitura*. São Paulo: Editora Perspectiva.

Da estrutura do simbólico ao real da estrutura: lições da escrita joyceana

Julia Tosto Leite

Resumo

Em seu estatuto de invenção, a escrita joyceana, como *sinthoma*, permite um enodamento entre o Real e o inconsciente, entre o que é alheio ao sentido, sem lei, e o encadeamento simbólico. Com Joyce, Lacan acentua o estatuto do Real como dimensão estrutural, ou seja, como o impossível da relação sexual, mas valoriza a importância do trabalho a partir de tal impossibilidade.

Palavras-chave: simbólico; real; escrita.

Abstract

From the symbolic structure to the real of the structure: Joyce's writing lessons

In their invention statute, the Joyce's writing, as sinthoma, permit a enlacement between the real and unconscious, among what is distant of sense, without law, and symbolic sequence. With Joyce, Lacan emphasizes the statute of real as structural dimension, or else, as impossible to sexual relationship, but appreciates the importance of the work from such impossibility.

Key-words: symbolic; real; writing.

> *Certamente somos arrebatados ao enveredar por esse caminho, como testemunha o fato de eu ter começado escrevendo "Escritos inspirados". É um fato eu ter começado assim, e é por isso que não deve me espantar muito ver-me novamente confrontado com Joyce.*
> (Lacan, *Seminário 23*)

O recorte que propomos no presente trabalho incide sobre o percurso de Lacan ao longo de seu seminário de 1975-1976 intitulado *O sinthoma*. Tomamos, especificamente, a renovação da perspectiva da relação entre simbólico e real configurada com a conceituação do *sinthoma*, que marca um importante momento do percurso da elaboração lacaniana sobre a estrutura e aponta a precariedade da inscrição do sujeito na linguagem.

É a partir da obra do escritor irlandês Joyce, particularmente do contato com o livro *Finnegans wake*, que Lacan constrói a noção de *sinthoma*, redimensionando a articulação entre sintoma e gozo, entre significante e letra. Antigas raízes e, ao mesmo tempo, um novo e instigante caminho, pois Lacan parte da arte literária de Joyce para evidenciar em sua forma singular de jogar com a linguagem a abertura para a dimensão do real, para além da significação.

Lembremos que uma das principais vias do ensino de Lacan é constituída por suas formulações sobre a relação entre linguagem e inconsciente. A partir da descoberta freudiana, ele irá ressaltar a primazia do significante na constituição do sujeito. Já na conferência de 1953, questiona o que é a palavra, o que é o símbolo, dando início a um longo percurso de investigação (Lacan, 1953/2005). Assim, o aprofundamento na tematização do simbólico e a progressiva delimitação da categoria do real o levam a situar diferentemente o inconsciente (Jorge, 2000).

É sabido que para Freud o campo das psicoses constituiu um terreno fértil em ensinamentos sobre o inconsciente. Chamam sua atenção, justamente, as peculiares alterações da fala, da construção de frases e da própria relação com as palavras encontradas entre os esquizofrênicos (Freud, 1915/1980). Lacan, por sua vez, trazendo a psicose para o campo da linguagem, reabre suas perspectivas clínicas, fazendo avançar o encaminhamento da questão da relação do sujeito com o significante e, sobretudo, com um campo heterogêneo a este, teorizado como foraclusão (Soler, 2007).

Para Lacan, os chamados "escritos dos loucos" terão um lugar especial desde o início de sua clínica e de suas primeiras incursões teóricas. Ele destaca que Aimée, a "namorada das palavras", termos por ela própria usados, trabalhava mais com o som das palavras do que com seu valor significativo: uma verdadeira "marchetaria das palavras", conforme coloca com precisão Lacan (1932/1987: 190). De fato, a consideração da produção literária de Aimée irá ensejar uma discussão, cujas questões serão retomadas ao longo de seu ensino. Em outro artigo, publicado logo em seguida (Lacan, 1933/1987), Lacan indaga sobre a relação entre a experiência da psicose e a fecundidade de expressão simbólica, mais especificamente no que diz respeito à criação. Também no artigo sobre os "escritos inspirados", escrito em colaboração com dois colegas psiquiatras e ao qual Lacan faz menção na epígrafe de nosso trabalho, são evidenciadas e trabalhadas as vicissitudes no manejo da linguagem de uma paciente delirante pela via da análise de seus escritos. Mais tarde, a teorização construída a partir do estudo da escrita joyceana fará reacender a discussão sobre as relações entre psicose e virtualidades criativas.

O QUARTO ELO

[...] acabei por exprimir pela função do nó o que de início antecipei como o tríplice do simbólico, do imaginário e do real. O nó é feito no espírito de um novo mos, modo ou costume, geometricus.
(Lacan, *Seminário 23*)

Lacan anuncia a via original de trabalho extraída da escrita joyceana. Já no seminário anterior, R.S.I., há um convite à consideração de um quarto elo no nó borromeano. Destacamos uma de suas passagens, posto que evidencia um importante gancho para a formulação do *sinthoma*:

> E é onde se justifica o meu interesse atual pelo nó com quatro, que desenvolverei ano que vem. Desde então, visto não sabermos com que emparelhar a nominação, que faz, aqui, quarto termo, iremos emparelhá-la ao Imaginário, a saber, que, vinda do Simbólico, a nominação aí está para fazer, no Imaginário, um certo efeito? [...] para nos mantermos no nó com quatro, como constituindo o laço entre o Real e o Simbólico (Lacan, 1974-1975: lição de 13 de maio de 1975).

Ao longo desse seminário, Lacan interroga a articulação entre nominação e inscrição do sujeito, relativizando sua referência ao Simbólico (Brancion, 1996). Lembramos que, nesse seminário, quando ele já usa a topologia para cifrar sua tripartição, sintoma e inconsciente são situados como campos conexos ao simbólico (Lacan, 1974-1975: lição de 14 de janeiro de 1974). São, justamente, o estatuto do sintoma e sua relação com o inconsciente que passarão por uma reformulação importante.

A partir da conceituação de *sinthoma*, é por intermédio do nó, em sua função de suporte (e não modelo ou ilustração), que Lacan estabelece o Real como fundamento e retira do Simbólico a primazia sobre os outros dois registros. Lacan deixa-se levar por Joyce para sublinhar o enraizamento do sintoma no real (Rinaldi, 2007).

Ao longo do seminário anterior o *RSI*, várias pontuações convocam ao trabalho. O interdito, figurado pelo Édipo, é tomado em sua dimensão estrutural e o Nome-do-Pai, então, ligado ao furo do simbólico. Ou seja, Lacan considera que a teorização do pai na obra freudiana pode ser entendida como uma progressiva elaboração da relação com o real enquanto impossível. Ele assinala que, além do pai como "nome", há "o pai como nomeador" (Lacan, 1974-1975: lição de 15 de abril de 1975).

A postulação de um quarto elo torna possível a realização de várias formas de amarração, a saber, as nominações imaginária, real e simbólica. Estas incidiriam, justamente, sobre os pontos de carência da estrutura e, mais do que isso, no irredutível da estrutura (Brancion, 1996). O que devemos reter é que, para além da inscrição simbólica, impõe-se ao sujeito uma operação com o próprio gozo, que Lacan denomina *sinthoma*.

Já na primeira lição do seminário sobre o *sinthoma*, Lacan ressalta o parentesco entre a versão joyceana de paternidade e o tema da trindade, trabalhado por São Tomás de Aquino, que explora os sentidos de *spiritus*, a saber, suspiro, sopro e substância imaterial. Também em *Hamlet*, de Shakespeare, Joyce reencontra a figura do espectro, o fantasma do pai. Não é por acaso, então, que em Ulisses, uma das obras de Joyce, haja um episódio que alude a Shakespeare, não como o pai da literatura, mas destacando o vazio e enigmático associado ao seu nome. Já nas primeiras aulas do seminário, Lacan destaca o "espírito da letra", como pulsação gozante, no seio dos escritos de Joyce (Laia, 2001: 267). Não obstante, sua obra não se perde na dispersão da linguagem, própria da loucura, construindo uma amarração na qual é o nome do autor que se trama através de uma dimensão mais radical da criação.

A INVENÇÃO DE ESCRITA DE JOYCE

> *[...] porque Joyce não nos disse isso, ele o escreveu, e isso faz toda diferença. Quando se escreve, pode-se muito bem tocar o real, mas não o verdadeiro.*
> (Lacan)

O ilegível de *Finnegans Wake*, de Joyce, leva Lacan a trabalhar a relação entre leitura e escrita para além da articulação entre significante e significado (Lacan, 1972-1973/2008). O escrito estaria aberto a outras funções (que não a de "dar-se a ler"), ligadas à dimensão do gozo. Para Lacan, o precursor de tal hipótese não seria senão o próprio Joyce:

> [...] que esteja estabelecido bem antes de meus achados pois que depois de tudo o escrito como não-a-ler, é Joyce que o introduz, eu o faria melhor em dizer: o *intraduz*, pois a fazer da palavra treta para além das línguas, ele só se traduz a penas, por ser por toda a parte igualmente pouco a ler (Lacan, 1973-1974).

A aventura linguageira de Joyce, que produz tanto fascínio quanto estranheza, está situada, segundo Lacan, na dimensão do artifício. Ou seja, com a radical derrapagem de sentido, seu trabalho em *Finnegans Wake* tem uma dimensão de intradução que aponta para o fundamento da relação do sujeito com a linguagem, conforme assinala Mandil (2003).

Artesão de uma escrita literária, Joyce, paradoxalmente, relega o efeito de sentido, dado pela mediação simbólico-imaginária, para produzir um trabalho com o Real. A dimensão enigmática de sua escrita é da ordem de uma enunciação que não comporta um enunciado que libere o sentido. Manejando o significante, não deixa de fazer sobressair a letra em sua dimensão de litoral. Mandil (2003) coloca que, segundo Lacan, a mestria de Joyce no trato com a linguagem lhe possibilita fazer um nome às custas da carência paterna.

Joyce desprende da linguagem seus efeitos de furo, promovendo o vazio de significação, para além da dimensão simbólica. Contribui para a formulação do *sinthoma* como um saber diverso em sua ligação com o inconsciente. A riqueza do desenvolvimento de Lacan, apresentada a partir da ideia da construção de um *sinthoma*, faz pensar a arte e a escrita literária (em seu sentido mais amplo) em sua função para o autor.

A ESCRITA DO REAL

> *O real, aquele de que se trata no que é chamado de meu pensamento, é sempre um pedaço, um caroço. [...] seu estigma, o do real como tal, consiste em não se ligar a nada.*
> (Lacan, *Seminário 23*)

Lacan dirá que a escrita joyceana faz comparecer, na perspectiva do *sinthoma*, a ordem do irredutível, do inegociável, daquilo que não cessa de inscrever-se. Para o próprio Freud, alguns artistas e escritores, assim como os loucos, estariam mais abertos ao valor do que está aquém da representação.

O trabalho de Joyce com as palavras expõe a dimensão de um gozo indizível, que não é totalmente absorvido ou domesticado. Conforme coloca Laia: "[...] as palavras, em Joyce, ganham vida, procuram encarnar o real irrepresentável e, às vezes, chegam a ser transmutadas em carne" (Laia, 2001: 131).

Segundo Lacan, o Real deve ser buscado do lado do zero absoluto, referindo-se a uma foraclusão mais radical do sentido, que é fundadora da linguagem. Eis o limite da decifração e sua diferença em relação ao *sinthoma*, o *savoir-faire*, diante do qual não há o que analisar (Lacan, 1975-1976/2007).

Em seu estatuto de invenção, o *sinthoma* joyceano permite um enodamento entre o Real e o inconsciente, entre o que é alheio ao sentido, sem lei, e o encadeamento simbólico. Com Joyce, Lacan acentua o estatuto do Real como dimensão estrutural, ou seja, como o impossível da relação sexual, mas valoriza a importância do trabalho a partir de tal impossibilidade.

Para concluir: palavras sem guarida – a questão da loucura

O osso da ostra
A noite da ostra
Eis um material de poesia
(Manoel de Barros, *Matéria de poesia*)

Uma certa afinidade entre loucura e escrita literária tem sido um tema de interesse para a psicanálise, principalmente a partir do ensino de Lacan. Contrapondo à perspectiva deficitária da psicose, a postulação da foraclusão de um significante primordial, o Nome-do-Pai, como função causal, Lacan também abre espaço para pensar um certo "empuxo à criação" (Soler, 1998).

A arte de Joyce, conforme indica Lacan, não deixa de remeter a aspectos essenciais de nossa relação com a linguagem, a saber, o caráter de exterioridade da palavra e o limite da significação, mais aparentes no campo das psicoses. Sua escrita, mais que apaziguar, estabiliza sua relação com a linguagem, ao mesmo tempo demarcando um gozo possível.

Em um texto intitulado "Loucuraturas", Branco (1988) lembra Derrida em *A farmácia de Platão* para afirmar a palavra como *pharmakon*, ao mesmo tempo remédio e veneno. Para a autora, o caminho da letra como litoral entre o Simbólico e o Real indicado por Lacan em Lituraterra anuncia a estrada sinuosa do *sinthoma*, posto que a palavra que cura não deixa de ser atravessada pelo seu avesso, a loucura. Privilegiando o que escapa à palavra, trabalhando nos seus limites, Joyce constrói, de forma original, algo da ordem de um con-texto que o ancora como sujeito, justamente por fazer sobressair, em sua escrita, a dimensão de letra.

REFERÊNCIAS BIBLIOGRÁFICAS

BARROS, M. (2007). *Matéria de poesia.* Rio de Janeiro / São Paulo: Record.

BRANCION, M. M. C. (1996). O sintoma – Seminário brasileiro. In: *Do sintoma... ao sinthoma* (pp. 126-167). Letra Freudiana, Escola, Psicanálise e transmissão. Rio de Janeiro: Revinter.

BRANCO, L. C. (1988). Loucuraturas. *In*: BRANCO, L. C. (org.). *Coisa de Louco* (pp. 71-82). Belo Horizonte: Mazza.

FREUD, S. (1915/1980). O inconsciente. *Edição standard das obras psicológicas completas de Sigmund Freud*, v. XIV. Rio de Janeiro: Imago.

JORGE, M. A. C. (2000). *Fundamentos da psicanálise: de Freud a Lacan as bases conceituais.* Rio de Janeiro: Jorge Zahar.

JOYCE, J. (2004). *Finnegans Wake.* São Paulo: Ateliê Editorial.

LACAN, J. (1932/1987). *Da psicose paranoica em suas relações com a personalidade.* Rio de Janeiro: Forense-Universitária.

————. (1933/1987). O problema do estilo e a concepção psiquiátrica das formas paranoicas da experiência. In: *Da psicose paranoica em suas relações com a personalidade.* Rio de Janeiro: Forense-Universitária.

————. (1953/2005). O simbólico, o imaginário e o real. *In*: *Nomes-do-Pai.* Rio de Janeiro: Jorge Zahar.

________. (1964/1985). *O seminário, livro 11: os quatro conceitos fundamentais.*

________. (1972-1973/2008). *O seminário, livro 20: mais, ainda.*

________. (1974-1975). *O seminário, livro 22: RSI.* Inédito.

________. (1975-1976/2007). *O seminário, livro 23: o sinthoma.* Rio de Janeiro: Jorge Zahar.

LAIA, S. (2001). *Os escritos fora de si: Joyce, Lacan e a loucura.* Belo Horizonte: Autêntica.

MANDIL, R. (2003). *Os efeitos da letra: Lacan leitor de Joyce.* Rio de Janeiro: Contra Capa.

RINALDI, D. (2007). Joyce e Lacan: algumas notas sobre escrita e psicanálise. In: Laberge, J. (org.). *Joyce-Lacan, o sinthoma* (pp. 169-175). Recife: CEPE.

SOLER, C. (1998). *A psicanálise na civilização.* Rio de Janeiro: Contra Capa.

________. (2007). *O inconsciente a céu aberto.* Rio de Janeiro: Jorge Zahar.

SEÇÃO VIII

ESTRUTURA, ÉTICA E SUJEITO

Função ética do real e advento do sujeito

Fernanda Costa-Moura
Marcos Eichler de Almeida Silva

Resumo

O trabalho discute o estatuto do real, sustentando que este não pode ser tomado como um dado imediato e sim como emergindo a partir de um ato que *a posteriori* dá lugar ao sujeito num registro ético, não natural. Indicando que é somente numa certa relação com a estrutura que se pode efetuar a presença do real, examina-se a transmutação real que produz o sujeito como efeito, a partir de duas operações isoladas por Freud e retomadas por Lacan enquanto *aberturas* para a dimensão do ato; necessariamente problemáticas e não determinadas por nada que seja da ordem da necessidade. Trata-se da passagem do "juízo de atribuição" ao "juízo de existência", por um lado, e do acesso ao "princípio de realidade" a partir da dominância do "princípio do prazer", por outro. Realizações que permitem registrar uma incidência ética no advento do real e desdobrar o fundamento real da ética que concerne ao sujeito.

Palavras-chave: real sujeito; ética.

Abstract

Ethical function of the real in the emergence of the subject

This paper discusses the status of the lacanian register of the real, arguing that the real must not be considered as immediate data, but as the emergence from an act which *a posteriori* can give way to the subject in ethical grounds, and not natural ones. Stating that it's only in a certain relation to the structure that the real can affect us, we shall examine the real transmutation that generates the subject as en effect, based on the two operations isolated by Freud and retrieved by Lacan as openings to the act; necessarily problematic apertures, not at all determined by any kind of necessity. Those are the transition from "judgment of attribution" to the "judgment of existence", on the one hand, and the outburst of the "reality principle" upon the so-far domination by the "pleasure principle", on the other. Achievements that point to the ethical function of the real and unfold the real foundation of the ethics that concerns the emergence of the subject.

Key-words: real; subject; ethics.

Quando se debruça sobre o problema da ética da psicanálise, J. Lacan não pode deixar de considerar o real. Em seu grande seminário sobre o tema, de 1959-1960, Lacan estabelece uma articulação estreita entre real e ética. Tal relação é contemplada em diversos níveis ao longo do seminário e comparece, por exemplo, na famosa releitura de Kant realizada a partir das consequências extraídas do sistema de Sade – leitura que justamente por considerar o obstáculo que o real presentifica pode revelar o imperativo de gozo que espreita a injunção moral[1]. De modo semelhante, Lacan estabelece um regime de articulação determinado entre ética e real na extensa consideração que faz da pulsão, e especialmente da pulsão de morte, naquele contexto[2].

Entretanto, não é apenas como obstáculo à subsunção daquilo que é do âmbito do sujeito à lei que Lacan situa o real. Surpreendentemente, desde o inicio do seminário Lacan define a ética como dizendo respeito à nossa conexão com o real não apenas na acepção das posições que tomamos diante de um real que seria prévio, mas, mais radicalmente, a partir de uma imbricação que propomos aqui formular como *uma implicação ética* necessária à constituição e incidência do real para o sujeito.

---

1 Cf. a este respeito Lacan, 1959-1960/1997 e Lacan, 1963/1998.
2 Cf. Lacan, 1959-1960/1997, pp. 111-126 e 251-265.

Sobretudo naquilo que Lacan nomeia como sua *tese* no Seminário sobre a ética, se explicita este nexo da ética com o real: "Minha tese é de que a lei moral se articula com [ou à[3]] a visada do real como tal, do real na medida em que ele pode ser a garantia da Coisa", diz na lição VI (Lacan, 1959-1960/1997: 97). Mas desde a lição de abertura já nos advertira de que "Para discernir a originalidade freudiana em matéria de ética é indispensável salientar um deslizamento, uma mudança de atitude na questão moral como tal. [...] A questão ética, uma vez que a posição de Freud nos faz progredir neste domínio, articula-se por meio [...] do referenciamento do homem em relação ao real" (Lacan, 1959-1960/1997: 20-21). Noutro momento do Seminário, Lacan retoma: "minha tese é que *a lei moral, o comando moral*, a presença da instância moral, é isto através do que, em nossa atividade, enquanto estruturada pelo simbólico, *se presentifica o real* – o real como tal, o peso do real" (Lacan, 1959-1960/1997: 31; Lacan, 1959-1960/1986: 28 – grifo nosso). Ao passo que anos mais tarde, já no âmbito do Seminário *De um Outro ao outro*, ele volta à carga de forma cabal: "Como vocês sabem, foi no real que designei o ponto axial do que se refere à ética da psicanálise" (Lacan, 1968-1969/2008: 185-186). E mais: "É na medida em que o real não é de acesso fácil, digamos, que ele é para nós a referência em torno da qual deve girar [...] o problema da ética"[4].

Em torno dessas afirmações, entre outras[5], reside, a nosso ver, um apontamento que se abre tanto à possibilidade de que a precipitação da lei moral sobrevém *diante* da visada do real (e neste sentido, mais fortemente, "a partir" desta visada, atribuindo-se a esta uma função embreadora), como

---

3 No original "Ma thèse est que la loi morale s'articule à la visée du réel comme tel, du réel en tant qu´íl peut être la garantie de al chose" (Lacan, 1959-1960/1986, p. 92).

4 Na lição XII do seminário de 1968-1969, Lacan relembra a seus ouvintes que, ao introduzir dez anos antes, a questão da ética da psicanálise, "anunciei logo de início que o acontecimento Freud tinha evidenciado que o ponto chave, o centro da ética, não é outra coisa senão o que então fundamentei no último termo de três referências [...] a saber, o simbólico, o imaginário e o real. Como vocês sabem foi no real que designei o ponto axial do que se refere à ética da psicanálise. Suponho este real, é claro, submetido à interposição severíssima [...] do funcionamento conjunto do simbólico e do imaginário. É na medida em que o real não é de acesso fácil, digamos, que ele é para nós a referência em torno da qual deve girar a revisão do problema da ética" (Lacan, 1968-1969/2008, pp. 185-186).

5 Cf. por exemplo Lacan, 1959-1960/1997, pp. 31, 32, 43, 45.

também à perspectiva de que a ética se articula à visada (contingente) do real. Seja como for, a precisão de Lacan parece implicar não apenas que o real não está aí *em si*, fora da efetividade que ele pode ter para o sujeito, mas, mais do que isto, que o sujeito ele mesmo só pode advir, só pode *ex-sistir* a esta intrusão do real como tal.

Tomando esta via de discussão, o presente trabalho busca estabelecer o estatuto do real como o que, longe de constituir um dado imediato, emerge a partir de um ato que, *a posteriori*, dá lugar ao sujeito e cujo alcance é necessariamente ético.

Entendendo que é somente numa certa relação com o significante, com o Outro, mas também com os registros pulsional e especular, que se recolhe, em ato, alguma incidência do real, discute-se a transmutação real que produz um sujeito como efeito, a partir de duas operações que, segundo Lacan (1959-1960/1997: 31), atravessam todo o pensamento de Freud e lhe dão esteio. Trata-se da passagem do "juízo de atribuição" ao "juízo de existência", por um lado, e do acesso ao "princípio de realidade" a partir da dominância do "princípio do prazer", por outro. Realizações que configuram duas *aberturas* isoladas por Lacan como sendo necessariamente problemáticas e não determinadas por nada que seja da ordem da necessidade. Por seu exame, almejamos demonstrar a emergência do real num registro ético, não natural; bem como indicar e problematizar a função desta incidência do real no advento do sujeito. Acreditamos que esta indissociabilidade entre uma implicação ética do sujeito e a assunção do real está no cerne da demarcação que a psicanálise – diferenciando-se da ciência e da religião[6] , pode fazer do real.

CORTE NO DISCURSO

Ao iniciar seu seminário sobre a ética, Lacan retoma surpreendentemente o "Projeto para uma psicologia científica" de Freud (1895 [1950]/1996) para

6 Cf. a este respeito Lacan, 1959-1960/1997, pp. 160 e segs. e 1965/1998. Em Costa--Moura, 2010, procuramos fazer uma discussão mais detalhada da posição do analista por relação ao real.

situar a questão ética como nuclear, deslocando a psicanálise de uma posição na qual ela estaria a serviço da mestria usual, a título de psicoterapia. Já nesse ponto de partida, Lacan propõe algumas inversões essenciais para introduzir a discussão ética em psicanálise. O *Projeto...*, como sabemos não é um trabalho endereçado nem à filosofia, nem à cultura num sentido mais amplo – domínios onde tradicionalmente a questão ética aparece – e sim, como afirma seu título, à ciência. Todavia é dele que Lacan se vale para assinalar de saída que, para a psicanálise, o problema ético não poderá se equacionar pelo recurso à idealidade, a algum domínio superior (a razão, por ex.) que determinaria um inferior (os instintos) e sim pelo viés do real que Freud pôde destacar como aquilo que efetivamente comanda as ações práticas dos homens.

Lacan não deixou de sublinhar sempre o quanto o pretenso "reducionismo" do *Projeto...*, legítimo herdeiro da ciência moderna, deslocou completamente a questão do real. Se a ciência antiga remanescente da filosofia fundava uma coincidência entre idealidade e real, a ciência moderna é uma formação discursiva que situa o real pela perspectiva daquilo que é – o que acontece, sem convergência para o ser ou para o Bem supremo, sem teleologia, nem sentido último – nos confrontando radicalmente com a contingência da existência. É este fundamento no real que impede que a ética da psicanálise degrade em idealismo – e mesmo, poderíamos acrescentar, em algum solipsismo no qual o sujeito se constituísse a si mesmo. Mas aí se trata do real, vale dizer: não a realidade, a concretude, os fatos e sim algo que simplesmente "não se dobra à vontade" humana e cuja "verdade", como aponta Santo Agostinho (386-387/2007: 81), "é o que é".

Notemos então que Agostinho, mais até do que outros nomes da cultura mencionados por Lacan quanto ao problema da ética, aponta para uma irredutibilidade, uma intransitividade, uma impredicabilidade da verdade que produz corte no discurso constituído pelo encadeamento das representações. De seu ponto de vista a verdade é homóloga à resposta que Moisés ouve do Deus da Sarça Ardente: algo que "é o que é, independente de quaisquer subjetivismos, pois, antes de o homem pensar, estão postas as coisas diante dele, não como ele as quer, mas como elas são" (Silveira, 2005: 15).

Agostinho no entanto usa esta argumentação para falar de Deus, o que é uma maneira muito particular de nomear um impossível no plano do saber. Ao passo que Lacan remete o impossível que se coloca para o sujeito não a uma instância divina, transcendental, mas ao que é posto pela operação do significante na estrutura. Lacan retorna muitas vezes a esta passagem do Êxodo (3:13-14) que relata a "fala decisiva" dirigida à Moisés (o qual perguntara pelo nome divino), de dentro da Sarça Ardente: *Eyé-acher-eyé* ou "Eu sou" – não como a gnose cristã tentou fazer ouvir – "aquele que é", mas "Eu sou o que sou", diz Lacan (1959-1960/1997: 213). Ou ainda, como propõe no seminário *De um Outro ao outro* "Eu sou o que *Eu* sou", e mesmo, "Eu sou aquilo que *Eu é*" até a radicalidade de "*Eu sou aquilo que é o Eu*" (Lacan, 1968-1969/2008: 79). Partindo desta referência ao Deus bíblico – que ele distingue do "Deus dos filósofos" –, Lacan (1968-1969/2008: 69) nos dá justamente a dimensão do que é o *Eu* quando é a verdade (e não o sujeito) que fala, e diz *Eu*: em lugar de fazer do *Eu* (*Je*) o saber ou o ser (*Sum*) que ocuparia o centro do universo e em torno do qual o *Cogito* gira, Lacan o situa como um sujeito que é apenas o vestígio (idem: 70) do que se articulou aí como desejo do Outro.

Por relação a este Deus que só oferece seu dizer como fundamento, o sujeito aparece primeiro como *assujeitado* à sua divisão perene no discurso. Desde o momento em que fala está sujeito às leis da linguagem, ligadas muito mais à articulação significante e às operações da letra que às aspirações do espírito. Em lugar de encontrar seu fundamento num Outro consistente e ontologicamente bem assentado, o sujeito para Lacan se constitui por relação a um dizer imperativo, legiferador e sem sentido: *Eyé-acher-eyé.* Um dizer não referencial cuja verdade, em lugar de dada a contemplar no ideal, remete antes ao desejo imperioso e singular cernido por Freud (1895 e 1900) como o *Wunsch.* O qual, longe de fornecer uma lei universal para nossa orientação ética, manifesta ao contrário a lei a mais particular.

Nos termos do seminário *A ética da psicanálise*, Lacan designa este efeito real da estrutura como *das Ding*: o "campo vazio central" da ausência do objeto[7]. Seguindo a metapsicologia do *Projeto*, estabelece que a questão

---

[7] Cf. Lacan, 1959-1960/1997, pp. 58 e segs.

ética não é um luxo reflexivo, nem tampouco uma questão de injunção moral, de remorso, de contabilizar nossos feitos e realizações, e sim uma questão que é posta pelo significante. Uma questão com a qual estamos inevitavelmente enredados em decorrência da estrutura da linguagem e de suas consequências. Porque o significante engendra essa dimensão de vazio – que nos constrange, queiramos ou não saber disso – à dimensão do desejo, do ato e, consequentemente do sujeito.

Das Ding, portanto, como o "vacúolo" que habita o "centro do sistema de significantes" (Lacan, 1959-1960/1997: 186) incide como impossível para o sujeito pelo deslocamento que impõe tanto ao Bem quanto ao absoluto do gozo, situando-os além de um limiar intransponível, mesmo pela transgressão. De qualquer modo, o que Lacan e Santo Agostinho sustentam – em que pese as diferentes consequências que extraem deste ponto – é que para além da consciência, para além da vontade do homem e das intenções, situa-se uma instância heterotópica, irredutível, heterogênea à consciência e às representações e que descompleta a unicidade e integridade imaginária do eu.

Deixando de lado as consequências tiradas por Santo Agostinho, Freud e Lacan descobrem, ao ouvirem seus pacientes, que tal alteridade, embora não cesse de se apresentar, é tributária do efeito significante que engendra um sujeito e não se constitui ontologicamente. Trata-se portanto de uma ordem de alteridade que não está validada, substancializada, em si. A eterna insatisfação dos neuróticos, suas demandas que, apesar de encontrarem repetidamente o mesmo fracasso, não cessam de ser reiteradas atestam que o real não está aí de imediato e que suas incidências não são garantidas. O sujeito pode passar a vida inteira sem se defrontar com algo que experimenta como advindo do real, sem submeter-se às incidências deste ponto onde sua volição e seus desígnios são efetivamente derrogados.

Vê-se, portanto, que, se o real não deixa de ter efetividade *sobre* o sujeito, sua constituição enquanto tal, sua efetividade *para* o sujeito, depende de um ato. Há nisso uma escolha ética que indica e demarca a posição do sujeito na estrutura. Para enfatizá-lo, destacaremos alguns pontos a respeito do caráter problemático do acesso do sujeito à realidade, que Lacan destaca – ao longo do seminário de 1959-1960 – como base de sua demonstração de que há uma interação ética dinâmica entre sujeito e estrutura.

ALÉM DO LIMITE

No contexto de sua leitura do *Projeto...*, Lacan retoma a oposição original entre princípio do prazer e princípio da realidade e a elabora em bases diversas daquelas que se evidenciam mais imediatamente – ou que ganham mais pregnância – nas formulações de Freud.

Freud articula os princípios de dois modos diferentes. A definição que costuma ser mais destacada[8] é a que propugna que: "A substituição do princípio de prazer pelo princípio de realidade não implica a deposição daquele, mas apenas sua proteção. Um prazer momentâneo, incerto quanto a seus resultados, é abandonado, mas apenas a fim de ganhar mais tarde, ao longo do novo caminho, um prazer seguro" (Freud, 1911/1996: 241-242). Nesta perspectiva os dois princípios aparecem como complementares – a realidade vindo em continuidade e instrumentalizando a injunção do princípio do prazer. Ainda que a satisfação a que este conduz não seja a esperada, como bem aponta Freud (1911/1996: 238), a seguir-se a esteira da fantasia, a satisfação estará lá, de prontidão. Pois a fantasia "sustenta a utopia do desejo" (Lacan, 1963/1998: 786) estabelecendo uma cópula imaginária entre sujeito e objeto que articula um campo de satisfação concebível.

O princípio de realidade é introduzido através do abandono da tentativa de satisfação alucinatória do objeto, ou seja, na medida em que o sujeito consinta em perder; em destacar-se minimamente dessa suposição de uma cópula possível com o objeto. Suposição que está implicada na estrutura da linguagem e que constitui nossa alienação fundamental; a "alucinação" a que nos apegamos todos, insistentemente e que perdura muito além da condição do bebê. Ora, tal possibilidade implica uma perda. Uma perda que só pode verificar-se pela incidência da subtração fundante – subtração e efetividade de *das Ding* – que inaugura o campo do significante. É neste campo que se articula o impossível de que fala Lacan, o impossível

---

8 É em torno desta que giram, por exemplo, as definições de princípio de realidade dos dicionários de Laplanche e Pontalis (1999, p. 368) e Roudinesco e Plon (1998, p. 602). É preciso dizer que o verbete do primeiro contém, na parte dedicada ao comentário dos autores, a definição a que nos referiremos em seguida; utiliza-a, porém, apenas como apoio para a que citamos agora.

que emerge quando se pode extrair os efeitos do vazio que desemparelha inelutavelmente demanda e satisfação.

Assim, o sujeito se constitui a partir da perda do objeto que é condição para a entrada na linguagem, na medida em que esta perda engendra a demanda ao Outro e, neste mesmo passo, determina que não há satisfação possível que não seja mediada por uma tal demanda. É por esse mesmo motivo que o gozo que emana de sua condição não pode se resolver e se equacionar no campo dos ideais, visto que a passagem pelo campo do Outro, constituindo um terceiro termo, impõe uma dissimetria irredutível entre a necessidade e o objeto. Na ausência do ato, contingente, e do exercício do desejo que dele pode advir, o gozo só pode reconduzir o sujeito ao mesmo ponto de fracasso. Fracasso do bom pareamento entre o que se pede e o que se encontra.

É, pois, em relação ao gozo e ao fracasso que ele articula que o sujeito se constitui. Mas esse ponto onde o sujeito pode advir consiste num ponto além do limite fixado pelo prazer – onde o bom encontro entre sujeito e objeto é suposto realizável. Se a satisfação possível não é natural, e sim mediada por uma demanda feita ao Outro, é preciso que o sujeito, para se constituir, possa receber dessa instância que lhe é radicalmente heterogênea, alteritária – que é, em suma, o Outro – algo de volta; ao contrário do que seria suposto como uma boa resposta provinda da instância homogênea, identitária, que é o outro.

Evidencia-se assim que o real não é disjunto do advento do sujeito na assunção e constituição da imagem do corpo. Pois, se aqui parece haver uma estratificação que disjungiria o registro imaginário a que o outro pertence do registro do simbólico constituído pelo Outro, nem por isso se trata de uma disjunção ontológica, de modo que a um deles se possa aceder pela vontade, pela depuração, pela desopacificação. Como nos lembra Lacan (1954-1955/1985: 223), é somente no seio da relação especular com o pequeno outro que algo da alteridade pode emergir[9]. Se o sujeito pode receber algo que vai além daquilo que era visado, se pode ir além das exigências fracassadas do princípio do prazer que se atualizam na repetição,

---

9 Ou, como ele dirá mais tarde, em RSI: "a tríade do real, do simbólico e do imaginário só existe pela adição do imaginário com terceiro" (Lacan, 10/12/1974).

o que está em jogo é sempre um posicionamento ético frente ao Outro que comparece nas relações que entretemos com o outro no real.

Além do mais, dizer fracasso do princípio do prazer, no nível em que situamos nossas questões, equivale a dizer fracasso da fantasia – que, repetimos, articula sujeito e objeto de modo a delimitar uma satisfação concebível. A fantasia coloca o sujeito em movimento – fadado ao fracasso – pelas trilhas do princípio do prazer. Tal fracasso é uma maneira de tentar aceder à mestria, escolhendo caminhos familiares. Em outras palavras, a ordenação e a sustentação da realidade que se dão através da fantasia consistem na escolha de uma ruína conhecida, em detrimento de colher as consequências de um passo para fora da cena imaginária através da qual limitamos as incidências da pura alteridade do Outro. Trata-se aí de um passo que expõe o sujeito a ocupar um lugar em relação ao real e ao desejo.

Se... e somente se

Neste sentido podemos dizer que o real como tal só se constitui a partir de um posicionamento em relação aos efeitos do significante. E mais: vê-se deste modo como este abandono – que consiste em abrir mão da satisfação num campo meramente psíquico e dar lugar a alguma incidência do real – é problemático. Ele não está apenso a alguma regulação fisiológica, ou homeostática, que incidisse sob a égide do princípio do prazer. Ao contrário – e aí está o essencial do que Lacan introduz –, o abandono da satisfação alucinatória depende de um passo ético (vale dizer: singular, contingente, irredutível à normatização) que se dá no hiato que se abre *se* o sujeito se lança na direção do que Freud nomeia "ação específica"[10]. Separando-se, momentaneamente que seja, daquilo que aparece (só) então como a máquina louca e incessante do princípio do prazer, e cuja satisfação constitui, no limite, um gozo mortífero.

Se este passo se produz, nos diz finalmente Freud, "[...] um novo princípio de funcionamento mental foi assim introduzido: o que se apre-

[10] Observe-se ainda que isso exige um sinal desde o mundo externo – a que Freud chama "prova de realidade" – sem que o sujeito possa permanecer encerrado em si.

sentava na mente não era mais o agradável, mas o real, mesmo que acontecesse ser desagradável" (Freud, (1911/1996: 238).

É a partir desta definição que Lacan enunciará a distinção entre os princípios de prazer e de realidade, apostando numa oposição que não se concretiza no terreno da psicologia, sendo antes de ordem ética (1959-1960/1997: 49). Uma oposição, portanto, que não é indefectível, que se engendra somente a partir do ato, que é sempre contingente; da tomada de posição que permite ao sujeito, em perda, abrir mão da (suposição de) satisfação alucinatória. Para demonstrá-lo Lacan recorre a "A negativa" (Freud, 1925/1996), de onde retira importantes consequências para a questão da ética[11]. Seu desenvolvimento se equilibra sobre a elaboração realizada por Freud, neste trabalho, acerca do julgamento intelectual, cindido em juízo de atribuição – que "afirma ou desafirma a posse, em uma coisa, de um atributo particular" (Freud, 1925/1996: 266) – e de existência, que por sua vez "assevera ou discute que uma representação tenha uma existência na realidade" (Freud, 1925/1996: 266).

É desconcertante que Freud tenha sido levado pela clínica a estabelecer uma antecedência lógica do juízo de atribuição em relação ao juízo de existência. Ou seja, sua constatação é de que primeiro o sujeito decide se algo é bom ou não para somente depois se colocar a questão de sua existência real. Encontramos aí novamente a dimensão de ato, de escolha inconsciente: se na constituição do sujeito preponderam os efeitos do juízo de atribuição, não será senão por meio de um passo ético que da atribuição, da consideração para com o bom ou mau, pode-se passar a dar lugar àquilo que, para além dos atributos que ostenta, para além daquilo que apetece ou não, simplesmente é.

Reside aí o ponto nodal do enlaçamento entre real e ética: no fato de que o real não está onde emerge desde sempre. No contexto de que nos ocupamos aqui, Lacan equaciona este posicionamento ético em termos de um passo para além do jogo do prazer/desprazer, necessário para que o real possa se constituir como tal para o sujeito. Mesmo quando afirma uma heterogeneidade radical entre os três registros, ressaltando a descontinuida-

---

11 Trata-se da referência aos escritos freudianos que definem "como a realidade se constitui para o homem" (Lacan, 1959-'960/1997, p. 51). Ou seja, o artigo de 1911 "Formulações sobre os dois princípios do funcionamento mental", o de 1925 sobre a *Verneinung* [*A negativa*], e o "Mal-estar na civilização", de 1930.

de entre eles, Lacan não deixa nunca de considerar a incidência crucial do posicionamento do sujeito – por exemplo, na neurose ou na psicose – para a constituição e a vigência (ou não) desta heterogeneidade. A posição ética, portanto, decide. É o que se pode depreender da advertência que Lacan faz aos psicanalistas em 1976: "Não há conjunto do simbólico, do imaginário e do real. Há algo que se funda em uma heterogeneidade radical e, no entanto, graças à existência deste utensílio que é o homem se vê realizado o que chamamos um nó, que não é nó e sim uma cadeia" (Lacan, 2/11/1976).

Notemos ainda que a definição de Freud de princípio de realidade indica que o que se apresenta como *efetivo* não é o prazeroso e sim o real, *mesmo que acontecesse ser desagradável.* O que queremos salientar não é simplesmente o fato de que algo pode se apresentar como desagradável – o que também é possível sob a égide do princípio do prazer – e sim a ideia contida na formulação *mesmo que acontecesse ser*. Pois a regulação do princípio do prazer comporta e suporta algum desprazer (o desprazer proveniente das perdas e ganhos definidos pela fantasia, um desprazer que é um velho conhecido, proveniente da posição adotada frente ao impossível da condição desejante). Trata-se aqui, contudo, de se deparar com o real e de assumir uma posição frente a ele, "mesmo que acontecesse ser desagradável" – ou seja, frente a um real impossível de regular e que afeta o sujeito em sua contingência.

A clínica já havia demonstrado com clareza para Freud que nem toda ação do homem estava direcionada pelo princípio do prazer. Não simplesmente que nem toda ação do homem lhe traz prazer, o que nos parece bastante evidente a partir da experiência mais cotidiana; mas, mais do que isso, que há uma satisfação efetiva sendo haurida das ações do sujeito independentemente do prazer ou desprazer que proporcionem. Lacan destaca a clarividência de Freud, já no primeiro grande caso clínico da psicanálise, quando aponta para Dora que "da grande desordem do mundo de seu pai, cujo estrago constitui o objeto de sua reclamação, ela faz mais do que participar; ela se constituiu a cavilha dessa desordem, que não poderia continuar sem sua complacência" (Lacan, 1958/1998: 602). A intervenção de Freud com Dora aponta para o fato – relevante para a clínica – de que a queixa de Dora (ou do sujeito de modo geral) não consiste numa situação na qual ela se encontra passivamente nas teias de um Outro que a manipula à sua revelia. Da situação que é fonte dos mais terríveis sofrimentos para o sujeito, o sujeito (ou, ao menos, a satisfação que extrai disso) é a cavilha – a peça que sustenta toda a trama tal e qual ela é.

O sujeito, portanto, dá uma contribuição ativa para a condição em que se encontra e da qual reclama. Mas tal atividade não deve ser confundida com mestria. Ali onde emerge, onde efetivamente encontra sua posição, o sujeito não está em posto de comando, de agente. Não é preciso, portanto, e é mesmo inútil indicar-lhe o caminho para qualquer bem, para o bom caminho, seja este orientado pelo Bem supremo (o chamado *Gute* kantiano), ou pelo bem-estar (no *Wohl*)[12]. O plano dos bens, ainda que esteja já, sempre, suficiente e efetivamente disposto, implica uma modalidade de operação à qual é impossível que o sujeito se reduza.

Lacan demarca esta impossibilidade de que a questão do sujeito com seu desejo possa resolver-se no plano dos bens tecendo um comentário longo e candente sobre a pulsão em meio ao seminário *A ética da psicanálise*. Partindo da dimensão de "ódio a si" que a pulsão comporta, e passando pela demonstração, via sublimação, de que a pulsão se erige em referência ao vazio da Coisa, o que implica uma dimensão ética, discursiva (e não natural, compulsiva, pré-inscrita) da pulsão, Lacan acaba por formalizar o "paradoxo ético" (Lacan, 1959-1960/1997: 373 e segs.) que nos espreita. O sujeito só pode advir – e contingencialmente, tomar lugar, tomar a palavra e (fora de toda mestria) definir os rumos de sua existência a partir de sua *ex-sistência* – ali mesmo onde uma "força demoníaca" o divide "diabolicamente" (Lacan 1959-1960/1997: 117 e segs.) justamente porque ele mesmo, para além de suas intenções, encontra-se ativamente implicado no curso de suas ações. Neste paradoxo o sujeito fica enredado, vivendo o tempo espiralado da pulsão e da repetição; tempo para compreender, que só eventualmente pode desembocar na chance do ato.

E neste ponto o seminário é decisivo: o ato implica um corte que incide para o sujeito e para o Outro – não se trata de mera ação, comportamento, propósitos e nem, tampouco, de proeza. É antes um corte que

---

[12] Na *Crítica da razão prática* (1788/s/d), Kant busca estabelecer uma ética pautada inteiramente pela racionalidade, e que não se baseasse portanto, nos sentimentos ou no bem-estar, disjungindo, assim, o Bem (*Gute*) do bem-estar (*Wohl*).

advém da confrontação com "a realidade da condição humana" (Lacan, 1959-1960/1997: 364). Do enfrentamento do desamparo implicado na relação do sujeito a seu próprio desejo, na medida em que essa relação não se pauta pelo ordenamento proposto pelo serviço dos bens e se exerce antes "numa relação fundamental com a morte" (idem). Somente se evita a báscula da injunção ao ato, que se coloca neste ponto, em comando superegoico onde se compraz, o sujeito pode ter a chance de concluir pelo real.

Que consequências isso traria? Impossível dizer. O que jaz além do princípio do prazer não se pode saber de antemão, pois é apenas operando no nível do prazer-desprazer que se pode determinar uma repartição conhecida de ganhos e perdas. Não que considerar este plano signifique incorrer em erro, nem cometer um pecado ou um crime – não é deste modo direto e simplificado que a questão ética se coloca. Mas é que o confinamento da questão neste âmbito redunda, por outro lado, em tamponar qualquer possibilidade de que advenha o sujeito. Pois só há emergência do sujeito para além do princípio do prazer. Este, homeostático, prescinde do sujeito uma vez que, por si só, dirige-se às vias mais convenientes para seus fins. É, pois, além do princípio do prazer, dando lugar ao real, que pode emergir o sujeito – mas isto se efetua fora de todo automatismo e no registro de uma escolha inconsciente que advém e pela qual cada um deve se fazer responsável.

REFERÊNCIAS BIBLIOGRÁFICAS

AGOSTINHO. (386-387/2007). *Solilóquios*. São Paulo: Escala.

COSTA-MOURA, F. (2010). O fracasso normal da psicanálise: o real e a posição do analista. *In*: BIRMAN, J., FORTES, I. & PERELSON, S. (orgs.). *Um novo lance de dados: psicanálise e medicina na contemporaneidade* (pp. 233-257). Rio de Janeiro: Cia de Freud.

FREUD, S. (1895 [1950]/1996). Projeto para uma psicologia científica. *Edição standard brasileira das obras psicológicas completas de Sigmund Freud*, v. I. Rio de Janeiro: Imago.

————. (1900/1996). A interpretação dos sonhos. *Edição standard brasileira das obras psicológicas completas de Sigmund Freud*, v. IV e V. Rio de Janeiro: Imago.

————. (1911/1996). Formulações sobre os dois princípios do funcionamento mental. *Edição standard brasileira das obras psicológicas completas de Sigmund Freud*, v. XII. Rio de Janeiro: Imago.

————. (1925/1996). A negativa. *Edição standard brasileira das obras psicológicas completas de Sigmund Freud*, v. XIX. Rio de Janeiro: Imago.

KANT, I. (1788/s.d) *Crítica da razão prática*. Lisboa: Edições 70.

LACAN, J. (1954-1955/1985). *O seminário, livro 2: o eu na teoria de Freud e na técnica da psicanálise*. Rio de Janeiro: Zahar.

————. (1958/1998). A direção do tratamento e os princípios do seu poder. *Escritos*. Rio de Janeiro: Zahar.

————. (1959-1960/1997). *O seminário, livro 7: a ética da psicanálise*. Rio de Janeiro: Zahar.

————. (1959-1960/1986). *Le séminaire, livre VII: l´éthique de la psychanalyse*. Paris: Seuil.

————. (1963/1998). Kant com Sade. *Escritos*. Rio de Janeiro: Zahar.

————. (1964/1985). *O seminário livro 11: os quatro conceitos fundamentais da psicanálise*. Rio de Janeiro: Jorge Zahar Editor.

————. (1965-1966/1998). A ciência e a verdade. *Escritos*. Rio de Janeiro: Jorge Zahar.

————. (1968-1969/2008). *O seminário livro 16: de um Outro ao outro*. Rio de Janeiro: Jorge Zahar.

————. (1974-1975). *RSI*. Seminário inédito.

————. (1976/1977). Respostas de Jacques Lacan sobre os nós e o inconsciente. Jornadas da École Freudienne. *Lettres de l'École Freudienne*, 21.

LAPLANCHE, J. & PONTALIS, J.-B. (1999). *Vocabulário da psicanálise*. 3ª edição. São Paulo: Martins Fontes.

ROUDINESCO, E. & PLON, M. (1998). *Dicionário de psicanálise*. Rio de Janeiro: Zahar.

SILVEIRA, S. (2005). Prefácio a *A natureza do bem*. *In*: AGOSTINHO. *A natureza do bem*. Rio de Janeiro: Sétimo Selo.

O ENIGMA DA LINGUAGEM NA ESTRUTURA DA METÁFORA PATERNA

Caio Filho

RESUMO

Pretende-se apresentar a metáfora paterna nos três tempos em que se escande, através da sua estrutura de oposição/substituição significante, com vistas a discernir a castração como enigma da linguagem. Para isso, destacam-se os avatares da falta intrínseca à lógica fálica, em especial a dupla face da castração: traumática na submissão do sujeito ao desejo do Outro e apaziguadora quando representa a lei paterna reguladora do gozo.

Palavras-chave: psicanálise; castração; metáfora paterna.

ABSTRACT

The enigma of language in the structure of the paternal metaphor

It is intended to present the paternal metaphor in a temporal division through the three times of its significant-opposition/substitution structure, looking forward to discern castration as an enigma of language. For that, there are the avatars of the intrinsic lack of the phallic logic, especially castration's duality: traumatic in the submission of the subject to the desire of the Other, and appeasing when representing the paternal law that regulates the satisfaction (*o gozo*).

Key-words: psychoanalysis; castration; paternal metaphor.

Com a psicanálise, aprendemos que, em lugar do programa de um saber instintivo inato, o homem nasce destinado à linguagem, na qual se escrevem a gramática das pulsões, o aparato psíquico e se conforma um corpo. Entretanto, o humano não nasce com nada disso constituído. Ele precisa encontrar, no Outro que o antecede, os elementos de sua entrada, como sujeito, no mundo simbólico.

Acontece que advir sujeito tem suas peculiaridades. Entre elas está o fato de que a alienação à linguagem consiste num impacto marcado pela entropia. Este choque entrópico se traduz na impossibilidade de, sem perda de gozo, tramar o pulsional pelas vias simbólicas. O lacaniano *vel* da alienação – "a bolsa ou a vida?" – resume o caráter de assalto chocante da entrada na linguagem. Se escolhemos a bolsa, nos ferramos e perdemos as duas. Se escolhemos a vida, mutilados lamentamos a subtração da bolsa, mas saímos vivos (Lacan, 1964/1998). Neste sentido, entrar na linguagem é passar por uma espécie de umbral, com o preço de uma perda de gozo.

De partida, então, o que nos interessa enfatizar é o fato de que as vias da satisfação na linguagem, por conta desta perda entrópica, nos restam enigmáticas. Ora, o campo da fala e da linguagem, na medida em que nos retira "a bolsa", nos lega o desfiladeiro significante da "vida", marcado por um enigma, que é uma falta de saber, ou um vão equivalente à perda de gozo. E, por mais que a lei e a sociedade ordenem "Goza" (*Jouis*), o sujeito não pode responder senão com um modesto "Ouço" (*j'ouïs*), ou seja, com uma reverberação significante que apenas subentende o gozo (Lacan, 1960/1998). Essa definição de subentendido do gozo soa como um eco de satisfação, cujo objeto último, "a bolsa", nos fora subtraído. Então, como não entender que as repetições inerentes à articulação significante e inconsciente não repetem senão a falha do gozo na linguagem, sujeita à entropia?

Neste sentido, a falta de objeto último da satisfação, que caracteriza a vida como uma permanente interrogação a respeito do gozo, nos conserva no fio do desejo indestrutível, que Freud (1900/1996) considerava a razão de todo trabalho de pensamento. Assim, temos, como tensão da vida, um ponto irredutível de interrogação, que sustenta uma impossibilidade de saber, própria do gozo na linguagem, e que suscita um enigma insolúvel (Lacan, 1969-1970/1992). A mitologia grega nos permite imaginarizar a linguagem, que é o agente deste enigma sobre o gozo, como uma espécie de esfinge que nos lega a dívida de uma pergunta sem resposta. Este enigma em ser de linguagem, que se escancara como perda de gozo, tem um nome freudiano: é a castração.

A castração é destes vocábulos da língua com prerrogativas psicanalíticas. Freud nos transmitiu o depoimento de uma obra que, desde cedo, relevava a importância do complexo de castração na trama neurótica dos pacientes em geral. Neste contexto, é cediço que, na referência ao Édipo, Freud (1925/1996) valorizou a castração como um castigo associado às fantasias edipianas e satisfações masturbatórias proscritas, em razão das quais os meninos experimentam o horror da ameaça de lhes cortarem o pênis, e as meninas vivenciam a desolação e a inveja por estarem no mundo desprovidas de órgão tão essencial.

Isso exige dos leitores de Freud o cuidado de observar, entretanto, que ele não reduz o alcance da castração aos efeitos psicológicos de um castigo prometido ou acontecido, conforme atestaria a diferença anatômica entre os sexos. Desde o início do seu ensino, Lacan asseverou, com insistência, que a pregnância imaginária do pênis não retira da castração a condição simbólica de corolário do falo, que não é idêntico ao pênis. O falo não se resume ao "que se isola na superfície corporal como isca" (Lacan, 1972/2003: 456). Ao contrário, na função de significante, ele escava o lugar simbólico da falta, no qual é possível alojar tudo o que mobiliza a voracidade pulsional, inclusive o pênis, como fez Melanie Klein (1970) ao caracterizar a pluralidade dos objetos imaginários contidos no corpo materno. Por isso, seguindo Lacan, consideramos que – quando associou a castração a uma ameaça angustiante e ao desapontamento do *Penisneid* – Freud também aludiu ao corte simbólico do laço incestuoso com a mãe, de quem o sujeito se fizera (fora feito) objeto fálico.

Ao evidenciar o eminente valor simbólico da castração em psicanálise, nos idos de 1950, Lacan recorreu ao estruturalismo, especialmente através da linguística de Saussure e Jakobson e da antropologia estrutural de Lévi-Strauss, cujo projeto de estender os princípios estruturais e objetiváveis da fonologia para a antropologia teve grande impacto sobre as teorizações psicanalíticas de Lacan. Da antropologia estrutural, por exemplo,

Lacan se apropriou da noção de estrutura na interface linguagem e leis sociais de regulação do parentesco, extraindo-lhe os fios lógicos que restituíram ao inconsciente freudiano seu gume afiado, com estatuto discursivo e significante (Kaufmann, 1996).

É mister sublinhar, entretanto, que o legado lacaniano do estruturalismo sempre esteve a serviço de seu desafio maior à época: o *retorno a Freud*, que consistiu na releitura muito singular de seus textos com o objetivo de restaurar a verdade freudiana através da crítica aos desvios e concessões que emperravam seu progresso (Lacan, 1980/2003). Neste sentido, com a articulação da noção de estrutura de linguagem com a hipótese do inconsciente – e tendo percebido que Freud, quando da criação da psicanálise como campo da fala e da linguagem, já prenunciara certos conceitos linguísticos que o estruturalismo evidenciava –, Lacan definiu uma apropriação peculiar das noções da linguística. Particularmente, percebemos que Lacan (1957/1998) quis demonstrar *certo* isomorfismo das leis do inconsciente freudiano com a estrutura de linguagem da linguística estrutural. Dizemos *certo* isomorfismo porque não há "linguística aplicada" na concepção lacaniana da função do sujeito de linguagem em psicanálise (Harari, 1990).

Notavelmente, Lacan avançou com sua proposta de valorizar a estrutura em detrimento do mito na obra de Freud, chegando mesmo a definir, em fins dos anos de 1960, o Édipo como sonho manifesto de Freud, em contraposição à estrutura discursiva e latente da linguagem (Lacan, 1969-1970/1992). Essa proposta, contudo, já tinha lugar desde a concepção da metáfora paterna nos idos de 1950, o que representou a formalização do Édipo numa estrutura significante regida pela metáfora e pela metonímia – as duas operações essenciais da linguagem segundo Jakobson e Morris (1974). Isso porque, na metáfora paterna, entendemos estar em curso o desafio de extrair do Édipo o seu sumo, que é a designação do advento do sujeito através da estrutura significante da linguagem, tendo na operação da castração o seu móbil e na interdição do incesto o seu fundamento.

Escolhemos discutir a metáfora paterna porque acreditamos que ela nos permite – nos três tempos em que se escande e através da sua estrutura de oposição e substituição significante – interrogar acerca do enigma da linguagem através da lógica fálica, especialmente pela incidência da castração na constituição do sujeito. Por isso, atentamos para as diferenças existentes entre o traumático confronto com a castração imaginária na submissão do sujeito ao desejo do Outro e a castração simbólica de viés apaziguador, cuja função é estabelecer uma lei reguladora do gozo, para que este possa ser atingido em função do enigma do desejo do Outro que nos introduz na linguagem. Com isso, já antecipamos os termos de uma dupla perspectiva da castração: traumática na fantasia da criança, em decorrência da passagem pela prova da falta no Outro; mas também apaziguadora, ao demarcar limites ao gozo e à turbulência do laço imaginário e incestuoso.

A CASTRAÇÃO QUE TRAUMATIZA É A MESMA QUE APAZIGUA?

Ao se deslocar da perspectiva mítica do Édipo através do aporte estruturalista, Lacan destacou o viés de operação simbólica da castração quando discerniu os significantes do Desejo da Mãe e do Nome-do-Pai na metáfora paterna. Estes dois significantes compõem a estrutura de linguagem que antecede o sujeito e lhe confere um lugar a partir da falta que a lógica fálica institui. Ora, se não atentamos para os fundamentos desta lógica, talvez soe estranho que uma metáfora possa promover o advento de um sujeito. Por isso, destacamos que se trata da "metáfora como aquilo em que se constitui a atribuição originária, aquela que promulga 'o cachorro faz miau, o gato faz au-au' com que a criança, de um só golpe, desvinculando a coisa de seu grito, eleva o signo à função do significante e eleva a realidade à sofística da significação" (Lacan, 1960/1998: 820).

Assim, na topologia do significante e da sofística da significação, a ambição de Lacan consistiu, justamente, em formalizar o Édipo através da estrutura metafórica, na qual o significante do Desejo da Mãe, que é o desejo do Outro com que nos deparamos na entrada no mundo simbólico, é metaforizado, substituído pelo Nome-do-Pai.

Nesta perspectiva, ressalvamos que, em detrimento da pregnância imaginária e do gozo masturbatório no *desejo pela mãe*, francamente aludidos por Freud em sua apropriação do mito de Édipo, Lacan (1957-1958/1999) preferiu valorizar, na metáfora paterna, o *Desejo da Mãe* na qualidade de significante em torno do qual a criança orbita o seu ser, com vistas a identificar-se ao objeto fálico – dom do que falta ao Outro materno primordial. Com isso, Lacan realizou a introdução de um enfoque formal no Édipo: é o desejo do Outro – e não, em primeiro plano, a paixão pela pessoa da mãe – que a criança tem por objeto de seu desejo. Trata-se, portanto, da captura do significante pela via do desejo do desejo do Outro, que é ser implicado como objeto do desejo da alteridade primeva que nos acolhe.

Neste enfoque formal do Édipo, o falo é considerado uma espécie de dom. Inspirado em Marcel Mauss (1997), Lacan (1956-1957/1995) identificou, do dom no falo, tanto o caráter de gesto ou ato de dar o que não se tem, quanto a condição de signo do amor. Nesse caso, ainda interessava a Lacan a ideia de que o dom é circulante e regido por uma lei. Ou seja, a transmissibilidade normatizada o caracteriza essencialmente. Isso se expressa, por exemplo, no estudo sobre as leis do parentesco de Lévi-Strauss (1982), especialmente na troca de alianças, segundo a qual um homem recebe uma mulher e deve uma filha, submetendo-se à lei de troca das mulheres entre os clãs.

Entretanto, Lacan (1956-1957/1995) não se deteve na antropologia do dom, já que lhe interessava a relevância do falo na sua teoria da falta de objeto. Por isso, era crucial distinguir que o sujeito desejante entra na ordem simbólica pelo dom do falo.

> O desejo visa ao falo na medida em que este deve ser recebido como um dom. Para este fim, é necessário que o falo, ausente ou presente noutra parte, seja elevado à dignidade de objeto de dom, que faz o sujeito entrar na dialética da troca, aquela que irá normatizar todas as suas posições, até e inclusive as interdições essenciais que fundam o movimento geral da troca (Lacan, 1956-1957/1995: 144).

Para Lacan, o dom de amor – porta de entrada da linguagem – envolve, na lógica fálica, uma curiosa relação de troca, regida pelo princípio de *nada por nada*, com toda ambiguidade que este princípio comporta. Por um lado, *nada por nada* no amor evoca a vulgar gratuidade da doação sem a espera de alguma coisa em contrapartida. Acontece que é preciso atentar para outro sentido do *nada por nada*, a partir do fato de que aquilo que o sujeito tem a encontrar no Outro, em troca de nada, que é a sua substância de ser de linguagem, é incrivelmente nada também. O que se dá a alguém, como dom de amor, permanece sobre o pano de fundo de tudo que falta ao sujeito doador. E o sacrifício do amor consiste, justamente, em dar para além do que se tem, esperando do outro aquilo que ele não é. Por isso, "o que é amado num ser está para além daquilo que ele é, a saber, afinal de contas, o que lhe falta" (idem).

Nestes termos, detenhamo-nos, então, na constituição do sujeito pela metáfora paterna. Primeiro, existe um aspecto capital para entender a operacionalidade desta metáfora: Lacan levou a lógica fálica aos limites da oposição elementar da linguagem, considerando que a *presença-ausência* do Outro materno primordial junto ao bebê é o compasso fundante das (in)satisfações na ordem simbólica. No primeiro tempo da metáfora paterna, numa dialética de frustração, ali onde o objeto real da satisfação seria esperado, o Outro materno faz incidir uma ausência, que a criança experimenta como falta. Ora, isso encerra a etapa primitiva do antagonismo *fálico-castrado*, pois a *presença-ausência* introduz a dimensão de um terceiro elemento – o falo: suposto objeto do desejo do Outro e regente das idas e vindas desta alteridade materna radical.

Aí, o falo se descortina no intervalo da pura diferença material e linguageira, que franqueia a falta intrínseca à discursividade significante em psicanálise. Neste sentido, o primeiro tempo da metáfora paterna, aberto pela díade elementar *presença-ausência*, configura a triangulação imaginária *mãe-criança-falo*, na qual a demanda de amor conserva a promessa de identificação da criança ao falo e de realização da mãe como portadora dele através do filho. Todavia, as idas e vindas maternas culminam com o impasse hamletiano de *ser ou não ser* o objeto do desejo do Outro. Afinal, o embalo da *presença-ausência* não se dá sem a entremostração velada do insatisfeito desejo do Outro. Neste contexto, a criança se vê *assujeitada* aos caprichos do Outro, pois este vai e vem arbitrariamente sem que sejam conhecidas as razões do seu movimento.

As idas e vindas da mãe velam e insinuam a verdade de seu desejo: ser desejo de Outra coisa. Por isso, o que se entremostra é a presença de um significante, que é o significante do Desejo do Outro, também chamado de Desejo da Mãe. Portanto, diante da possibilidade de não ser o que falta à mãe, a criança é lançada num certo desamparo: o do encontro com o desejo do Outro, que é o chocante desvelamento da castração.

O enfrentamento do desejo do Outro como castração é correlato do caráter interrogativo da criança, que, desconfiada, se pergunta – *pode ele me perder?* Isso se traduz em: *que valor de gozo adquiro ao alienar meu ser naquilo que falta ao Outro*? Em outros termos, a criança se vê ameaçada diante do desejo do Outro, pois não existe saber definitivo sobre o que lhe está reservado. Porque visa o desejo do Outro, e a este falta sempre um objeto específico e final, a demanda de amor é uma deriva infinita e atordoante. E a marca de infinitude da demanda é prova de falta de gozo ali onde a deriva ilimitada se desdobra como promessa de satisfação. Portanto, aí, o gozo é a derrama que se furta no laço com o Outro, como se fora a carta roubada de seu desejo.

O desvelamento do desejo do Outro foi designado por Lacan como consequência lógica da operação de privação, que corresponde ao segundo tempo da metáfora paterna. Esta etapa comporta essencialmente como mensagem um *Não* paterno, cuja incidência diverge de perspectiva no que toca à mãe e no que se refere à criança; mas que coincide, para ambos, no sentido de inviabilizar as esperanças de realizar a satisfação mútua ideal. Sob a égide da lei de interdição do incesto, recai o *não* na vacilação do *to be or not be*: *não, não és o falo* – é a mensagem para a criança; e *porque você não o tem* é o contraponto materno. Quer dizer, a mãe é privada de seu filho na medida em que, sob a máxima *Não reintegrarás teu produto*, lhe é barrada a conjunção incestuosa no sentido de atribuir à criança o lugar do falo que lhe falta.

Esta segunda etapa da metáfora é vivida, imaginariamente, pelo choque com a ausência de pênis nas mulheres. Trata-se da experiência da angústia diante do vão do desejo do Outro, que aparece como promessa/evidência imaginária de castigo e suspensão do gozo. Neste caso, além de conferir consistência à falta simbólica imanente ao desejo do Outro, a castração imaginária é a manifestação do que está em jogo no nível real da pulsão. Trata-se do real da pulsão, que a estrutura significante não assimila inteiramente, como destacamos no início do artigo. Assim, o sujeito está acossado entre o real e o imaginário; e "o complexo de castração reduz-se, então, ao isolamento de uma pulsão agressiva primordial parcial, e, portanto, desvinculada" (Lacan, 1957-1958/1999: 317).

Depois de desvelado o opaco ponto de falta no Outro, o seu desejo, com efeitos de castração que traumatiza, é a evidência metonímica da promessa e do fracasso do gozo, cujo extravio provoca no sujeito o relance de sua busca. Na verdade, trata-se da suspensão angustiante em torno do *não ser, nem ter o falo* sobre o fundo das perguntas: que queres? Que sou? Dessa forma, a angústia da castração que traumatiza é "correlativa do momento em que o sujeito está suspenso entre um tempo em que ele não sabe mais onde está, em direção a um tempo onde ele será alguma coisa na qual jamais se poderá reencontrar" (Lacan, 1956-1957/1995: 231).

Contudo, estruturalmente, o Outro desejante é a castração propriamente dita. Enfrentar a prova do desejo do Outro seria, talvez, o grande desafio da constituição subjetiva. Nisso reside o caráter chocante da castração. Ou seja, a experiência do desejo do Outro é o aprendizado de que a mãe não tem o falo; e o seu contraponto é o esvaziamento de brilho fálico *do ser* da criança.

Ser o falo traz a promessa de gozar fazendo Um com o Outro materno. Todavia, no limite, isso implica no risco do desaparecimento de qualquer possibilidade de advir um sujeito, pois se trata de ser o objeto do gozo do Outro. Na lógica fálica, na qual a criança decai de ser o falo, e o Outro de tê-lo, o instante do *não* privador convoca uma terceira etapa, em que alguma resposta ao enigma da linguagem precisa advir. Onde encontrar o falo extraviado, outrora atribuído ao caprichoso Outro materno primordial?

Nesta situação, no terceiro tempo da metáfora paterna, credita-se ao pai, na forma de significante do Nome-do-Pai, a função de promulgar a lei do significante, ou o ponto de basta no campo do Outro (Lacan, 1957-1958/1999). Isso quer dizer que o Nome-do-Pai tem a tarefa de nomear o lugar vazio do enigmático desejo do Outro. Em outras palavras, a instância paterna castradora circunscreve a falta no sujeito, conferindo *razão* e significação fálica ao enigma do Outro, que fez sua aparição de Outro-esfinge através da gangorra do seu desejo, que nos materna e traumatiza.

No terceiro tempo da metáfora paterna, é a castração simbólica que oferece regulação normativa para o trauma de nascer de um desejo enigmático, mas não anônimo (Lacan, 1969/2003). Aliás, na alienação ao desejo do Outro, tanto é traumática a identificação imaginária e oral-sádica ao objeto da devoração/excreção do Outro, quanto é angustiante que este Outro porte uma falta cuja lei é o seu capricho. Assim, em face da suspensão do sujeito aos impasses da falta no Outro, é preciso que o Nome-do-Pai, no âmbito da metáfora paterna, seja aquele que introduz o "Basta, mulher. Nem a criança é, nem você pode ter o falo através dela. Afinal, sou eu que tenho o que lhe falta".

Entretanto, na estrutura concernida pela metáfora paterna, esta incidência do "basta" paterno só é fecunda se sua mensagem for sustentada pela mãe, que reconhece o pai no lugar de detentor do falo e vetoriza seu desejo na direção dele. Em termos significantes, o Desejo da Mãe adquire razão fálica quando é atribuído ao Nome-do-Pai o prestígio de estabelecer que nada senão o seu atributo fálico responde pelo desejo do Outro. Assim, se, estruturalmente, o pai tem o falo, ou o cetro do acesso ao gozo, a criança é posicionada como aquela que *não tem*; e que, paradoxalmente, renunciando ao gozo, pode adquirir, por intermédio do pai, as credenciais da posição desejante.

É importante não esquecermos, todavia, que estamos às voltas com a lógica fálica, atributiva e estrutural. Por isso, o pai não deve ser concebido como aquele que realmente encarna a mestria do gozo em decorrência da sua prerrogativa fálica. Não se trata de tornar-se pai e advir o Gozador. Afinal, segundo Lacan (1969-1970/1992), Freud nos ensinou que o pai gozador é o pai morto.

Rigorosamente, por estrutura, o pai só pode ter o falo se não o possuir no âmbito do gozo; afinal estamos no interior daquilo que Lacan (1958/1998) denominou de *comédia* da lógica fálica, na qual homens e mulheres – sujeitos desejantes – fazem o risível e salutar semblante de que têm o falo, e de que o são. E a metáfora paterna, justamente, faz surgir o sujeito desejante como herdeiro do vazio recoberto pelo semblante. Seu desejo decorre da *falta-enigma* da castração, que é a legitimação, ao mesmo tempo, do milagre que faz do parceiro um objeto fálico e do signo da incapacidade de o sujeito obter a garantia do gozo; afinal, o pai, fazendo as vezes de detentor do falo, lhe conferira o vazio cômico do semblante e não o *abracadabra* trágico do gozo final.

Referências bibliográficas

DOR, J. (1989). *Introdução à leitura de Lacan*. Porto Alegre: Artmed.

FREUD, S. (1900/1996). A interpretação dos sonhos. *Edição standard brasileira das obras psicológicas completas de Sigmund Freud*, v. IV e V. Rio de Janeiro: Imago.

———. (1925/1996). Algumas consequências psíquicas da distinção anatômica entre os sexos. *Edição standard brasileira das obras psicológicas completas de Sigmund Freud*, v. XIX. Rio de Janeiro: Imago.

HARARI, R. (1990). *Uma introdução aos quatro conceitos fundamentais de Lacan*. Campinas, SP: Papirus.

JAKOBSON, R. & MORRIS, H. (1974). *Fundamentos del lenguaje*. Madri: Editorial Ayuso.

KAUFMANN, P. (org.). (1996). *Dicionário enciclopédico de psicanálise: o legado de Freud e Lacan*. Rio de Janeiro: Jorge Zahar Ed.

KLEIN, M. (1970). *Contribuições à psicanálise*. São Paulo: Mestre Jou.

LACAN, J. (1956-1957/1995). *O seminário, livro 4: a relação de objeto*. Rio de Janeiro: Jorge Zahar Ed.

———. (1957/1998). A instância da letra no inconsciente ou a razão desde Freud. *Escritos*. Rio de Janeiro: Jorge Zahar Ed.

———. (1957-1958/1999). *O seminário, livro 5: as formações do inconsciente*. Rio de Janeiro: Jorge Zahar Ed.

———. (1958/1998). A significação do falo. *Escritos*. Rio de Janeiro: Jorge Zahar Ed.

———. (1959-1960/1997). *O seminário, livro 7: a ética da psicanálise*. Rio de Janeiro: Jorge Zahar Ed.

———. (1960/1998). Subversão do sujeito e dialética do desejo no inconsciente freudiano. *Escritos*. Rio de Janeiro: Jorge Zahar Ed.

———. (1964/1998). *O seminário, livro 11: os quatro conceitos fundamentais da psicanálise*. Rio de Janeiro: Jorge Zahar Ed.

———. (1969/2003). Nota sobre a criança. *Outros escritos*. Rio de Janeiro: Jorge Zahar Ed.

———. (1969-1970/1992). *O seminário, livro 17: o avesso da psicanálise*. Rio de Janeiro: Jorge Zahar Ed.

———. (1972/2003). O aturdito. *Outros escritos*. Rio de Janeiro: Jorge Zahar Ed.

———. (1980/2003). Carta de dissolução. *Outros escritos*. Rio de Janeiro: Jorge Zahar Ed.

LÉVI-STRAUSS, C. (1982). *As estruturas elementares do parentesco*, 2a ed. Petrópolis: Vozes.

MAUSS, M. (1997). *Sociologie et anthropologie*. Paris: Presses Universitaires de France.

Da estrutura da linguagem à estrutura do sujeito

Jenniffer Oliveira Bello

Resumo

A relação entre Psicanálise e estruturalismo pode ser entendida a partir da vocação crítica do discurso lacaniano, cujo objetivo é sublinhar a especificidade da psicanálise freudiana. Seguindo essa via, ao propor um retorno, via estruturalismo, à valorização freudiana dos fenômenos da linguagem, a questão para Lacan não é mostrar o quanto a psicanálise é científica, mas antes revelar o parentesco das formações do inconsciente, descritas na "Interpretação dos sonhos", na "Psicopatologia da vida cotidiana" e no "Chiste e sua relação com o inconsciente", com o significante e a estrutura da linguagem.

O objetivo deste artigo é mostrar como a vocação crítica do discurso lacaniano também possibilita distanciar a psicanálise do estruturalismo, preservando, a despeito de suas semelhanças, a especificidade dela. A clínica psicanalítica não se ocupa com a linguagem como sistema funcional abstrato, mas com sua atualização através do endereçamento ao Outro na clínica. Apenas tendo em mente a relação que o sujeito entretém com a linguagem é que se pode entender a formulação de Lacan no *Seminário XX:* necessária à psicanálise não é a linguística, mas uma "linguisteria", isto é, uma (per)versão da linguística que leve em conta o processo da fala e sua relação com o sujeito do inconsciente.

Palavras-chave: psicanálise; inconsciente; estruturalismo; linguagem; sujeito fala.

ABSTRACT

From the language science to the subject science

The relationship between psychoanalysis and structuralism might be understood in regards of the critical vocation of the Lacanian discourse, whose objective is to underline the distinct character of psychoanalysis. Accordingly, it would be erroneous to state that Lacan simply adopted the structural method in order of translating psychoanalysis in scientific terms. It is precisely by proposing a return, via structuralism, to the Freudian appreciation of language that for Lacan the main question is less to demonstrate the scientific nature of psychoanalysis, but rather to reveal the affinity between the formations of the unconscious, as described in "The interpretation of dreams", "Psychopathology of everyday life" and "Jokes and their relation to the unconscious", and the signifier as well as the structure of language.

The objective of this paper is to demonstrate how the critical vocation of the Lacanian discourse enables to distinguish psychoanalysis from structuralism, maintaining its specificity, despite their similarities. Psychoanalytic practice isn't concerned with language as abstract functional system, but with its effectuation by addressing the Other in a clinical setting. Only by considering the relationship that the subject maintains with language is it possible to understand Lacan's statement in *Seminar XX*: indispensable to psychoanalysis isn't linguistics, but "linguisteria", that is, a (per)version of linguistics, which considers the processes of speech and its relation to the subject of the unconscious.

Key-words: psychoanalysis; unconscious; structuralism; language; subject; speech.

O campo do conhecimento é definido até o surgimento do estruturalismo pelo modelo galileano de ciência, a saber, pelas ciências da "natureza" matematizadas. Qualquer proposta de conhecimento, segundo esse modelo, para ser reconhecida enquanto tal tem que ser matematizada, ou seja, seu objeto tem que ser construído matematicamente. O acento reside no caráter construtivo do pensamento matemático e não no que supostamente seria o seu objeto, a natureza. Esta, na verdade, deixa de ser concebida como um dado obtido pela observação comum e passa a ser artificial, isto é, o produto do procedimento científico, que vai desde a teorização matematizada até o experimento controlado no laboratório. Trata-se, portanto, nesse modelo galileano, inaugurador da ciência moderna, de um corte radical em relação ao pensamento cosmológico, no qual a natureza é governada por forças ocultas – por exemplo, o primeiro motor imóvel da física aristotélica –, e o conhecimento sobre ela fundado na observação vulgar dos sentidos. Assim, por exemplo, segundo Aristóteles, a pedra cai, pois busca o seu lugar natural, assim como o fogo sobe, pois esse é o seu lugar natural.

Sendo assim, a objetivação matemática até o surgimento do estruturalismo constituiu tanto um modelo de conhecimento, quanto uma concepção de natureza. Esta última seguindo-se necessariamente ao primeiro. Consequentemente, todos os demais saberes não-matematizados restavam fora tanto do campo do conhecimento quanto da própria natureza. Eis aí o impasse das ditas ciências humanas, que se propõem um conhecimento sem, todavia, construir o seu objeto, supondo que a mera designação de um campo seria suficiente para legitimar sua empresa, como se as ditas ciências da natureza, matematizadas, obtivessem seus títulos de crédito por conta de seu objeto. Tal suposição pode ser atestada se prestarmos atenção na alegação dada frequentemente por seus idealizadores de que o homem não é passível de uma objetivação matemática por ser um objeto mais complexo que a natureza. Mas já sabemos que esta última tampouco é um objeto, no sentido que eles concebem, como está longe de ser simples.

Temerariamente as ciências humanas conduzem o seu projeto de conhecimento. Por um lado, postulam previamente o seu objeto, a saber, o homem, e depois, seguindo um ideal de cientificidade, tentam objetivá-lo nos moldes supostamente galileanos, geralmente através de observações, que são antes tributárias do modelo positivista, e empregando a estatística, reputada fornecer o rigor das funções matemáticas; ou, de outro lado, ainda postulando previamente seu objeto, buscam a sua especificidade em algumas metodologias que seriam pertinentes apenas ao seu campo, como a hermenêutica. De todo modo, as ciências humanas são reféns do substancialismo realista, pois nelas parte-se da seguinte ideia: o homem existe. O homem existe e tem propriedades.

O estatuto epistemológico problemático das ditas ciências humanas reside, assim, no caráter imaginário de seu objeto, o homem, ou seja, na postulação de um objeto predefinido que dispensa qualquer esforço de pensamento, uma vez que ele esta aí e, supostamente, todo mundo o vê – enquanto todo o esforço da matematização das ciências da natureza consistiu precisamente na desimaginarização de seu objeto, isto é, na ruptura com a concepção na qual a natureza é um objeto predefinido dotado de qualidades, às quais teríamos acesso de forma direta e imediata, substituindo essa relação supostamente natural com o mundo por uma relação mediatizada pelas funções matemáticas, na qual o que é observado deixa de ser uma realidade substancial, ou seja, uma existência dotada de propriedades inerentes, e passa a ser o produto de um pensamento. Isso é exemplarmente ilustrado pela revolução copernicana, a partir da qual a observação natural que nos provê a imagem de que a Terra está parada e é o centro do universo é substituída por um pensamento matematizado no qual não apenas se demonstra matematicamente que a Terra gira em torno de seu próprio eixo e não é, de modo algum, o centro do universo como se possibilita a construção de instrumentos, como o telescópio, com os quais observamos esse fenômeno.

Nesta via, a novidade do estruturalismo frente às ciências humanas está na sua proposta não-substancialista de um pensamento por relações diferenciais. Trata-se de uma novidade subversiva, uma vez que esse pensamento permite a desimaginarização daquilo que ele se propõe estudar, a linguagem, em Saussure e Jakobson, e a cultura, em Lévi-Strauss, sem ser, no entanto, uma matematização. Dito em outras palavras, a partir do estruturalismo é possível desimaginarizar a linguagem e a cultura, que se encontravam até então sob os auspícios do humanismo reinante, sem recorrer à matematização. Isso implicaria, à primeira vista, uma revolução epistemológica a partir da qual o modelo galileano deixaria de ser o único critério de cientificidade. Contudo, é necessário examinar se podemos conceber o conhecimento científico apenas como desimaginarização.

A física matematizada de Newton, a despeito das declarações deste último de que não formulava hipóteses, consiste fundamentalmente na produção de um real. Pois a matematização por ele empregada, ao invés de servir como uma decifração da natureza, como uma linguagem mais objetiva que a descreveria, como poderíamos supor a partir de suas declarações, está antes a serviço da construção de um real – uma vez que é a partir das funções matemáticas que se constroem experimentos, isto é, condições artificiais, como o vácuo, através das quais é possível, por exemplo, validar objetivamente a lei da gravidade enquanto função matemática que explica a queda dos corpos.

Sendo assim, certamente as ciências matematizadas desimaginarizam a natureza ao destituí-la de qualidades através de suas funções matemáticas, mas assim o fazem para perseguir o seu objetivo maior, qual seja, o de produzir o real. Este último, segundo a ciência, sendo concebido tanto como aquilo que por ela fora validado, a lei da gravidade, por exemplo, quanto como aquilo que por ela ainda está por ser validado; parafraseando G. Bachelard, na ciência, "a verdade é o limite de nossas ilusões perdidas".

No estruturalismo, portanto, não se trata de matematização na medida em que seu objeto não é construído. Nele, os objetos são dados, por exemplo a linguagem. E ninguém consentirá que a linguagem da qual fazemos uso de forma tão natural e espontânea tenha sido produzida artificialmente no laboratório. A questão é saber, então, em que consiste esse conhecimento estruturalista que permite designá-lo como uma ciência, uma ciência da linguagem por exemplo.

O ponto de partida da linguística estrutural, desde Saussure, é de que a linguagem, reduzida à língua, constitui um campo semântico autônomo que funciona segundo relações diferenciais em que seus termos, os signos, para Saussure, e também os fonemas, para Jakobson, são definidos em função dessas relações e não a partir do vínculo que estabeleceriam com as coisas do mundo.

Enquanto na perspectiva realista e nominalista da linguagem os termos que a constituiriam, a saber, as palavras, são concebidas como etiquetas que só encontram o seu sentido em referência às coisas – o termo "carneiro", por exemplo, tendo o seu sentido a partir da existência do animal –, no estruturalismo saussuriano a palavra da língua portuguesa "carneiro" só obtém o seu sentido, nos termos de Saussure o seu valor, a partir de sua relação com os demais signos da língua. Pois, por exemplo, o termo inglês "sheep", que tem o mesmo significado de "carneiro", em português, por estar em relação com outro signo da língua inglesa, "mutton", este sendo usado para falar de uma porção de carne preparada e servida à mesa, deixa de ter o mesmo sentido, ou valor, de "carneiro", uma vez que na língua portuguesa não existe nenhum signo correspondente a "mutton". Portanto, quando falamos "carneiro", em português, e "sheep", em inglês, o critério de sentido não é a realidade, mas antes a relação que esses signos entretêm com os demais no sistema de sua língua.

Trata-se, no entanto, em Saussure, de uma desimaginarização parcial da linguagem, uma vez que as relações diferenciais, nas quais os termos são concebidos de forma negativa, opositiva e relativa, dizem respeito apenas às relações entre os signos enquanto a unidade mínima da língua. Por exemplo: o signo "sheep" é concebido como puramente negativo, na medida em que não contém em si mesmo nenhum sentido; como opositivo, uma vez que se constitui em oposição aos demais signos, e como relativo, pois as relações de oposição que o definem são relativas ao sistema de uma língua dada. Todavia, tais relações diferenciais não se aplicam ao nível da língua em que os próprios signos são constituídos. Para Saussure, o signo consiste numa união arbitrária e convencional entre um significado, entendido como um conceito, e um significante, entendido como uma imagem sonora. Consequentemente, a abordagem estruturalista de Saussure está limitada a uma esfera específica da língua, não dando conta daquela na qual o seu aspecto sonoro está envolvido.

Apenas com o estruturalismo linguístico de Jakobson podemos falar propriamente de desimaginarização integral da linguagem, pois nele mesmo o nível da linguagem reputado à constituição do signo é pensado em termos de relações diferenciais. Para Jakobson, a linguagem é duplamente articulada: existe a articulação entre as unidades mínimas providas de sentido, os monemas, e a articulação entre as unidades mínimas desprovidas de sentido, os fonemas. Mas não existe, de modo algum, uma unidade linguística absoluta, como é o signo em Saussure. O fonema, por exemplo, só é uma unidade linguística na medida em que é estruturado e não porque seria inanalisável, como parece ser o motivo pelo qual Saussure concebe a unidade do signo. Portanto, a unidade deriva da estrutura, a saber, das relações diferenciais. Mesmo um simples fonema como o /k/ já é estruturado.

Jakobson, em seu artigo "Dois aspectos da linguagem e dois tipos de afasia", aborda a diferença de sentido entre as palavras "porco" e "porto" e assinala que tal diferença diz respeito ao plano fonológico da língua, isto é, à diferença entre os fonemas /k/ e /t/. Portanto, se esses últimos contribuem para a constituição do sentido, eles não podem ser considerados como simples sons emitidos por nosso aparelho bucofonatório ou constituindo meras imagens sonoras; eles são antes estruturas constituídas por relações diferenciais. Os fonemas, para Jakobson, são feixes de traços distintivos. Por exemplo: o fonema /k/ é ao mesmo tempo velar e oclusivo, por oposição a /t/, dental e /r/, vibrante. Ou seja, esse fonema em si mesmo não tem nenhum valor de sentido, sendo puramente negativo, como também só obtém o seu valor de sentido numa relação de oposição que é, por sua vez, relativa ao campo fonológico de uma língua dada.

Contudo, quando afirmamos que o estruturalismo de Jakobson demonstra que todo o campo da linguagem está estruturado, isso não se deve apenas ao fato de ele ter concebido relações diferenciais no nível fonológico da língua, mas também por tê-las atribuído ao campo do ato de fala. No mesmo artigo anteriormente citado, Jakobson formula que falar implica a seleção de certas entidades linguísticas e sua combinação em unidades linguísticas de mais alto grau de complexidade, além de exigir o uso de um código comum por seus participantes. Por exemplo, no nível léxico, quem fala seleciona palavras e as combina em frases como, no nível fonológico, quem fala escolhe um fonema, o /k/ ou /t/, e o combina com outros fonemas /por/ e /u/. De modo que a seleção ocorre sempre entre termos alternativos, implicando a possibilidade de substituir um pelo outro, equivalente ao primeiro num aspecto e diferente em outro, enquanto a combinação ocorre sempre segundo um contexto, seja aquele de um único fonema em que os elementos se combinam por concorrência, o fonema /k/ é velar e oclusivo ao mesmo tempo, seja um contexto linear da linguagem, por exemplo a formação de uma palavra ou de uma frase, em que os elementos se combinam por concatenação.

Mas o ponto alto da concepção de Jakobson sobre a estrutura da fala, que interessará a Lacan, não sem a torção exigida pela psicanálise, é a correlação que ele faz entre a operação de seleção/substituição e o estatuto de similaridade de seus constituintes, uma vez que eles estão ligados entre si por diferentes graus de similaridade, que oscilam entre a equivalência dos sinônimos e o fundo comum dos antônimos; e entre a operação de combinação/contexto e o estatuto de contiguidade de seus constituintes. Essa correlação conduzirá Jakobson a equivaler as operações de seleção e combinação à metáfora e à metonímia, respectivamente. De modo que a metáfora é concebida a partir da semelhança entre seus constituintes, a ponto da mera definição de um termo como, por exemplo, homem solteiro é um homem não-casado ser concebida como uma metáfora; e a metonímia é identificada à contiguidade entre seus constituintes, como, por exemplo, referir-se à função de um objeto ao invés de nomeá-lo: é para escrever, ao invés de dizer lápis.

Portanto, a linguagem, tanto como língua quanto como fala, é estruturada. A língua obedecendo às relações diferenciais opositivas, negativas e relativas e a fala obedecendo às operações de seleção/substituição e combinação/contextura identificadas à metáfora e à metonímia, respectivamente. Sendo assim, a experiência direta e imediata que temos do sentido da linguagem é revelada indireta e secundária, uma vez que esse sentido depende de condições simbólicas. E é por esse motivo que atribuímos ao estruturalismo linguístico a capacidade de desimaginarizar à linguagem. Porém, como pudemos notar, nele não está em jogo nenhuma produção de real.

A minha hipótese é de que no estruturalismo trata-se menos de ciência do que de um ponto de vista compatível com a ciência. Nele o imaginário é considerado como o produto de um pensamento, ainda que se trate de um pensamento lógico ao invés de um pensamento matemático, respeitando, assim, o corte instaurado pela ciência, a saber, o corte com o mundo natural A partir dele, portanto, tratar-se-ia menos de uma revolução epistemológica no campo das ciências matematizadas do que de uma alternativa em relação ao campo das ciências humanas, a qual, diferentemente destas últimas, seria compatível com o modelo galileano. E, na medida em que almejava para a psicanálise um estatuto científico, não no sentido forte desse termo, mas no sentido de uma compatibilidade com a ciência, o interesse de Lacan pelo estruturalismo ver-se-ia justificado.

Uma das consequências do recurso de Lacan ao estruturalismo consiste no afastamento das leituras psicanalíticas incompatíveis com a ciência como aquela da *psicologia do ego*, que despreza a importância da função da fala, tanto quanto da interpretação romântica do inconsciente que o concebe como um receptáculo de imagens e conteúdos ocultos. Apenas admitindo um pensamento sem qualidades afastamos completamente a ideia de uma consciência íntegra unificadora da realidade e, consequentemente, nos afastamos também da suposição da psicanálise pós-freudiana de um ego forte e de um inconsciente dotado de qualidades.

A referência de Lacan ao estruturalismo, tanto quanto à ciência moderna, em "Ciência e verdade", tem a finalidade de esclarecer que o sujeito dividido, pontual, efêmero e desprovido de qualidades com o qual operamos na psicanálise só é tornado possível a partir da assunção da desimaginarização. Não se trata, todavia, de atribuir ao estruturalismo e à ciência a capacidade de produzir o sujeito do inconsciente, pois este último não deriva de seus procedimentos desimaginarizantes. Trata-se, antes, de reconhecer nesses conhecimentos uma condição *sine qua non* para a psicanálise apreender o estatuto de seu sujeito.

Assim, o aforismo lacaniano "o inconsciente é estruturado como uma linguagem" apresenta uma concepção do inconsciente desimaginarizada. No entanto, este aforismo também nos remete às leis que regem o pensamento inconsciente. Segundo Lacan, Freud teria sido um estruturalista *avant la lettre* na medida em que tematizou as formações do inconsciente a partir dos processos de condensação e deslocamento, os quais corresponderiam, respectivamente, à metáfora e à metonímia da linguística estruturalista jakobsoniana. Esse ponto exige uma torção.

Na medida em que o interesse de Lacan é a clínica, uma ciência da linguagem é insuficiente para apreender a dimensão da fala nela implicada, a saber, uma fala dirigida ao grande Outro enquanto o lugar de verdade sustentado pela transferência. Na psicanálise, é a partir deste lugar, tão-somente suposto, que a fala obtém o seu sentido, enquanto no estruturalismo ela obtém o seu sentido em referência à sincronia do código. Sendo assim, a diferença entre as concepções de metáfora em Jakobson e Lacan pode nos indicar o caráter eminentemente clínico da formulação lacaniana de uma estrutura do inconsciente.

Enquanto Jakobson pensa a estrutura da fala baseado na metáfora como operação de substituição por similaridade, isto é, como a seleção de um significante cujo sentido depende da similaridade semântica com uma série de significantes latentes do código, Lacan define a metáfora, que estrutura o inconsciente, a partir da relação que o significante latente, que foi substituído por um significante presente na cadeia, mantém com os significantes restantes da cadeia na qual ele é relacionado por contiguidade.

Lacan ilustra sua concepção de metáfora com um exemplo extraído de um verso do poema "Booz endormi" de Victor Hugo: "Seu feixe não era nem avaro nem odiento". "Feixe" é considerado uma metáfora por Lacan na medida em que os significantes da cadeia se referem ao significante latente, "Booz", e não por que existiria alguma semelhança entre "feixe" e "Booz".

Nas palavras de Lacan: "A centelha criadora da metáfora não brota da presentificação de duas imagens, isto é, de dois significantes igualmente atualizados. Ela brota entre dois significantes dos quais um substitui o outro, assumindo seu lugar na cadeia significante, enquanto o significante oculto permanece presente em sua conexão (metonímica) com o resto da cadeia" (1957/1998: 510).

Portanto, formular que o inconsciente é estruturado a partir das operações metafóricas e metonímicas implica, para a psicanálise, a relação entre o campo do sentido e o sujeito com o qual ela opera. Essas operações revelam, ao mesmo tempo, o estatuto de pura negatividade do sujeito e a produção de sentido em jogo na clínica, possibilitando assim, o procedimento interpretativo.

Quando Lacan confere ao inconsciente a estrutura da metáfora e da metonímia torna-se claro que o sentido da fala do analisando reside na retroação exigida pela falta de um significante que o represente de imediato enquanto sujeito. Pois o significante que, em Jakobson, encontra o seu sentido no código, em Lacan só alcança algum sentido em referência ao sujeito. Essa é a conclusão que podemos tirar da metáfora enquanto um significante latente representado pelos significantes em conexão metonímica na cadeia. Trata-se do aforismo "um significante representa o sujeito para outro significante". O sujeito se situa entre o significante latente metafórico e os significantes metonímicos da cadeia. O primeiro só passa a representá-lo na medida em que a cadeia significante for percorrida e, por retroação, o significante latente for referido à cadeia.

Em suma, se a psicanálise tem alguma ambição de cientificidade ao recorrer ao estruturalismo, tratar-se-ia não de uma ciência da linguagem, mas de uma ciência do sujeito.

REFERÊNCIAS BIBLIOGRÁFICAS

BACHELARD, G. (1996). *A formação do espírito científico*. Rio de Janeiro: Contraponto.

JAKOBSON, R. (s/d). Dois aspectos da linguagem e dois tipos de afasia. *Linguística e Comunicação*. São Paulo: Cultrix.

KOIRÉ, A. (1973). *Estudos da história do pensamento científico*. Rio de Janeiro: Forense Universitária.

LACAN, J. (1957/1998). A instância da letra no inconsciente ou a razão desde Freud. *Escritos*. Rio de Janeiro: Zahar.

———. (1966/1998). A ciência e a verdade. *Escritos*. Rio de Janeiro: Zahar.

MILNER, J.-C. (2000). De la linguistique à la linguisterie. *Lacan, l'écrit et l'image*. Paris: Flammarion.

SAUSSURE, F. (1975). *Curso de linguística geral*. São Paulo: Cultrix.

Das substâncias ao *nihil* – retomando o conceito de sujeito

Raquel Horta

Resumo

Este artigo se ocupa do conceito de sujeito em psicanálise partindo da destituição subjetiva promovida pelo *cogito* cartesiano para se aproximar da noção lacaniana de sujeito como constituído no campo da linguagem. Esse percurso distancia a noção de sujeito das consistências para aproximá-lo do vazio – vazio em torno do qual se organizam os significantes que viriam, num segundo momento, estruturar uma unidade.

Palavras-chave: sujeito; vazio; psicanálise.

Abstract

From substances to the *nihil* – reassessing the concept of subjet

This article deals with the psychoanalytic concept of subject. Through the subjective dismissal promoted by Descart's cogito towards Lacan's notion of subject as constituted in the field of language, in a movement away from consistency, the notion of subject comes close to emptiness – emptiness around wich the significants organize. In another moment, these significants will eventually create a unity.

Key-words: subject; emptiness; psychoanalysis.

O SUJEITO DA CIÊNCIA E O DA PSICANÁLISE

[...] o sujeito sobre o qual operamos em psicanálise só pode ser o sujeito da ciência.
(Jacques Lacan)

Muito rapidamente costuma-se comentar sobre a ciência que ela, por ter em seus princípios a exatidão e a objetividade, eliminaria as características que constituem um sujeito. Nota-se aqui a possibilidade de uma equivalência equivocada entre a noção de sujeito e a noção de individualidade e de subjetividade. Sujeito dentro dessa perspectiva seria a singularidade, o conjunto de atributos, de preferências pessoais, de *Weltanshauung* que constituem aquilo que eu acho que sou e que se torna o meu cartão de visita, o meu *composite*[1]. *Eu* sou esse sujeito, esse conjunto de características particulares. Mas seria a esse "sujeito" que se dirige a psicanálise? Na intenção de circunscrever melhor o sujeito da psicanálise comecemos por pensar sobre o nascimento do sujeito da ciência. Essa escolha se justificará ao longo deste artigo porque no cerne da questão sobre o sujeito da psicanálise encontraremos a ciência moderna.

Em alguns de seus textos como o "A ciência e a verdade", Lacan retoma Descartes fazendo notar que este seria o primeiro filósofo moderno por proporcionar através do *cogito* um modo de pensar que é necessário à ciência moderna. Nesses textos Lacan salienta o papel fundador do *cogito* para o que veio a ser o sujeito moderno e para o nascimento do sujeito da psicanálise, como veremos mais adiante. Através de Lacan e Milner veremos como Descartes, ao inaugurar o modo de pensar moderno com a dúvida hiperbólica indicada no *cogito*, abre as portas para o pensamento freudiano.

Na busca pelos verdadeiros fundamentos do conhecimento, Descartes considera que estes seriam acessíveis através de contemplação, raciocí-

---

1 *Composite* é um padrão de projeto de *software* que possibilita a representação de um objeto através da formação de um conjunto de objetos similares a ele. Esta forma de representar elementos compostos permite que os elementos contidos em um objeto composto sejam tratados como se fossem um único objeto. Este termo também é utilizado para nomear o cartão de visita de pessoas que trabalham com a imagem (modelos, fotógrafos, *designers*...). Nesse cartão consta um conjunto de imagens que servem para ilustar o trabalho do profissional.

nio e questionamento cuidadosos. Ao contrário dos empiristas clássicos, que acreditavam que a certeza poderia ser acessada através dos sentidos, o racionalismo de Descartes taxa essas e todas as outras qualidades sensíveis como passíveis de serem postas em dúvida e, portanto, inúteis como pistas no caminho para a verdade. Por isso, perseguindo a verdade, Descartes segue eliminando todo traço ou característica, fazendo restar como único ponto de verdade o próprio pensar. O que resta da filtragem rigorosa proposta por Descartes é somente a pura atividade de pensar como irrevogável; afinal, de que se pensa não seria possível duvidar e esse pensamento atestaria a certeza da existência deste ser pensante – conclusão que fora sintetizada no aforismo "penso, logo, existo".

Mas o pensar só é considerado índice de uma certeza quando esvaziado de qualquer predicado, de toda característica. Ali, nos termos de Milner, nesse "pensamento sem qualidades", é que seria o lugar do conhecimento, pois tudo o que se encontrasse ao redor disso, em camadas mais superficiais, seria incerto. Tudo o que se refere ao conteúdo do pensamento manifesto o *cogito* cartesiano considera revogável e nesse conjunto de pensamentos podemos incluir a consciência de si. Esta, a partir de Descartes, deixa de ter caráter essencial e de ser uma propriedade constitutiva do sujeito para ser vista como um elemento que obnubila nossa capacidade de conhecer o verdadeiro. É submetido a essa filtragem que o sujeito da ciência se constitui.

> Este sujeito, constituído segundo a determinação característica da ciência, é o sujeito da ciência. Não lhe convirão as marcas qualitativas da individualidade empírica, seja ela psíquica ou somática; tampouco lhe convirão as propriedades qualitativas de uma alma: ele não é mortal, nem imortal, puro nem impuro, justo nem injusto, pecador nem santo, condenado nem salvo; não lhe convirão nem mesmo as propriedades formais que durante muito tempo havíamos imaginado constitutivas da subjetividade como tal: ele não tem nem Si, nem reflexividade, nem consciência (Milner, 1996: 33).

São as exigências da ciência moderna que tornam possível não mais conferir um papel central à consciência – à consciência de si em especial

– para a existência de um sujeito. A desvinculação entre consciência de si e sujeito já anuncia em que o sujeito cartesiano se assemelha ao sujeito freudiano, pois, seguindo a trilha deixada por Descartes, Freud também observa que esse território mais superficial e prenhe de qualidades é tradicionalmente abordado pela filosofia como sendo equivalente ao sujeito. Diante disso ele propõe que consideremos essa superfície como um dos polos que compõem essa estrutura mais complexa chamada de sujeito e trata esse polo como sendo o *eu*. Porém em Freud o *eu* não só deixa de corresponder ao sujeito como também é destituído do posto de comandante dessa estrutura para ser rebaixado a "uma pobre criatura" que deve serviços e é ameaçada por três senhores: o mundo externo, a libido do isso e a severidade do supereu (Freud, 1923/1996: 68).

Tratar o funcionamento do sujeito a partir da tríade *isso, eu e supereu*, mais do que desembocar num modelo de aparelho psíquico com determinados compartimentos com suas funções correspondentes, faz notar uma concepção de sujeito tomado numa divisão conflituosa e constitutiva que produz efeitos que em sua maioria não são conhecidos pelo *eu*. Em verdade, o *eu* é pego de surpresa no encontro com o sujeito e, por isso, tanto no *cogito* quanto na clínica freudiana, o *eu*, esse lugar do saber, da consistência, não é o lugar da verdade. Em Descartes e em Freud a verdade está mais próxima quanto mais nos aproximamos da dúvida, do que não é evidente, do que é efêmero. Nos sintomas e nos sonhos de seus pacientes Freud se depara com um pensamento que opera neles em completa independência da consciência – pensamento que logo viria a ser chamado de inconsciente. O que insurge no conteúdo manifesto do sonho como estranho e descontínuo, falho e incerto é índice de uma certeza para Descartes e signo de um outro pensamento – o inconsciente – para Freud. Isso posto, já é possível ver com mais clareza por que o sujeito freudiano e o sujeito encetado por Descartes coincidem.

> O encaminhamento de Freud é cartesiano – no sentido de que parte do fundamento do sujeito da certeza. Trata-se daquilo de que se pode estar certo. Para este fim, a primeira coisa a fazer é superar o que conota tudo o que seja do conteúdo do inconsciente – especial-

> mente quando se trata de fazê-lo emergir da experiência do sonho – de superar o que flutua por toda a parte, o que pontua, macula, põe nódoas no texto de qualquer comunicação de sonho – *Não estou certo, tenho dúvidas.*
>
> E quem não duvidaria a propósito da transferência do sonho, quando, com efeito, o abismo é manifesto entre o que foi vivido e o que é reportado?
>
> Ora – é aí que Freud enfatiza com toda a sua força –, a dúvida é apoio de sua certeza (Lacan, 1964/1998: 38).

Acompanhamos Descartes no seu primeiro momento do *cogito* quando ele insiste na dúvida visando atingir o certo, obtendo o ponto que resistiu à dúvida. Já o segundo passo dado por Descartes na segunda oração do *cogito* – "... logo existo" – não é acompanhado por Lacan, pois, se Descartes chega ao pensamento qualificado e à consciência a partir da dúvida, Lacan se detém no primeiro tempo – o da dúvida –, que coloca em questão todo e qualquer atributo e mantém em suspenso este momento antes que ele se desdobre em qualquer definição. Ainda que esta dúvida seja um caminho para alcançar a certeza da razão, o mais importante que podemos extrair dela é que, ao desprover o pensamento de predicados e ao fixar um ponto de ancoragem num além da consciência, ela criou condições favoráveis para o aparecimento do sujeito da psicanálise.

Lacan dá maiores consequências ao *cogito* em suas considerações sobre o sujeito ao concluir que "penso onde não sou, logo sou onde não penso". Significaria dizer que quando estamos sob o controle de nosso pensamento não somos, nos distanciamos daquilo em que de fato consistimos; aproximamo-nos do que somos quando não pensamos pensar, quando nos surpreendemos conosco. Porém, ainda que a consciência de si deixe de ser condição e morada do sujeito do inconsciente, o inconsciente não é estranho ou externo ao sujeito. Lacan (1957/1998: 518) esclarece que "a experiência psicanalítica não é outra coisa senão estabelecer que o inconsciente não deixa de fora de seu campo nenhuma de nossas ações".

É, portanto, através da operação da ciência moderna que se torna possível conceber a questão do sujeito em contraposição a uma ideia "egocentrista" de totalidade e de núcleo. "Centro" e "boa forma" são noções caras ao *eu* e estranhas ao sujeito da ciência e ao da psicanálise. Por isso as reservas de Lacan com relação ao termo "ciências humanas", pois, insistindo na direção proposta por Descartes, podemos também concluir que não há ciência do homem porque o homem da ciência não existe. Lacan (1965/1998: 871) afirma que "Uma coisa é certa: se o sujeito está realmente ali, no âmago da diferença, qualquer referência humanista a ele torna-se supérflua, pois é esta que ele corta de imediato". Como elemento qualitativo, como consciência de si, como *eu*, o homem está excluído desde o ponto de partida do *cogito*, restando apenas o sujeito: um sujeito desbastado de toda forma de individualidade empírica.

Se o sujeito freudiano não é outro senão o sujeito cartesiano, Freud deu um passo adiante nessa discussão e localizou nesse pensar sem centro, sem qualidades o endereço do sujeito – o inconsciente. "Aqui no campo do sonho, estás em casa" (Lacan, 1964/1998: 47). Lacan, seguindo as pistas deixadas por Freud, amplia essa conclusão ao entender que a existência de um pensamento é sinal da existência do sujeito que interessa à psicanálise – o sujeito do inconsciente.

O SUJEITO DA PSICANÁLISE

Por que faço eu sempre o que não queria?
Que destino contínuo se passa em mim na treva?
Que parte de mim, que eu desconheço, é que me guia?
(Fernando Pessoa)

A heteronomia radical, cuja hiância no homem foi mostrada pela descoberta de Freud, já não pode ser encoberta [...]. Qual é, pois, esse outro a quem sou mais apegado do que a mim, já que, no seio mais consentido de minha identidade comigo mesmo, é ele que me agita?
(Jacques Lacan)

Milner e Lacan nos forneceram até aqui alguns fundamentos que nos possibilitam distinguir o sujeito da ciência e o da psicanálise do *eu*. Mas o que podemos afirmar especificamente sobre o sujeito da psicanálise? Partindo da premissa lacaniana de que o sujeito se constitui no campo da linguagem, primeiramente é necessário nos determos sobre a linguagem e suas leis para compreendermos que marcas ela imprime no modo de funcionar do sujeito.

Recorrendo aos princípios da linguística de Ferdinand de Saussure, Lacan concebe a estrutura da linguagem a partir da separação entre significante e significado, que seriam entendidos como ordens distintas e inicialmente separadas por uma barreira resistente à significação. Palavra e coisa não possuiriam uma correspondência natural a partir de Saussure e é esta separação entre significante e significado que dá a chance de iniciarmos uma reflexão sobre as ligações do significante bem como sobre o papel destas para a criação do significado.

O significante não representa o significado, tanto que uma significação só se sustenta quando remetida a outra, nunca bastando em si mesma. Por isso a expressão "cadeia significante", visto que o significante, por possuir uma estrutura que consiste em ele ser articulado, só consegue se fechar dentro de um outro significante tal como os elos de uma corrente: "[...] é na cadeia que o sentido *insiste*, mas [...] nenhum dos elementos da cadeia *consiste* na significação de que ele é capaz nesse mesmo momento" (1957/1998: 506; grifos do texto). É nessa insistência que o significado desliza infinitamente sobre o significante.

Mas o que norteia essa constante ligação entre significantes para a construção do significado? Lacan nos esclarece que nisso está o sujeito: "O que essa estrutura da cadeia significante revela é a possibilidade que eu tenho, justamente na medida em que sua língua me é comum com outros sujeitos, isto é, em que essa língua existe, de me servir dela para expressar algo completamente diferente do que ela diz" (Lacan, 1957/1998: 508).

O encadeamento dos significantes seria regido de maneira singular pelo sujeito e isso faz com que a cadeia deixe de ter a função principal de comunicar um fato objetivamente para funcionar como meio material a partir do qual o sujeito cria uma mensagem particular. As leis da linguagem patrocinam um contorcionismo que possibilita ao sujeito o aparecimento da verdade primeiramente suprimida nas entrelinhas do discurso. É justamente manejando a palavra através de recursos, como, por exemplo, o da metáfora e da metonímia, e trazendo-a de modo peculiar que é possível ao sujeito emitir a sua mensagem.

Como pudemos ver, o significante e o significado, mais do que separados, possuem entre si uma insuficiência que persiste, que faz sempre restar algo de não-articulável e que faz persistir também a substituição do significante por outro. Essa lacuna estrutural da linguagem que se mantém através dessa rede de significantes que vai se encadeando engendra um determinado funcionamento de sujeito. A partir dessas leis da linguagem o sujeito se estrutura no mundo de um modo que o aproxima mais da lacuna, do vazio do que da substância.

Lacan, ao se debruçar sobre a noção de sujeito, retoma os fundamentos freudianos e também insiste na inexistência de qualidades nesse sujeito. Isso fica especialmente evidente em seu seminário sobre a ética quando Lacan utiliza a metáfora do vaso para dizer que este objeto, quando entendido como algo criado em torno do vazio, pode nos remeter a um objeto que se caracteriza justamente por esse vazio que ele cria – vazio que introduz a perspectiva de ser preenchido. O sujeito para Lacan seria tal como esse vazio, esse *nihil* em torno do qual se modela o significante.

O sujeito se apresenta, tal como o vaso, como uma fenda – *Spaltung* – esvaziada de imaginário que só ganha algum corpo quando encarnada pelo significante. Percebemos que o corpo, a unidade é posterior, é consequência desse movimento do sujeito de dar contornos à ruptura. É esse vazio que alinhava esses elementos imaginários, podendo-se, somente assim, vir a conferir uma identidade, uma "subjetividade" como contorno a esse vazio.

Os traços tidos como pertencentes ao campo da essência, da identidade, da subjetividade ou qualquer outro traço que tenha raízes numa substância encontrada no Um imaginário seriam considerados elementos agrupados a partir de algo que é primário, como efeitos de uma estrutura que nada tem a ver com uma consistência, mas sim com um furo. Porém esse acabamento levantado em torno dessa fissura nunca está constituído de uma vez por todas, sendo necessário que ele seja sempre refeito a cada momento, eternamente. "Pois esse eu, inicialmente distinguido pelas inércias imaginárias que concentra contra a mensagem do inconsciente, só funciona revestindo o deslocamento que é o sujeito de uma resistência essencial ao discurso como tal" (Lacan, 1957/1998: 524).

Nessa busca incessante por um corpo, pela cristalização num significante é que se sustenta a afirmação de Lacan sobre o sujeito como o que é remetido de um significante a outro, como puro vazio entre dois conteúdos. É a existência dessa fissura primordial que garante a necessidade desse constante encadeamento de significantes que, consequentemente, dá estofo ao *eu* e dá liga ao nosso corpo. Dessa forma, percebemos que a nossa consistência não é natural, que ela não está em nós e que, quando esse furo desaparece, essa estabilidade alcançada pode se dissolver[2].

Ainda em seu *O Seminário, livro 11* (1964/1998), Lacan afirma que é esta lacuna que subverte a nossa experiência e que, sem ela, o mundo estaria dado *a priori*. As relações entre nós no real poderiam se passar através de relações inversamente recíprocas, afinal todo o nosso repertório de comportamento, tal como nos animais, seria orientado imaginariamente.

Portanto, justamente por não possuir uma substância, é o sujeito que produz novidade e arranjos que, por sua originalidade, remeteram Lacan ao processo criativo na poesia. É exatamente isso que falta, esse vazio, o qual já podemos chamar sujeito, que pode funcionar como imprevisto, como o que produz diferença entre os indivíduos: é o que dá vida ao que poderia ser inerte, constante e monótono porque ele insiste em escapar e em surpreender.

REFERÊNCIAS BIBLIOGRÁFICAS

CHALMERS, A. F. (1993). *O que é ciência, afinal?* Tradução Raul Fiker. São Paulo: Editora Brasiliense.

FREIRE, A. B.; FERNANDES, F. L. & SOUZA, N. S. (1996). *A ciência e a verdade – um comentário*. Rio de Janeiro: Livraria e Editora Revinter.

2 Podemos pensar nessa desestabilização do Um como vivência recorrente em quadros psicóticos, dentre outros.

FREUD, S. (1933/1996). Novas conferências introdutórias sobre a psicanálise – Conferência XXXV: A questão de uma *Weltanschauung*. *Edição standard brasileira das obras psicológicas completas de Sigmund Freud*, v. XXII. Rio de Janeiro: Imago.

FREUD, S. (1923/1996). O ego e o id. *Edição standard brasileira das obras psicológicas completas de Sigmund Freud*, v. XIX. Rio de Janeiro: Imago.

LACAN, J. (1957/1998). A instância da letra no inconsciente ou a razão desde Freud. *Escritos*. Rio de Janeiro: Jorge Zahar Editor.

————. (1959-1960/1997). *O seminário, livro 7: a ética da psicanálise*. Rio de Janeiro: Jorge Zahar Editor.

————. (1964/1998). *O seminário, livro 11: os quatro conceitos fundamentais da psicanálise*. Rio de Janeiro: Jorge Zahar Editor.

————. (1965/1998). A ciência e a verdade. *Escritos*. Rio de Janeiro: Jorge Zahar Editor.

MILNER, J.-C. (1996). *A obra clara: Lacan, a ciência e a filosofia*. Rio de Janeiro: Jorge Zahar Ed.

SEÇÃO IX
Estrutura e feminilidade

Estrutura e feminino em psicanálise

Elisabeth da Rocha Miranda

Resumo

O artigo aborda a estrutura em psicanálise, partindo do conceito de *não--todo* fálico, com o qual Lacan se refere à alteridade feminina. O não-todo fálico remete ao que não tem limites, no entanto não é infinito. Remete ao real que ex-siste e que se faz presente nos furos, nas entrelinhas do discurso, estruturando o inconsciente tal qual a linguagem é estruturada como ensinou Lacan.

Palavras-chave: *não-todo* fálico; estrutura; real.

Abstract

The article discusses the structure in psychoanalysis, on the whole concept of the not-all phallic, with which Lacan refers to the female otherness. The not-all phallic refers to what has no limits, but nevertheless is not infinite. It refers to the real that does not exist, and that is present in the holes and in between the lines of the speech, the unconscious structured like language is structured, as Lacan taught.

Key-words: *not-all* phallic; structure; real.

Lacan introduz o conceito de estrutura em Psicanálise fazendo dele um instrumento para o diagnóstico clínico no qual nos baseamos para definir a direção do tratamento. Se Lacan utilizou clinicamente o conceito de estrutura foi por incluir nele o registro do real. Veremos como isso é possível.

Não pretendemos definir o que é estrutura, mas podemos começar retomando Freud por diferenciá-la da noção de desenvolvimento, tão cara aos pós-freudianos, como fez Lacan ao construir no *Seminário, livro 4: as relações de objeto* o que chamou a "pirâmide de heresias" (Lacan, 1956-1957/1995: 34).

Freud conceituou a sexualidade infantil calcada na fantasia e não no desenvolvimento, e a sexualidade de forma geral, nas pulsões, que são sempre parciais e tampouco se desenvolvem. Além disso, depreende-se do texto freudiano que a posição infantil de negar a castração materna equipara-se à posição do neurótico, mesmo se Freud se ocupou muito mais da segunda do que da primeira. Na realidade, a psicanálise não é uma teoria sobre a infância, mas sobre o inconsciente e o gozo. Gozo do qual somos exilados pelo advento da linguagem e cuja busca é regrada pela internalização da lei edípica que proíbe o incesto e funda o sujeito no *socius*. É preciso considerar que o sujeito do inconsciente é atemporal e determinado por uma exigência de satisfação pulsional imperativa e estruturante. O infantil em psicanálise é o estruturante, razão pela qual a psicanálise é uma teoria sobre o infantil que habita o ser de fala em qualquer fase de sua vida cronológica. Segundo Freud o infantil refere-se ao que é marcado na relação com o Outro e estruturado pela vivência edípica, o que o leva a "chamar todo edifício anímico, de acordo com a saga grega, de Complexo de Édipo" (Freud, 1926a/2000: 199). A experiência edípica é organizada em torno de uma impossível completude, de uma perda, de um real indizível circunscrito pela dança dos desejos na qual pai, mãe e filho ocupam seus lugares. O infantil em Freud é, portanto, o que se organiza em torno dessa perda, identificada teoricamente no objeto enquanto pura falta, vazio, objeto *a*. Eis como podemos introduzir a observação segundo a qual Lacan inclui, no conceito de estrutura, o registro do real.

Avancemos, para melhor precisá-lo. O inconsciente é saber que afeta o sujeito e Freud o concebe como *lugar psíquico* no qual se encontram *representações psíquicas*, a que chama de "signos" (*Zeichen*) e que têm valor de significantes. No entanto, não é necessário um grande conhecimento para verificar que o signo não retém muito do ser. Há muito do ser que não entra no signo! Donde a tomada do ser do sujeito na estrutura da representação significante promove uma perda que, tanto quanto o próprio significante, determina o que concerne ao sujeito. Este é então marcado com um saber ao qual não tem acesso direto e consciente. Trata-se de um saber não sabido que é sempre sexual e comporta o gozo causado e suportado pela linguagem, afetando, como diz Lacan, "não a alma, mas o corpo do ser que só se torna ser pelas palavras, isso por fragmentar seu gozo, por recortar este corpo através delas até produzir as aparas com que eu faço o *a*, a ser lido objeto pequeno *a*" (Lacan, 1971-1972/2003: 547). As "aparas", que não podem ser significantizadas, traduzem o vazio do objeto tanto em sua face de abjeto quanto como causa primária de desejo. Lacan propõe esse objeto como o que se produz pela necessidade de um discurso.

A estrutura do inconsciente é lógica e se baseia no fato de que, "em nenhuma hipótese, nada do que acontece, pelo fato da instância da linguagem, pode desembocar sobre a formulação de nenhum modo satisfatória da relação sexual" (Lacan, 1971-1972: 8/12/71). O axioma lacaniano "a relação sexual não existe" traduz a verdade de que, no ser falante, o sexo não define nenhuma relação, visto que é efeito de linguagem, como pudemos aprofundar em outro texto que publicamos no mesmo Programa (Alberti, 2008). O sexo não define nenhuma relação porque é efeito de linguagem tal como o real é efeito do simbólico, como o define Lacan.

Ao mesmo tempo, a linguagem não só impõe limites à apreensão do real como também é determinada por sua impossibilidade, pelo esforço de situar no discurso o que pode haver de real. O real como indizível presentifica um ponto de falta determinante de todo o discurso. Mas ao mesmo tempo e paradoxalmente, a lógica do inconsciente referida à linguagem, ao ponto de falta em torno do qual ela se organiza, é o que permite encontrar uma orientação no discurso e, em suas tentativas de dar sentido, significar o que jamais terá um único significado. O real é o que comanda toda a função de significância; por isso, não é possível que o significante diga tudo ou represente um sujeito. Ele só o faz para outro significante razão de não podermos nada com todos os significantes juntos. "Nadamos na significância e não podemos apreender todos ao mesmo tempo. Isso está interditado pela própria estrutura do significante; quando temos alguns, os outros estão recalcados" (Lacan, 1971-1972: 15/12/72). Desse modo, a lógica pode trocar completamente de sentido, de acordo com o lugar de onde cada discurso toma seu sentido. Todo discurso, no entanto, tenha ele o sentido que tiver, orienta-se pela tentativa de abordar esse ponto de falta inapreensível, esse ponto de real.

Dito de outro modo, o real, ao se opor ao completo aprisionamento do discurso, introduz uma abertura irredutível. Passível de ser definido rapidamente como o impossível, ele também é o "paradigma do que põe em questão o que pode sair, escapar da linguagem" (Lacan, 1971-1972: 12/01/72), ou seja, como vimos, o sexo.

É o sexo que permite a reprodução do que se denomina um corpo vivo. Ele, contudo, não se reduz a isso. Como Lacan adverte, há muita confusão em torno do que Freud postula como função do sexo e como função da reprodução. A reprodução da vida em sua forma mais primitiva emerge de algo que não é vida, nem morte e reside na programação cromossômica das células. O sexo não se limita à reprodução cromossômica das células e não está associado à imagem de um corpo destinado a ela. Como já dissemos, o sexo é o que escapa da linguagem visto que é determinado pelo desejo. Mas entre o desejo e esse corpo carne reproduzido pela programação cromossômica se produz uma perda que gera gozo. Essa perda é o que a castração aponta como limite experimentado na morte do corpo carne à revelia do desejo.

Para além da programação cromossômica das células, houve uma cada vez maior complexidade, que culminaria com o que Lacan observa assim: "A vida e a morte mantêm um diálogo que seria sem dramas, se um elemento não interviesse nesse equilíbrio. Esse elemento é o gozo" (Lacan, 1971-1972: 12/01/72). O ser falante mantém uma relação de inadequação com o corpo próprio, cujo fundamento é o gozo. Gozo perdido para esse corpo esculpido pela linguagem, que adquire uma relação privilegiada com o gozo sexual. Esse gozo, fálico, é introduzido pelo Outro, e essa intrusão se ordena na repetição corporal que lhe é própria. Nesse campo, o parceiro do sujeito adquire peso. Designado como homem ou mulher, esse parceiro só o é pela linguagem, porque esta última funciona originalmente como suplência ao gozo sexual.

Para entender, de forma lógica, a impossibilidade da completude na relação sexuada, Freud recorre aos mitos. Com o mito edípico, trata da aproximação do homem em relação à mulher. Utiliza o mito de "Totem e tabu" como um momento lógico prévio, que funda a cultura. Nele, o homem primitivo – um orangotango – gozaria do que não existe, porque o homem original gozaria de todas as mulheres. Ora, isso é impossível, pois o homem tem seus limites e não pode dar conta de todas as mulheres, essencialmente porque não existe "todo" das mulheres. No que diz respeito à função sexual, há uma parte delas que se mantém como enigma para elas próprias. Em "Inibição, sintoma e angústia", Freud (1926b/2000) chega a dizer que a mulher está sob os efeitos da castração, mas mesmo assim não sofre a angústia de castração, ou seja, algo não está de todo na castração, pois falta a ela o suporte imaginário do falo.

Se Freud se utiliza dos mitos para falar de um impossível, de um real que se presentifica na relação sexual, Lacan, por sua vez, interroga o real da estrutura do inconsciente à luz da lógica do *não-todas*. Em 1972 ele afirma que "o *não-todas* é precisamente o que merece ser interrogado como estrutura" (Lacan, 1971-1972: 12/1/1972). Sabemos que tanto a língua quanto a mulher habitam o *não-todo*; a incompletude do Outro e *alíngua* materna trazem essa dupla alteridade, a da mulher que fala ao *infans* em uma língua que comporta rupturas e desejo. Indagamos-nos aqui sobre o lugar desse *não-todo* que suporta a alteridade, decorrente por sua vez do fato de que "o inconsciente é estruturado como uma linguagem". Se isso é para todos, de forma universal, o que funda o inconsciente é a experiência vivida entre o sujeito e o Outro, experiência permeada pelo significante: uma mulher que se ocupa de seu *infans* deve antes estar "grávida de significantes" para introduzi-lo no mundo que poderá vir a habitar: o da fala e da linguagem. Para isso, há uma relação com *lalangue* – termo cunhado por Lacan e que pode ser traduzido por balbucio. São significantes isolados, desarticulados e que como marcas indeléveis fixam o gozo como perda. *Lalangue* não é a linguagem, é o que, na estrutura, de saída aponta para o real indizível. É pela mãe, Grande Outro Primordial, que a criança *recebe* esses significantes. Grifamos *recebe* para ressaltar que não se trata de apreender. "A criança não apreende, há um pendor. É todo um sistema que se apresenta como se fosse inato, com o qual a criança joga a propósito de que sua mãe dê a partida" (Lacan, 1975/1976: 47). A relação do sujeito com o Outro não é recíproca, é uma relação que se engendra por inteiro no processo de hiância. Espaço indizível no qual emerge o sujeito.

O ensino de Lacan privilegiou o conceito do Outro e a consequente problemática da alteridade. Freud em seu texto não estabelece uma instância discursiva do Outro, mas postulou o inconsciente como descentrado, atrelando seu sujeito à inquietante estranheza. O conceito de inconsciente, objeto por excelência da psicanálise, é compreendido com a dimensão da alteridade. É a outra cena, *Andere Schauplatz*, lugar onde circula em uma exterioridade íntima o que é retido como marca indelével. A alteridade no pensamento freudiano apresenta-se no próprio conceito de sujeito descentralizado e situado como sempre êxtimo, vindo do Outro, como formalizou Lacan. O sujeito freudiano é abordado em uma perspectiva simultaneamente estranha e familiar (*unheimlich/heimlich*), origem da alteridade radical para todo sujeito. O conceito de pulsão oriundo da sempre traumática presença/ausência do Outro reafirma no texto freudiano a presença constituinte do Outro para o sujeito.

No texto "Subversão do sujeito e dialética do desejo no inconsciente freudiano" (Lacan, 1960/1998) Lacan marca uma virada no conceito de Outro: do Outro da palavra postulado pela dialética hegeliana ao Outro do significante fundado nas elaborações da linguística – uma hiância se revela no campo Alteridade.

Essa hiância denuncia a inconsistência do Outro como um fato de estrutura, o que faz Lacan defini-lo como lugar da fala, "lugar da falta" (Lacan, 1958/1998: 633). A lógica da enunciação não pode encontrar no campo do significante seu próprio fundamento. Nenhuma metalinguagem pode articular a verdade última do desejo. Há um significante essencial que falta no Outro, e que se escreve com o matema S(%). Hiância irredutível no simbólico, o que se comprova pelo fato de nenhuma linguagem permitir dizer toda a verdade, que só pode ser meio dita. Não há Outro do Outro que possa garantir o enunciado, cujo único suporte é sua própria enunciação. A linguagem, segundo Saussure, contém rupturas, diferenças e a sincronia significante inscrita no lugar do Outro, não é plena, contém falhas, interrupções, cortes. Na sequência sincrônica da linguagem abre-se uma hiância entre um primeiro significante, S_1, que só representa um sujeito para outro significante, e um segundo, o S_2, suporte do saber. O sujeito se faz presente entre os significantes, justo no que falta ao significante; logo, ele não é só relativo a este, o que realmente lhe dá existência está ligado ao real. A posição sexuada de todo sujeito tem essencialmente raízes no real.

No inconsciente freudiano não há representação psíquica da oposição masculino/feminino. A libido é de natureza masculina, manifeste-se no homem ou na mulher, e faz abstração de seu objeto para ambos os sexos anatômicos. Isto porque a pulsão é sempre ativa ainda que tenha um fim passivo. A representação inconsciente do feminino, do que está fora do sexo, fora da norma fálica apesar de estar referida a ela, é correlativa de um real, o que faz Lacan dizer que "a mulher não existe". Há um campo ignorado: "Esse campo é o dos seres que assumem o estatuto da mulher, se é que esse ser assuma o que quer que seja por sua conta. Além disso, é impropriamente que a chamamos mulher, pois, a partir do momento em que ela se enuncia pelo *não-todo*, não pode se inscrever. Aqui o artigo *a* só existe barrado" (Lacan, 1972-1973/1985: 108). Se não há relação sexual, é porque a mulher só pode ser apreendida enquanto falta, constituindo sempre o Outro sexo. Freud nos diz que as mulheres são inimigas da civilização e Lacan nos ensina que elas são mais próximas do real. "A mulher tem uma relação com o real muito superior à que é mantida pelo homem. Isto quer dizer que a mulher sabe mais da impossibilidade de inscrever a relação sexual e também da existência de um gozo não codificado pelo Outro da linguagem, que Lacan denomina gozo Outro, ou gozo suplementar feminino. Gozo que ela experimenta, mas dele não há um dizer possível" (Rocha Miranda, 2008: 154).

No *Seminário, livro 20: mais, ainda...* Lacan demonstrou que não há relação sexual porque a relação possível dos sexos se dá entre dois elementos totalmente díspares: o lado masculino, no qual se inserem aqueles que gozam do todo fálico, e o lado feminino para aqueles que gozam do *não-todo* fálico. O todo fálico só se forma a partir de uma exceção, de uma existência que se excetue do conjunto, há o todo desde que haja exceção. É preciso pelo menos um sujeito magro para que se constitua o todo dos sujeitos gordos. "Não há universal que não deva se conter em uma existência que a negue" (Lacan, 1972/2003: 450). A ex-sistência faz o Um unificado, por exemplo, pelo conjunto dos gordos. Do lado feminino não há a exceção e na ausência desta não há todo, o todo não consiste, não há o Um unificante do conjunto das mulheres, toda mulher não está submetida à norma fálica. Há sempre algo na mulher que escapa ao discurso e se articula à ex-sistência do real. A relação se daria então entre o Um fálico e o *não-todo* fálico que aponta a alteridade para a própria mulher; ela é a outra ela para ela mesma na medida em que está também no todo fálico. O conceito lacaniano de *não-todo* fálico remete ao que não tem limites, no entanto não é infinito. Remete ao real que ex-siste e que se faz presente nos furos nas entrelinhas do discurso.

Ainda no mesmo seminário, Lacan reafirma que o Outro não existe. Essa afirmação concerne ao Outro do discurso. Só a lei fálica regula o gozo e o dizer da castração é sua condição. Se há para aqueles que se colocam na posição feminina uma partição entre o fálico e o *não- todo* fálico, partição entre o castrado e o não todo castrado, essa parte fora do falo aponta para o registro do real impossível de dizer, para um real que ex-siste e que regula, ordena o discurso através dos pontos de falta que instaura. O discurso é sustentado e ordenado pela falta de um significante no Outro, pela alteridade enquanto ex-sistência. A própria lógica do discurso é *não-toda* fálica, lógica em que a parte não-fálica o é em referência à fálica. As mulheres estão de todo na castração, diz Lacan, mas o não-todo fálico que as habita refere-se a lógica da fala, lógica que é *não-toda*. "O ser sexuado dessas mulheres, '*não-todas*', não passa pelo corpo, mas por aquilo que resulta de uma exigência lógica na fala" (Lacan, 1972-1973/1985: 19).

O gozo Outro que diz respeito à mulher está no Outro do corpo, mas não em outro corpo, e sim nela mesma. É furo no simbólico S(%), furo que apela para a exigência lógica da fala que é vivida no real do corpo da mulher pela ausência do suporte imaginário, o pênis. O gozo Outro experimentado pelas mulheres se articula ao ser da significância, ao ser nos ocos da palavra, ao ser ainda por significar. A mulher é *não-toda* referida à norma fálica, há uma parte dela que se mantém fora de toda significação, escapando ao que pode ser colonizado pelo significante Nome-do-Pai. Este significante enquanto unificante do todo fálico não abrange todo o ser da significância –independente do sexo anatômico – e algo permanece como gozo no registro do real que retorna para aqueles que se colocam do lado feminino na partilha dos sexos. Isso quer dizer que a mulher tem um gozo que não se inclui no falo visto que é aberto à falta no Outro. Ela é depositária de um real não simbolizado pelo sexual. É esse real sustentado pela "*não-toda*" fálica e que emerge nos ocos da palavra que estrutura o discurso dando realidade sexual para cada sujeito. Se a estrutura é a linguagem, ela é *não-toda* e a alteridade estruturante do Um fálico é sustentada pela posição feminina. Não há no inconsciente o Outro do Um, o inconsciente está sob a égide do Um de que se goza. A estrutura do sujeito do inconsciente implica o fálico e o Outro inabordável pelo saber, lugar onde a falta de referência se presentifica e pode se expressar sob a forma de um gozo outro feminino. Vemos aqui o laço do sexo com o real.

Lacan nos diz que "é heterossexual, por definição, aquele que ama as mulheres, qualquer que seja seu próprio sexo" (Lacan, 1972/2003: 467). A relação com o gozo Outro feminino é de tal modo Outra que confronta qualquer um com a Alteridade absoluta.

As mulheres se queixam de serem excluídas, porém não sabem de que se queixam, diz Lacan. Elas evocam o que está excluído do significante. Toda exclusão feminiza, e situa o que está excluído em posição de heteros, de Outro. Em 1972 Lacan diz que o "Heteros não é idêntico nem ao Um nem ao ser", (Lacan, 1972/2003: 467), eles são outros um em relação ao outro. "O Heteros pode-se declinar em Hetera, eteriza-se" (Ibidem: 467-468). Hetera em grego significa a concubina, a mulher do desejo. Se eteriza, se evapora pois o gozo Outro, experimentado pela *não-toda*, se evapora visto que é inapreensível. "Na democracia grega o Outro do cidadão é representado pela mulher, pelo estrangeiro e pelo escravo" (Quinet, 2002: 87). Na mitologia, segundo Vernant, o Outro é Dionísio, o Deus da desmedida de gozo. O gozo Outro não cessa de não se escrever, o significante não o apreende, mas ele ex-siste, existe enquanto eternamente Outro.

Temos então para a mulher a possibilidade de dois gozos: o gozo fálico situado entre o simbólico e o real e o gozo Outro situado entre o real e o imaginário.

No entanto, o problema do neurótico não é que o Outro do Outro não exista, mas o que existe no lugar da inexistência do Outro, ou seja, o que ex-siste como real. O sujeito tem que lidar com o que ex-siste como alteridade. Confrontar-se com a alteridade é confrontar-se com a questão do que existe aí onde o Outro está barrado S (Ⱥ), é confrontar-se com a ex-sistência.

A incompletude do ser feminino em Freud é tomada em Lacan como inconsistência. Esta designa uma estrutura lógica positiva, o espaço do *não-todo*, um conjunto aberto definido pela impossibilidade de circunscrever a totalidade.

No *Seminário, livro 23: o sinthoma* (1975-1976) Lacan tentará abordá-lo de outra maneira: introduz a estrutura via cadeia borromeana e a descreve como composta de três registros, RSI, que por si sós não dão ao humano a estrutura necessária para que ele aceda ao *falasser* (*parlêtre)* e como tal possa utilizar-se do discurso como recurso à falta-a-ser. É necessário o quarto nó que amarre os três e esse quarto nó é o Nome-do-Pai.

Se por um lado o significante Nome-do-Pai é o recurso à falta-a-ser, por outro o ser da significância, ser de linguagem marcado pelas rupturas, pelos furos presentifica o que não é possível significantizar. "Como o ser da significância não tem outro lugar senão o lugar do Outro que designo com o A maiúsculo, vê-se o envesgamento do que se passa", nos diz Lacan. "Como é lá também que se inscreve a função do pai no que ela remete à castração, vê-se que isso não faz dois deuses, mas que isso também não faz um só" (Lacan, 1972-1973/1985: 103). O gozo feminino não serve a dois deuses, mas a um só, o fálico, e se situa em relação ao que fica fora do reinado do falo. Tanto a inscrição do significante Nome--do-Pai quanto o que a excede situam-se em um mesmo lugar no Outro, lugar da falta simbólica, onde também situamos as manifestações do gozo Outro feminino. Este gozo que existe no lugar do Outro que não existe, do Outro barrado, é a pura sensibilidade feminina que o aponta como Outro vazio de saber, como falha sem nome, como o nome do que não pode ser abordado com o Nome-do-Pai, como o nome da ausência do Nome, como a ex-sistência suportada pela *não-toda* fálica e que estrutura a existência possível ao *falasser.*

Eis por que Lacan pode aproximar *A* mulher do próprio Outro que não existe: "A maior necessidade da espécie humana é que haja um Outro do Outro. É aquele a quem chamamos geralmente de Deus, mas a análise o desvela como pura e simplesmente *A* mulher" (Lacan, 1975-1976/2007: 124).

REFERÊNCIAS BIBLIOGRÁFICAS

ALBERTI, S. (1999). O surto esquizofrênico na adolescência. *Autismo e esquizofrenia na clínica da esquize* (pp. 119-130). Rio de Janeiro: Editora Rios Ambiciosos.

————. (org.). (2008). *A sexualidade na aurora do século XXI.* Rio de Janeiro: Cia de Freud.

ALBERTI, S. & ROCHA MIRANDA E. da. (2007). A contribution to the study of intellectual disability. *Analysis n. 13 – Journal of the Australian Centre for Psychoanalysis*, 21-37.

FREUD. S. (1895/2000). Estudios sobre la histeria. *Obras completas*, v. II. Buenos Aires: Amorrortu.

————. (1900/2000). La interpretación de los sueños. *Obras completas*, v. IV. Buenos Aires: Amorrortu.

————. (1900-1901/2000). La interpretación de los sueños. *Obras completas*, v. V. Buenos Aires: Amorrortu.

————. (1909/2000). A propósito de un caso de neurosis obsesiva. *Obras completas*, v. X. Buenos Aires: Amorrortu.

————. (1926a/2000). Pueden los leigos ejercer el análisis? Diálogos con un Juez imparcial. *Obras completas*, v. XX. Buenos Aires: Amorrortu.

————. (1926b/2000). Inhibición, síntoma y angustia. *Obras completas*, v. XX. Buenos Aires: Amorrortu.

LACAN, J. (1956-1957/1995). *O seminário, livro 4: as relações de objeto.* Rio de Janeiro: Jorge Zahar.

———. (1956-1957/2005). *Mon enseignement*. Paris: Éditions du Seuil.

———. (1958/1998). A direção do tratamento e os princípios de seu poder. *Escritos*. Rio de Janeiro: Jorge Zahar.

———. (1960/1998). A subversão do sujeito e dialética do desejo no inconsciente freudiano. *Escritos*. Rio de Janeiro: Jorge Zahar.

———. (1961-1962). *O seminário, livro 9: a identificação*. Inédito.

———. (1966/2003). Pequeno discurso no ORTF. *Outros escritos*. Rio de Janeiro: Jorge Zahar.

———. (1968-1969/2008). *O seminário, livro 16: de um Outro ao outro*. Rio de Janeiro: Jorge Zahar.

———. (1971-1972). *O seminário, livro 19: ... ou pire*. Inédito.

———. (1971-1972). Relatório do Seminário, livro 19: ... ou pire. *Outros escritos*. Rio de Janeiro: Jorge Zahar.

———. (1972/2003). O aturdito. *Outros escritos*. Rio de Janeiro: Jorge Zahar.

———. (1972-1973/1985). *O seminário, livro 20: mais, ainda*. Rio de Janeiro: Jorge Zahar.

———. (1975/1976). Conferences et entretiens dans les unversités nord-americanes. *Scilicet*, 6/7, 6-63. Paris: Editions Seuil.

———. (1975-1976/2007). *O seminário, livro 23: o sinthoma*. Rio de Janeiro: Jorge Zahar.

QUINET, A. (2002). A heteridade em Lacan. *Heteridade 2 Odisséia Lacaniana – Revista da Internacional dos Fóruns do Campo Lacaniano*, 7-9. Rio de Janeiro: Editora IFCL.

ROCHA MIRANDA, E. da. (2008). Do Sintoma ao sinthome: o que não faz sintoma *In*: ALBERTI, S. (org.). *A sexualidade na aurora do século XXI* (pp. 149-159). Rio de Janeiro: Cia de Freud.

Estrutura e gozo mortífero

Marlise Eugenie D'Icarahy

Resumo

O presente artigo investiga a relação da fantasia inconsciente nas três estruturas clínicas, neurose, perversão e psicose, com o gozo mortífero. Trata do percurso lógico da constituição do bebê humano, que nasce no desamparo primordial e constrói, pelos cuidados e linguagem que recebe, uma ideia de "eu" e de objeto externo que lhe permite elaborar, num segundo tempo como defesa psíquica, uma estrutura de fantasia de relação com o Outro que define a sua forma privilegiada de gozo.

Palavras-chave: fantasia inconsciente; gozo; neurose; psicose; perversão.

Abstract

Structure and enjoyment deadly

This paper investigates the relationship of unconscious fantasy, in the three clinical structures – neurosis, perversion and psychosis –, with enjoyment deadly. The human baby born in helplessness and builds, through the care and language it receives a sense of 'self' and of a external object, that allows, in a later time, to draw up a psychic defense: a fantasy about the relationship of oneself with the Other that defines his/hers privileged form of enjoyment.

Key-words: unconscious fantasy; enjoyment; neurosis; psychosis; perversion.

É *sine qua non*, para a sobrevivência e constituição do eu, que alguém, a quem Lacan designou como imbuído da função materna, invista libidinalmente o corpo da criança através de significantes que se inscrevem nas bordas de seus orifícios. A linguagem, também chamada por Lacan de grande Outro, dirigida à criança, goteja significantes que transformam sua carne num corpo próprio erógeno. É através desse banho de linguagem que os pais transmitem, num discurso inconsciente, a escritura de seu desejo. Fala-se do bebê antes mesmo de seu nascimento: cada mulher e cada homem, muito antes da existência da carne, escrevem uma espécie de *script* inconsciente para o filho que querem ter. Logo, o desejo se constrói tendo suas raízes na primeira lei ao qual se é assujeitado, na língua materna.

Freud, no "Projeto para uma psicologia científica" (1950 [1895]/1996), descreve o "complexo do ser humano semelhante" como a percepção de uma força que auxilia o bebê na realização da sua satisfação. A "experiência de satisfação está marcada pelo desamparo primordial que, para ele [Freud], caracteriza o sujeito humano. Essa satisfação depende do próximo" (Rinaldi, 1996: 47).

Inicialmente, segundo Freud, o bebê desenvolve o complexo do objeto semelhante, que congrega tanto a possibilidade de satisfação como a de hostilidade. Em 1925, no texto metapsicológico "A negativa", Freud (1925/1996) problematiza a construção da realidade externa e interna. Ele confirma o que afirmara em 1895: inicialmente as experiências prazerosas e desagradáveis estão integradas. Aos poucos, o "eu" começa a se constituir, incorporando ou retendo as experiências agradáveis, que se contrapõem a outras desagradáveis, as quais o "eu" tenta expelir, tomando-as como se fossem objetos externos. Criam-se, assim, um primeiro esboço de um objeto exterior e o eu.

Freud, ainda no mesmo artigo de 1895, acrescenta a essa primeira divisão, entre eu e objeto, outra, na qual o objeto é partido. Cedo, o psiquismo do bebê divide o objeto semelhante em duas vertentes: uma a partir da qual constrói suas identificações, que, mais tarde, podem ser compreendidas como traços da memória, e outra, que concentra um quê de estranho à memória, um resto, que Freud designa como *das Ding*.

Assim, na experiência do complexo do semelhante humano, ocorre também uma divisão antitética do próximo em objeto estranho e objeto familiar. A superfície dessa divisão do objeto semelhante é o corpo: a voz, o olhar daquele que exerce a função materna. É a mãe, ou substituto dela, quem registra na carne da criança, juntamente com os cuidados higiênicos, significantes que seduzem a criança para a vida e que, como sedução, são da ordem do trauma. O objeto que a criança foi para seus pais, ela jamais terá a ele acesso direto. Todavia, dentre tudo o que lhe fora dirigido por eles, consciente e inconscientemente, traços permanecem retidos num saber inconsciente, "na medida em que não somente o homem fala, mas em que, no homem e através do homem, isso fala, em que sua natureza torna-se tecida por efeitos onde se encontra a estrutura da linguagem em cuja matéria ele se transforma, e em que isso ressoa nele" (Lacan, 1958/1998: 695).

É a partir do jogo possível à criança, operado com o que lhe fora endereçado, que uma mediação se constrói frente à pulsão de morte, transformando carne em corpo próprio. Os significantes, entranhados na carne, esculpem os orifícios corporais, transformando-os em zonas erógenas, donde os objetos *a* constituem-se e ganham relevo, como se fossem objetos externos.

Colette Soler, em sua conferência na *X Jornada de Formações Clínicas do Campo Lacaniano* (2008[1]), propôs que a divisão do inconsciente ocorra entre uma parte estruturada como linguagem, saber construído com a articulação significante, pertencente ao campo simbólico, e outra, que seria o próprio núcleo do inconsciente, que ela nomeou "inconsciente real". Esse último, segundo a psicanalista, é formado por traços retidos de *Lalíngua*[2].

Segundo Soler (2008), é possível ler a partir do *Seminário 20, Mais ainda*, que o sintoma de cada sujeito constitui-se com traços contingentes

---

[1] *Como o real comanda a verdade.* Palestra proferida na X Jornada das Formações Clínicas do Campo Lacaniano: Os destinos da verdade: psicanálise e arte, ciência e religião. Rio de Janeiro, em 2 de novembro de 2008, inédito.

[2] Lalíngua – conceito lacaniano que sintetiza o enxame de cifras de gozo, letras, pelo qual se foi, precocemente, invadido.

e sem sentido da fala dos pais, que se inscrevem, no corpo, como letra[3], formando o núcleo real do inconsciente. Poder-se-ia, então, tomar, do poema de João Cabral de Melo Neto para Vinicius de Morais, "faca, bala ou relógio pulsante" dos quais não é possível separar-se, como metáfora das letras que constituem cada sujeito.

> Assim como uma bala
> enterrada no corpo,
> fazendo mais espesso
> um dos lados do morto,
> [...]
> assim como uma faca
> que sem bolso ou bainha
> se transformasse em parte
> de vossa anatomia
> qual uma faca íntima
> ou faca de uso interno,
> habitando num corpo
> como o próprio esqueleto
> [...]
> Seja bala, relógio,
> ou lamina colérica,
> é contudo uma ausência
> o que esse homem leva
> [...]
> Isso que não está
> nele é como um relógio
> pulsando numa gaiola,
> sem fatiga, sem ócio
> [...]
> E mais surpreendentes
> é sua cultura

[3] Letra – conceito lacaniano, que se caracteriza por ser uma marca de gozo inscrita no corpo, advinda do campo do Outro, de Lalíngua, e carecer de sentido.

> medra não do que come
> porém do que jejua
> [...]
> ninguém do próprio corpo
> poderá retirá-la,
> não importa se é bala
> nem relógio ou faca,
> [...]
> Não pode contra ela
> a inteira medicina
> de facas numerais
> e aritméticas pinças.
> Nem ainda a polícia
> com seus cirurgiões
> e até mesmo o tempo
> com seus algodões.
> Nem a mão de quem
> sem o saber plantou
> bala, relógio ou faca,
> imagens de furor [...]
>
> (Melo Neto, 2002: 187-202).

No prefácio à edição inglesa do *Seminário 11* (2001), Lacan introduz a dimensão do inconsciente ao fim da análise chamando-o de inconsciente real, que se diferencia daquilo que está em jogo durante a análise, o inconsciente transferencial. Miller (2006) faz equivaler o inconsciente real ao traumatismo e recorre, para isso, à primeira definição de real feita por Lacan em 1954 referindo-se ao caso do Homem dos Lobos (1954/1984: 370):

> Encontramos ali – acrescenta – as manifestações erráticas do que está ceifado de simbolização, que constitui uma figuração do que Lacan chamará de real sem lei, um real disjunto do simbólico e que o ultrapassa. Estas considerações desembocam no deslocamento que

> Lacan imprime ao passe em seu último texto (Miller, 2006/2007: aula de 15 de novembro de 2006).

Segundo Soler (2008), o inconsciente real é formado por letras, que, apesar de soterradas no inconsciente, funcionam como imãs que atualizam, continuamente, as formações do inconsciente simbólico. A psicanalista chama ainda nossa atenção para a recomendação de Lacan de que os analistas observem o valor dos significantes privilegiados para cada analisando, porque esses funcionam como envelopes de suas letras, suas cifras de gozo sem significado, mas que adquirem poder de endereçamento. Lalíngua, sendo um concentrado de letras, coincidiria, então, com *das Ding*? Ou seria *das Ding*, antes, um polo privilegiado de atração, dentro de Lalíngua, que infiltraria marcas de gozo em determinados significantes?

As letras, ou traços de gozo, que formam o centro nervoso do sujeito lhe são muito íntimas, mas paradoxalmente lhe parecem estranhas por serem oriundas, desde as primeiras divisões, do campo do Outro, do objeto, que Freud chamou de a Coisa, *das Ding*. Destarte, o "inconsciente real", tal como indicado por Soler, parece ser uma localização topológica de *das Ding*.

Todo falasser é, do ponto de vista lógico, antes de qualquer coisa, objeto de desejo e gozo do Outro, gozo que tem para cada sujeito a força de uma primeira lei, anterior à instituída pelo Nome-do-pai. Isso porque o bebê, para sobreviver, depende totalmente dos cuidados de quem exerce a função materna. Esta se apresenta, por conseguinte, para todo sujeito, como o primeiro representante do grande Outro e só mais tarde, a partir da incidência da operação da metáfora paterna, como o primeiro objeto proibido.

> A lei da mãe, é claro, é o fato de que a mãe é um ser falante, e isso basta para legitimar que eu diga a lei da mãe. Não obstante, essa lei é, por assim dizer, uma lei não controlada. Reside simplesmente, ao menos para o sujeito, no fato de que alguma coisa em seu desejo é completamente dependente de alguma outra coisa, que sem dúvida já se articula como tal, e que é realmente da ordem da lei, só que essa

> lei está, toda ela, no sujeito que a sustenta, isto é, no bem-querer ou malquerer da mãe, na mãe boa ou má (Lacan, 1958/ 1999: 195).

Geneviève Morel, citando Lacan na passagem acima, traz a hipótese de que o *infans* seria confrontado com o gozo da mãe que teria, para ele, "a força de uma lei, louca e singular [...]. Desse primeiro assujeitamento, traços [seriam] guardados por toda a vida"[4]. A lei da mãe, segundo a psicanalista, diz respeito a traços do gozo materno, não simbolizados, que "têm status de real".

Tanto a "lei da mãe", expressão de Lacan no *Seminário 5* retomada por Morel, como o inconsciente real proposto por Soler parecem fundamentar-se explicitamente em *das Ding*, aquilo que do campo do "objeto humano semelhante" carece de simbolização e é retido com uma força ímpar.

Para separar-se desses traços herdados da mãe e encharcados de gozo, faz-se necessário, segundo Morel, criar um sintoma separador, que é muito custoso ao sujeito. Esse sintoma separador funciona como interdição ao incesto. No entanto, os traços inconscientes, que sintetizam o gozo materno, imbricam-se nos significantes que gerenciam o próprio sintoma separador, já que a "lei da mãe [...] é feita de palavras prenhes de prazer ou sofrimento, em suma, de gozo materno, que são transmitidas à criança desde sua mais tenra idade, imprimindo-se para sempre em seu inconsciente, modelando fantasias e sintomas" (Morel, 2008: 3)[5].

O sintoma separador paradigmático da neurose é a fantasia fundamental, que é efeito do significante Nome-do-pai[6] e que estrutura a rea-

---

4 Livre tradução de: "avec la force d'une loi, d'une loi singulière et folle [...]. De ce premier assujettissement notre inconscient gardera des traces toute notre vie". La loi de la mère et le symptôme séparateur: palestra proferida no Seminário de Geneviève Morel. Rio de Janeiro: UERJ, 2007. (Curso Avançado/ Evento: O sujeito e a sexualidade na aurora do século XXI, Programa de Pós-graduação em Psicanálise. Inédito, transcrito em documento de circulação interna, da Biblioteca do Programa).

5 Livre tradução de "La loi de la mère [...] est faite des mots noués au plaisir et à la souffrance, bref à la jouissance maternelle, qui sont transmis à l'enfant dès son plus jeune âge et s'impriment à jamais dans son inconscient, modelant fantasmes et sympôtmes".

6 "Nome-do-pai, cuja 'verdadeira função' é 'unir' [e não opor] um desejo à Lei" (Lacan, *apud* Soler, 2005, p. 82).

lidade psíquica. "Tal operação é responsável pela extração do objeto *a* da realidade psíquica, produzindo simultaneamente o advento de um "pouco de realidade" – segundo a expressão de André Breton" (Jorge, 2006: 64).

É importante observar, por conseguinte, que traços do gozo materno permanecem entranhados na fantasia fundamental, como letras oriundas da lei da mãe. Mas, para que a fantasia se constitua impõe-se necessariamente que o desejo do Outro se apresente como uma incógnita, para a qual o sujeito constrói essa defesa inconsciente.

A percepção de que a mãe, primeiro representante do grande Outro, lugar mítico de satisfação incomensurável, é castrada e desejante é uma cena de representação intolerável, que denuncia a própria castração do sujeito. Colette Soler destaca que "o enigma do Outro barrado se atualiza para o sujeito [...] em duas vertentes: como mistério de seu desejo e como opacidade de seu gozo" (Soler, 2005: 94). Lacan, em "A significação do falo" (1958/1998), afirma que o significante da falta no Outro é impossível de ser dito, mas insiste em tentar se inscrever, exigindo uma defesa inconsciente. Importa ressaltar, contudo, que, como uma das características do inconsciente dinâmico[7], proposto por Freud, é a coexistência simultânea de pares antitéticos que não se anulam, a figura da mãe pode permanecer fálica e, ao mesmo tempo, castrada, e é essa a percepção exigente de defesa.

A verdade do sujeito diz respeito, portanto, ao destino que ele dá a sua cena de representação intolerável: percepção de falta no grande Outro. Diante dessa cena, três defesas estruturais, que correspondem às três estruturas clínicas, se colocam: o recalque, na neurose; o desmentido, na perversão; e a foraclusão, na psicose.

Laplanche e Pontalis (2001) definem a fantasia como uma espécie de "roteiro imaginário em que o sujeito está presente, e que representa, de modo mais ou menos deformado pelos processos defensivos, a realização de um desejo [...] inconsciente" (Laplanche & Pontalis, 2001: 169). Eles destacam três naturezas principais da fantasia: "fantasias conscientes ou sonhos diurnos; fantasias inconscientes como as que a análise revela, como

---

[7] Em "O eu e o isso" (1923), Freud trabalha a diferença entre o inconsciente descritivo, que engloba o conteúdo latente e o recalcado, e o inconsciente dinâmico, que só contempla o recalcado.

estruturas subjacentes a um conteúdo manifesto; fantasias originárias[8]" (Idem: 169).

Apesar do vínculo, na literatura psicanalítica, entre fantasia e desejo que tende a limitar o conceito de fantasia às estruturas neurótica e perversa, onde o "eu" se coloca como objeto que tenta responder não, não apenas ao gozo do Outro, como ocorre na psicose, mas também ao desejo do Outro –, consideramos ser relevante a observação de Laplanche e Pontalis ao definirem fantasia conforme destacamos abaixo:

> As fantasias claramente conscientes dos perversos [...]; os temores delirantes dos paranoicos que são projetados sobre os outros com um sentido hostil; as fantasias dos histéricos [...], todas essas formações coincidem no seu conteúdo até os mínimos detalhes. Em formações imaginárias e estruturas psíquicas tão diversas como as que Freud designa aqui, podemos encontrar um mesmo conteúdo e uma mesma estrutura, conscientes ou inconscientes, atuados ou representados, assumidos pelo sujeito ou projetados sobre outrem (Laplanche & Pontalis, 2001: 172).

A partir dessa observação dos autores, de que Freud empenhou-se em indicar a proximidade entre as diversas naturezas de fantasia, que teriam a mesma estrutura, cabem duas indagações:

1. Poder-se-ia dizer, com Freud, que a função da fantasia inconsciente seria comum às três estruturas clínicas, correspondendo ao processo de defesa diante de *das Ding*? Os delírios paranoicos seriam, para Freud, fantasias inconscientes narcísicas? Sendo a incompletude e a prematuração comuns a todo *falasser*, alguma fantasia inconsciente se imporia como defesa psíquica ao real, seja na neurose e na perversão, seja nos delírios paranoicos, na psicose?

---

8 Fantasias originárias (*Urphantasien*) dizem respeito ao patrimônio universal de fantasias compartilhadas pela espécie humana.

2. O que Lacan propõe como fantasia fundamental, $ à *a*, seria a estrutura específica de fantasia inconsciente, na neurose e na perversão? Ou seria necessário diferenciar, com Lacan, a fantasia fundamental, defesa inconsciente comum às três estruturas clínicas, e o matema $ à *a*, esse sim específico das estruturas neurótica e perversa?

Ribettes adverte com propriedade que, na psicose, "longe de ser um freio ao gozo – o que é sua função estruturante –, a fantasia na sua forma psicótica determina a invasão do sujeito por um gozo desenfreado" (Ribettes, 1985: 115). Se a fantasia determina o gozo, pode-se supor que ela, na psicose, tem outra função que não a de frear o gozo? Ou a função seria a mesma, com a particularidade de que nos surtos psicóticos a determinação de uma zona delimitada de gozo fracassa e o sujeito se encontra, por ele, todo invadido? A falta de eficácia da fantasia, na psicose, para afunilar, restringir o gozo, impõe que se suponha que sua função seja outra? Ou, ao contrário, a função se manteria, aí também, determinando a forma imaginária de invasão do gozo mortífero, a saber, a estrutura do delírio, que, como advertiu Freud, é tentativa de cura em relação ao gozo de pura pulsão de morte? A fantasia inconsciente no delírio paranoico parece também ser uma tentativa, imaginária, de delimitação do gozo do Outro. Esta hipótese faz supor que, nas três estruturas clínicas, neurose, psicose e perversão, as diferentes naturezas da fantasia inconsciente têm em comum não apenas a mesma estrutura, mas também a mesma função: tentar delimitar o gozo mortífero.

REFERÊNCIAS BIBLIOGRÁFICAS

FREUD, S. (1950 [1895]/1996). Projeto para uma psicologia científica. *Edição standard brasileira das obras psicológicas completas de Sigmund Freud*, v. I. Rio de Janeiro: Imago.

———. (1925/1996). A negativa. *Edição standard brasileira das obras psicológicas completas de Sigmund Freud*, v. XIX. Rio de Janeiro: Imago.

JORGE, M. A. C. (2006). Arte e travessia da fantasia. *In*: RIVERA, T. & SAFATLE, V. (orgs.). *Sobre arte e psicanálise* (pp. 61-78). São Paulo: Escuta.

LACAN, J. (1954/1984). Respuesta al comentario de Jean Hyppolite sobre la *Verneinung* de Freud. *Escritos* 1. México: Siglo XXI Eds.

————. (1959-1960/1997). *O seminário, livro 7: a ética da psicanálise.* Rio de Janeiro: Jorge Zahar Ed.

————. (1958/1998). A significação do falo. *Escritos.* Rio de Janeiro: Jorge Zahar Ed.

————. (1957-1958/1999). *O seminário, livro 5: as formações do inconsciente.* Rio de Janeiro: Jorge Zahar Ed.

————. (1977/2001). Préface à la édition anglaise du Séminaire XI. *Autres écrits.* Paris: Seuil.

LAPLANCHE, J. & PONTALIS, J.-B. (2001). *Vocabulário da psicanálise.* São Paulo: Martins Fontes.

MELO NETO, J. C. (2002). Uma faca só lâmina. *In*: MORICONI, Í. *Os cem melhores poemas brasileiros do século* (pp. 187-202). Rio de Janeiro: Objetiva.

MILLER, J.-A. (2006-2007). *Curso de Orientação lacaniana.* Aula de 15 de novembro de 2006. Inédito.

MOREL, G. (2008). Introduction. *In*: *La loi de la mère. Essai sur le sinthome sexuel* (pp. 1-8). Paris: Economica Antropos.

RIBETTES, J.-M. (1985). A terceira dimensão da fantasia. *Revirão 1 – Revista da Prática Freudiana*, 1, 110-123.

RINALDI, D. (1996). Freud e a moralidade. *In*: *A ética da diferença. Um debate entre psicanálise e antropologia* (pp. 43-65). Rio de Janeiro: Jorge Zahar Ed.

SOLER, C. (2005). A mãe no inconsciente. *O que Lacan dizia das mulheres.* Rio de Janeiro: Jorge Zahar Ed.

“NÃO-TODO”: UM FATO DE ESTRUTURA TESTEMUNHADO PELOS MÍSTICOS

Cristiane Almeida

RESUMO

Partindo da afirmação lacaniana de que o não-todo é uma exigência lógica da fala, aborda-se este fato de estrutura por meio da mística. O místico revela a incidência do real por situar-se do lado feminino e experimentar um gozo louco e enigmático que escapa ao simbólico. Por isso, inúmeras vezes é tratado como louco psicótico. A fim de desfazer tal confusão, traçam-se algumas diferenças entre o gozo místico e o delírio místico psicótico.

Palavras-chave: estrutura; não-todo; mística.

ABSTRACT

“Not-all”: a structural fact testified by the mystics

Bearing in mind Lacan’s statement that the “not-all” is a logical demand of the speech we have decided to approach this fact of structure by studying the mysticism. The mystic is someone who reveals an incidence of the real because he is placed on the feminine side of Lacan’s formulas of sexuation. Due to that, the mystic can go through a crazy and enigmatic *jouissance* which is not within the symbolic register. Because of that the mystic is frequently and mistakenly treated as a psychotic. In order to clear up such confusion we have established some differences between the mystical *jouissance* and the psychotic mystical delirium.

Key-words: structure; “not-all”; mysticism.

O conceito de estrutura em Lacan revela a operação de algo que é irredutível ao simbólico e que pertence à categoria do real, do impossível de dizer. Ele afirma que o real está "na raiz do que é um fato de estrutura" (Lacan, 1969-1970/1992: 116).

Em *O Seminário, livro 20: mais, ainda*, Lacan aborda esse fato de estrutura por meio da noção de "não-todo" que, segundo ele, é resultante de "uma exigência lógica na fala" (Lacan, 1972-1973/1985: 19). Assim, Lacan define o que é propriamente dito sobre o feminino pela psicanálise ao asseverar que a mulher não se inscreve totalmente na ordem fálica: o feminino refere-se ao "não-todo" fálico e por isso escapa à representação. Entretanto, só se tem notícias do não-todo que define a mulher como uma posição pelo gozo que lhe é peculiar, sobre o qual ela "não solta nem uma palavra" (ibid.: 83), porque é um gozo impossível de dizer, uma vez que nesse gozo ela está ausente como sujeito.

Lacan (1972-1973/1985), em *Mais, ainda*, elabora as fórmulas da sexuação que não correspondem à divisão biológica entre os sexos, mas à partilha entre a parte masculina e a feminina do ser falante. A parte feminina corresponde ao que escapa ao simbólico, ou seja, está relacionada com o real. A parte masculina corresponde ao que está relacionado com o simbólico e o imaginário: é a parte regida pela fantasia e pela norma fálica. Do lado masculino, há o falo e o sujeito barrado; logo, quando posicionado do lado feminino, torna-se ausente como sujeito. Daí o aforismo lacaniano: "A mulher não existe" – porque não existe significante para defini-la, porque o único representante do sexo no inconsciente é o falo, que é masculino. O Outro sexo, que a mulher é designada a representar, não existe, uma vez que o inconsciente é falocêntrico. Assim, a mulher como sujeito está do lado do masculino, mas não totalmente, por essa razão é designada a representar o Outro inassimilável sobre o qual nada pode ser dito.

Para Pommier (1987), a mulher experimenta uma cisão. Como ser falante está no campo do masculino, entretanto nessa posição perde seu gozo peculiar, ou seja, se escolhe o traço que a distingue, perde seu gozo próprio – o Outro gozo. Mas, se usufrui do gozo feminino, perde, momentaneamente, sua identidade e seu nome. Por causa da inscrição do significante Nome-do-pai, tanto o homem quanto a mulher referem-se ao falo, só que a mulher tem algo para além do falo: o gozo enigmático.

A mulher barrada, ao buscar o falo, no lado masculino, desfruta do gozo fálico. E, ao buscar S(Ⱥ) – significante que aponta para o furo da linguagem, ou seja, para o real –, usufrui do gozo tipicamente feminino. A mulher, desdobrável que é, em sua relação com o falo, tem um gozo fálico; e, em sua relação com o furo, tem um gozo para além do falo, o Outro gozo. É justamente por não estar toda na norma fálica que ela tem um gozo suplementar, um gozo enigmático. Segundo Lacan, "há um gozo dela, desse ela que não existe e não significa nada. Há um gozo dela sobre o qual talvez ela mesma não saiba nada a não ser que o experimenta – isto ela sabe" (Lacan, 1972-1973/1985: 100).

Para Soler (1998: 199), a parte feminina corresponde à "parte que não passa para o Um fálico e permanece real. Dizer que a mulher não existe é dizer que a mulher não é senão o nome desse gozo real". Esse gozo real é o Outro gozo que é tipicamente feminino, que não é absorvido pela metáfora paterna, que não cai sob o golpe da castração e que, por isso, está para além do falo, mas numa referência a ele.

Como em relação ao Outro gozo nada pode ser dito, Lacan, quando quer evocar o gozo que na mulher tem relação com S(Ⱥ), com o furo no Outro, recorre aos místicos. E, assim, confere à mística o estatuto de verdade do gozo feminino. Justamente porque o gozo místico testemunha o feminino, revelando a operação do real.

Lacan situa o místico do lado feminino das fórmulas quânticas da sexuação, de onde se experimenta a ideia de um gozo mais além. E isso vale para homens e mulheres, porque o gozo místico independe do sexo anatômico. Assim, o que realmente define a mística para Lacan é experimentar "a ideia de que deve haver um gozo que esteja mais além" (Lacan, 1972-1973/1985: 102).

Os místicos são aqueles que almejam um despojamento do eu e de todos os predicados físicos, intelectuais e morais com o objetivo de atingir um Outro gozo, porque, se escolhem o traço que os distingue, perdem o gozo místico, já que seu gozo só é possível de ser usufruído do lado feminino, em que não se é limitado por nenhum nome. Assim, é possível definir o êxtase místico como o arrancamento do sujeito de suas amarras simbólicas. Ressalte-se que o gozo místico é sempre buscado e requer muito trabalho porque o sujeito precisa ultrapassar sua fantasia, ou seja, ir além dela. Jorge (2003) esclarece que a inscrição do significante Nome-do-pai barra o gozo absoluto e coloca em ação a fantasia, produzindo, no vetor único da pulsão de morte, duas regiões: a da pulsão sexual que é dominada pela fantasia e regida pelo princípio do prazer e a da pulsão de morte regida pelo princípio de Nirvana, região do mais-além do princípio de prazer.

Com base nesse trabalho (Jorge, 2003), é possível identificar diferentes dimensões de gozo: o gozo absoluto, o gozo sem freios, buscado pela pulsão de morte; o gozo fálico, o gozo regido pela fantasia, que é um gozo parcial e sexual; e o gozo tipicamente feminino, que está para além da fantasia, mas numa referência a ela. Desse modo, enfatiza-se que essa região do gozo feminino só é produzida em virtude da inscrição do significante Nome-do-pai. Entretanto, para acessá-la, requere-se ir além da fantasia.

Com base no texto de Freud de 1937, "Análise terminável e interminável", pode-se afirmar que o repúdio ao feminino é uma característica da vida psíquica de ambos os sexos. Homens e mulheres resistem a ocupar essa posição na vida. Cada sexo se defende do furo estrutural de uma maneira: a mulher buscando o falo que não tem, e o homem rejeitando a passividade ou a submissão para com outro homem, interpretada como castração.

A clínica mostra como o sujeito se resguarda do feminino e como se agarra à fantasia e ao sintoma, porque a fantasia inconsciente vela o que é da ordem do feminino, ou seja, a fantasia tampona o furo estrutural, dando a ilusão de que a completude é possível.

Desse modo, pergunta-se: o que leva um sujeito a buscar o que está para além da fantasia? A mística revela: a entrevisão de um gozo que está para além do fálico e experimentado com intensa alegria. Assim, o místico é aquele que busca se posicionar para além da fantasia para usufruir desse Outro gozo.

O processo analítico objetiva, em última instância, a travessia da fantasia – matriz simbólica que se inscreve de uma forma particular para cada sujeito a fim de enfrentar o real (Jorge, 2006: 63).

Para o autor, o que a experiência analítica visa é "precisamente destituir o sujeito dos ancoramentos simbólicos e imaginários mais primordiais, esvaziar a extrema significação de que estão – e não sem razão – imbuídos e, desse modo, fornecer-lhe algum acesso ao real que, subjacente, presidiu seu advento" (Jorge, 1991: 168).

Então o que a experiência analítica pretende é o despertar para um além da norma fálica. Os místicos são, pois, aqueles que testemunham o que é estar desperto: ter acesso ao real. Testemunham a incidência do real por meio de seu gozo.

Lacan afirma, ainda, que os místicos são aqueles que estão colocados do lado do não-todo fálico; logo, existe uma referência ao falo. A mística, assim, não pertence ao campo da psicose. No entanto, verifica-se uma confusão nessa distinção porque os místicos, por se posicionarem do lado feminino, desfrutam de um gozo louco e estranho que está para além da norma fálica e que, por isso, não pode ser compartilhado. Dessa forma, inúmeras vezes, os místicos são considerados loucos; e loucos são, mas não inteiramente. Por sua vez, os psicóticos muitas vezes apresentam delírios de ordem mística. A fim de se distinguir a loucura própria do feminino da loucura psicótica, constata-se a importância de traçar e ressaltar algumas diferenças para não se incorrer no erro de classificar aqueles que se colocam do lado do feminino e que são regidos por "Outra lógica" de psicóticos.

A primeira diferença que se destaca foi apontada por Lacan, ao afirmar que, na psicose, não se encontra nada "da Presença e do Júbilo que iluminam a experiência mística" (Lacan, 1955-1956/1998: 582). Ao contrário, a relação de Schreber com Deus é marcada por traços negativos. Schreber não recebe de Deus senão ameaças, zombarias e acusações. O Deus de Schreber, que representa o Outro absoluto e exige a sua transformação em mulher, zomba, pois, dele; e disso Schreber não extrai alegria alguma; pelo contrário, seu sentimento é de indignação e de asco.

Lacan ainda aponta uma segunda diferença ao asseverar que a relação de Schreber com Deus afigura-se mais "uma mistura do que uma união do ser com o ser". Aponta, no caso da psicose, para a foraclusão do significante Nome-do-Pai, a qual impede a operação de separação, e que, portanto, é a responsável pela posição estrutural do psicótico de objeto de gozo do Outro, já que o sujeito psicótico se encontra alienado ao Outro absoluto, não barrado.

Na mística, por causa da inscrição do significante Nome-do-Pai, a operação de separação foi realizada. Daí, a união com Deus se produz sem que as almas deixem de ser duas no chamado matrimônio espiritual.

Zuberman (1986), no texto "La mística y el delírio místico", descreve a união com Deus, experimentada no êxtase místico, utilizando como metáfora a união de duas velas de cera que se ligam tão intensamente a ponto de se tornarem uma única luz; entretanto salienta que, depois, elas podem muito bem se separar e se apresentar como duas velas distintas, posto que o "corpo de cera" das velas mantém-se distinto. No êxtase místico, portanto, realiza-se a união com Deus sem que as almas deixem de ser duas.

Uma outra diferença que se pode apontar é que o delírio místico psicótico apresenta-se pleno de sentido. No delírio, o sentido é rígido, altamente imaginarizado e sem nenhuma possibilidade de dialetização. Segundo Jean-Claude Maleval (2000), o gozo de Schreber está plenamente compreendido pelo saber do delírio – ao passo que sobre o Outro gozo os místicos nada sabem, a não ser que o experimentam. O gozo místico escapa, pois, à linguagem. Como revela Santa Teresa d'Ávila: "Falar é impossível, pois a alma não atina a formar palavras e, se atinasse, não teria forças para poder pronunciá-las; porque toda a força exterior se perde, e aumentam as forças da alma a fim de poder melhor gozar de sua glória" (Alvarez, 1995: 116).

O místico visa exatamente àquilo que escapa à linguagem, S(Ⱥ), limite do saber. É por isso que sua experiência não pode ser compartilhada, já que, nesse ponto, falta significante para dizer do real. O gozo místico revela-se, pois, indizível. Sendo assim, o gozo místico, sem sentido, é completamente diferente do gozo de Schreber, em que o real é pleno de sentido.

Uma outra diferença observada e bastante relevante entre a mística e a psicose é que a atividade do místico supõe um querer, ou seja, o gozo místico – o encontro com Deus – é sempre buscado. O místico, como visto, é aquele que experimenta "a ideia de haver um gozo que esteja mais além". É por isso que ele busca, estando no mundo, na norma fálica, aquilo que está para além do mundo.

Freud (1933 [1932]/1996), no texto "Feminilidade", aponta para a grande quantidade de atividade que se faz necessária para se atingir a passividade feminina. Nesse sentido, Pommier (1987) traz uma contribuição importante ao relacionar o Outro gozo (gozo místico) com a passividade tipicamente feminina e, nessa direção, marca uma diferença entre a posição passiva ocupada pelo sujeito como objeto de gozo do Outro e a posição passiva ligada ao Outro gozo que define propriamente o feminino. A passividade feminina, segundo ele, só surge num tempo pós-Édipo; logo, não é do campo da psicose. A passividade feminina exige muito trabalho: é resultado de uma atividade complexa. Por isso ela é um ato de desejo, diferente da pura passividade da psicose, na qual o psicótico é atuado.

No caso da psicose, não existe opção: o que se verifica é um forçamento. O Outro absoluto da psicose encarna o imperativo de gozo e manda no sujeito, que é seu objeto, submetendo-o a seus caprichos. Schreber foi forçado a transformar-se em Mulher por imposição de Deus. Diferente dos místicos, Schreber não o desejava, tratava-se antes de um dever "ao qual não há possibilidade de fugir por mais que, pessoalmente, preferisse permanecer em sua própria honorável masculina posição na vida" (Freud, 1911/1996: 32-33).

Assim, conclui-se que, no caso do gozo místico, se trata de uma decisão do sujeito de buscá-lo e não de uma iniciativa do Outro; ao passo que no gozo da psicose trata-se de uma imposição, de uma exigência do Outro.

Os místicos são aqueles que falam de amor e, desse modo, ressalta-se mais uma diferença entre a mística e a psicose. Santa Teresa referia-se ao seu gozo como um trato de amor entre Deus e a alma. São Francisco de Assis, por sua vez, é a própria personificação do amor místico.

Freud (1930 [1929]/1996: 101), em "O mal-estar na civilização", refere-se ao amor como um dos métodos pelos quais os homens se esforçam para atingir a felicidade. Apresenta uma modalidade de vida que "faz do amor o centro de tudo, que busca toda a satisfação em amar e ser amado". E lembra que uma das formas por meio das quais o amor se manifesta é a via sexual. Contudo, dando prosseguimento a suas ideias, menciona a existência de uma outra forma de amar que é vivenciada por uma pequena minoria de pessoas. Reconhece em Francisco de Assis o exemplo máximo dessa "Outra" forma de amar: "Talvez Francisco de Assis tenha sido quem mais longe foi na utilização do amor para beneficiar um sentimento interno de felicidade" (ibid.: 122).

Nessa outra forma, a ênfase recai no amar e não no ser amado. Pouco importa se o sujeito é amado: o que importa é o ato de amar. É o estado de amar que produz felicidade. O sujeito simplesmente ama, e o objeto é o nada ou o tudo. O objeto é, portanto, indefinido: ele não tem nome e nem imagem. Logo esse objeto está para além do objeto fantasístico. Segundo Freud (1930 [1929]/1996: 122), as pessoas que amam dessa forma "se tornaram independentes da aquiescência de seu objeto, deslocando o que mais valorizam do ser amado para o amar".

Schreber não tratava o gozo dele pelo nome de amor. E nem podia, porque a psicose é um fracasso em relação à efetivação do amor, já que o vínculo amoroso implica a castração. Schreber, por causa da foraclusão do Nome-do-Pai, responde à não-existência da relação sexual com a erotomania[1] divina.

A erotomania, cujo postulado é o Outro me ama, é um tipo de amor que não contém a castração. Logo é completamente diferente do amor místico, "cujo gozo é relativo à falta do Outro [S(Ⱥ)]" (Quinet, 2003: 89).

No caso de Schreber, o que se apresenta é a fórmula: O "Outro me goza" (Quinet, 2003: 89). Na erotomania, o gozo do Outro é sinal de amor. Para Quinet, as erotomanias nada mais são que manias de gozo.

---

1 Este termo foi cunhado pelo psiquiatra francês Gaëtan Gatian de Clérambault, que sistematizou esse tipo de delírio. Ele descreveu uma sequencia em três fases: esperança, despeito e rancor.

E assim, no lugar do amor, o que encontramos na psicose é a erotomania divina, cujo delírio é a certeza de ser amado, por meio do gozo do Outro.

Uma outra diferença importante a ser ressaltada se apresenta em relação ao eu do psicótico x o eu do místico. O eu de Schreber é superinvestido, ou seja, megalomaníaco. Na paranoia, verifica-se uma fixação no estádio do narcisismo. O sujeito paranoico toma a si próprio, seu próprio corpo, como objeto pulsional. À medida que a libido retirada do objeto vincula-se ao ego, surgem os traços megalomaníacos apresentados no caso Schreber. Enquanto Schreber investe no seu próprio eu, os místicos buscam desapegar-se com o objetivo de atingirem o gozo que se situa além.

A última diferença, mas não a menos importante, destaca-se pela oposição entre o corpo feminino do psicótico x a alma feminina do místico.

Na psicose, por causa da foraclusão do significante Nome-do-Pai, o falo como significante está ausente; logo, o psicótico não pode situar-se na partilha dos sexos: ele "não pode dar significação de virilidade ao seu pênis" (Quinet, 2003: 39) e é levado à feminização.

Schreber sofre o efeito do que Lacan caracterizou como o "empuxo--à-Mulher" típico da psicose. O corpo de Schreber era feminilizado em obediência ao imperativo de gozo do Outro. Ele diz que tem por obrigação fazer "com que os raios divinos tenham, do modo mais contínuo possível, a impressão de uma Mulher que se regala do gozo voluptuoso" (Schreber, 1985: 322). Schreber usava adornos femininos porque, no delírio místico psicótico, é o corpo que é feminilizado. Isso difere completamente da posição feminina. Segundo Maleval (2000: 76), se o corpo do místico "é colocado em destaque, é no trajeto que o leva ao despojamento e não há feminilização"; não é o corpo do místico que é feminilizado, "mas sua alma" (idem).

Considerando-se a mística um fenômeno tão enigmático quanto estranho, torna-se preciso salientar a vigência de Outra lógica – para além do falo – para os sujeitos que se posicionam do lado feminino. Os místicos, por meio de seu gozo, testemunham o "não-todo" – fato de estrutura. E, desse modo, a mística "bem-diz" o real ao trazer luz a esse campo e contribuir tanto para a teoria, quanto para a clínica psicanalítica.

Referências bibliográficas

ALVAREZ, T. (1995). *Obras completas: Teresa de Jesus*. São Paulo: Loyola.

FREUD, S. (1911/1996). Notas psicanalíticas sobre um relato autobiográfico de um caso de paranoia. *Edição standard brasileira das obras psicológicas completas de Sigmund Freud*, v. XII. Rio de Janeiro: Imago.

———. (1924 [1923]/1996). Neurose e psicose. *Edição standard brasileira das obras psicológicas completas de Sigmund Freud*, v. XIX. Rio de Janeiro: Imago.

———. (1924/1996). A perda da realidade na neurose e na psicose. *Edição standard brasileira das obras psicológicas completas de Sigmund Freud*, v. XIX. Rio de Janeiro: Imago.

———. (1930 [1929]/1996). O mal-estar na civilização. *Edição standard brasileira das obras psicológicas completas de Sigmund Freud*, v. XXI. Rio de Janeiro: Imago.

———. (1931/1996). Sexualidade feminina. *Edição standard brasileira das obras psicológicas completas de Sigmund Freud*, v. XXI. Rio de Janeiro: Imago.

———. (1933 [1932]/1996). Conferência XXXIII – Feminilidade. *Edição standard brasileira das obras psicológicas completas de Sigmund Freud*, v. XXII. Rio de Janeiro: Imago.

———. (1937). Análise terminável e interminável. *Edição standard brasileira das obras psicológicas completas de Sigmund Freud*, v. XXIII. Rio de Janeiro: Imago.

JORGE, M. A. C. (1991). Clarice Lispector e a experiência do despertar. *Anuário brasileiro de psicanálise*, v. 1. Rio de Janeiro: Relume Dumará.

———. (2003). A pulsão de morte. *Revista Estudos de Psicanálise*, 26. Belo Horizonte (Publicação do Círculo Brasileiro de Psicanálise).

———. (2006). Arte e travessia da fantasia. *In*: RIVERA, T. & SAFATLE, V. (orgs.). *Sobre arte e psicanálise*. São Paulo: Escuta.

LACAN, J. (1955-1956/1998). De uma questão preliminar a todo tratamento possível da psicose. *Escritos*. Rio de Janeiro: Jorge Zahar.

———. (1955-1956/1979). *O seminário, livro 3: as psicoses*. Rio de Janeiro: Jorge Zahar.

———. (1960/1998). Diretrizes para um congresso sobre a sexualidade feminina. *Escritos*. Rio de Janeiro: Jorge Zahar.

———. (1969-1970/1992). *O seminário, livro 17: o avesso da psicanálise*. Rio de Janeiro: Jorge Zahar.

———. (1972-1973/1985). *O seminário, livro 20: mais, ainda*. Rio de Janeiro: Jorge Zahar.

MALEVAL, J.-C. (2000). Logique du délire. *In*: *Collection Ouvertures Psi*. 2. ed. Paris: Masson.

MANSELLI, R. (1997). *São Francisco*. Petrópolis: Vozes.

POMMIER, G. (1987). *A exceção feminina: os impasses do gozo*. Rio de Janeiro: Jorge Zahar.

QUINET, A. (2003). *Teoria e clínica da psicose*. 2. ed. Rio de Janeiro: Forense Universitária.

SCHREBER, P. (1985). *Memórias de um doente dos nervos*. Rio de Janeiro: Graal.

SOLER, C. (1998). *A psicanálise na civilização*. Rio de Janeiro: Contra Capa Livraria.

ZUBERMAN, J. (1986). La mística y el delirio místico. *Cuadernos Sigmund Freud*, 9, 6-15. Buenos Aires, Argentina: Laprida (Publicação da Escuela Freudiana de Buenos Aires).

Sobre os autores

Adriana Dias de Assumpção Bastos
Mestre em Pesquisa e Clínica em Psicanálise pelo IP/UERJ. Especialista em Psicologia Clínica Institucional pela UERJ. Especialista em Psicologia Clínica pela PUC-Rio. Psicóloga da Secretaria Municipal de Saúde de São Gonçalo, Rio de Janeiro, Serviço de atendimento a usuários de álcool e drogas. Membro do Fórum do Campo Lacaniano do Rio de Janeiro.
E-mail: adrianadab@gmail.com

Ana Cristina Figueiredo
Professora Associada do Instituto de Psiquiatria do IPUB/UFRJ. Docente convidada do Programa de Pós-Graduação em Psicanálise da UERJ. Pesquisadora do CNPq. Membro do GT "Dispositivos Clínicos em Saúde Mental" da ANPEPP. Psicanalista. Autora, entre outros, do livro *Vastas confusões e atendimentos imperfeitos*, Relume-Dumará.
E-mail: anacrisfigueiredo@gmail.com

Ana Maria Medeiros da Costa
Professora Adjunta do Instituto de Psicologia e do Programa de Pós-Graduação em Psicanálise da UERJ. Psicanalista membro da Associação Psicanalítica de Porto Alegre (APPOA). Pesquisadora do CNPq. Pró-cientista

da UERJ. Coordenadora da Rede de Pesquisa Escritas da Experiência (CNPq). Autora, entre outros, do livro *Clinicando* (APPOA, 2008).
E-mail: ammcosta@terra.com.br

ANA MARIA RUDGE
Professora Associada do Departamento de Psicologia da PUC-RIO. Psicanalista. Membro da Sociedade de Psicanálise Iracy Doyle. Pesquisadora do CNPq. Pesquisadora e Membro Fundador da Associação Universitária de Pesquisa em Psicopatologia Fundamental.
E-mail: ana.rudge@uol.com.br

ANA PAOLA FRARE
Doutora em Pesquisa e Clínica em Psicanálise do Programa de Pós-Graduação em Psicanálise do IP/UERJ. Mestre em Saúde Coletiva pelo IMS/UERJ. Psicóloga e Psicanalista. Coordenadora do curso de residência multiprofissional em saúde mental do IMAS Juliano Moreira. Supervisora clínico-institucional do Serviço Residencial Terapêutico do município do Rio de Janeiro.
E-mail: anapaolafrare30@gmail.com

ANGELA BATISTA
Doutora e Mestre em Psicanálise pelo Programa de Pós-Graduação em Psicanálise da UERJ. Psicanalista. Membro da Escola Brasileira de Psicanálise, seção Rio de Janeiro, e da Associação Mundial de Psicanálise.
E-mail: batista@imagelink.com.br

ANGELICA CANTARELLA TIRONI
Doutora e Mestre pelo Programa de Pesquisa e Clinica em Psicanálise do IP/UERJ. Psicanalista. Correspondente da Escola Brasileira de Psicanálise, seção Rio de Janeiro. Docente da Escola Preparatória e do Curso de Especialização em Psicopedagogia da UERJ.
E-mail: angelicatironi@gmail.com

BIANCA NOVAES DE MELLO
Professora Adjunta da Universidade Federal Fluminense, atuando no Polo Universitário de Nova Friburgo no curso de Fonoaudiologia. Doutora em

Psicologia Clínica pela PUC-Rio. Graduada em Psicologia pela UFRJ e Mestre em Teoria Psicanalítica pela mesma universidade.
E-mail:biancanovaes@id.uff.br

BRUNA PARANHOS AMERICANO

Mestre em Psicanálise pelo Programa de Pós-Graduação em Psicanálise do IP/UERJ. Especialista em Psicologia Clínica-Institucional pelo IP/HUPE/UERJ. Psicanalista. Psicóloga da SMSDC Caps Clarice Lispector.
E-mail: brunapa@hotmail.com

CAIO MATTOS FILHO

Professor adjunto do Instituto de Psicologia da Universidade Federal da Bahia (UFBA). Psicanalista e psicólogo. Doutor em Teoria Psicanalítica pelo Programa de Pós-Graduação em Teoria Psicanalítica da Universidade Federal do Rio de Janeiro (UFRJ), com estágio doutoral no *Département de Psychanalyse*, Paris VIII.
E-mail: caiomfilho@yahoo.com.br

CRISTIANE DE ALMEIDA SOUZA

Mestre em Psicanálise pelo Programa de Pós-Graduação em Psicanálise da UERJ. Psicanalista. Membro do Corpo Freudiano, Seção Rio de Janeiro.
E-mail: cristiane.as@globo.com

DANIELA BURSZTYN

Doutora e Mestre em Pesquisa e Clínica em Psicanálise do Programa de Pós-Graduação em Psicanálise do IP/UERJ. Especialista em Clínica Psicanalítica pelo IPUB/UFRJ. Psicóloga e psicanalista. Trabalha na Coordenação de Saúde Mental da Secretaria Municipal de Saúde e Defesa Civil do Rio de Janeiro.
E-mail: daniela@lb.com.br

DORIS RINALDI

Professora Associada do Instituto de Psicologia da Universidade do Estado do Rio de Janeiro vinculada ao Programa de Pós-Graduação em Psicanáli-

se. Psicanalista. Doutora em Antropologia Social-Museu Nacional/UFRJ. Procientista da UERJ. Pesquisadora do CNPq. Membro de Intersecção Psicanalítica do Brasil.
E-mail: doris_rinaldi@yahoo.com.br

EDUARDO RAMALHO ROTSTEIN
Doutorando e Mestre em Teoria Psicanalítica pelo Programa de Pós-Graduação em Teoria Psicanalítica da Universidade Federal do Rio de Janeiro, UFRJ. Atualmente cumpre estágio de pesquisa no Instituto Geschwister-Scholl de Ciência Política da Universidade Ludwig-Maximilian de Munique.
E-mail: eduardorotstein@gmail.com

ELIZABETH DA ROCHA MIRANDA
Doutora e Mestre em Psicanálise pelo Programa de Pós-Graduação em Psicanálise do IP/UERJ. Professora do curso de Pós-Graduação em Psicanálise, Saúde e Sociedade da Universidade Veiga de Almeida. Professora do Curso de Especialização em Psicologia Clínica da PUC-Rio. Psicanalista. Membro da Escola de Psicanálise dos Fóruns do Campo Lacaniano e da Internacional dos Fóruns (AME). Membro das Formações Clínicas do Campo Lacaniano.
E-mail: bethrm@uol.com.br

FELIPE CASTELO BRANCO
Doutorando em Psicanálise pelo Programa de Pós-Graduação em Psicanálise da UERJ. Psicanalista. Membro do Corpo Freudiano, seção RJ. Graduado em Filosofia (UFRJ) e em Comunicação Social (UFF).
E-mail: felipecastelobranco@terra.com.br

FERNANDA COSTA-MOURA
Professora Associada do Programa de Pós-Graduação em Teoria Psicanalítica do IP/UFRJ. Psicanalista. Professora do Programa de Pós-Graduação em Teoria Psicanalítica – IP/UFRJ. Bolsista de produtividade em pesquisa do CNPq. Psicanalista. Membro do Tempo Freudiano Associação Psicanalítica.
E-mail: fcostamoura@infolink.com.br

Flávio Bastos
Mestrando do Programa de Pós-Graduação em Psicanálise, área de concentração em Pesquisa e Clínica em Psicanálise, do Instituto de Psicologia da UERJ. Psicólogo e bacharel em direito. Psicanalista. Associado do Corpo Freudiano do Rio de Janeiro.
Email: flaviobastos@yahoo.com

Geraldo Martins
Mestre em Literatura Brasileira pela Universidade Federal de Minas Gerais. Bacharel em Filosofia pela UFMG. Psicanalista. Autor de *A estética do sedutor: uma introdução a Kierkegaard* e *O perfume das acácias*, dentre outros textos.
E-mail: martinsgm@uol.com.br

Heloisa Caldas Ribeiro
Professora adjunta do Instituto de Psicologia e do Programa de Pós-Graduação em Psicanálise da UERJ. Autora do livro *Da voz à escrita. Clínica psicanalítica e literatura*, 2007. Rio de Janeiro: Contra Capa Ed. Psicanalista. Membro da Escola Brasileira de Psicanálise, seção Rio de Janeiro, e da Associação Mundial de Psicanálise.
E-mail: helocaldas@terra.com.br

Jenniffer de Paula Oliveira Bello
Mestre em Psicanálise pelo Programa de Pós-Graduação em Psicanálise do IP/UERJ. Graduação em Psicologia pela Universidade Federal Fluminense e graduação em Filosofia pela Universidade Federal do Rio de Janeiro.
E-mail: jenniffer.paula@ig.com.br

Joseane Garcia de Souza Moraes
Professora do Curso de Psicologia e Supervisora Clínica do Serviço de Psicologia Aplicada da Universidade Católica de Petrópolis. Doutoranda e Mestre em Psicanálise pelo Programa de Pós-Graduação em Psicanálise do IP/UERJ. Psicanalista.
E-mail: josie.garcia2@gmail.com

Julia Cristina Tosto Leite

Doutora e mestre em Psicanálise pelo Programa de Pós-Graduação em Psicanálise do IP/UERJ. Coordenadora do Hospital-dia e Centro de atenção diária Luiz Cerqueira do Instituto de Psiquiatria/UFRJ. Psicanalista associada do Corpo Freudiano, Escola de Psicanálise, seção Rio de Janeiro.
E-mail: julia.leite@ig.com.br

Lucia Maria de Freitas Perez

Professora Adjunta da Universidade Federal do Estado do Rio de Janeiro, UNIRIO. Coordenadora do Curso de Educação Especial (modalidade: Deficiência Mental) promovido pela UNIRIO. Doutora em Psicanálise pelo Programa de Pós-Graduação em Psiquiatria, Psicanálise e Saúde Mental (IPUB/UFRJ). Psicanalista. Membro do Corpo Freudiano, Escola de Psicanálise, Seção Rio de Janeiro.
E-mail: lmfperez@uol.com.br

Luciana Brandão Carreira

Doutora em Psicanálise pelo Programa de Pós-Graduação em Psicanálise do IP/UERJ. Psiquiatra e Psicanalista. Professora Adjunta da Universidade do Estado do Pará (UEPA). Coordenadora e Supervisora Clinica do Ambulatório em Saúde Mental do Centro de Estudos Superiores do Pará (Cesupa).
E-mail: lucianabrandaocarreira@gmail.com

Luciana Francischetti Piza

Doutoranda em Psicanálise pelo Programa de Pós-Graduação em Psicanálise do IP/UERJ. Mestre em Psicanálise, Saúde e Sociedade pela Universidade Veiga de Almeida. Especialista em Psicanálise e Saúde Mental pela UERJ. Especialista em Psicologia Clínica pela PUC-Rio. Psicanalista. Participante das Formações Clínicas do Campo Lacaniano.
E-mail: lucianafpiza@gmail.com

Luciano da Fonseca Elia

Professor titular de Psicanálise do Instituto de Psicologia da UERJ. Doutor (1992) e pós-doutor (1995) em Psicologia Clínica pela PUC-Rio.

Procientista (UERJ/FAPERJ). Pesquisador do CNPq. Coordenador do Programa de Pós-Graduação em Psicanálise do IP/UERJ. Psicanalista. Membro-diretor do Laço Analítico Escola de Psicanálise, Diretor Científico da APPEC (Assistência e Pesquisa em Psicologia, Educação e Cultura, ONG da área de Saúde Mental) e consultor de formação de equipe do CAPSi Pequeno Hans.
E-mail: lucianoelia@uol.com.br

MAGALI MILENE SILVA

Professora do Unilavras, Centro Universitário de Lavras. Doutora em Psicanálise pelo Programa de Pós-Graduação em Psicanálise do IP/UERJ. Mestre em Psicologia pela Universidade Federal de Minas Gerais. Graduada em Psicologia pela Universidade Federal de São João del Rey.
E-mail: magalimilene@gmail.com

MÁRCIA MELLO DE LIMA

Professora Colaboradora do Programa de Pós-Graduação em Psicanálise do IP/UERJ. Psicanalista. Membro da Associação Mundial de Psicanálise (AMP). Doutora pelo Instituto de Psicologia da USP. Professora Adjunta do Instituto de Psicologia da UFRJ (aposentada). Professora Adjunta do Instituto de Psicologia da UERJ (aposentada). Membro da Escola Brasileira de Psicanálise, seção Rio de Janeiro, e da Associação Mundial de Psicanálise.
E-mail: mmello@domain.com.br

MARCO ANTONIO COUTINHO JORGE

Professor Adjunto do Programa de Pós-Graduação em Psicanálise do Instituto de Psicologia da UERJ. Médico psiquiatra e psicanalista. Procientista da UERJ. Pesquisador do CNPq. Membro da Associação Brasileira de Psiquiatria. Membro da *Association Insistance* (Paris). Membro da Sociedade Internacional de História da Psiquiatria e da Psicanálise. Diretor do Corpo Freudiano, seção Rio de Janeiro. Autor de *Fundamentos da psicanálise de Freud a Lacan, vol.1: as bases conceituais* (Rio de Janeiro: Jorge Zahar, 2000), de *Sexo e discurso em Freud e Lacan* (Rio de Janeiro: Zahar Editor,

1988), organizador de *Lacan e a formação do psicanalista* (Rio de Janeiro: Contra capa, 2006), Coautor de *Freud: criador da psicanálise* (Rio de Janeiro: Jorge Zahar, 2002).
E-mail: macjorge@corpofreudiano.com.br

MARCOS EICHLER DE ALMEIDA SILVA
Doutor e Pós-doutorando pelo Programa de Pós-Graduação em Teoria Psicanalítica do IP/UFRJ. Bolsista PNPD- CAPES.
E-mail: marcoseichler@gmail.com

MARIA ANGELA MÁRSICO MAIA
Doutoranda e Mestre em Psicanálise pelo Programa de Pós-Graduação em Psicanálise da UERJ. Psicanalista. Membro da Escola Brasileira de Psicanálise, seção Rio de Janeiro, e da Associação Mundial de Psicanálise. Membro do Conselho da Escola Brasileira de Psicanálise, RJ.
E-mail: mangelamaia@terra.com.br

MARIA HELENA COELHO MARTINHO
Doutora e Mestre em Psicanálise pelo Programa de Pós-Graduação em Psicanálise do IP/UERJ. Professora do Mestrado da Universidade Veiga de Almeida (UVA). Professora e Supervisora Clínica dos Cursos de Especialização em Psicologia Clínica da UVA e da PUC-Rio. Coordenadora e Supervisora Clínica do Serviço de Psicologia Clínica da UVA. Psicanalista Membro da EPFCL-Brasil. Psicanalista. Membro do Colegiado de FCCL--Rio de Janeiro.
E-mail: mhmartinho@yahoo.com.br

MARIANA ABREU SENRA
Doutoranda do Programa de Pós-Graduação em Pesquisa e Clínica em Psicanálise do Instituto de Psicologia da UERJ. Psicanalista. Membro do Laço Analítico Escola de Psicanálise. Assessora da área técnica de Saúde Mental da Secretaria Municipal de Saúde e Defesa Civil do Rio de Janeiro.
E-mail: mariana0307@hotmail.com

MARLISE EUGENIE D'ICARAHY

Doutoranda e Mestre em Psicanálise pelo Programa de Pós-Graduação em Psicanálise do IP/UERJ e pela Universidade de Nice, França. Psicanalista. Membro do Corpo Freudiano, seção Rio de Janeiro.

E-mail: marliseugenie@oi.com.br

MATHEUS DIAS PEREIRA

Mestre em Psicanálise pelo Programa de Pós-Graduação em Psicanálise do IP/UERJ. Psicanalista no CAPSi Pequeno Hans, Supervisor Clínico Institucional do CAPSi Adriano de Oliveira Passos/Paracambi, RJ, Supervisor de Desinstitucionalização de pacientes em hospitais psiquiátricos da SMSDC, Coordenação de Saúde Mental do Município do Rio de Janeiro-RJ. Membro do Laço Analítico Escola de Psicanálise.

E-mail: psicomatheus@bol.com.br

RAQUEL HORTA FIALHO DO AMARAL COUGO

Mestre em Psicologia pela Pontifícia Universidade Católica do Rio. Especialização em Psicanálise e Laço Social pela Universidade Federal Fluminense. Graduação em Psicologia pela Universidade Federal Fluminense.

E-mail: fialho.raquel@hotmail.com

RENÉ LEW

Psiquiatra e psicanalista em Paris, praticante no Hospital Esquirol (ex-*Charenton*) e diretor do Centro Médico Psicopedagógico do *Centre Médique-psychopédagogique*. Trabalha unicamente com a psicanálise. Membro da associação *Dimensions de la Psychanalyse*, que participa de Convergência – Movimento Lacaniano para a Psicanálise Freudiana. É também diretor da associação *Lysimaque* e diretor dos *Cahiers de lectures freudiennes.*

E-mail: lysimaque@wanadoo.fr

RICHARD HARRISON COUTO

Doutorando e Mestre pelo Programa de Pós-Graduação em Pesquisa e Clínica em Psicanálise do IP/UERJ. Psicanalista.

E-mail: rhmoz@yahoo.com.br

RITA MARIA MANSO DE BARROS
Diretora do Instituto de Psicologia da UERJ. Professora Associada do Instituto de Psicologia e do Programa de Pós-Graduação em Psicanálise do IP/UERJ. Doutora em Teoria Psicanalítica pelo Programa de Pós-Graduação em Teoria Psicanalítica da UFRJ/FAPERJ. Psicanalista. Membro do Grupo de Trabalho "A psicanálise e o discurso da ciência", da Associação Nacional de Pesquisa e Pós-Graduação em Psicologia, ANPEPP. Organizadora do livro *Subjetividade e educação*, Rio de Janeiro: Contra Capa, 2009. Membro da Rede Interuniversitária de Pesquisa "Escritas da experiência". Pesquisadora CAPES/COFECUB.
E-mail: ritamanso@globo.com

SIDI ASKOFARÉ
Diretor de pesquisa na Universidade de Toulouse II, da Universidade de Provence e da Universidade Paul Valéry de Montpellier. Autor, entre outros, dos livros *Clinique, structure, discours: de la science à la* psychanalyse, Lille, ANRT, 2005; *Les références de Jacques Lacan*, Toulouse, Presses Universitaires du Mirail, "Série de La Découverte Freudienne"; *Las referencias filosóficas de J. Lacan (Aristóteles, Descartes, Kant, Hegel, Marx),* Edición Literal, San Sebastián, 1990. Psicanalista. Membro da *Internationale des Forums du Champ Lacanien* e da École de Psychanalyse des Forums du Champ Lacanien.
E-mail: s.askofare@wanadoo.fr

SONIA ALBERTI
Professora Associada da Universidade do Estado do Rio de Janeiro (UERJ). Procientista da UERJ. Pesquisadora do CNPq. Membro do Colegiado do Programa de Pós-Graduação em Psicanálise do Instituto de Psicologia da UERJ e Membro do Colegiado do Curso de Residência em Psicologia Clínica Institucional do IP/UERJ. Psicanalista. Membro da Escola de Psicanálise dos Fóruns do Campo Lacaniano.
E-mail: sonialberti@gmail.com

SONIA ALTOÉ
Professora Associada do Programa de Pós-Graduação em Psicanálise do IP/UERJ. Procientista da UERJ. Doutora em Ciências da Educação. Coor-

denadora do Curso de Especialização de Psicologia Jurídica do IP/UERJ. Psicanalista. Autora, entre outros, do livro *Infâncias perdidas*, Rio de Janeiro, Ed. Xenon.
E-mail: soniaaltoe@gmail.com

Sonia Leite
Professora Visitante do Programa de Pós-Graduação em Psicanálise do IP/UERJ. Psicanalista. Coordenadora Adjunta do Curso de Residência Multiprofissional em Saúde Mental, CPRJ/UERJ. Doutora em Psicologia Clínica pela PUC-Rio. Pesquisadora da AUPPF. Membro do Corpo Freudiano, Escola de Psicanálise, seção Rio de Janeiro.
E-mail: soniacleite@uol.com.br

Tania Coelho dos Santos
Professora Associada IV do programa de Pós-Graduação em teoria Psicanalítica da UFRJ. Pós-Doutorado no *Département de Psychanalyse* de Paris VIII. Psicanalista. Membro da École de La Cause Freudienne e da Associação Mundial de Psicanálise. Pesquisadora bolsista de produtividade científica, nível 1C do CNPq. Presidente do Instituto Sephora de Ensino e Pesquisa de Orientação Lacaniana.
E-mail: taniacs@openlink.com.br

Vanisa Maria da Gama Moret Santos
Mestre em Psicanálise pelo Programa de Pós-Graduação em Psicanálise da UERJ. Psicanalista. Autora de livros de poesia e contos. Especialista em Psicologia Clínica pela PUC-RJ. Especialista em Língua Inglesa pela UERJ. Membro dos Fóruns do Campo Lacaniano, Rio de Janeiro.
E-mail: vanisasantos@ig.com.br

Wagner Erlange Monteiro Lima
Mestre em Pesquisa e Clínica em Psicanálise pelo IP/UERJ. Psicanalista. Psicólogo do CAPS III João Ferreira, da Secretaria Municipal de Saúde e Defesa Civil (SMSDC) do Rio de Janeiro/RJ.
E-mail: wagnerlange@hotmail.com

Este livro foi impresso nas oficinas gráficas da Editora Vozes Ltda.,
Rua Frei Luís, 100 – Petrópolis, RJ.